吟遊問俠之

武藝

俠的武術功法叢談

龔鵬程 著

自序

周作人《看雲集》自序說：「書面上一定要有序的麼？這似乎可以不必。但又覺得似乎也是要的。假如可以有。雖然不一定是非有不可。」文勢扭捏，一句一斷，正表明了寫書人替自己的書作序時之複雜心情。那用一整本書都講不清楚的心緒與想頭，竟要在這一篇序文裏寫明白，豈是易事？賭起氣來，就索性不想寫了。可是真不寫嘛，自己心上又過不去，於是終究還是會說一說。雖然說得囁嚅蹇澀，讓人覺得還不如不說的好。

我寫此序時，便頗有此種情緒。武術是我少年時最喜歡的活動，如今年歲老大、江湖夢遠，徒能於紙上談俠說劍，不無感慨。而頻年混跡上庠，講論詩書，往來無白丁、談笑有鴻儒，看來好像也不適合再去聒絮好勇鬥狠的武林舊事了。可是少日一段情緣，竟爾割捨不禁，仍要耗費我許多筆墨，想來亦自覺可笑。

舊作《俠的精神文化史論》之自序，曾略述我少年俠行，那實在是荒唐浪蕩，不堪回首的。大抵我先是從文字上獲知了一些武林掌故、技擊佚聞，其後便實際練將起來。以一本李英昂先生所編的《二十四腿擊法》入門，故首先接觸的就是北派長拳之體系。先學十二路潭腿，繼練功力拳、華拳、甘鳳池所傳少林拳、太極拳、螳螂拳等，漸漸泛濫無歸，南拳北腿，什麼拳種都要去找書來練一練，四處打聽得有什麼高手都要去會一會。台灣與香港的武術書，幾乎被我搜羅淨盡，還要去柔道館、空手道館體會體會，能找到的各種譯介，也都窮力搜集。六、七年間，積書數百種，養成了我後來做學問的一些習慣或方法，並讓我大體摸熟了中國武術之來龍去脈及各門各派的功法特點。

我之習武，本不是用來做學問的，主要是技擊實戰，每天邀人手搏，打得個不亦樂乎。可是由習武而博考文獻，考稽參互其異同，竟使我獲得不少文獻學的知識與方法，對武術史有些瞭解，實為意外之收穫。我後來成為文史工作者、學者教授，契機實肇於此。

學武而有收穫者，不只如是。例如我因練拳習武而需略知醫藥經脈之學；因練功行氣，而需略知內養修道之學，也開啓了我對醫學與道學的認識。後來我能在長庚大學中醫研究所講課、能參與創辦中華道教學院，均與此有關。而我因好武論俠，又需上溯中國俠義之傳統、討論武俠文學與實際武術之關聯，對於門派幫會在中國社會之發展也需留意，以致後來創立中華武俠文學學會、著作《遊的中國文化史論》《俠的中國文化史論》，亦皆得力於這段舊時童子功。可見我後來的許多作為，事實上都可說是練武生涯的延申。就是拳武本身，好像也一直未曾脫離過，二〇〇三年我還創立中華少林禪武學會，想發揚發揚少林一脈武學呢！

可是畢竟我這三十年間主要活動的場域不在江湖、不在武林，而是在所謂的學術界文化界。在這些地方，武術乃是支流甚或末流，一般人不懂也不關心。文人學者，袖手雅談而已。對於武術竟能關聯於中國文學、醫學、藥學、儒道佛學、幫會史、社會史等，大抵並無概念，不知此乃欲瞭解中國社會與文化之秘鑰。

相對來說，武術界的朋友，演武論技，固擅勝場，但文史非其所長，又常不曉學術規範，故其講古論藝，時不免河漢其談。更常因門派所囿、見聞所限，知識不廣。

因此我在學術界與武術界其實兩方面都缺乏共鳴者，我只是一直在做著我自以爲好玩的一些事而已。偶或稽古考文、說拳論劍，常也不知寫成的文章可持與誰看。

此書首論達摩《易筋經》，次論張三丰武學，間接就說明了少林派與武當派的相關問題。接著分論崆峒、昆侖、峨眉、青城各派，及迷蹤拳、筋經門。少林、武當、峨嵋、崆峒、青城是傳統門派，迷蹤拳也是傳統拳種，但昆侖是新興門派，筋經門則不見經傳，乃所謂「秘傳」之學。我承認武學中有此一類，也相信大陸臥虎藏龍，民間應當還有不少此類能人，故擇此以示例。武術門類雖雜，大體不外這幾種。

大體介紹了大陸武術門派功法與發展狀況之後，繼之就要討論台灣。台灣的武術十分複雜，我以宜蘭縣爲例來做說明，並以台灣北部淡水的海盜史來爲它之所以武風盛行做個背景的補充，以供想像。

當年做此研究，申請了國科會的研究經費，研究助手爲學棣林明昌教授，得他襄助甚多。他精於太極。我辦佛光大學時，體育課就是請他來給學生們教拳。後來我在太湖辦道學研討會，他也提交了〈鄭子太極美人手研究〉一文與會。鄭子太極，是鄭曼青所創，風行於海外，可是大陸並不熟悉，故亦附入本書，以見台灣武藝之一斑。

宜蘭縣武館那篇，講的大致屬於台灣傳統武術，鄭子太極卻是一九四九年後由大陸傳入的新拳種，兩者合觀，或許較可一窺全豹。本來我少年所習，以大陸傳入之北派拳術爲多，對於這些拳術，一直很想好好闡揚一番，可惜因循未就，僅能拉明昌此文來替我補拙，說來也甚慚愧。

台灣的武術，除傳統由閩廣傳入、一九四九年以後從大陸輸入者外，引進日本韓國武術亦較大陸為早，且發展蓬勃。這裏我選擇「中華合氣道」來做介紹，說明此種武術如何傳入、如何發展，並探討它未來與中國武術融合之道。增加這個面向，討論台灣武術才較完整。

中國武術向海外移民社會的拓展，台灣只是其中之一端，東南亞為另一更大之領域。例如近三十年武術文化復興，香港武打影片功不可沒。此即可見武術在東南亞華人社會中的地位及重要性，尤其是李小龍演出的「精武門」，開創了武術文化的新時代，也令功夫成為國際語言及中國文化的重要符號。而在那個時代，大陸的精武會乃至大部分武術團體和門派卻都還沒什麼活動；薪火相傳，往往僅能恃諸海外。

精武門電影當然是虛構的，沒有陳真這個人。但編劇之所以選擇以精武會來說事，正顯示了精武體育會在海外發展甚為蓬勃、精武之史事易為流俗所觀聽。可是到底精武會在海外的傳播如何，迄今我倒還沒見過有什麼正式的研究。我此處以馬來西亞的精武會為例，說明海外華人武術社團如何經營發展，以見傳統武術在海外之概況，或許可供有心人參考。

華人世界講完，接著就要談中國武術傳播於異邦之問題。琉球本是中國藩屬，後來併入了日本。日本原先也是中國藩屬，明代以後才獨立且與中國抗衡。所謂藩屬，即是廣義的中國屬地，是中國的一部分。後來雖然獨立了，淵源關係亦終不能掩去。故論中國武術，自不能不述及這個層面。

在這個部分，〈琉球武術小記〉介紹琉球本土武術及由中國少林拳傳入的「唐手」兩系。唐手爾後傳入日本本土，衍為空手道。可說是中國武術曲折地傳播於日本之一例。日本當然也有直接由中國傳入的武術，例如後來發展為柔道的柔術，即由陳元贇所傳。但柔術流派很複雜，我在談合氣道時已大體介紹過一些情況，所以就略去了，僅概述其劍術。日本古劍術，與今人習知的現代劍道並不是同一件事，門派眾多，技法繁雜，乃專門之學，我之簡述，聊備參照而已。這一篇談的主要是「術」，另一篇〈武士禪〉則說日本武道之精神內涵，並對此精神內涵略做評議。

最後幾篇，談拳經、劍法、奇門秘技、南拳北腿、武學醫學藥學等，乃是對以上所述的簡略補充。本來這些問題都該深談，此外也還有許多專題需要進一步申論，但言不盡意，這樣簡單寫寫，聊以述情也就可以了。

全書框廓，大抵如此。稍示武學之廣塗，偶恣胸臆於談鋒，提要鈎玄，愧乎未能，徒存少日之意氣，志一時之芳菲而已。知我罪我，何足道哉！

戊子穀雨，謹識於燕京小西天如來藏

目錄

武藝

俠的武術功法叢談——

達摩《易筋經》論考

天下武學出於少林、少林武術創自達摩、達摩所著《易筋經》爲天下武學聖典，是現今中國人共知的常識；也是武術派別、拳種、武俠小說、武俠電影電玩等據以發展的基石之一。

我這篇小文，則要說明此等常識概屬虛妄：天下武學固然不源於少林、少林武術也不創於達摩。然後再解說一下《易筋經》究竟是什麼東西、其功法之底蘊又爲何，說明《易筋經》也不是佛教的功夫。

一、少林武術不出於達摩

少林武術出於達摩這個傳說，起源本來就不太早，而且恰好就起於《易筋經》。《易筋經》，從天啓四年（一六四二年）到道光二年（一八二二年），一直只有傳抄本，道光三年起才印抄兼有。此後版本紛紜，繁簡不一，內容亦多有不同，但大抵都有唐初名將李靖、宋代名將岳飛的部下牛皐的兩篇序文。

據李靖序云：達摩面壁於嵩山少林寺，九年功畢示化，留下一口鐵箱，箱中藏經二部，一名《易筋》，一名《洗髓》。後者被慧可取走，前者經寺僧發揚光大。但寺僧「各逞己意，演而習之，竟成旁門，落於技藝，失修真之正旨。至今少林僧家，僅以角技擅名，是得此經之一斑也」。這個說法推少林武術之源於達摩，且謂後世少林武術皆源於《易筋經》。

但李靖這篇序文乃是僞造的。清朝凌廷堪《校禮堂文集》卷二五〈與程麗仲書〉已考證：唐代除了天寶三年至乾元元年改「年」爲「載」以外，無稱載者；此序題「唐貞觀二載三月」，顯屬僞造。其次，虬髯客、扶餘國事，亦僅爲小說語，非史實。民十七年，徐震〈易筋經洗髓經考證〉又舉了幾個理由論證其僞：

一、李靖序文，自署「李靖藥師甫序」，據《舊唐書．李靖傳》，李靖原名藥師，靖字是後來所改，故撰序時不可能自稱「李靖藥師甫」。

二、序中說該經乃天竺僧人般剌密諦譯，「徐鴻客遇之海外，得其秘諦。既授於虬髯客，虬髯客後授於余」。虬髯客的事跡也不是史實，而是唐末道士杜光庭所造的。

三、序文署明寫於貞觀二載三月，這時李靖正任關內道行軍大總管，以備薛延陀。身分與序文中自稱功成身退時的口吻不符。

四、序文說般剌密諦譯這兩部經典，時在隋代。可是這位般剌密諦是確有其人的，他於唐武則天神龍元年曾譯《大佛頂首楞嚴經》。倘若此僧真在隋朝便已來華譯《易筋經》《洗髓》二經，則譯《楞嚴經》時至少已在一百二十歲以上了。

五、此序之文詞非唐人語①。

這些證據，都很明晰，足辨其僞。序文既僞，序中云達摩傳經云云，當然也就不足信案了。此即所謂：「皮之不存，毛將焉附？」

但事實上，辨僞也不須如此費勁。因爲佛典中凡稱經者，除少數例外如《維摩詰經》《六祖壇經》之類，概皆爲佛說。其經名、經文均有定式。而《易筋》《洗髓》兩書卻完全不符佛教經典的慣例，故不僅非達摩所傳，亦必非般剌密諦所譯。般剌密諦所譯《楞嚴經》具在，稍一對勘，便知經文純屬杜撰。所以說，這是經僞、序僞、譯僞、所述事跡亦僞之書。

再說，達摩曾在少林寺面壁之事，本身也是附會而成的。早期文獻，如《洛陽伽藍記》《續高僧傳》均無達摩長住少林寺或在少林面壁九年之說。玄宗開元十一年裴漼〈嵩岳少林寺碑〉才曾說達摩與弟子慧可「嘗托茲山」。到北宋輯《景德傳燈錄》，始云達摩於後魏明帝太和十年居洛陽，後入少林寺，「面壁而坐，終日默然」，至太和十九年逝世。這是最早講達摩在少林寺面壁的資料，也是後人說達摩面壁九年之張本。因爲由太和十年至十九年，恰好九年。可是，大家忽略了：

一、太和十年，嵩山根本尚未建少林寺；少林建寺，在太和十九年。

二、太和亦非孝明帝年號，而是孝文帝。

▶少林寺達摩祖師隻履西歸像

三、所有唐代文獻，如武德四年〈秦王告少林寺主教〉、貞觀六年〈發還少林寺賜田敕牒〉、永淳二年〈重修少林寺碑記〉、開元十一年〈嵩岳少林寺碑〉、貞元十四年〈少林寺廚庫記〉等，也都不曾談及達摩面壁和少林武術與達摩之關係②。

由此可見，少林武術出於達摩、達摩在少林寺面壁九年、曾傳寺僧武術或留下經典等說法，全部都出自附會依託。達摩既未於少林寺面壁，又何來傳經授藝之事？此爲本文第一個要辨明的問題。

二、少林武術不本於佛教

第二個問題，是少林武術之內涵到底爲何？

少林武技，見於史實，是因寺僧幫助李世民征王世充的緣故。原先，在大業末年，天下紛亂時，「群盜攻剽，此寺爲山賊所劫，僧徒拒之」。後來李世民與王世充在洛陽對峙，王世充之侄王仁則據有少林寺附近，李世民致書寺僧，請其「擒破凶孽，廓茲淨土」。寺僧回應了，率眾與王軍作戰，而得到唐太宗的旌獎。

這時少林寺僧當然已頗有勇武，而這個光榮的歷史當然也可能使少林寺僧以練武爲其傳統。但值得注意的是：

一、此後的唐宋金元時期，卻都沒有少林寺僧習武擅名的記載。因此隋唐之際少林寺僧英勇的表現，也可能是鑒於大業末年山賊曾經劫掠該寺，「縱火焚塔院，院中眾宇，攸焉同滅」，所以才奮勇起來護衛自保。也就是說，斯乃一時之激發、偶然之特例，唐宋金元之間，則少林寺未必有習武之傳統。

二、「十二棍僧救秦王」之類故事，固然由此衍出，但此時少林武技與佛教思想和僧家生活均無直接或間接之關係。

少林武術之盛，明確可稽者，實在於明代。具詳林伯泉《中國武術史》第八章第八節，此不贅。僅強調三點：

一、當時少林武術以棍為主，少林拳之威望則不如棍，故程宗猷《少林棍法闡宗・問答篇》說：「少林棍名夜叉，乃緊那羅王之聖傳，而今稱為無上菩提矣，而拳猶未盛傳於海內」。

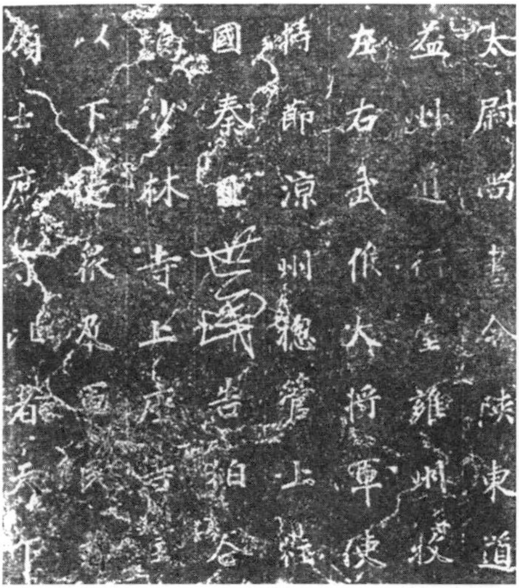

▶唐武德四年（六二一）秦王告少林寺主教碑（局部）

二、即使是少林棍，也仍在發展中，廣泛汲取各界之長處。如嘉靖四十年俞大猷路過少林，觀看寺僧練棍，就說其棍法「傳久而訛，其訣皆失矣」；所以挑了兩位僧人來教誨，要他們「轉授寺僧，以永其傳」（《正氣堂集・新建十方禪院碑》）。足證此時還不是「天下武術出少林」，而是少林寺廣泛吸收天下武術之長以豐富其藝。棍法如此，拳法亦然。底下還會談到這一點。

三、少林武術跟佛教扯上關係，也由此時才開始，如程宗猷所謂少林棍法乃緊那羅王所傳云云，即屬此類。但此類說法，僅推源於佛教傳說；少林武術與佛學仍乏具體之內在關聯。而且這牽合武術與佛教的工作也仍很罕見。我們只能說這時確實是有不少少林寺僧人在練武罷了。可是他們練的武術與非出家眾並無太大不同。

少林非天下武學之源，乃天下武學滙聚之海，其武術本來就是吸收各界武術而成的，其拳棍同於方內之士，殊無足詫。據明末王世性〈嵩遊記〉稱他在少林寺曾見「中有為猴擊者，盤旋踔躍，宛然一猴也」。這是象形拳，取擬物類，與佛教思想可說毫無關係。明代已然如此，至今當然更為嚴重③。

以一九九八年出版的《中國武術百科全書》所載少林各種拳法來看，少林八卦拳，「按八卦相生之數，暗藏先天無極之象」；少林十三抓，「由龍行、蛇變、鳳展、猴靈、虎坐、豹頭、馬蹄、鶴嘴、鷹抓、牛抵、兔輕、燕抄、雞蹬等十三趟仿生動作而成」；少林五行柔術，「模擬蛇、虎、龍、鶴、豹五種動物形象。……演練此拳，以氣功為上乘，而氣功之說有：日養氣、月練氣、氣養而後氣不動，氣不動而後神清，神清而後進退得宜」；少林五行八法拳，「包括龍、虎、豹、鶴、蛇五種拳法和內功，主張練功修心」；連拳，據傳為岳飛所創，後為少林藝。凡此等等，運用應物象形、五行、八卦、精氣神諸觀念構思其拳路，明顯非佛家之思致，而是吸收了社會上各色拳種才形成了這樣的結果。其中連拳本於岳飛、十三抓源於元代山西太原人白玉峰，更是該書業已聲明了的④。

此外，如上海大聲圖書局纂輯出版的《拳經》，《中國武術百科全書》也說是少林拳術之專集。但該書第二卷論潭腿、太祖長拳三十二圖、內家張三丰內家拳、外家少林宗法等。可見「少林拳」也者，有時甚至包括了張三丰內家拳而說。什麼拳都可納入其名下，所以說少林已成天下武學滙聚之海⑤。

不過，把內家拳包括進少林拳中畢竟是較晚期的現象。在明末，少林拳是以剛硬著名的。所以相對於「內家拳」而有「外家拳」之稱。

此一稱謂，起於康熙八年黃宗羲〈王征南墓誌銘〉。該銘說：「少林以拳勇名天下，然主於搏人，人亦得以乘之。有所謂內家者，以靜制動，犯者應手即仆，故別少林爲外家」。康熙十四年，黃氏子百家複撰〈內家拳法說〉，昌明其藝。雍正十三年，曹秉仁編《寧波府志》記張松溪與少林僧比武事，也談到：「蓋拳勇之術有二：一爲外家，一爲內家。外家則少林爲盛，其法主於搏人而跳踉奮躍，或失之疏，故往往得爲人所乘。內家則張松溪之傳爲正，其法主於禦敵，非遇困危則不發，發則所當必靡，無隙可乘。故內家之術爲尤善」。這些記載，均將少林拳與內家拳相對來說，而且認爲外家不知內家。

少林拳面臨這種內家拳崛起的挑戰，對應之道，仍跟碰到俞大猷而發現棍法已經不行了一樣，其辦法就是以敵爲師，採擷內家拳之長。所以後來少林拳拳經中才會論敘內家的張三丰拳法。

故總結來說，少林武技首顯於唐初，以棍法爲主。其拳名不甚彰，至明才漸大盛。不僅傳承棍法，而且開始刻意鑽研拳法，又廣泛吸收社會上各種武技，故越趨成熟，此其發展之大勢也。不過，也由於如此，少林拳，只是僧人習武有成而已，殊難謂其藝與佛教有何內在之關聯。

三、易筋經乃道教導引內功

跟少林拳比較有關係的，反而是道教思想。這是第三個問題，關於這個問題，我想藉用《易筋經》來做些說明。

一九一七年上海大聲圖書局另出了一種《少林拳術精義》，題達摩大師著、玉峰餘問犀繕校。卷首有李靖貞觀二年序、牛皐紹興十二年序二篇。書末有天台紫凝道人宋衡作於明天啓四年（一六二四年）的跋文，以及祝文瀾嘉慶十年（一〇八五年）的序文。內分上下兩冊，內容也分爲兩部分，一是服氣、行功、排打練習圖勢與說明；二是總論、內壯論、膜論、陰陽配合論、靜功十段、動功十八式、神勇八段錦、神勇餘功等。

這本《少林拳術精義》，其實就是《易筋經》的翻版。改成這個名稱，適足以看出《易筋經》在當時人心目中的地位，認爲它就代表了少林拳術之精義。

不過，清朝流傳之《易筋經》也有許多不同的本子。其一體例如上。另一本載十二圖勢，一般又稱爲《易筋經十二勢》，凡有韋陀獻杵三勢、摘星換斗勢、倒拽九牛勢、出爪亮翅勢、九鬼拔馬刀勢、三盤落地勢、青龍探爪勢、餓虎撲食勢、打躬勢、掉尾勢等。

這些勢，其實均非攻擊或禦守的架勢及招式，而是導引的姿勢。正如另一本《易筋經》上記載的靜功十段、動功十八式、神勇八段錦也都是導引勢那樣。

爲什麼少林寺的拳法秘笈卻大談導引呢？

《易筋經》篇首雖有李靖之序，但前文已說過該序乃後人僞作。牛臯之序同樣出於僞造。凌廷堪說：牛序自稱「宏毅將軍湯陰牛臯鶴九甫序」，但牛臯爲汝洲魯山人，非湯陰人，亦不字鶴九。宋代更無宏毅將軍、鄂鎮大元帥等官號。序中又云：「徽欽北狩，泥馬渡江」，然而欽宗廟號乃紹興三十一年乃定者，序既自稱作於紹興十二年，焉能預知欽宗廟號？牛臯卒於紹興十七年，卒時欽宗尚在。又，序謂牛臯爲將，乃應岳飛之募，亦誤。臯初隸田師中。序中云云，全與史傳不合。徐震則考證道：牛臯序文中談到宋高宗「泥馬渡江」，斯乃小說家言，並非史實。其序自署紹興十二年作，並藏其書於嵩山石壁中；可是紹興十一年，宋已將河南割給金國了，牛臯又怎麼可能在次年去嵩山藏書呢？類似的考辨，清周中孚《鄭堂讀書記》亦曾論及，可見清人即已不信其書是唐宋傳下來的。現在因該書有天台紫凝道人宋衡序，故《中國武術百科全書》認爲其書即宋衡所撰。

案：宋衡序文寫於天啓四年，然台灣國家圖書館曾藏有述古堂錢遵王抄本《達摩易筋經》，即收有宋衡「後跋」。錢遵王與宋衡年代相仿，又爲藏書大家，若該書遲至天啓間始出，遵王不應珍重乃爾，亦不應毫無鑒識能力。故由錢遵王之抄本，可以推想題爲達摩所傳之《易筋經》，出現年代當在此稍前。前曾談及程宗猷說少林本以棍法聞名，明末才努力鑽研拳術。其時代在

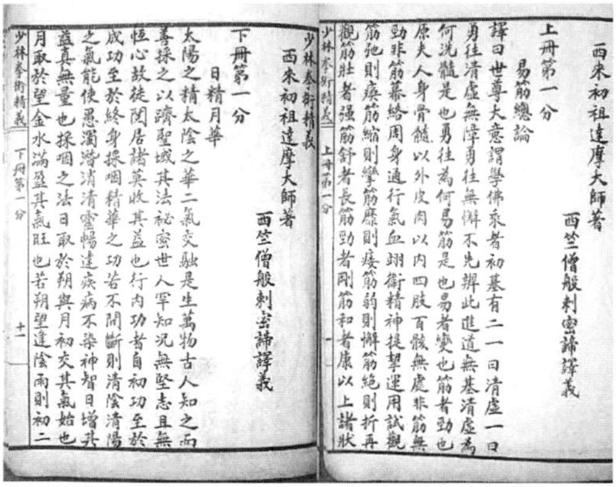
西來初祖達摩大師著
西竺僧般剌密諦譯義
上冊第一分
易筋總論
譯曰世尊大意謂學佛乘者初基有二一曰清虛一曰勇往清虛無障勇往無懈不先辨此進道無基清虛為何洗髓是也勇往為何易筋是也易者變也筋者勁也原夫人身骨髓以外皮肉以內四肢百骸無處非筋無勁非筋聯絡周身通行氣血翊衛精神提挈運用試觀筋弛則病筋縮則攣筋靡則痿筋弱則懈筋絕則折再觀筋壯者強筋舒者長筋勁者剛筋和者康以上諸狀
少林拳術精義　上冊第一分　一

少林拳術精義
西來初祖達摩大師著
西竺僧般剌密諦譯義
下冊第一分
日精月華
太陽之精太陰之華二氣交融是生萬物古人知之而善採之以躋聖域其法祕密世人罕知況無堅志且無恆心鼓徒閑居誰莫收其益也行內功者自初功至於成功至於終身採咽精華之功若不間斷則清陰清陽之氣能使愚濁潛消清靈暢達疾病不染神智日增其益真無量也採咽之法日取於朔與月初交其氣始也月取於望金水滿盈其氣旺也若朔望逢陰雨則初二
少林拳術精義　下冊第一分　十一

《少林拳術精義》書影

萬曆年間。因此，《易筋經》可能就是這個時候被造出來，用以改良少林拳法的。

其書甫出，天啓崇禎間猶未大行，錢遵王、宋衡，應該都是熱心的推介宣揚者。一九六八年台灣自由出版社所印《真本易筋經、秘本洗髓經合刊》，另有順治辛丑海岱遊人張月峰敘記⑥。蕭天石〈重刊易筋洗髓二經例言〉複云其所據者，爲蔣竹莊家藏明版本刻本。則是明末傳抄刊印者已不乏其人。不過，明代已有刻本之說是可疑的，蔣竹莊藏本也不可能是明刻的。且相較於黃宗羲、黃百家對當時少林拳勇的描述，似乎《易筋經》仍在剛推廣階段，對天下傳習少林拳者也尚未發生風行草偃、轉移風氣之作

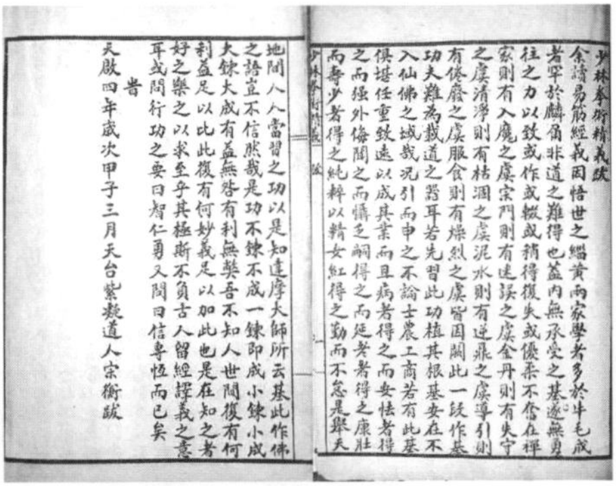
少林拳術精義跋
余讀易筋經義因悟世之緇黃兩家學者多於牛毛成
者罕於麟角非道之難得也蓋內無承受之基遂無負
荷之力以致或作或輟或請得復失或優柔不奮在禪
家則有入魔之虞宗門則有迷誤之虞金丹則有失守
之虞清淨則有枯涸之虞泥水則有逆鼎之虞導引則
有倦廢之虞服食則有燥烈之虞皆因闕此一段作基
功夫難為載道之器耳若先習此功植其根基安在不
入仙佛之域哉況引而申之不論士農工商若有此基
俱堪任重致遠以成其業而且病者得之而安怯者得
之而強外侮聞之而懾乏嗣得之而延老者得之康壯
而壽少者得之純粹以精女紅得之勤而不怠是舉天
地間人人當習之功以是知達摩大師所云基此作佛
之語豈不信然哉是功不鍊不成一鍊即成小鍊小成
大鍊大成有益無咎有利無弊吾不知人世間復有何
利益足以比此復有何妙義足以加此也是在知之者
好之樂之以求至乎其極斯不負古人留經譯義之意
耳或問行功之要曰智仁勇又問曰信專恆而已矣
皆
天啟四年歲次甲子三月天台紫凝道人宗衡跋

▶明人宗衡的跋文

用。少林拳藝，當時仍以剛猛、搏攻、跳踉奮躍見長。

可是這種拳風在當時也正遇到空前的挑戰，無論是黃宗羲的〈王征南墓誌銘〉或曹秉仁《寧波府志》，都提到另一種以靜制動、內斂的拳術，而且評價在少林拳之上。這種內家拳術的崛起，事實上是一時風氣，如太極、形意、八卦這類拳術，其後均由此風氣發展而成；同時大儒顏元亦學運氣術，往往「夜中坐功」，並習雙刀單刀（見《顏習齋先生年譜》）。面對內家拳之崛起，少林拳遂不得不有所更革。或者說，內家拳之崛起，代表著一種時代新思潮，少林拳也在這一思潮中形成了變革。

內家拳之興起，乃是導引運氣理論與武術的結合。明末清初以前，所有武術著作都沒有練

氣的講法。即使是戚繼光的《紀效新書》也沒有這類言論。但明末清初以後，練氣，卻成了普遍之觀點與功法。

乾隆間王宗岳（一七六三至一七九五）〈太極拳論〉明言使拳應「虛領頂勁，氣沈丹田」。同時期萇乃周（一七二四至一七八三）《萇氏武技書》也在論拳法時大談〈中氣論〉〈行氣論〉〈養氣論〉，謂練拳者必須「練形以合外，練氣以實內」「神與氣合，氣與身合」。一些武術名家，如康熙雍正間的甘鳳池，《清史稿・甘鳳池傳》說甘氏「善導引術」「拳法通內外二家秘奧」；乾隆時的唐際之，《清稗類抄・技勇類》說他「能運氣。運氣到處，有硬塊墳起如核桃，刀石不能傷」。

一些民間宗教教派，如乾隆時八卦教張百祿，據《軍機處錄副奏摺》說其教徒「拜張百祿爲師，學拳運氣」「學八卦拳，並授運氣口訣」；嘉慶初，天理教任四等人「學習義和拳棒」，並「運氣念咒」；嘉慶八年，離卦教首領張景文教授徒眾，「同教中有僅只念咒運氣，學習拳棒者」，直到

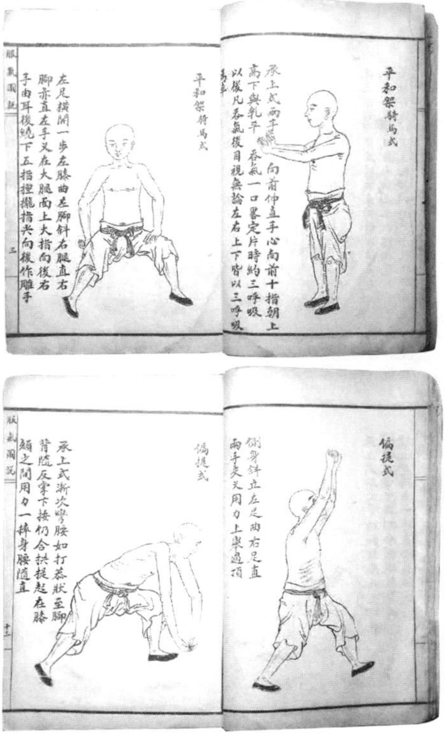

▸《易筋經》圖像

道光間，該教仍教徒眾「每日坐功運氣」。而這個教即與少林頗有關係，據《那文毅奏議》說，嘉慶間離卦教徒張洛焦，曾習金鐘罩，時常來往少林寺。足證運氣之說已流衍天下，且往往與宗教結合，少林亦受此風氣之籠罩。故《清稗類鈔》說：「少林拳法有練功術，運氣於筋肉，則脈絡突起，筋如堅索、肉如靭革，刀擊之不能傷也」，鄭板橋也說湖北魏子兆「遇少林寺僧，授以運氣傳神之訣。魏習之數年，周身堅硬如鐵」，運氣時，雖刀斧不能傷。其狀大類前面所述及的唐際之。

這種重視氣的新武術觀，必然會將武術由形體動作、趨避騰挪、技巧姿勢、力量速度，轉向內部之血氣運行層面，此所以稱爲「內家拳」。內向化，成爲這個時期一種重要的趨勢。《易筋經》就是這一趨勢最好的證例。它說練其功法，可使人「臂腕指掌，迥異尋常。以意努之，硬如鐵石。並其指可貫牛腹，側其掌可斷牛項」（〈內壯神勇〉）。這種效能，非一般之勇力，而是靠氣。故非外壯，而是內壯；非一般之勇力，而名爲神勇。〈內壯篇〉說：

> 內與外對，壯與衰對。壯與衰較，壯可久也。內與外較，外勿略也。內壯言堅，外壯言勇，堅而能勇，是真勇也。……凡練內壯，其則有三：一曰守中道。守中者，專於積氣也。……守之之法，在乎含其眼光、凝其耳韻、匀其鼻息、緘其口氣、逸其身勞、鎖其意馳、四肢不動、一念冥心。……守在於是，則一身之精氣與神俱注於是。……二曰勿他馳想。……三曰持其充周。……氣既積矣，精神血脈悉皆附之。守之不馳，揉之且久，氣唯中蘊而不旁溢，氣積而力自積，氣充而力自周。

內壯，是靠守中積氣，以達到積力之效的。其法則有三，而實僅專意守中一法（此法有操作上的下手處，也就是揉，所謂「其下手之要，妙用於揉」，詳下文）。守中，以及勻鼻息、緘口氣、鎮意馳、一念冥心等，誰都看得出來這乃是道家工夫。所以此處講精氣神，〈總論〉更申言易道與陰陽二氣之運，把「易筋」之「易」推原其義到《易經》上去：

其所言易筋者，易之為言大矣哉！易乃陰陽之道也，易即變化之易也。易之變化，雖存乎陰陽，而陰陽之變化，實有存乎人。……人勿為陰陽所羅，以血氣之軀，而易為金石之體。

這是教人要掌握陰陽（所謂「陰陽為人握也」）。掌握之法，除了上文所說的守中積氣之外，還有采咽陰陽與配合陰陽之法。采咽陰陽，見〈采精華法〉，云：「太陽之精、太陰之華，二氣交融、化生萬物。古人善采咽者，久久皆仙」。這是道教服氣之法，亦甚顯然。配合陰陽，則見〈配合陰陽法〉。說人身爲小陰陽，「凡人身中其陽衰者，多患痿弱虛憊之疾，宜用童子少婦，依法揉之。蓋以女子外陰而內陽，借取其陽，以助我之衰」，反之亦然。此乃陰陽調濟之義。

也就是說，《易筋經》主張內壯、追求神勇，提出來的方法則是守中積氣、吸日月之氣、借別人之氣等。整個拳術的理論完全沒有談到搏擊的招式技法，而是內向化地教人掌握陰陽氣運，涵養精氣神，以轉弱爲強、變靡爲壯。這與戚繼光《紀效新書》、程宗猷《少林棍法闡宗》、任伯言《白打要譜》等嘉靖萬曆間武術書實有完全不同的論述取向。

而這種路向跟道家道教的關係，則是相當明顯的。除了講《易經》、講陰陽氣運、講修煉、講煉氣、講守中、講采咽、講陰陽配補之外，它還有《外壯神功八段錦》，是直接採用道教導引術的。

八段錦之名，始見於南宋洪邁《夷堅乙志》卷九。云政和七年起居郎李似矩「以夜半時起坐，噓吸按摩，行所謂八段錦」。曾慥《道樞》卷三五《眾妙編》更詳述其法。《易筋經》所講的，其實也就是同一套功法⑦。

這樣子結合著道教導引運氣之法以改良少林拳，而託名於達摩的著作，在天啓間面世之後，配合著整個內家拳或拳術內向化的潮流，事實上對少林僧人產生了很大的影響，少林寺逐漸便接受了它。

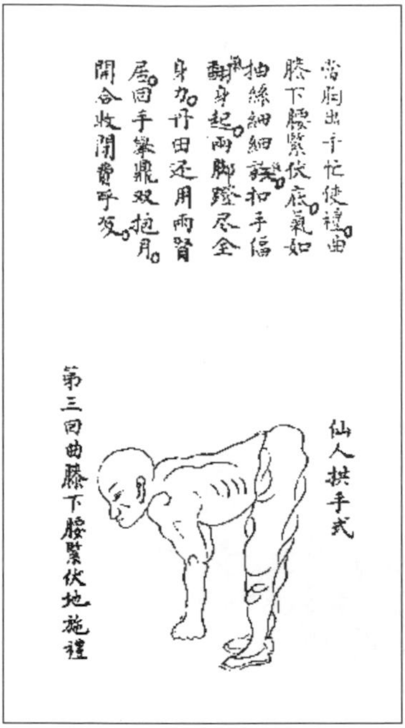

▶《內功譜》中的羅漢功圖譜

何以知道呢？據王祖源《內功圖說》雲：咸豐四年，他隨兄長住在陝西時，認識了力士周斌，三人同至少林寺，在寺中住了三個月，得少林〈內功圖〉與《槍棒譜》而歸。槍棒譜，其實是少林寺的老東西；內功圖，就是新玩藝了。其內容包含十二段錦總訣及圖說；神仙起居法；內功圖說與五臟病因；易筋經十二圖訣；卻病延年法等。這是少林寺已吸收了《易筋經》的鐵證。

十二段錦與八段錦基本上是同一套東西，乾隆三十六年徐文弼編《壽世傳真》八卷，既錄了八段雜錦歌，又擴充爲十二段錦，同時還有《修養宜行內功》一卷，述調息與小周天功法（含靜坐、內視、叩齒、漱津、運氣於任督二脈等）。少林內功圖的「內功」之說，遠昉《易筋經》，近采《壽世傳真》，是再清楚不過的。後來，光緒二十一年周述官編《增演易筋洗髓內功圖說》，就乾脆並用了「易筋」與「內功」兩詞⑧。

四、援道入佛的新典範

採用了《易筋經》，而開始講究內功的少林拳，正是因爲如此，才能把張三丰內家拳也包括進少林拳譜系中來，甚至造出張三丰源出少林的傳說。內家拳所創的點穴法（見〈王征南墓誌銘〉），認穴本同於醫家之銅人法，結果也竟形成了《少林銅人簿》一類講法，彷佛其技即源出於少林，實在是歷史上極饒興味的發展⑨。

不過，銅人之說，《易筋經》卷下〈玉環穴說〉有載：「《玉錄識餘》云：『銅人針灸圖，載臟腑一身俞穴有玉環，余不知玉環是何物。張紫陽《玉清金華秘文》論神仙結丹處，曰心下腎上、脾左肝右、生門在前，密戶居後，其連如環，其白如綿，方圓徑寸，密裹一身之精粹，此即玉環』，則是尙不言點穴，亦不采銅人針灸圖之說。此即可見《易筋經》雖談內功，雖用導引法，其說終究與內家拳術不同。此處徵引張紫陽丹法，下文又談呼吸吐納、存想、咽津等，但事實上道教講這些，是要人養結內丹、修真登仙。《易筋經》雖用其法，卻並不是要讓人成仙。所以說它也與道教功法不甚相同。

這個分別，就像《易筋經》講內功、論內壯、說積氣，方向上固然與內家拳相同，都呈現著內向化的性質；但把它拿來跟太極八卦形意之類拳法相較，立刻便會發現它們仍舊不一樣。

《易筋經》所要達到的，乃是剛的效果。它所謂的「神勇」，比一般的剛猛勇力更勇，「並指可貫牛腹，側掌可斷牛項，揫拳可擘虎胸」「吾腹，乃以木石鐵椎，令壯漢擊之，若罔知焉」（**海岱遊人〈敘記〉**）「綿弱之身，可以立成鐵石」「以血肉之軀，而易為金石之體」（**〈總論〉**）。內家拳則比較強調柔，因此多說鬆、虛、靜、用意不用力、氣沈丹田等。因此，我們可以推測《易筋經》是少林武者依少林拳之基本特性（**剛猛**），從內向化的思路上去採擷道教功法而成的，所以與內家拳、道教均有所差異。

這是目標、性質方面的不同。在具體功法方面，它也不純用導引。而是以藥洗、服食、揉打來配合意守養氣。

所謂藥洗，是用湯藥來洗身體，幫助筋骨堅實。服藥與揉打則一內一外，所謂「外資於揉，內資於藥」。揉，即按摩之法，以揉按心臍之間為主。心臍間的膜，不容易揉按到，則用杵搗搥打。詳見其〈膜論〉〈揉法〉諸篇。這種揉法及對筋膜的解說，亦是道教所無的。「般剌密諦」對此亦特加按語解說云：

易筋以練膜為先，練膜以煉氣為主。然此膜人多不識，不可為脂膜之膜，乃筋膜之膜也。脂膜，腔空中物也。筋膜，骨外物也。筋則聯絡肢骸，膜則包貼骸骨。筋與膜較，膜軟於筋。肉與膜較，膜勁於肉。膜居肉之內、骨之外，包骨襯肉之物也。其狀若此。行此功者，必使氣串於膜間，護其骨、壯其筋，合為一體，乃曰全功。

這才是《易筋經》獨特的功法與見解⑩。在此之前，東晉已傳〈天竺國按摩法〉，見《太清道林攝生論》《正一法文修真要旨》《備急千金要方》《雲笈七籤》《遵生八箋》等書中，共十八勢。又有婆羅門導引法，輯入王仲丘《攝生纂錄》中，凡十二節。其中都有捶打的方法，但前者僅談到「以手反捶背上」，後者只說要「兩手交捶膊並連臂，反捶背上連腰腳」，沒有像《易筋經》這種按揉搗打之法，更沒有筋膜說。不過，我遍考了道教所有導引法門，均無捶打者，故也許可以說搥打爲天竺按摩導引法之特色，而《易筋經》就是發展了這個特色⑪。

按摩搥打，是揉按、杵搗、搥打、漸次加重的。木杵木槌之外，尚要輔以石袋石杵、木杵木槌，用於有肉處。骨縫間，則用石袋石杵。它與道教運氣法不同之處，在於道教主要靠存想，以意運氣，讓氣流走於任督二脈。它不是如此。而是在揉打時，意注於揉打之處。所以揉打至何處，意與氣也就到了那個地方。先揉於前身心下臍上，「功至二百日，前胸氣滿，任脈充盈；則宜運入脊後，以充督脈」。共行功十二個月。

按月行功，是宋代發展出來的導引法，相傳出於陳摶。《四庫全書．道家類存目》稱此爲「按節行功法」，指它依照著氣節時令來行功，明朝頗爲流行。《遵生八箋》《三才圖會》《保生心鑒》均曾載入，羅洪先《萬壽仙書》稱爲〈四時坐功卻病圖訣〉。《易筋經》沿用了這種按月行功的觀念，所以內中有〈初月行功法〉〈二月行功法〉〈三月行功法〉〈四月行功法〉〈五六七八月行功法〉〈九十十一十二月行功法〉六篇。

經此十二月行功並服藥洗藥之後，神功已成，氣滿於內，但還有兩事須要補充：一、揉打積氣，只在前胸後臂，故氣僅充於身體上，還不能把氣運到手上，所以接著要練手。怎麼練呢？一是仍用揉打之法，用石袋從肩頭往下打，直至小指尖再用手搓揉；二、是也用藥洗；三、是藥洗後加以鍛煉。先努氣生力，然後用黑豆綠豆拌在斗中，用手去插，以磨礪其筋骨皮膚，類似後世練鐵沙掌之法。

第二件事，是要學習賈力運力的姿勢和方法。全身積氣，殆如水庫蓄水，水既蓄滿，便須學怎麼行水用水，此所以又有〈賈力運力勢法〉篇。

此類勢法，其實就是八段錦十二段錦之類導引動功，也有些版本稱之爲「易筋經十二勢」，但它說這是佛家功法：

> 此功昉自禪門，以禪定為主。將欲行持，先須閉目冥心，握固神思，屏去紛擾，澄心調息。至神氣凝定，然後依次如式行之。必以神貫意注，毋得徒具其形。若心君妄動、神散意馳，便為徒勞其形而弗獲實效。初練動式，必心力兼到。

早先所有動功導引八段錦十二段錦廿四勢之類，均只說明動姿勢，很少強調心的修養，這則是一個特例。後來徐文弼《壽世傳真》及王祖源傳出的《內功圖說》皆沿襲之，以十二段錦的第一式爲「閉目冥心坐、握固靜思神」。

它把澄心解釋爲禪定工夫，並認爲除了在練八段錦時要用此工夫外，一切行功均以此爲基本，是它理論上一大特色。故「般剌密諦」在〈內壯論〉之後又特加識語謂：

> 人之初生，本來原善，若為情欲雜念分去，則本來面目一切抹倒。又為眼耳鼻舌身意分損，靈台蔽其慧性，以致不能悟道。所以達摩大師，面壁少林九載者，是不縱耳目之欲也。耳目不為欲縱，猿馬自被鎖縛矣。……此篇乃達摩佛祖心印先基，

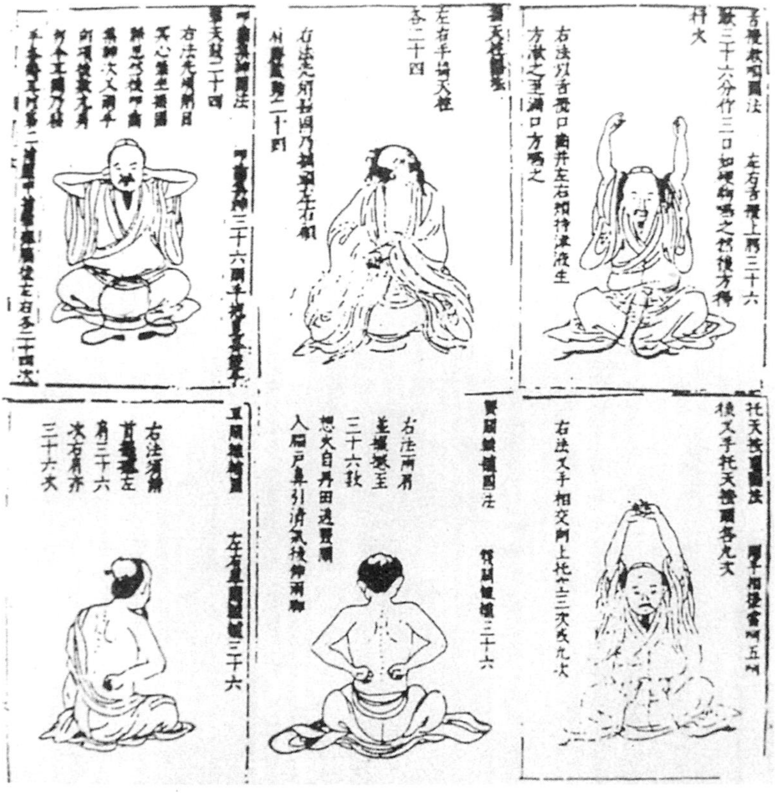

▶南宋文八段錦（局部）

其法在「守中」一句，其用在「含其眼光」七句。

守中，就是「一念冥心，先存想其中道，後絕諸妄念，漸至如一不動」。含其眼光等七句，指閉眼、凝耳、勻鼻、緘口、逸身、鎖意、四肢不動、一念冥心。講的還是澄心靜慮的工夫。它以此爲禪定，乃是援道以入佛，希望達成一種綜合佛理與道術的新架構。後來佛門接受此經，且將之視爲佛門武術宗源，亦因它具有這種援道以入佛的型態。

五、仙佛武學的路向與疑難

《易筋經》在明末少林拳發展的關鍵時刻，吸收了道教的氣運學說，講呼吸吐納、守中積氣、采咽陰陽、修練導引，形成了一套配合少林剛猛拳風的內壯理論與內功功法，當然很快就奠定了它的典範地位。

但這種融合事實上是強水火於一冶，非常困難。《易筋經》也未能達致完美融會之境地，其理論與功法均有不少破綻。

先說功法。《易筋經》吸收道教功法時，混採了好幾種不同的路數，例如守中積氣是一種，服咽日月精華的服氣論又是一種，二者並不相同，經文兼取之，何者爲正、何者爲輔？守中固然可解釋爲禪定，服食日月精華又與佛教思想何干？此即爲其疏漏之處。

《易筋經》各本又多有〈內運入火候歌〉〈行功要訣〉。此純是內丹法，又與服氣論、積氣論迴異。重點在於「顛倒陰陽，更轉互屬」，添水返火、運用鉛氣。且行功只在子午，要以河車逆運坎水上昆侖，共運三十六度，企求五氣朝元。若用此法，則大談服食日月精華、揉打搓洗，便歸辭費。抽添水火、氣貫泥丸，又與內壯神勇有何關聯？《易筋經》兼收並蓄，而不知實自陷於左支右絀也。

又，道教丹法中是有歧途、有旁門的。所以道教煉丹之士稱好的煉丹法為金丹大道；不好的丹法，例如藉助性交與采陰補陽者，便被稱為泥水丹法。《易筋經》援用了道教煉丹術，卻對此無力檢別，只說功夫若成之後，「修身堅壯，不畏饑寒，房戰取勝，泥水采珠，猶小用耳。修仙成佛，要不外是」（〈易筋經意篇〉）。它認為這只是功夫高下之分，殊不知修仙之法與陰陽采戰乃是兩條路，功夫並不相同。古修房中術者，固然有以性交為登仙秘徑者，但煉內丹之法，大興於宋元，尤其北派全真教均為出家道士，焉能以陰陽采捕或房中征戰為說？故內丹家說龍虎交媾、陰陽配合，主要乃是以一身內氣而說。即使是東派男女雙修，亦與房戰采捕者不同。《易筋經》不知此中分判，誤為一談，可謂大謬。

不僅如此，《易筋經》因正面肯定房戰采珠之功效，竟發展出了鍛練陽具之法。教人攢、掙、搓、拍罣丸；咽、捽、握、洗束、養陽具。洗，指用藥水燙洗。束，指用軟帛束之勿屈。練之久久，陽物便剛強了，「雖木石鐵錘亦無所惴」（〈下部行功法〉）。海岱遊人說在長白山曾逢一西羌人即曾習此功夫，可以「以長繩繫罣丸，綴以牛車之輪，曳輪而走，若馳也」。現今市井間有號稱全真氣功之「九九神功」，練的就是這類繫罣丸、吊陰莖的工夫。這種工夫跟武術有什麼關係？無非乞求增強性能力罷了！故《易筋經》以此自詡：「以之鏖戰，應無敵手。以之延嗣，必種元胎。吾不知天地間更有何樂大於是法者！」「設欲鏖戰，則閉氣存神，按隊行兵，自能無敵。若於應用之時，加吞吐呼吸之功，更精神百倍，氣力不衰，晝夜不寢、數日不食，亦無礙矣」。

它如此沾沾自喜其壯陽神效，是否恰當呢？若真是達摩傳經，授予少林寺僧，當然不會談這一套，也用不著這一套。且這種功法中顯示的性態度，是以性爲天地間之至樂，以晝夜不寢不食地性交爲樂事，更非僧人習武者所宜有。所以像這些地方，明顯地是爲它所吸收的道教功法所誤，不及檢別，因而誤入歧途⑫。

經中功法其他妄謬之處，頗與此有關，如〈無敵神功密法〉教人「兩腳盤坐身項直，雙手捧托腎囊前。……此段爲運氣到莖卵功夫」。宣統三年梁子瑜刊全圖《易筋經》則引高子曰：「握固二字，人多不考，豈特閉目見自己之目、冥心見自己之心哉？趺坐時，當以左腳後跟曲頂腎莖跟下處，不令精竅泄云耳」。此皆妄談，乃讀丘處機《大丹直指》而誤者。

形成這類混淆與錯誤，或許也不能歸咎於古人造作經論時思慮欠周，而應考慮其時代風氣。宋元以來之道教丹法，本來就有三教揉合的性質；以長生爲命功，以釋家明心見性爲性功，而講性命雙修，更是普遍。故往往仙佛合言，混無生宗旨與長生久視於一爐。《易筋經》就顯示了這種理路。〈內運周天火候歌〉說：

易筋經，煉氣訣。……定氣凝神鎖心猿，兩手插抱趺足坐，識得先天太極初，此處辨識生身路。冥目調息萬緣定，念念俱無歸淨土。……此是神仙真口訣，君須牢記易筋經。

既歸淨土，又成神仙，口氣與〈易筋經意篇〉說：「修仙成佛，要不外是」相同。都是仙佛合說。而在實際功法操作中，則是以修仙爲成佛的。

此種型態，自宋以來已漸形成，至明末而大盛。如顏元就批評他家鄉「萬曆末年添出個黃天道」「仙佛參雜之教也」「似仙家吐納采煉之術，卻又說受胎爲目連僧，口中念佛」（《四存編・存人編》）。黃天道，亦以煉成金剛不壞之體，撞出輪迴爲說；也每日三次參拜日月；也主張雙修法，均與《易筋經》有相同之處。同在天啓年間的道教伍柳派伍沖虛所著《內煉金丹心法》，成於一六二二年，增注本刊於崇禎十二年，改名《天仙正理直論增注》，更是說：「天仙，佛之至者也」。其弟子柳華陽《金仙證論・禪機賦第十三》則云：「恐後世學禪者不明佛之正法，反謂吾非禪道，故留此以爲憑證耳」，也以仙佛合宗自命。《易筋經》處此時會，援道入佛，欲修命以成佛，也是可以理解的⑬。

此外，我們在前面曾經談過：明清朝時期一些民間教派常習武練氣。這些民間教派，都是混揉三教義理而成的，直至晚清均是如此。如道光年，揚州「周星垣，號太谷，能練氣闢谷，……遨遊士商大夫間，多心樂而口諱之，積中師事久，頗得其術，太谷門徒寖盛」（**《山東軍興紀略》卷二十一〈黃崖教匪〉**）。「宿州張義法者，從永城魏中沅學彈花、織布兩歌，皆邪教之隱語。又令盤膝靜坐，名爲『坐蓮花』；兩手捧腹，名爲『棒太極』；一日三次，默誦咒語，名爲『三省功夫』」（**《金壺七墨》浪墨卷四〈教匪遺孽〉**）。光緒年間，「霸州城西魚津窩村，有……密密還鄉道教門，即白蓮教門也。該教宗旨，恭敬孔子、老君、佛，吃長齋。……日日坐功運氣，望死後往西方樂土，成仙作祖。」（**《拳時北京教友致命》卷八，北京救世堂一九二〇年刻本**）。又光緒間，有「一竈香」教。該教創於明末，「以敬佛爲宗旨，不殺生，不害命，吃長齋，焚香，日日坐功運氣，其經向望死後脫下皮囊，往西天成仙作祖，爲樂境也。」

這些教門，有兩方面與《易筋經》關係密切：一是它們都屬於混淆佛道，甚或混揉三教之世俗宗教型態，其教義取便流俗信從，故理論都不嚴密，也不深刻。錯謬之處，往往而有。即使不錯，理境也不高。《易筋經》也有這種現象，重在可以實用奉行，而非造論之幽玄精密。

其次，這些教派，常被官方或正統人士定義爲「邪教」。除了教義未盡正宗之外，這些教派動輒舞拳弄棍、練氣習武也是一個極普遍且重要的因素。因此，它呈現的，是一種宗教、煉氣、習武混合的狀態。而《易筋經》所顯示的，也就是這個樣子。假若我們記得「火燒少林寺」的傳說，則這種類似性就更爲有趣了。

少林寺在清朝事實上並未被火燒掉。但那是歷史上的事。在武術界，少林涉及天地會反清復明大業、少林寺被燒、少林五祖逃出、分別創立洪拳等等，則是各門派心目中傳承已久之另一事實。這些武術派別，奉達摩爲祖師，謂其藝皆傳自少林，似乎也不能說他們都是神經病，明明沒有的事還相信得如此誠篤，明明沒有的人物偏要供來做祖宗。假若《易筋經》跟那些民間宗教一樣，也有一個教團，用這樣的功法來教其教民，將宗教、習武、練氣合而爲一，以致傳其藝者均自稱少林門徒，以致朝廷忌憚而剿滅之，不是也很有可能嗎？不是比說練武的都是神經病更合理嗎？只不過，這個名喚少林的教團，未必即是嵩山那座少林寺。

我們看這些故事，均自稱爲南少林；包括敍述達摩授藝的部分。如尊我齋主人編《少林拳術秘訣》云：「少林技擊、以五拳爲上乘。……五拳之法，傳自梁時之達摩禪師。達摩師由北南來」，亦謂達摩是到南方授拳。豈不分明告訴別人：此少林非彼少林，此達摩非彼達摩嗎？達摩，釋典通作「達磨」，此則皆稱「達摩」，也有暗示畛域區隔之意。

這是一種推測。另一種可能性的考慮，則是從明末另一本拳經覓線索。那就是乾隆四十九年（一七八四）曹煥斗整理出版的《拳經拳法備要》。

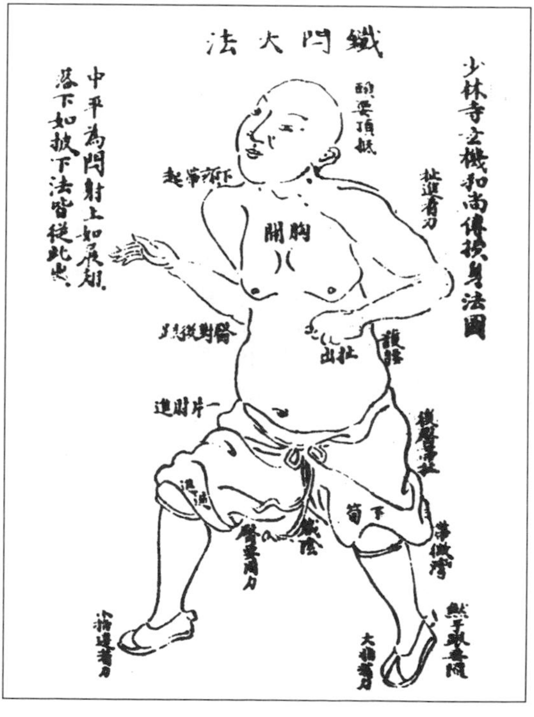

▶清代《拳經拳法備要》所錄的「玄機和尚傳授身法圖」

此書實爲兩書。《拳經》爲張孔昭撰，《拳法備要》則係曹氏自著⑭。張氏約爲康熙時期人，其譜中有「少林寺玄機和尙傳授身法圖」，似其法本諸少林，後來張鳴鵠、張孔昭等轉益多師，又頗有自得之處，固已迥非玄機和尙傳授之原貌，但淵源本於少林，應是確實不誣的。據其所述，則明末少林寺拳勇已著盛名，亦有傳授，流布四方，所以《拳經》中已出現：「拳法之由來本於少林寺」之說。把宋太祖長拳、溫家七十二行拳、三十六合鎖、二十四氣探馬入閃、十二短打、李半天之腿、鷹爪王之拿、張敬伯之打，統統溯源於少林。這些武術，其實均爲《紀效新書》上的記載。可是在戚繼光的敘述中，它們是跟少林寺棍法齊名的，並非源出少林。可見明末清初，少林拳勇聲名漸著之後，少林徒眾張大其說，高自標置，自居爲武術宗祖，把各家武術都講成出自少林，已成爲一種風氣。

而事實上，廣泛吸收各界長處，才是此刻少林拳發展的真相。例如《拳經拳法備要》中有醉八仙拳，號稱「此乃拳家之祖，從此化出」。佛教少林拳法，緣何而取義於醉八仙？僧家戒酒，又不奉八仙，此類拳法，自是汲取自異教而來。拳法中又有「走盤太極八步全圖」，又講陰陽、剛柔、借力、偷力，此均與佛理無涉，而是近於道家的理論，與其拳法有醉八仙相似。

此書亦已提到氣的問題，〈提勁運用之法〉云：「大凡運勁之法在乎氣，而氣之虛實全憑小腹下運之。蓋周身運量，氣爲之先。若氣不在小腹而在上胸，此上實下虛」，把力量歸原於氣，氣力則要由腰轉出。另有〈氣法指要〉云：

緊閉牙關口莫開，口開氣泄力何來？須知存氣常充腹，煞手休將氣放懷。回轉翻身輕展動，灌通筋骨壯形骸，終朝練習常如是，體質堅牢勝鐵胎。

這種氣法，便很像《易筋經》所述導引法。足證少林拳法在明末清初確是朝結合氣論、道教思想、道教導引法之方向發展的。佛、道、武，混而爲一。這也是一種「三教合一」，只不過，含有不少混淆與疑難，不可不辨。

六、易筋經的流傳與誤解

《易筋》《洗髓》二經，武學界仰若泰山北斗，傳習者多，深自秘惜者尤夥，影響至為可觀。但傳習誦法者，或不知其來歷，或不明其功法之底蘊，或不辨其謬，更勿能審其於武術史思想史之意義，矜習遺編，詫為奇術，聊資稗販而已。

以民國十八年張慶霖所著《練氣行功秘訣內外篇》考之。其書金一明序，謂其為少林衣缽，推崇曰：「練易筋者，不能比其神；練洗髓者，不能知其妙」。作者張慶霖本人亦於內篇第十一章〈氣功歌訣秘抄〉，亦即全書結尾處，抄錄〈內運火候篇〉〈無始鍾氣篇〉〈四大假合篇〉〈凡聖同歸篇〉〈物我一致篇〉〈六六還原篇〉，然後說：「本歌訣已極氣功之能事，酣暢淋漓，毫無所諱。其法與《易筋》《洗髓》兩篇大同小異。至其道，則又高出《洗》《易》萬萬也。是均在有緣學者熟爛於胸中揣摩之矣」。又說：「易筋經《洗髓》訣，蔣竹莊家藏刻本中有，但不及涵芬樓手抄秘笈錄中

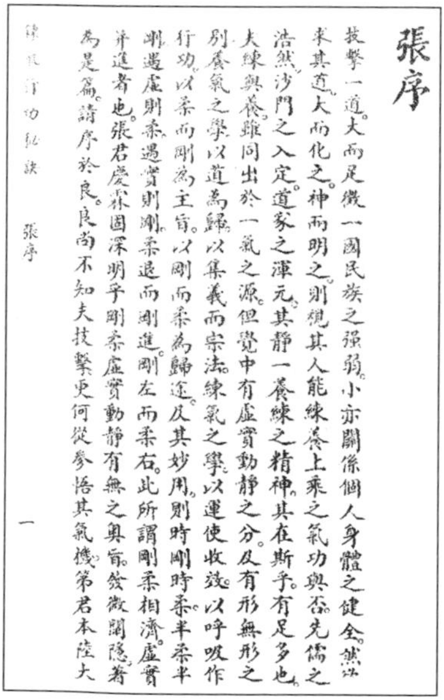
張序

技擊一道。大而足徵一國民族之强弱。小亦關係個人身體之健全。然必求其道。大而化之。神而明之。則視其人能練養上乘之氣功與否。先儒之浩然。沙門之入定。道家之渾元。其靜一養練之精神。其在斯乎。有足多也。夫練與養。雖同出於一氣之源。但覺中有虛實動靜之分。及有形無形之別。養氣之學。以道為歸。以集義而宗法。練氣之學。以運使收斂。以呼吸作行功。以柔而剛為主旨。以剛而柔為歸途。及其妙用。則時剛時柔。半柔半剛。遇虛則柔。遇實則剛。柔退而剛進。剛左而柔右。此所謂剛柔相濟。虛實并進者也。張君慶霖固深明乎剛柔虛實動靜有無之奧旨。發微闡隱。著為是篇。請序於良。良尚不知夫技擊更何從參悟其氣機。第君本陸大

練氣行功秘訣　張序　一

▶民國初年中華圖書館石印本《練氣行功秘訣內外篇》卷首張學良序

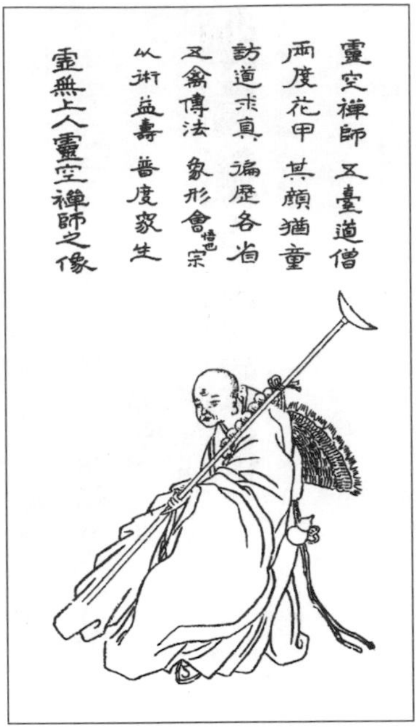

▶五台山靈空禪師像

之詳而雅。至本訣則爲秘抄，從未見刊行過」。

其實這六篇歌訣，第一篇即在《易筋經》中，其餘五篇，則爲《洗髓經》之文字。張氏謂其「從未刊行過」，又誇稱其法高出兩經萬萬，真乃天大之笑話。蔣竹莊家藏本，便錄有此數篇歌訣全文，張氏蓋根本未曾寓目。涵芬樓秘笈抄本，則確實較蔣藏本篇「詳」，但所多出來的，乃是〈退火法〉及〈服藥十錦丸〉〈五生丸法〉〈五成丸法〉〈十全丸法〉〈便方〉〈平起服法〉〈平起洗法〉等藥方，又何嘗「詳而雅」？此即可見張氏大言欺人，非於《易筋》《洗髓》兩書毫無所悉，即是陰竊其說，複張揚謂能勝於二經，以驚俗耳、以駭俗目也。

此書有段祺瑞、金一明序。段氏非此道中人，或不嫻仙佛武術之事；金一明則爲武術大行家，曾著《中國技擊精華》《武當拳術》《武當三十二勢長拳》《練功秘訣》等書，乃竟隨聲附和，不知張氏此書不僅所抄錄者即爲兩經之歌訣，其所述功法亦衍兩經之緒，誠可怪歎！

又，宣統三年梁士賢輯刊《全圖易筋經》，僅錄第一套十二式、第二套五式、第三套五式，共二十二式。附青萊真人八段錦坐功圖八式、陳搏功圖二式。則是只以八段錦視《易筋經》，可謂管中窺豹，未見全貌。

蕭天石〈重刊易筋洗髓二經例言〉則說二經「爲學佛坐禪之基先工夫」「洗髓之於禪定，尤爲重要，由此而入，方是坦途」。殊不知依二經之意，易筋洗髓均須運用禪定工夫。故非二者爲學佛坐禪之基先工夫，乃禪定爲其入門之坦途。蕭氏恰好說倒了。

蕭氏此刊，又自認其《洗髓經》係乾隆間排印本，且謂「經前並有慧可序；後有跋，係月庵超昱緒欣據內典翻譯。全部《易筋經》亦係據原本天竺文翻譯」。凡此，亦均爲誤說。兩經皆無梵文本，亦不在《大藏經》內。慧可序、月庵跋，也均爲僞託。凌廷堪考證謂：慧可序云：「初至陝西敦煌」，後魏時敦煌焉有陝西之稱（《校禮堂文集》卷廿五）？《易筋經》乾隆間只有抄本，《洗髓經》時代更晚，是依附《易筋經》而造者，幻中出幻，乾隆間豈能遂有刻本？故此亦皆大言欺人而不識刊印之源流者也。書中又附所謂「易筋甩手功真傳」，云出道教《青城秘錄》等書。

案：將此類功法與《易筋經》合刊，固足以供讀者參證，使知《易筋經》與道教養生功法之關聯；然甩手僅爲養生之用，與《易筋經》之爲武技內壯者功用殊途，恐不宜牽合。至於練易筋功時，「須絕對斷絕房事。……期滿後，亦以少親房幃爲上，能行而不漏者亦然」云云，以此懸爲厲禁，而實乏根據，經中毫無證案，乃蕭氏虛聲恫嚇以增人信此功法耳。

蔡雨良另由棲霞山老道處得一兩經合抄本，一九八一年由真善美出版社印出。較蕭刊本多〈推演易筋洗髓內功圖說〉〈增廣易筋洗髓內功圖說〉〈易筋洗髓支流彙纂〉〈內外功集成〉。易筋之學，流脈頗可考見，可謂洋洋大觀，裨益學林，不爲無功。但刊印其書，旨在「發揚仙學」，提供給「有志性命雙修者」研究，則誤矣。《易筋經》本來乃是吸收道教導引運氣練丹之說，以發展武勇搏擊之術；此則遽以其言導引運氣練丹，而奉之以爲成仙養生秘譜矣，豈不謬哉！

武術界所傳，別有五台山靈空禪師《全圖練軟硬功秘訣大全》一種。凡總論、練軟硬功秘訣、練功印證錄、練功治傷秘方四章。所指軟功，乃朱沙掌一指禪之類；硬功，乃金鐘罩鐵布衫之類。其法實均由《易筋經》所述搓揉、藥洗、努氣生力、以手插豆之法發展而來。其用藥洗手之藥方亦然。第一章第六節並述〈涵虛禪師練功學技談〉，可知該書所論功法與少林《易筋經》肸向相通，淵源正不可掩。但區分武功爲內外兩類，云：「內功主練氣，趺坐習靜，與道家之導引術約略相似。外功主練力」，則是將內外打爲兩截，非以內功爲筋骨力量之助。又述練外功之法，爲「先練皮肉，次則練筋骨。皮肉筋骨既堅實，更進而練習個部之實力，實力既充，然後更進而練習運行氣力之法。練皮肉，用搓摩之法；練筋骨，用八段錦；練各部氣力，用努氣生力法，兼用石鎖鐵杠等器械之助，均與《易筋經》同，然次序顛倒了。《易筋經》是以氣爲主，充氣於內，以壯筋膜血骨，再練皮肉。靈空禪師此法，則有外無內，雖衍《易筋》之緒，而實失其真傳⑮。

也就是說，《易筋》《洗髓》，地位雖高，真賞殆罕。無論仙學抑或武學，承流接響者固不乏人，但誤解既多，或虛飾而增華，或變本而加厲，或源遠而歧，或流別而分，殊難使人明其來歷、知其底蘊，於明清之際佛、道、武學參合之跡，尤難考案，故本文粗發其凡，以俾考覽。

注　釋

①見徐震《國技論略》上編〈辨偽〉中〈易筋洗髓經不出於達摩〉〈辨少林拳術秘訣言師授淵源時代之誤〉二節（民國六四年，華聯出版社重印本）。又唐豪《少林武當考》上編第五節〈達磨與易筋經〉，民國七二年，華聯出版社重印。

②另參林伯泉《中國武術史》第五章第八節，民國八五年，五洲出版社。

③象形拳，又稱仿生拳。意謂模仿生物而成。其中猴拳起源甚早，《紀效新書》已云：「古今拳家，宋太祖有三十二勢長拳，又有六步拳、猴拳、囮拳，名勢各有所稱，而實大同小異」。曹煥斗《拳經拳法備要》也有站步式，注云：「亦名瘋魔步，猴拳從此化」；鐵拐李顛椿式，注云「醉步此中生出，猴拳亦從此生出」。兩者對勘，可知猴拳流傳已久，而少林拳法中亦頗重視猴拳，其法則以顛醉佯狂之步法為之。然而，後世所謂少林五拳，卻是龍、虎、豹、蛇、鶴，見尊我齋主人編《少林拳術秘訣》，民國七三年，華聯出版社重印本。此蓋猴拳在少林宗派中漸失其傳，而亦可證明少林五拳之說屬於後世之附會。

④中國大百科全書出版社，頁一〇九至一一二。

⑤尊我齋主人所編《少林拳術秘訣》，亦以少林武術為「柔術」「氣功」。此即其書晚出之證。

⑥海岱遊人敘記，一本題為元中統六年，見注①引唐範生書。

⑦八段錦，有繁有簡、有坐有動，詳馬濟人《道教與氣功》，一九九七，文津出版社，第三章十五至十九節。

⑧《少林拳術秘訣》將此八段錦十二式擴充為十八式，稱為「達摩所傳十八羅漢手」。該書並未引用《易筋經》，但這顯然由《易筋經》來。

⑨點穴法創自內家拳師，且與道流淵源深厚，後來少林才傳習其技，另見注①所引徐震書上編〈存疑〉。

⑩論膜，極為特殊，後世少林拳術亦無承續其說者，僅《楊氏太極拳老譜》附錄有〈太極膜脈筋六解〉一篇。其中說：「膜若節之，血不周流。脈若拿之，氣難行走。筋若抓之，身無主地」「抓膜節之半死，申脈拿之似亡，單筋抓之勁斷」，此似即與《易筋經》所言有關。該譜另有〈太極力氣解〉云：「氣走於膜、絡、筋、脈。力出於血、肉、皮、骨。故有力者皆外壯於皮骨，形也。有氣者是內壯於筋脈，象也」，與《易筋經》內壯的講法也顯然是有關係的。

⑪《楊氏太極拳老譜．太極字字解》將按、揉、摩、捶、打諸法，由煉功之法，轉為技擊之法，云：「挫、揉、捶、打於人於己，按、摩、推、拿於己於人，開、合、升、降於己於人，此十二字皆用手也」。按摩搥打於己，就是練功之法，施之於人則是技擊之術。此顯然也是由《易筋經》所述按摩搥打之法引申變化而來。同理，〈太極空結挫揉論〉說：「有挫空、挫結；有揉空、揉結之辨。……揉空者，則力分矣。揉結者，則力隅矣。若結揉挫，則氣力反，空揉挫則氣力敗」等等，也是把揉法之用轉為搏擊之術。太極拳法本以掤、擴、擠、按、采、挒、肘、靠為之，初無揉法；抓筋膜、閉六脈，亦非拳式中本有之義，故此均應為吸收自《易筋經》之說。世之論太極拳者，惜尚未考焉。

⑫自由出版社所刊蕭天石編《真本易筋經秘本洗髓經合刊》即刪去有關下部行功法的部分，謂其易流於房中采戰，恐係後世重雙修法之房中家所羼入。

⑬為道家功法者，應推萇乃周《萇氏武技書》，次則為王宗岳〈太極拳論〉。但王氏之說與道教

丹法無關，萇氏〈中氣說〉則明白指出：「中氣者即仙經所謂元陽，此氣即先天真乙之氣。文煉之則內丹，武煉之則為外丹」。

⑭此書作者，各家考證，見解不盡相同。羅振常認為全都是曹煥斗作。唐豪認為一部分為張鳴鶚編，一部分為張孔昭或其門弟子所作。我的看法，則與他們不同。

⑮周述官《增演易筋洗髓內功圖說》十八卷，作於光緒二十一年，刊於民國十九年，卷帙最多，體例亦較特殊。其特點有三：

一、將《易筋》《洗髓》合為一體，認為兩者相輔相成；不可析分。

二、兩經合論之後，他將《易筋》視為外壯功夫，謂《洗髓》為養心功夫。而所述功法，實偏於內養煉丹，已非武術神勇之技。

三、他非常強調三教合一。是所有《易筋經》中唯一講三教合一的，不止為仙佛合論而已。周氏之術，據他說傳自少林靜一空悟法師。一九九一年北京科學技術出版社王敬等人編《中國古代密傳氣功》曾將此書重排了一次。

張三丰武學論考

一、依託張三丰的內家拳

論武術者，莫不稱少林武當。少林以達摩爲初祖，武當則奉張三丰。兩說均屬依託，而且依託的年代都起於明末。

達摩駐錫少林，傳《易筋》《洗髓》兩經，說見僞託李靖牛皐兩人爲《易筋經》所撰的序。張三丰的事，則見於黃宗羲所作〈王征南墓誌銘〉，云：

有所謂內家者，以靜制動，犯者應手即仆。故別少林為外家，蓋起於宋之張三丰。三丰為武當丹士。徽宗召之，道梗不得進。夜夢玄帝授之拳法，厥明單丁殺賊百餘。三丰之術，百年以後，流傳於陝西，而王宗為最著。溫州陳州同從王宗受之，以此教其鄉人，由是密傳溫州。嘉靖間，張松溪為最著。松溪之徒三四人，而四明葉繼美近泉為之魁，由是流傳四明。四明得近泉之傳者，為吳崑山、周雲泉、單思南、陳貞石、孫繼槎。皆各有授受。……思南之傳，則為王征南。……凡搏人皆以其穴，死穴、暈穴、啞穴，一切皆如銅人圖法。

本文首先提出內家拳起於張三丰之說，並著明其傳授源流。張松溪事，又見雍正年間曹秉仁《寧波府志．張松溪傳》，也說其法起於張三丰。但顯然曹氏此文即依據黃宗羲的敍述而來，故黃文爲最早說內家拳與張三丰有關的文獻。

但宋代這位張三丰，是位名不見經傳的人物，宋元亦無任何人談過這麼一號人物。因此徐震《國技論略》認爲黃宗羲大概是弄錯了。《明史．方伎傳》裏有一位「張全一，名君寶，張三丰，……與其徒遊武當山，創草廬居之。明太祖聞其名，於洪武十四年遣使覓訪而不得」，黃宗羲誤把此歸爲宋徽宗時事，所以才出現一位宋代的張三丰（上編《辨僞．辨黃宗義王征南墓誌銘有關張三峰時代之誤》）。沈壽《太極拳法研究》則認爲〈王征南墓誌銘〉〈張松溪傳〉所說的都是「張三峰」而非「張三丰」，後人將峰改爲「丰」或「豐」，才會跟明初那位

▶張三丰像

武當道士混為一談（一九八四，福建人民出版社，一〇四頁）。

黃兆漢《明代道士張三丰考》也說：「宋代是否有一位技擊家張三峰不可確知。若有，則自然不是元末明初的張三丰。我們所討論的張三丰大概是不懂技擊的，因為在我讀到的張三丰的文獻裏也沒有提到他懂技擊的。這個技擊家張三峰亦可能只是偽託」（一九八八，學生書局，壹之四）。AnnaSeidel則推測做此依託的人就是張松溪，見A Taoist Immortal of the Ming Dynasty: Chang Sam-feng收入Wm. Theodore de Bary 編 Self and Society in Ming Thought（一九七〇，哥倫比亞大學）。

案，張三丰在明初是位傳奇人物，其傳說越來越多，時代也就越推越早。如陸深《玉堂漫筆》、何喬遠《名山藏》都說他是金朝人，且說他曾在寶雞縣金台觀修煉，弄得後來清朝修《陝西通志》《鳳翔府志》，民初修《寶雞縣誌》時也都如此說。黃宗羲講張三峰內家拳百年後流傳於陝西，即是跟這個傳說有關的。同時，以上兩本書也提到了另一個傳說，說張三丰是元朝初年人，元初曾與劉秉忠同師於沙門海雲，陸西星〈張三丰傳〉便相信了這個說法。陸氏乃道教內丹東派之大宗師，他既采信此說，其說在道流中必

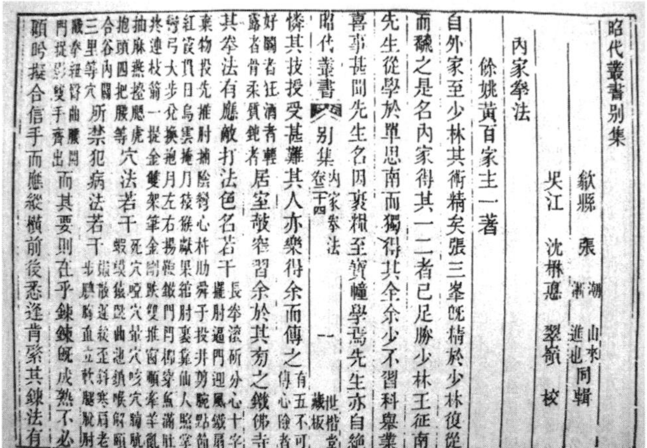
昭代叢書別集
歙縣 張潮山來 漸進也 同輯
吳江 沈楙悳翠嶺 校
內家拳法
餘姚黃百家主一著
自外家至少林其術精矣張三峯既精於少林復從而翻之是名內家得其一二者已足勝少林王征南先生從學於單思南而獨得其全余少不習科舉業喜事甚聞先生名因裹糧至寶幢學焉先生亦自絕
昭代叢書 別集 卷二十四 內家拳法 一 世楷堂藏板
憐其技授受甚難其人亦樂得余而傳之（有五不可傳心險者好鬬者狂酒者輕露者骨柔質鈍者）居室敬密習余於其旁之鐵佛寺其拳法有應敵打法色名若干（長拳滾斫分心十字擺肘逼門迎風鐵扇棄物投先推肘補陰彎心杵肋舜子投井剪腕點節紅霞貫日烏雲掩月猿猴獻果綰肘裏靠仙人照掌彎弓大步兌換抱月左右揚鞭鐵門閂柳穿魚滿肚疼連枝箭一提金雙架筆金剛跌雙推窗順牽羊亂抽麻燕擡腮虎抱頭四把腰等）穴法若干（死穴啞穴暈穴咳穴膀胱蝦蟆猿跳曲池鎖喉解頤合谷內關三里等穴）所禁犯病法若干（懶散遲緩歪斜寒肩老步腆胸直立軟腿脫肘戳拳扭臀曲腰開門捉影雙手齊出）而其要則在乎練練既成熟不必顧盼擬合信手而應縱橫前後悉逢肯綮其練法有

▶黃百家《內家拳法》書影

已極為流行。此時，張三丰已是元初人了。徐禎卿《異林》更推而上之，說有位張剌達，曾為成祖所訪，又說他「相傳是宋人」，曾至華山謁陳摶。張剌達，與張三丰之號為邋遢道人的「邋遢」音近，故世又以張為宋代人，曾見過陳摶。

這就是明代張三丰故事越增衍越繁富、越傳年代越早的狀況。技擊家依附於這位傳奇人物，以神化自己的拳技，也起於這個時代。嘉靖間的張松溪，或活動於天啓崇禎間的王征南，都可能是依託者。雖然如此，依託也有依託的原則。技擊家所說，均言張三峰，以自別於丹道家之言張三丰。丹道家論張三丰，俱如黃兆漢所說，是「沒有提到他懂技擊的」，張三丰只不過是一位邋遢遊戲人間的神仙罷了。「張三峰」與「張三丰」之不同，恰如「達磨」與「達摩」。禪宗文獻，通稱達磨；技擊家依託，則稱達摩，以別畛域。後人再予混一之以後，這個區分便蕩然了。

張松溪之術，今已不可考。《寧波府志》所載，摭拾傳聞，未必可據。可確考者，厥為王征南。

征南之法，黃宗羲強調其「以靜制動，犯者應手即仆」，又說他「凡搏人皆以其穴。死穴、暈穴、啞穴，一切如銅人圖法」。似乎一是說他應付攻擊時擅長借力使力，以靜制動；二是說他攻擊時著重打穴；三是說他打穴時是將醫學上以銅人認穴的辦法挪用於技擊，故穴有可暈可啞可死之分。

黃宗羲之子黃百家曾從王征南習藝，述其學尤詳於宗羲。「略謂其法有五不傳：心險者、狂酒者、輕露者、好鬥者、骨柔質鈍者。有應敵打法色名若干：長拳滾砍、分心十字、擺肘逼門、迎風鐵扇、異物投光、推肘、捕陰、彎心杵肋、舜子投井、剪腕點節、紅霞貫日、烏雲掩月、猿猴獻果、綰肘裹靠、仙人照掌、彎弓大步、兌換抱月、左右揚鞭、鐵門閂、柳穿魚、滿肚疼、連枝箭、一提金、雙架筆、金剛跌、雙推窗、順牽羊、亂抽麻、燕擡腮、虎抱頭、四把腰等。

所謂「應敵打法色名」，就是後來所說的「招式」。用於應敵，故應屬散手。招式串連，則爲套路。王征南之拳，又有六路與十段錦。六路歌訣云：「佑神通臂最爲高，斗門深鎖轉英豪，揚鞭左右人難及，煞錘沖擄兩翅搖」，十段錦云：「立起坐山虎勢，回身急步三追，架起雙刀斂步，滾斫進退三回，分身十字急三追，架刀斫歸營寨，紐拳蹑步勢如初，滾斫退歸原路，人步韜在前進，滾斫歸初飛步，金雞獨立緊攀弓，坐馬四平兩顧」。

對這些歌訣，黃百家有注釋甚詳。其中可以看出來王氏很重視斫法。斫法爲其三十五種練手法中第一種。百家並說：「拳家惟斫最重。斫有四種：滾斫、柳葉斫、十字斫、雷斫，而先生另有盤斫，則能以斫破斫。此則先生熟久智生，劃焉心開而獨創者也」，對之推崇備至。可是何謂斫法，至今殊難明瞭。大概屬於掌劈，故形容如刀斧之斫。柳葉斫，也可能類似後來拳家所謂柳葉掌。但滾斫、十字斫、雷斫、盤斫之法，終不得而知。

王氏所擊穴法，據黃百家說有死穴、啞穴、暈穴、咳穴、膀胱、蝦蟆、猿跳、曲池、鎖喉、解頤、合各、內關、三里等。綜合其法，則有五字訣法爲：敬、緊、徑、勁、切。

王征南這套拳法，只有黃百家這一位傳人，但百家後來並未繼續學拳，所以說：「先生之術所授者唯余，余既負先生之知，則此術已爲廣陵散矣」。號稱傳自張三丰的內家拳，至此業已失傳。

二、依託張三丰的太極拳

張三丰武學之再現於江湖，是與太極拳相關聯的，時間則在清末。

萬本太極拳譜（因抄在萬縣興隆街裕興昌印的十行紙上，故稱萬本）所錄王宗岳《太極拳論》之後，加了行注語云：「左系五當張三丰老師遺論，欲天下豪傑延年益壽，不徒作技藝之末也」。楊澄甫《太極拳使用法》（一九三一，文光印務館）、陳微明《太極拳術》（一九二五，上海中華書局）、徐致一《太極拳淺說》（一九二七，上海文華圖書印刷公司）均抄錄了這段話，而改爲「武當山」「張三丰」。可見太極拳本於張三丰，已成爲這些拳師的「共識」，陳微明《太極答問》且說太極拳可斷定是張三丰所傳無疑。

陳微明之說，唐豪曾有駁議，認爲王征南拳法與太極拳名色顯然不同，不能混爲一談（《少林武當考》下編，五）。另外，光緒七年李亦畬《太極小序》及抄王宗岳《太極拳論》都不作此依託，反而明言「太極拳不知始自何人」。唐氏也論斷：「太極拳附會於張三丰，乃光緒七年以後事。」（《行健齋隨筆》）

考王宗岳《太極拳論》，萬本作《山右王宗岳先生太極論》。我認爲這個篇題是較妥當的，因爲這篇文章只是王宗岳對自己拳術的闡明，以「太極者，無極而生，動靜之機、陰陽之母也」來說明拳理。並不意味這套拳就叫太極拳。所以底下說：「長拳者，如長江大海，滔滔不絕也。」李亦畬抄本才在「長拳者」上面加上「太極拳，一名長拳，又名十三勢」，李氏姨甥馬印書抄本同。但仍無「太極拳」三字。其餘萬本、陳微明本、徐致一本、楊澄甫本則都沒有這一段。可見王宗岳說拳理，固然由太極講起，以說八卦五行，但其拳本應稱爲長拳。現在通行的太極拳，傳自河南陳家溝，亦與山西王宗岳無關，更不用說王氏拳論與武當張三丰原本也是毫無關係的了。

▶鄭孝胥題字

太極拳出現甚晚，陳長興（一七七一～一八五三）、楊露禪（一七九九～一八七二）之後始顯於世，光緒間始大盛。興盛之後，推源溯祖，也是越扯越遠。許禹生《太極拳勢圖說》甚至提出了唐許宣平、武當道士李道子以及張三丰所傳諸說。其中講張三丰的部分，云：「元世祖時，有西安人王宗岳者，得其真傳，名聞海內。」不知王宗岳乃乾隆時山西人，咸豐時人武霽宇始獲其拳譜，其弟武禹襄因學拳於楊露禪，始將此譜傳出，跟張三丰何干？王氏也非元世祖時人。此即可見太極拳家推源溯始時，有將一切久遠化的傾向。論張三丰如此，論王宗岳也是如此。

但自光緒初年有人把王宗岳《太極論》說成是「張三丰老師遺論」，並逐漸獲得太極拳師們的認可後，太極拳與張三丰的關係越來越被坐實，竟形成了武學上的武當派。金一明一九三〇年出版《武當拳術秘訣》，論列了武當拳術源流、張三丰生平事跡與內家拳之名稱及其源流、內外兩家拳術不同點等。狄兆龍、高飛一九六〇年又出版《武當秘傳八卦掌》。

一九八五年湖北丹江口市更創辦了《武當》專業武術期刊，以宣揚武當武術。

三、依託張三丰的道派

張三丰在清代持續走老運，在被技擊家奉為宗師、形成宗派之同時，在道教煉丹人士間，也有了相類似的際遇。

清道光時期四川人李西月崇奉張三丰，經常以扶乩方式與張三丰唱和，逐漸把張氏以前一些高道列為前幾代祖師，把張氏同時代及其後一些人列為他的弟子，一代代，形成譜系，稱為隱仙派或猶龍派。李西月曾解釋這個道派的名稱說：「大道淵源，始於老子。一傳尹文始，……文始傳麻衣、麻衣傳希夷、希夷傳火龍、火龍傳三丰。或以為隱仙派者，文始隱關令、隱太白；麻衣隱石堂、隱黃山；希夷隱太華；火龍隱終南；先生（張三丰）隱武當，此隱仙派之說也」（《張三丰全集》，卷一）。因其認為該派源於老子，故稱猶龍派；又因認為該派最善隱，故稱隱仙派。

張三手在這一派中被稱為「玉虛右相參法天師猶龍六祖昆陽先生」。此派又稱西派。因為在講內丹修煉的道派中，北派全真、南派由紫陽真人所傳，均形成於宋代；東派為明代陸西星所創，流行於江浙；西派則為李西月所創，流衍於四川，故稱西派。它與東派喜說男女雙修不同，主張單修。而李西月之主張，多藉由注解張三丰著作，或與張三丰扶乩時發之，今傳《張三手全集》也是李氏編的。

在李西月之前，民間已經流傳不少託名張三丰之著作，因此他說：「近來傳本多所混雜……俗抄，有比張、鄧刻本全備者，又多以呂祖詩混入其中」（卷一）。但李編本中，據黃兆漢之考證，依託仍然甚多。尤其值得注意的是：《全集》第六冊是幾種經咒，如《文昌帝君開心咒注釋》《准提心經》《鬥姥大法語》《大悲神咒》等。這一冊，黃兆漢認爲是李西月之後的人加入，而於光緒三十二年刊入成都二仙庵《道藏輯要》的《張三手全集》中的。若然，則張三手著作之增飾僞託，在李西月之後仍在進行中。

光緒間，拳家喜歡將拳術推源於張三丰，應與張三手在這個時代的聲望有關。有道派專力推崇闡揚其道法、有人不斷托依創造他的著作，當然武術界也就樂於攀附這樣一位有體面的聞人。

而且這兩方面也是有關係的。張三手創太極拳，這樣一個說法，不但爲太極拳找到了一個發明人，事實上也將太極拳拉進了道教的脈絡中，讓人從道教的角度去理解太極拳。

太極拳本於《易》理，當然未必即是道教之物，儒家的孔子不就曾贊《易》嗎？可是，若說太極拳係道士張三手所創，意義便不同了，太極拳的拳理似乎就該與道家道教有關才是。此即太極拳之道家道教化。轉化後的太極拳，當然也就與修身煉養頗有關係了。

所謂張三手武學，所指就是這樣一種與道家道教煉養修真結合起來，而以太極拳爲其論述核心的武學。這樣一路武學，其實研究者尚少，武術界也還對之不甚了然，因此我準備從幾篇文獻介紹起。

四、納入道教體系中的太極拳

蕭天石先生《重刊太極煉丹秘訣前序》說：「張三丰真人者，道家丹鼎派中新派之開山祖也。此派又稱太極派，其太極拳尤盛傳於世」（一九九八，自由出版社，道藏精華第二集之五）。

此書據稱乃太乙山人所藏，蕭先生曾引其「拳通太極風雲外，道在陰陽造化中」「形勢千般皆下品，神氣運化亦非真」二語，謂其「殆亦拳家而修真者」。然所藏《張三丰太極煉丹秘訣》實爲民國以後依託杜撰之作，蕭先生輯入《道藏精華》，殊覺不倫不類；所述張三丰爲太極派、創太極拳等，更是無一不誤。蕭先生於道教道學爲大行家，何以妄謬至此，令人不解。

本書凡六卷，一傳紀、二太極長生訣、三修道篇、四煉丹篇、五煉丹歌訣、六水石閒談。蕭先生所說，集中於第二卷。但其中《太極拳論》乃將武禹襄《十三勢說略》與王宗岳《太極拳論》並湊而成；而《太極拳歌》則爲王宗岳《十三勢行功歌》。蓋光緒七年以後，張三手創太極拳之說漸漸盛行，此書遂以清人著作冒充爲祖師傳本也。

不過，作此僞託、弄此狡獪，也不曾毫無用意。此書是將太極拳納入修道煉丹的體系中去的作品。早先有人說太極拳爲張三丰所創，只是從淵源上認定太極拳與道家道教的關係，現在它則更想從理論上結合這層關係。由這個角度看，此書便頗有值得注意之處。

《太極長生訣》這一卷，就很明顯地是以太極拳爲養生術之一術。首列《重陽祖師十

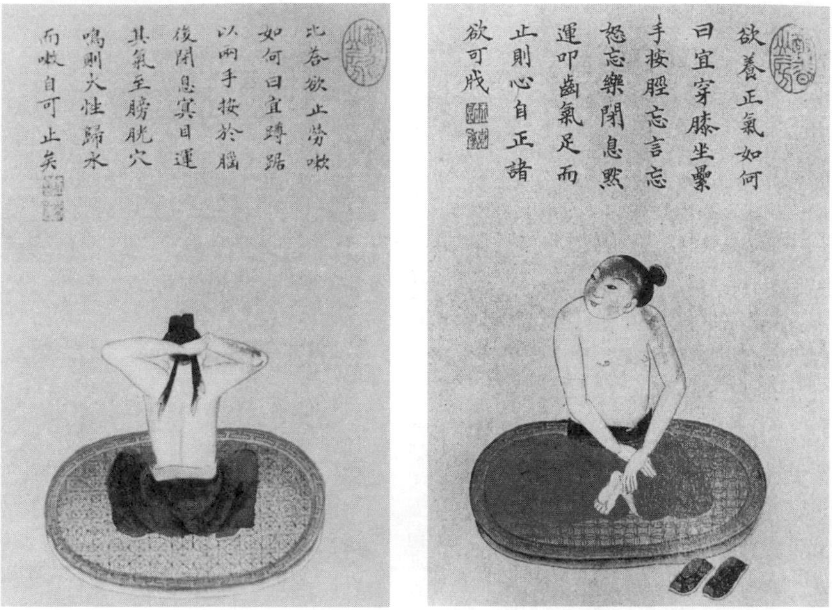

▶清代導引圖

論》；次為《運用周身筋脈訣》，教人早起咽太陽氣、中午靜坐運氣入丹田、晚上也咽氣吞津；再則為《打坐淺訓》，教人呼吸調息之法；《打坐歌》教人打通玄關一竅，修成金丹；《積氣開關說》教人九轉真氣，以通玄關；接下來才是《太極拳論》。但太極拳論依王宗岳之說而立論，僅屬技擊，尚非修真，故底下立刻補了一篇《學太極拳須斂神聚氣論》、一篇《太極行功歌》、一篇《太極行功說》。

這幾篇東西，是技擊家所傳太極拳各譜錄中所沒有的。歷來論太極拳者也不知道有這些文獻。

它們的特點，是在太極之外強調無極，云：「太極之先，本為無極，鴻蒙一氣、混然不分，故無極為太極之母，即萬物先天之機也。……

迨入後天，即成太極。……太極之位定。其象既成，其位既定，氤氳化生，而演爲七十二之數。……然後混七二之數，渾然成無極。」（《學太極拳須斂神聚氣論》）意思是：無極爲先天，太極爲後天。若練它那七十二路太極拳，練到陰陽二氣相交，還其混化，就可以回歸到渾成無極的境界了。此說擡高了無極的地位，且將太極拳工具化，視爲人回返渾成無極境界的一個手段，因此它說：「學太極拳爲入道之基」。

其次，它認爲拳法只不過是這無極太極修煉法門之一。太極妙道，本不限於拳法，所以也可以利用打坐來達成同樣的功效。《太極行功說》所說即指此。

其法謂：「太極行功，功在調和陰陽、交合神氣，打坐即爲第一步下手功夫。」須神斂氣聚、冥心兀坐、保元守真、盤膝曲股、足跟緊抵命門，然後兩手掩耳，用指彈耳根骨、用手擦摩面部；以舌攪口、吞津、叩齒、揩鼻等等。其實仍是古來相傳各導引法之運用，與靜坐調息者不同。但它很重視此法，云：「長生不老之基，即胎於此。若才得太極拳法，不知行功之奧妙，棄置不顧，此無異煉丹不采藥。莫道不能登長生大道，即外面功夫亦決不能成就。必須功拳並練。」

換言之，拳法不僅只是修煉的法門之一，更是必須與打坐並練的法門，只學太極拳是不行的。

如此論太極行功，功法之要，其實便在功而不在拳。故接著它又有《太極行功歌》說：「兩氣未分時，渾然一無極。陰陽位既定，始有太極出。人身要虛靈，行功主呼吸。」如何行功呢？它用的是道教沿用已久的「呵、噓、呼、呬、吹、嘻」六字法，教人「持此行內功，陰陽調胎息」。

這樣講，則它底下接著談的《行功十要》《行功十忌》《行功十八傷》當然也就與太極拳無關，而是指擦臉、揩目、彈耳、叩齒、咽津、勿久坐濕地、勿冷著汗衣、勿子時行房、勿陰室納涼、久視傷精、久臥傷氣、久立傷骨一類事了。

這是把太極拳納入道教修道煉丹體系中去的結果，與技擊家論太極拳頗為不同。世人言太極拳，也有注重它的養生價值的，說練太極拳有助於保健。其說固與拳術本為技擊而設之旨有所差異，宗趣不同；但也不過是說練拳可以鍛練筋骨、調理臟腑、有益於健康、可以延年而已。《太極練丹秘訣》卻更要由此說無極，要將拳與功（運氣入田、積氣通關、斂神聚氣……）合併起來，教人修真成仙。所以它講的不是一般意義的養生保健，而是在道教思想及修煉體系中，為太極拳安立一個地位。其書在《太極長生訣》這一卷後面，列了《修真篇》《煉丹篇》兩卷，就是這個意思。

歷來論太極拳者不知有此一書，或知其書而不予討論，大約也即由於它與技擊家並不同調的緣故。

五、拳道合一的張三丰武術

但是，這種講法也未必定與技擊武術無關，由此種講法，事實上可形成另一路與太極拳相近而不盡相同的武術。

這些武術不見得都本於《張三丰太極煉丹秘訣》，但它們源於一種類似的思路，均是將練拳與修道結合起來，且強調無極。

（一）被轉化的太極拳

其一是直接掛在張三丰名下的武術，如徐雍輯注的《張三丰武術匯宗》，又名《武當派仙俠真傳》。內分九章：導言、仙家八段錦、仙家易筋經、太極拳譜、導引心術、運氣仙術、接命仙術、柔術、劍仙紀聞。此書將太極拳與導引成仙並列，宗趣顯然與《太極煉丹秘訣》相同。

此書謂太極拳之流別有五：一爲唐朝許宣平所傳，凡三十七式，傳宋遠橋。一爲俞氏所傳，爲先天拳，受自李道子，傳俞清慧。一爲韓拱月傳程靈洗，至程氏改名小九天，共十四手。一爲殷利亨所傳，爲後天法，傳胡鏡子，再傳宋仲舒，共十七式。張三丰十三式則爲第五派，集其大成，後衍爲百餘手，世稱爲太極長拳。

它所傳的張三丰太極拳譜，則說：「道家之言曰：道體之本原，曰無極。無極而生太極，太極生兩儀，兩儀生四象，四象生八卦。如吾心寂然無思，一念不起，是無極也。然此心未發，自有昭然不昧之本體，是太極也。始靜則柔、極靜則剛。三手真人之創太極拳、太極劍，即由斯理而發明者也。」

依此，下列《太極圖》《無極歌》《太極歌》《學太極拳須斂神聚氣論》《太極行功說》。後面這兩篇，顯然采自《太極煉丹秘訣》，它與該書的關係，也不言可喻。

據它說，太極拳「有河南派、溫台派、開合太極之分，與三丰真人之原譜，遂有出入」。它所載張三丰拳式共四十一式，河南派則有九十手。這卻與《太極煉丹秘訣》所敘的太極拳七十二路圖勢並不一樣。

其書論太極，大要如此。現在我們來考察一下：

一、它論拳法源流，完全根據許禹生《太極拳勢圖說》，但較爲簡略。

二、說太極現有河南派、溫台派、開合太極之分，並不確實。現今太極拳流派大約有五，陳、楊、吳、武、孫，而都出於陳家溝。拳架有大有小、有快有慢，卻無溫台派之說，也無所謂開太極合太極。其中楊式大架有八十五式、八十八式、八十一式、一〇五式之不同，亦無所謂九十式者。

三、《無極歌》《太極歌》兩篇，前者僅見於姚馥春、姜容樵於一九三〇年合編的《太極拳講義》，上海武學書局出版。據姜氏說，此本得之於湯士林，「其原文較世所傳者多三分之一，皆太極之要訣」，可見此《無極歌》爲歷來各太極拳譜所無。《太極歌》，亦僅見於姚譜及一冊以「萬縣興隆街裕興昌印」十行紙抄寫

▸ 心易發微伏義太極圖

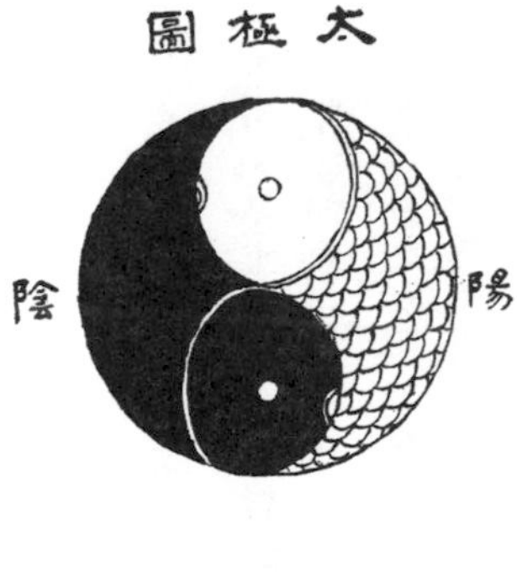

▸ 俗傳雙魚太極圖

的《太極拳功解》（一九九一，沈壽整理的《太極拳譜》稱為萬本）中。可見它代表一種特殊的觀點，非一般太極拳家通行之經典，與各派拳術也沒有直接的關係。

四、這個特殊的觀點，具見於它所傳的太極拳譜中。底下我就準備談這一點。

該譜直接引「道家之言曰：道體之本原，曰無極，無極而生太極」。此與太極拳之拳理其實已有了絕大的差異。案：在太極拳史上，王宗岳《太極拳論》已將太極與無極合論，說：「太極者，無極而生，動靜之機，陰陽之母也」。太極者無極而生，是什麼意思呢？是說無極在前，生出太極嗎？若如是，太極拳豈不應稱爲無極拳才更高妙些、更合理些？但太極若爲陰陽之母、動靜之機，則太極便是本源，此一本體豈能又是無極所生？

▶晚清老名士馮煦給陳微明的太極拳書所作的題辭

這個爭論，要回到《太極圖》上去探究才能明白。太極圖之傳，自周敦頤之後始著，《張三丰武術匯宗》所載的也就是這一幅圖。宋朝朱震《進易表》曾提出一種說法，謂該圖乃由陳摶、種放、穆修傳來。後來在清朝初年黃宗炎、朱彝尊進而發展此說，云該圖原於道教，只不過周敦頤把原先由下而上的煉氣過程顛倒了過來，以講天地生化罷了。朱熹對朱震之說不以爲然，認爲乃周氏自作，非受諸穆修等人。這個辨明，對於《太極圖》宗旨之確定，甚爲重要。因爲朱熹與陸九淵九韶兄弟辯論時，陸九淵就說：「將『無』字搭在上面，正是老氏之學。」無極一詞，見《老子》二十八章，莊子、列子、淮南子也都有這個詞，所以陸九淵認爲它是道家之學。可是朱熹並不承認周敦頤說無極是受了道家或道教的影響，故謂圖乃周氏自作，對「無極而太極」一語，亦有他的解釋。

按陸九淵兄弟的看法，《易經》只說「易有太極，是生兩儀」，太極之上不應再說無極，因爲太極就是「萬化之根」。朱子則主張太極是理，這個理，「無方所，無形狀。以爲在無物之前，而未嘗不立於有物之後。以爲在陰陽之外，而未嘗不行乎陰陽之中」（《文集》，卷三六，《答陸子靜第五書》），故以「無極」來形容之。其注《太極圖》說云：「上天之載，無聲無臭（原注：是解太極二字），而實造化之樞紐、品彙之根柢也（原注：是解無極二字）。故曰：無極而太極，非太極之外，復有無極也」，說得甚爲明白。無極，只是對太極的描述語。

王宗岳所講的太極，正是由《易》理體會出來的拳理，其云太極，實即本於朱子之說。所以他說：「太極者，無極而生，動靜之機，陰陽之母也。動之則分，靜之則合。……雖變化萬端，而理唯一貫。」太極者，無極而生，用朱子的話來說即是：「非無極之後，別生太極，而太極之上，先有無極也」（《文集》，卷四五，《答楊子直第一書》）。動靜陰陽，理唯一貫云云，用朱子的話來說，即是：「太極者，本然之妙也。動靜者，所乘之機也。謂太極含動靜則可、謂太極有動靜則可」（同上）「靜即太極之體，動即太極之用」，動靜均是這個理（《語類》，卷九四）；「太極即在陰陽裏。若論其生則俱生，太極依舊在陰陽裏。但言次序，須先有這實理，方始有陰陽也」（同上）。此所以王宗岳云太極爲陰陽之母、動靜之機、而變化萬端，理唯一貫。

陳鑫（一八四九～一九二九）《太極拳推原解》賡述此義，其說也很明顯本於此類哲學。它說：「斯人父天母地，莫非太極陰陽之氣（言氣而理在其中）醞釀而生。天地固此理（言理而氣在其中），三教歸一亦此理。即宇宙（太極是體，陰陽是體中之氣）之萬事萬物，又何莫非此理？況拳之一藝，焉能外此理而另有一理？此拳之所以以太極名也。」陳氏論拳，強調主敬；所撰拳論，頗有理學家氣味，淵源脈絡，正不可掩。因此，我認爲太極拳的拳理，所根據的，其實是理學家式的《易》理，受朱子影響尤其深遠，與道家道教並無干係。

《太極煉丹秘訣》《張三丰武術匯宗》一類著作，則不同，它們要把太極拳歸入道家教譜系中，理論上便要改變朱子式的太極圖解釋，說：「道體之本原，曰無極，無極而生太極」「太極原生無極中，混元一氣感斯通，先天逆運隨機變，萬象包羅易理中」「參透虛無根蒂固，渾渾沌沌樂無涯」「太極之先，本爲無極。鴻蒙一氣，混然不分，故無極爲太極之母，即萬物先天之機也」。這裏，都是把無極、混元一氣視爲本體，並由此生出太極。太極非實理，而是虛無之氣。強調無極、強調虛、強調氣。以此論太極，恰好成爲朱子的對反，成爲陸九淵所說的「老氏之學」。

故此乃對太極拳的轉化。經此轉化後的太極拳，事實上已是無極拳了。

而此時也確實就有了一種號稱爲張三丰祖師所傳的無極拳出現於世。

（二）、創造出的無極拳

民國二十四年廖璜、呂一素合編《無極拳譜圖說》，說北平一位李先生傳這套拳，共一百二十八式。並謂：「無極拳者，張三丰祖師最後之組織，與太極八卦合爲一部大道者也。……按八方四時五行，實以一百二十八手，圖寫一圖，而爲一周天也。……謂之先天拳可，謂之天地人本源之象亦無不可者也。……老子重柔，三丰祖師致柔，道道相傳，故我拳之運動純任自然，緩緩以行之」。

這套拳，來歷不明。因爲述者只說它傳自張三丰，而未說明張三丰之後授受之經過。且傳者僅云爲「北平李先生，隱其名。飄忽來往於陽羨梁溪之間。嘗爲薛星使福成所延以課子弟」，連他的名字都不曉得。又，所傳拳式，又是「由李君弟子口述大意，廖君子玉演繹爲詳備之」。這個講法也極爲模糊，似乎拳式實際上乃由廖氏依李氏弟子所述大義演繹而成。演繹而成的這個拳譜，則又是由「河北霸縣抱道氏」「藏諸筐笥有年」，再予發表的。故我推測此拳譜若非由這位抱道氏故弄狡獪構造出來，即是由廖氏編成的。編出後，故意神秘其說，晦其授受流傳之跡，才會如此雲煙模糊。

同時，這套拳的結構也很不明晰。它宣稱是與太極八卦合成一部大道，無極拳、太極拳、八卦拳各一百二十八手，合爲三百八十四手，宛若三八四爻。可是今所傳僅無極拳一二八手，它如何與太極八卦合成一部大道，邈焉難曉。而其太極，「手法步法宛有三角之朕兆，實以一百二十八手圖寫一畫，爲無極而太極也」，更令人莫名其妙。因爲太極也者，以五行八法爲其基本原理。所謂八法，指四正四隅。所以是一個八卦八方位的架構。怎麼可能出現一個三角的型態？三角的太極拳，有違太極拳拳理，亦不知它將如何體現無極而太極之義。他的八卦拳，則自稱：「立不易方，令人易迷，實以一百二十八手圖寫一點而爲大地團團人王法地之象也」，同樣使人不知究竟在說啥。八卦拳手法步法取象八卦，遊走於八方位上，焉能立不易方，站在一個定點上？站一個定點而面向八個方位使拳，縱或也能稱爲八卦拳，它與「大地團團人王法地」又有什麼關係？此種八卦拳，與其無極拳又怎麼配合組織？

創造出如此悠謬無稽的拳法，也許是個大玩笑。因爲太極拳固然已有創自張三丰的傳說可供依附，八卦拳卻是誰都曉得創於清朝中葉的。硬把它們跟所謂無極拳結合起來，說此乃「張三丰祖師最後之組織」，非開玩笑爲何？世人好古、好將拳理玄學化，講得彷彿甚爲玄奧，它就故意跟人開玩笑，造出一套這樣的拳來。

這樣的拳，我不以爲它有實際搏擊功能。它自己也只說其用「但覺身體輕捷、神氣清閒、夜臥酣適而已」，效不在攻敵禦侮。可是，無疑地，它是歷來最喜歡講道理的一部拳譜。

它用這一套拳，來講一套揉合三教的道學，稱此爲重玄之道。每一式，其實就是對這個道理一步步地說明。從無極而太極，太極生兩儀，兩儀生四象，四象生八卦，到萬法歸一居中心、居中本來是元神、一動一靜在居中、居中六賊戰魔君、真空無相的的真，拳式顯然即是一套修道之功法。作者在每一式中大談玄理，例如「領神抱太」一式，它的解說是這樣的：

北極之北辰又號太乙之象。蓋河圖是此無極拳之外層，洛書是此無極拳之內層。起手無極圈向南請來。轉身分太極，以兩大拇指先分，而分手於面前，而大著於領神抱太之北極觀。太乙尊神行於洛書九宮，即為洛書坤宮為一之一。而稍稍作勢向東去者，之複陽機兆也。夫神，不疾而速、不

▶河圖天地交圖

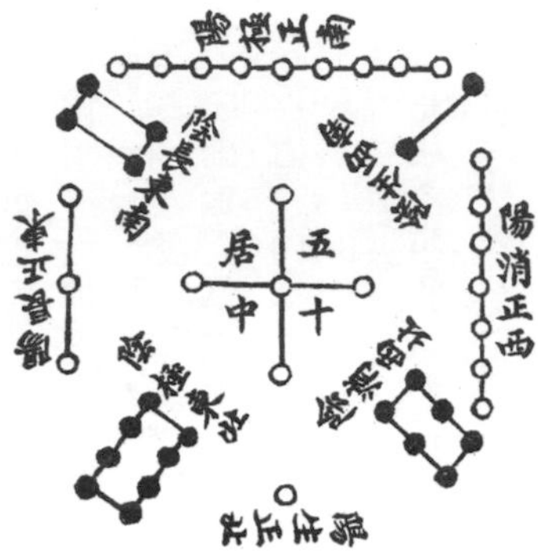

▶洛書日月交圖

行而至，遂感而應。誠以求之，自然隨機赴感。昔者三丰祖師自北往汴京，中道為賊所阻，夢玄帝授以拳法，乃人莫能敵，盜賊辟易，而出重圍，後乃棲隱武當，創此大拳三套。

三百八十四手連成一氣，以合六十四卦之三百八十四爻。此無極拳為中字之一圈，太極拳為中字向東西安放之一豎，八卦拳為中字平放一圈之上下一豎。三百八十四爻，以為閏年之日。而此無極拳中四個領神抱太、四個轉轉無極，各有三手，實應二十四氣之數。又轉無極前後，有無極兩半，領神抱太不過兩姿勢，而以第三姿勢寓於第二，故如以兩個無極兩半合為一無極觀。則四抱太、四轉無、四領神、四兩半。實為邵康節先生四象相交成十六事之旨，亦即八卦之倍。為此則將兩手上下抱持之，左右手捧勢如分開，上下手撫持如合攏。領神之末即為抱太，故二者不分別命名也。下丹田在臍下一寸三分，上丹田在眉目之間，又可云在山根之上。此是玄珠密語，道家每秘而不肯說出者，勿輕褻也。道家於下丹田，則凝神注想之。而於上丹田，則有窮想山根之說。是靜中動之法也。此無極拳等則動中靜之法也，領神抱太，即表示此義。

全書均如此。將佛、道、中庸、易卦、河圖、洛書，穿插鈎合之，在各拳譜中可謂獨樹一幟。自謂：「能修道者便是教，能修身者便是教。無極拳等，修道而修身之動功夫也」，已自道其宗旨所在。

拳名無極，是強調它的渾沌。而乙太極爲無極之作用，本在無極中，分而爲太極。又說無極拳是〇，太極拳是一橫，八卦拳是一豎。說理均未瑩澈，語多附會。故此拳不但結構有問題，其玄理亦不高明。

然而，太極拳之後，出現這樣一種依託於張三丰、高揭無極之名、合修身於修道的拳術，卻是値得重視的。它比《太極煉丹秘訣》《張三丰武術匯宗》一類著作更進一步。那些作品將太極拳歸入道教道家譜系中，並在太極之外，強調無極，都仍只能借著太極拳來說話，以轉化太極拳之方式爲之。此則迅速越過了太極拳，逕自構作一套屬於道教的無極拳來表達它的觀念，完成它修身合道的宗旨。

（三）、自然門武學探源

無極拳之外，另一個値得注意的，是自然門武術。自然門武術，顯名亦甚晚，而其淵源也不詳，萬籟聲著《武術匯宗》，自述其自然門拳術淵源時說：「本門淵源不得詳考。……然綜其手法用勁，亦不出少林武當之淵源耳」。《中國武術百科全書》則謂此派「據傳爲四川人徐矮師（一名徐師）首傳予湖南慈利縣人杜心武（一八六九～一九五三）。徐矮師如何學得，或爲其所創，不可考」（一九九八，中國大百科出版社）。

今考趙避塵《性命法訣明指》卷首載：「師弟杜心五，名慎愧，湘之慈利人也，家世業儒，祖父修道歸山。所投名師不下十餘位，修道師了然了空，武術師江湖大俠名徐矮子者，自創自然門派。……迄今仍浮沈各都市中，修養性命真功，大偉人屢聘不就，專喜修養性命。自言二十年後，身外有身，明現於世界，看我三教有真傳否」。對杜心五之道脈淵源，說明甚詳。則可知所謂自然門，真正的創派者，其實是杜心五而非徐矮子。徐氏僅擅武術，杜氏則融武術與修真為一爐，所以才有所謂自然門。

西江派中，據日人吉岡義豐《道教の研究》所考，內中有十個支派，包括自然派、三丰祖師自然派、王屋山自然派、三丰自然派等。杜心武自稱其術為自然門，會不會與此有關呢？其徒萬籟聲晦其淵源，只說其手法用勁不外少林武當，或即暗指此一層關係而言。但萬氏敍述本門武學時，亦因晦其與道術之關係，故對於自然門何以自然、如何自然，不免語焉不詳，只是一些手法步法的技術而已，非能技進於道。

然而其道究竟如何？依趙避塵所述考之，蓋本於了空禪師所述柳華陽語，謂：「守竅靈慧自然生，生出真慧，下與氣穴真命相接，即為金丹」。此即為其自然之法。此語講得隱晦。蓋修道人對其秘訣，不得不如上處理。若由我明白說來，乃是趁子時陽氣生，男子陽具漲大舉起時，以凝心及呼吸法，使其收縮。再運用呼吸，提尾閭，將精液升入丹田，還精補腦。有歌贊云：「流珠爍爍照昆侖，九轉丹成只自然，一粒自從吞入腹，始知世有活神仙」（卷十一）。杜心五殆習此類道法，故自言二十年後身外有身。此為張三丰道學武學之另一支派也。

（四）、再創內家拳

無極拳或《張三丰武術匯宗》所載太極拳，雖屬拳功，實爲道法，技擊之意少而修仙之意重，近於太極拳而又不盡相同。自然門武術，則爲道學與武術並重。可見依此一路向發展者，也並非無技擊家言，倪清和《內家拳技擊篇》《內家拳拳法篇》即屬這樣的著作。

倪氏爲永嘉人，自稱其術乃「浙東嫡傳」，凡有《拳法篇》《技擊篇》《禪理篇》《工夫篇》四部，今僅見《技擊篇》一冊。據他說禪理篇「深入於性理，直入於道」；工夫篇「盡性命之窮際，以見真道」，大概也是偏於說道的。技擊篇則不然，旨在教人以技擊之法。故所述以十三種粘手、十段連手（**十套散手拆招對練法**），入白刃法、擊眾法、倒仆法、穴法爲主，頗爲實用。

它稱爲內家拳，且自認浙東嫡傳，當然是取義於黃宗羲黃百家對內家拳的描述。古無稱內家外家者，有之，自黃宗羲〈王征南墓誌銘〉黃百家〈內家拳記〉始。倪氏把自己這套技擊法推源於浙東，又只說是內家拳而不說是太極拳，正是繞開河南陳氏傳出太極拳這一脈絡，截斷眾流，直接接上更早的內家拳這一稱呼。他雖自道：「外界學者所注意者二事，一爲內家拳究否爲今之太極拳，二爲內家拳究否比今之太極拳爲完善。此二者，非餘之職責」（**十二章**），可是實有以此與太極拳分庭抗禮之意，表示我比你更早、更正宗。

但察其所謂內家拳，其實仍與太極拳大同小異。例如它名稱「內家長拳」，而太極拳本來也就叫做長拳，見王宗岳〈太極拳論〉。其拳理，重在虛靈、致柔、舍己從人，亦與太極拳相符。其手法，強調粘、用鬆勁，更與太極拳若合符節。蓋即從太極拳變化而出，而依託浙東內家拳之名以自張一軍者也。

不僅如此，他所謂的浙東嫡傳，不只是傳黃宗羲張松溪之法而已，他更要說此法乃由更早處傳來，誰傳的呢？張三丰。

該書第一章〈陳州同內家意旨心傳〉，先以張三丰的口氣寫了一篇文章，內容包括序以及所傳之法。其法，實即《老子》摘抄，但分成若干段，以述爲作，分別是：太極本始、反其道而周、當法天之致虛靜與致常、棄暴力、氣之生化及用氣之道、不可盈、悠久之法、在精神不在骨肉、致靜之要、消敵力於未形、舍己從人因敵制宜、致柔之道、居下之訣、曲中求直蓄而後發之法、中正之妙、勝敵在志、借敵之力，合稱爲《老子內家意旨心傳》一卷，表明此乃張三丰所傳。

據它所載明正德十五年陳州同的跋文說，這一卷書，他得自其師王岳峙先生，岳峙先生得自玄玄子張全一、玄玄子得自馮一元、馮氏得自臧性初、臧氏得自逍遙道人單真、單氏得自陳中規、陳氏得自龍嘯天、龍氏得自張三丰，「乃吾門歷代命脈所繫」。

這個傳法譜系當然也經不起推敲，因爲玄玄子張全一就是張三丰，如何六傳之後才由張三丰傳到張全一？編故事的人，只看到兩個名字，卻不曉得張氏名全一，字玄玄，號三丰（據《太岳太和山志》），遂鬧了個大笑話。

因此，我認爲這是依內家拳之傳說、記載，參考太極拳而發展出來的拳法，所傳五訣，爲「敬、緊、徑、勁、切」。敬指精神、緊指時間、勁指勁力、徑指直接、切指位置，倒是承襲自王征南。所謂十段連手，也是依王征南十段錦而造，故稱爲十段連錦功打法名色。但斫法終不可見。征南之藝，禁犯遲緩之病，手法又甚繁，凡三十五種，卻無粘。粘法及遲緩柔軟，乃是太極拳之法，倪氏由太極拳發展變化而成的所謂浙東內家拳，在這些地方均與王征南之術不合。至於將拳與道結合起來說：「當知內家拳者，道也。今以拳言者，不離身心，而更有超乎身心者。……惟當絕欲修煉，方可致正大之果」云云，更是王征南不曾有過的想法，符合張三丰道學武術的型態。

參考書目

一：《明代道士張三丰考》，黃兆漢，一九八八，學生書局。
二：《國技論略》，徐震，一九七五，華聯出版社。
三：《少林武當考》，唐豪，一九八三，華聯出版社。
四：《太極拳譜》，沈壽，一九九六，大展出版社。
五：《張三丰太極煉丹秘訣》，一九九八，自由出版社。
六：《張三丰武術匯宗》，徐雍輯注，一九六八，真善美出版社。
七：《無極拳譜圖說》，廖磺、呂一素編，一九八四，華聯出版社。
八：《內家拳技擊篇》，倪清和，一九八四，華聯出版社。
九：《性命法訣明指》，趙避塵，一九六三，真善美出版社。
十：《太極拳械三百問》，薛日安，一九九四，大孚書局。

峨眉派武術探秘

峨眉派近年之境遇，跟青城派差不多，都遭了金庸的「毒手」。金庸在《笑傲江湖》中把青城派掌門余滄海寫得很不堪，令讀者想起青城派，就覺得是一堆壞人或小人。而在《倚天屠龍記》裏又描述峨眉派是郭襄所創的一個女性幫派，掌門人滅絕師太尤其冷酷不近人情。於是你現在如果去採訪一般民眾，看大家對峨眉派有何印象，十之八九會回答那是個女性的門派。在網上查資料，更多此類煞有介事地胡說，甚至替她們排譜系、說功法。

其實峨眉派乃少林之外最有歷史與聲望之武術流派，比武當都還要明確。尤其現在拳稱少林，可是在明代，拳槍皆以峨眉爲上，棍才推少林。唐荊川《峨眉道人拳歌》，也對峨眉之拳極意推崇，時代尙在戚繼光之前。戚氏以後，程沖斗著《少林棍法闡宗》，則說：「今寺僧多攻拳而不攻棍。……少林棍……至今稱無上菩提矣，而拳猶未盛行海內。今專攻拳者，欲使與棍同登彼岸也。」可見少林拳術的發展，遲至明末。早期僅擅棍法，遠在峨眉拳之後。

槍法，吳殳《手臂錄》盛推峨眉，說：「峨眉之法，既精既極，非血氣之士，日月之工所能學。沙家楊家，專爲戰陣而設」，而批評「少林全不知槍，竟以其棍爲槍。……少林去棍則無槍也」。足證少林在明末清初以棍見重，拳與槍並不受內行欣賞。峨眉在這兩方面的聲望都還超過少林。

清代峨眉拳流傳甚廣，例如盛行於廣東的五大拳種：洪、劉、蔡、李、莫，其中李家拳據說即出於李巴山，而李巴山便是峨眉山白眉道人之門徒。

此說其實與所謂「少林五祖」故事均出於《萬年青》。說李巴山學藝下山以後，在蘇浙一帶頗享盛譽。後其婿雷洪，綽號雷老虎，因擺擂台，喪於方世玉腳下。李爲婿報仇，而遭五枚師太殺於梅花樁上云云。因李氏看來不是好人，故李家拳也有人說不出於他，而是鳳陽人李梓材所傳，或另有一位金剛李鬍子。

總之，李家拳之來歷不可究詰，說什麼金剛李鬍子，固然無稽，說是李巴山，亦因小說而來。《萬年青》乃陳景開杜撰之故事，豈能采信？可是講少林與峨眉之恩怨，正可見清代中葉時，世固以少林峨眉爲宇內兩大派也。後來又有人把洪劉蔡李莫合稱「粵東少林五大名家」或五大流派（見李英昂編《古本少林拳圖譜》前言）。則是少林勢力漸大，把原來峨眉的來歷掩去了，本來出於峨眉的一些拳種遂也被稀裏糊塗編派進了少林。

我少年時練過一種白眉拳，號稱是「峨眉山少林寺白眉拳術」。說白眉道長在峨眉創立峨眉派。他們有師兄弟五人，依序爲：五梅、白眉、馮道德、至善、苗顯。白眉傳弟子廣慧禪師，並在峨眉少林寺內廣傳武術給僧人。第三代爲竺拂雲法師，第四代爲俗家張禮泉，在廣東及香港教拳，頗負時望，一時遂有「北方柳森嚴，南方張禮泉」之譽云云。

這派拳術，起手式便與所謂少林拳迴異。俗所謂少林拳，起手是右拳左掌，掌略側於拳上，如世俗拱手抱拳狀。白眉拳相反。右掌左拳，拳立於掌上，由左側腰際推出。少林那種起手式，寓意爲反覆明，右拳爲日，左掌爲月，合爲明字。白眉反之，以月壓日，正是對反之意。而且它說源出於峨眉山少林寺，亦分明是想攝少林以歸峨眉。因爲所謂至善禪師，正是洪拳祖師洪熙官的師父，現在竟也拉歸峨眉了。

這派拳只有四套，馬不丁不八，注重標勁，發關節勁，有明顯南方短打之特色。看不出與峨眉有何關係，與洪拳、詠春反倒有些關聯。而且由白眉四傳就到了民國時期，時間也明顯不符。因此它所講的淵源殊不可信，可是由此可以看到清中末葉峨眉少林兩家爭勝之概況。你把我峨眉寫成壞蛋，我就說你少林本來即屬峨眉。如此如此，可堪笑噱。

民國以後，峨眉派當然仍傳承不衰，號稱五花八葉。五花指青城、青牛、鐵佛、黃陵、點易。八葉指：僧、岳、趙、杜、洪、會、字、化八門。換句話說，峨眉只是個大統稱，底下各有分支、各有傳承、各有掌門人。峨眉派既無總掌門，也不能統一號令各門派，於是所謂峨眉乃名存而實亡。加上少林武當近年復興，人多勢眾，又有社會俗世聲名，峨眉乃益形寂寞。一些兵器，例如分水峨眉，顧名思義，應源於峨眉，可是其來歷究竟如何，已不可知矣。

因此我在珠海聯合國際學院主持武術文化課程時，特意請吳信良先生來介紹峨眉派。吳先生現爲中國武術八段、四川省武協峨眉武術工作委員主任，對峨眉武術之挖掘整理，貢獻良多，著有《峨眉拳實用技擊法》等書數十種，是散打實戰及文史考證兼擅的人才。據他描述，峨眉武術之淵源與特點，大抵如下：

一

古代傳說中的彭祖，八百八十壽，即是四川西昌地區雅砻江畔人——錢鏗。錢鏗是彭祖的原名，係高陽帝顓頊的玄孫，巫術大師祝融吳回的孫子，他所創立的導引術、膳食術、房中術，是中華民族長壽文化的瑰寶，潤澤了後世千秋。《華陽國志・序志》說：「彭祖本生蜀，為殷太史」，當年殷王為了長生不老，派人請錢鏗到朝中任大夫，錢鏗到朝廷後發現殷王生性殘暴，就不願教殷王長壽之術，殷王惱羞成怒又找不到錢鏗的把柄，無奈之下，正好「邳」方諸侯作亂造反，殷王就派沒有武功的錢鏗領兵前去平亂，欲置錢鏗於死地。

誰知錢鏗的養生術本來就能使人筋骨強健，臨危他又想起「帝乃敷文德，舞干羽於兩階，七旬，有苗格」的典故，（見《尚書・大禹謨》）。那是記舜時，有三苗興兵，大禹進行討伐，經多次較量不分勝負，禹便息兵練武，七十天再戰，終於攝服了三苗的故事。於是彭祖派人找到了當年掌握了禹王搏殺術的戰將後代，融搏殺術、內養外壯術和祖上傳下的巫術於一爐，率兵打敗了力能折兕（即空手能打死野牛）的「邳」方諸侯，征服了當時名叫「邳」的徐州，在歷史上留下了「彭伯克邳」的輝煌一頁。

受封徐州的錢鏗將徐州改名為彭城，因此後人稱錢鏗為彭祖。後來殷王派寵妃采女到彭城，偷學了彭祖的長壽之術，並派人追殺彭祖。無奈之下，彭祖運用禹王搏殺術和精深的內功，多次死裏逃生，最後來到蜀之犍為武陽（今四川省彭山縣東），定居並壽終在那裏。正因為如此，禹王搏殺術的外練與彭祖的內修在古巴蜀地區的逐漸結合，致使峨眉武術還在孕育期就具備了形神兼備，內外雙修，剛柔相濟的武學特徵。……

二

有文字記載的峨眉武術內功典籍「峨眉十二樁」係南宋建炎元年（西元一一二七年）金頂寺高僧白雲禪師（原來也係一道士）根據道家內養練丹術、導引吐納法和醫家對人體陰陽虛實臟腑盛衰的機理，結合佛門中的一些動靜氣功的功法與峨眉武術中的技擊之法融為一體而創編的一種溶「樁」「技」為一體，合身心為一爐的健體強身，防身自衛的功法套路。

十二樁中所講的技擊原則，「擒拿封閉，背鎖刁揉，鈎彈針踢，吞吐浮沈」等要訣，直到今天仍然是峨眉拳系中各分支流派的傳世秘訣。《峨眉十二樁．拿雲樁、旋風樁合訣》說的：「粑粘聯鈎搭，套托隨緔擠」八種技擊訣法，「粑粘」是聽勁分經的基礎，鈎搭是分筋錯骨擒拿手法的運用，「套托」是得勢進身的前提，「緔擠」是借力發勁，將對方發放出去的手段，這些都是峨眉武術中重要的技擊指導原則。（峨眉十二樁包括：天字樁、地字樁、之字樁、心字樁、遊龍樁、鶴翔樁、拿雲樁、旋風樁、大字樁、小字樁、幽明樁、懸明樁）。

三

峨眉武術的形成期經歷了一段漫長而複雜的歷史，歷史上三次南北武學在巴蜀大地的大融合以及道家養生功，佛門修習禪觀之法為峨眉武術的形成奠定了堅實的物質基礎。

戰國中期。西元前三二九年。秦王（惠文）派大將司馬錯率軍伐巴滅蜀，……並多次「移秦民萬家實之」。由此，大量的楚越文化、中原文化和武藝注入四川，與巴蜀文化、巴蜀武術進行了歷史上的第一次大融合。

西元二二一年，劉備，關羽，張飛在成都建立蜀漢政權，大量的北方文化和武術，中原文化和武術再次注入四川，與巴蜀文化和武術進行了歷史上的第二次大融合。

明代張獻忠（西元一六〇六～一六四六）於崇禎十七年入川，在成都建立大西政權。張部遊擊官兵將大量中原武術帶入四川，與巴蜀武術進行了歷史上的第三次大融合。

峨眉武術的發祥地峨眉山在歷史上經歷了一個由道轉佛的過程，這也為峨眉武術獨特風格的形成提供了更為豐富的物質基礎。

峨眉山由道轉佛有一個重要的原因是西元九八〇年，宋太宗趙光義遣使鑄造了重六十二噸，高七點五米的巨型普賢銅佛以及三千鐵佛供奉白水普賢寺（今萬年寺），從此，峨眉山便以「普賢道場」蜚聲海內外。

峨眉山經歷了由道轉佛的過程，與其相鄰的青城山，成都青羊宮仍為古今道教聖地。峨眉武術處於這種「佛」「道」之間，「內」「外」之間，加之歷史上的三次與楚越、北方、中原武術的大融合（近代的融合如抗戰時期等尚未計算在內），峨眉武術取百家之長，匯百川而成大海的技術特點自然就非常容易解釋了。

四

在明清武舉制和歷代打擂比武制推動民間練武的過程中，承傳春秋戰國時期的「巴渝舞」，唐代峨眉田道士的「元鶴舞」，松潘羌族樊梨花的梨花槍，宋代大文豪四川眉山人蘇軾的氣功著述《蘇沈良方》，峨眉長老德源撰寫的《峨眉拳》、峨眉高僧白雲禪師的《峨眉十二樁》，明代四川新都縣著名軍事家程沖斗的峨眉槍法，白眉棍法、巴子拳棍、囚拳，歷經北宋青城山茶農王小波、李順起義造反建立大蜀農民政權的戰爭洗禮，元代明玉珍在四川建立大夏政權，清代白蓮教義軍入川鬥爭為峨眉武術帶來的發展契機，至此，峨眉武術已成熟地發展為鼎立中華武術的三大流派之一。

這一時期，峨眉武術更強調功與技、內與外的結合，所謂「打拳不練功，到老一場空」，「練功不練拳，登峰難上難」，「打拳不裝桶子（內功），必定是個空子（門外漢）」。明代著名的愛國將領，右僉都御史唐順之（西元一五〇七～一五六〇年，嘉靖會試第一名），曾觀峨眉道人練拳，寫下了《峨眉道人拳歌》（見《荊川先生文集》卷二），形象地描述了峨眉道人的精湛正功。其硬功，一頓足則「崖石迸裂驚沙走」，其武技「拙裏藏機人莫究」，其盤功柔術「百折連腰盡無骨」，其靈活「一撒通身皆是手」，其內功修為「餘奇未竟已收場，鼻息無聲神氣守」。從起勢到收勢，變化莫測。峨眉武術樁技一體，後發先至的特色表現得淋漓盡致。

明吳殳著《手臂錄》云，「西蜀峨眉山普恩禪師，祖家白眉，遇異人授以槍法，槍法中包括治，……攻守、審勢……破諸器」等篇。

明末清初，峨眉武術拳種流派已大有發展，晚清湛然法師所著的《拳乘》（殘本）開篇就有：「一樹開五花，五花八葉扶，皎皎峨眉月，風義滿江湖」的詩句。「一樹」指峨眉。「五花」是指灌縣的青城，豐都縣的青牛，通江縣的鐵佛，開縣的黃陵和涪陵縣的點易等五個當時袍哥組織連絡的堂口地名。「八葉」是指當時影響最廣，傳人最多的「僧、岳、趙、杜、洪、會、字、化」八大武術門派。但《拳乘》（殘本）注釋中未肯定「僧、岳、趙、杜、洪、會、字、化」等「八葉」就是「峨眉武術」。

除這八大門派之外，還有其他一些門派都有自己的特點和傳人，有的甚至遍及國內外，如明

一提金勢

刀出鞘勢

單倒手勢

二郎擔山勢

孤雁出群勢

鳳凰單展翅勢

敬德倒拉鞭勢

秦王跨劍勢

▶程宗獻《少林棍法闡宗》中的棍法，後人稱為白眉棍法，可能是誤讀所致，程氏原話有「少林三分棍法，七分槍法，兼槍帶棒，此少林為棍中白眉也」。

代嘉靖年間由峨眉山碧雲、靜雲兩位法師傳授下來的八盤掌，經河北文安縣董海川在清代靖慶末年來川習學，苦心習練，結合自己遊歷江南習學的各家拳法之精華，經八年而創編成「八卦掌」，現在國內外廣泛流傳。又相傳峨眉山萬年寺旁一道長，在深山觀察群猴互鬥及蛇獸相搏之態，取猴的機靈和蛇的柔猛融入拳中，創編出「火龍滾」「四平拳」等為主的拳術，因萬年寺楹聯中有黃林二字，遂取名為「黃林派」。清末仙峰寺大空法師及神燈長老和九老洞清虛道人合作創編了一種吸內外家之長的拳術，因太空法師禪修在子午二時，故稱「子午門」。「俠家拳」是俠客李鬍子從峨眉山學去的，「白眉拳」是峨眉山白眉道人所創，此二拳現流傳廣東、香港、澳門等地。此外，不少由全國各地流傳來川的各種拳派，在與峨眉武術多年的交流，融合中逐漸被同化，慢慢也演變成為峨眉拳系中的成員，為峨眉武術增添了更為豐富的內涵。

五

在風格特點上：少林武術的主要以樸實無華、內靜外猛、勇猛強悍著稱。以先下手為強、先發制人、不給敵人喘息機會而形成一種技擊性強、利於實戰的風格。以拳打一條線、威發臥牛地、聲如雷、勢如火、動如閃電，打人不見形、打了還嫌遲、拳打一氣連等特點，而獨創一家，在國內外均享有盛名。

武當拳以內養行氣、外柔而內剛、制敵自衛為目的，其技擊原則是捨己從人，後發制人，以靜制動，以逸待勞，乘勢借力，要求鬥智不鬥力，尚意不尚力。在對敵時，要求化去對方的勁力，而不宜以硬對硬（貴化不貴抗）；步走弧形（圈步），進以側門（從敵方身側搶進）；動如蛇之行、勁似蠶作繭，心息相依，閃展巧取。

峨眉武術顯著的特點是：內修外練、剛柔並濟、樁技一體、形神和一、出手指掌當先，身法柔靈步為先，五峰六肘活為先。技擊上講究擒拿封閉，背鎖刁揉，鉤彈針踢，吞吐浮沉，後發先致，實戰中要求粑粘聯鉤搭、套托隨繃擠。

以上爲吳信良先生所敍述的峨眉派概況。

吳先生說峨眉武術起於彭祖及武王伐紂時之巴渝舞，自然是不可信的。正如崆峒派上推於黃帝問道於崆峒、武當派上推於張三丰、少林派上推於達摩那樣。人類自古以來就有武打搏擊活動，這是無疑的，但一個門派可不可以溯源到北京人山頂洞人呢？這樣溯源，雖能滿足一個門派的心理需求，實際意義其實不大。彭祖是否真有其人不可知，是否真活了八百歲，更難以遽信，考證他姓氏名誰，豈不難哉？武王伐紂的年代，至今史學界都還沒法子論定；伐紂時具體如何作戰，自然更不可考。欲由此上推峨眉武術之起源，同樣是渺茫的。因此我覺得吳先生所述第一段，視爲峨眉派自家之一種傳說可也，不可當真。

第二段敍述峨眉十二樁，謂起於南宋建炎年間白雲禪師，我以爲也是依託。吳先生本人精於樁法，他對峨眉派功法的描述也很著重樁功，且以「樁技一體」爲峨眉武術之特色。我看他的樁法，確實十分精妙，可以如太極拳那樣化勁。

可是我總覺得強調站樁並非古法，早期拳譜或拳派均無獨立說樁法或以站樁爲練功重點的。南少林所謂紮馬，功能與站樁並不相同。近年受大成拳、盧氏結構之影響，許多人開始把站樁當成主要的功力訓練方法。我懷疑峨眉派強調十二樁也屬於近時潮流，絕不起於南宋。十二樁，吳先生雖說其理可通貫於各支派之技擊中，但恐怕峨眉各支派也不通習。例如我前面說過的白眉拳就根本無此說；吳先生所舉源出於峨眉卻流行於廣東香港之俠家拳，亦然。

至於第三段吳段說的峨眉武術三次歷史大融合，只是就歷史形勢說。判斷因民族人口遷徙與戰爭因素形成了武術文化的發展，或峨眉山佛道兼融，使得峨眉武術得以博採眾長。可是這僅是事理上的推論，具體指什麼武術兼融了佛道、綜攝了南北，則還沒指出例證。故這也僅可視爲峨眉派對自身武術的歷史想像。

第四段說峨眉派在明清及近代之流衍狀況，第五段分析少林武當峨眉武術之異同，則很值得參考。但此處所講，畢竟只是原則，實際作用於搏擊中之情況，恐怕還得去看他《峨眉功實戰精擇》或實用踢打摔拿諸書。

不過，依吳先生所著各書看，散手雖皆精巧實用，可是峨眉似乎不像少林或武當那般，擁有代表性拳種，武技之特點仍不夠明顯。因此，如何結合峨眉十二樁，形成一個樁功、拳套、散手整合的體系，也許還需像吳先生這樣的高手再予籌思，才能使峨眉派更爲人所知。

青城派武術探真

武術門派中，最獲文學家青睞的當然是少林寺，寫少林故事的極多，但專寫其他派的也不少。如金庸《倚天屠龍記》寫武當派、摩尼教；司馬翎則經常提到崆峒派，甚至在《纖手馭龍》中借骯髒道人李不淨之口說：「歷代名山與名劍，崆峒從來第一家」。而稍早的還珠樓主李壽民卻大寫四川，《蜀山劍俠傳》《青城十九俠》等，昔年轟動一時，惹得不少青年要上蜀山去學仙學道，青城峨嵋的聲望因此極高。

不過，也許為了與還珠樓主蹊徑各別，金庸在《笑傲江湖》中寫的青城派就完全不同了，成為較為不堪的劍派，沒什麼俠義精神。由於還珠樓主的書近年已絕了流行，反而是金庸小說大為暢銷，故青城派在世俗觀聽上不免大受影響。一個門派的聲譽，常與揄揚它的小說或戲劇有關，這個近代武術發展的鐵律，看來在青城派身上也是適用的。

可是青城派到底是個什麼樣？小說中誰寫得對？真有青城派武術嗎？

青城武術當然是有的。我與青城派掌門劉綏濱交好，承他好意，邀我列名為青城武術文化研究會顧問，對派中人物、掌故及功法特點，因此也較為熟悉。二〇〇七年我在無錫辦「太湖論道」國際道學研討會時，即曾設計了道家武術一個專場，請綏濱講說並演示青城武技、請林明昌談太極拳，再請無錫的武術協會配合。拳腳相加，為一般學術研討會所未有。許多學者第一次見識青城武術，乃至第一次如此系統地瞭解道家武學，都很稱奇。我在珠海聯合國際學院主持武術文化講堂時，首先也邀綏濱來主講。學生很少見到武林門派的掌門人，自然也頗稱奇。此亦推廣青城武術之一端也。

關於青城武術，目前介紹甚少，書面資料，幾乎都是劉綏濱寫的。他頗有文彩，不過因寫時各有因緣，較為鬆散，亦不免重複。故我請他專門發了一篇精要版給我，我再略做刪併，錄在後面，並附上我的討論，也許可令讀者得一簡要之認識。

首先說青城派的歷史。劉綏濱說：

青城武術，是以青城山為中心、以成都（涵蓋都江堰、崇州、大邑、邛崍、彭州、郫縣、新都區）、汶川縣、瀘州、雅安、重慶開縣為主要流傳地的傳統武術。

青城山為道教第五洞天，歷史上先後存在七個教派：天師道正一派、上清派、北帝派地祇宗、清微派、丹鼎派南宗、全真龍門派、青城派。

由於青城山山高林密，交通不便，加之空氣潮濕，所以修道之人在此修煉，既要練養生功夫，抵禦風寒濕痹；實戰跳躍、躲閃功夫也是必不可少的。因此青城山道士中出現過很多武林高手。

元代至正年間，青城道士真本無、文固虛劍技高超，載入明李楨著《剪燈餘話》之〈青城舞劍錄〉。

清代，青城派出現反清、擁清兩大陣營。反清者以鐵板道人之徒獨臂神尼為首，下有江南七俠甘鳳池、呂四娘等人。因刺殺雍正而遭清廷追捕。為免祖庭被波及，改稱岷山派（因青城秦代即叫岷山，唐朝才定名青城山）。岷山派又衍伸出後來的峨嵋劍仙派。其次是發源於古代青城山最高峰趙公山的綠林派，為「千里獨行俠」劉忠所創，劉忠刺殺雍正皇帝事敗，入川避禍，在趙公山糾集眾多武林豪傑占山為王，創綠林派武功。

擁清者更多，僅清代，灌縣就出了一百一十一個武舉人、武翰林、武榜眼。

清末，青城派仍然勢力很大。一九〇八年，全國第一次擂台賽即在四川成都青羊宮舉行。清末民初，四川郫縣人金授雲將南少林五拳融入青城易學，創青城生門（又稱金家自然門），其再傳弟子陳用和被國民黨行政院長張群譽為「川西武林第一好漢」。

但好漢們後來都消聲匿跡了。一九八三年開始，四川省花了六年時間，對傳統武術進行挖掘整理。最終確認四川和重慶地區還存在六十八個武術流派。其中青城派確認了三支，分別為重慶開縣陳生一、四川灌縣周烈光、四川瀘州余國雄，綠林派則作為獨立門派列入。

青城派是以青城山爲中心的。這座山，歷來便爲兵區。天師范長生曾擁立氐羌李雄政權在此建政，唐代據說寫下〈虬髯客傳〉的道士杜光庭也以此地爲大本營。宋代以後，青城山屬灌縣轄下，灌縣主要祭祀的神就是二郎神。二郎神是戰神，讀過〈封神演義〉《西遊記》的人都知道他的本領在天兵天將中乃是出類拔萃的。二郎神之主廟即在灌縣灌河口，宋代已香火極盛了。朱子《語類》裏面還曾記載：因祭神時殺牛宰羊太多，當地僧人建議改用鮮花素果奉祀；後來夢見二郎神顯聖，說每天吃這些花花草草，害得我都沒氣力，無法降妖伏魔了。於是老百姓趕緊改回來。直到清末，二郎廟前仍是盛大的牛羊市。這個廟，就在灌河口，也就是現在的都江堰。

青城武術的源頭當然不能遠攀范長生虬髯客或二郎神，那不過說明了此地有武術的氛圍罷了，真正見諸記載的，是明代李楨的〈青城舞劍錄〉。後來青城以劍術著稱，即與此有關。

但這篇文章也並不能實看。因明人所作《剪燈新話》系列，均是仿唐人傳奇體，本篇模仿唐人劍俠小說的痕跡也非常明顯。文中說舞劍的兩個道士，一名文固虛，一名真本無，這就是寓言，仿唐人《東陽夜怪錄》說有書生成自虛，元無有之類。是文人狡獪、虛構的故事與人物。

至於舞劍，「開箱取白丸四，大如雞卵，乃雌雄劍也。二人引而申之，飛躍上下。須臾，天地晦冥，風雲慘澹，唯於塵埃中見電光翕歘，交繞互纏」，更明顯仿自唐人說〈聶隱娘〉〈蘭陰老人〉。其劍非一般之劍，而是煉劍成丸，用時再變長；表演時則人飛舞上下、劍電光交閃。這是武術以外的本事，古稱爲道術，實際上是用藥與幻術結合而成，詳見我《俠的精神文化史論》中論唐代劍俠一文。此法流傳於道門中，也是後來劍仙小說之所本，但與武術是無關的。青城山的道人，因這篇記錄而得到鼓舞、暗示、啓發，因而後來在劍術上有所成就，是很可能的，但若說其劍術即源於此便不確。

甘鳳池呂四娘刺殺雍正的故事，其實也一樣來自這類劍仙小說，而且年代在民國以後，自然不能視爲信史。清陳世箴《敏求軒述記》、湯用中《翼駉稗編》、孫兆溎《片玉山房花箋錄》、許奉恩《里乘》、采蘅子《蟲鳴漫錄》等書所載甘鳳池事，則均言其爲南京人或蘇州人，與青城峨嵋亦無甚關係。甘鳳池曾傳一種少林拳，十分平實，其所傳青城或岷山之拳術則未見，劍法就更不用說了。

武舉、武翰林、武榜眼部分，應該是地方誌裏的記載。不過，武術制度另詳我〈武狀元〉一文。古代武舉制度是模仿文科舉而設的，但有武舉人、武秀才、武狀元而無武翰林，故此類記載還應再考。

青城武術真正大昌的時代是民國時期。一來有還珠樓主等小說家揄揚渲染，二來有所謂青城廿四俠之武技事跡流傳在社會上，三又與當時國民政府入川後大量起用青城派人物為其侍衛、教練、武官有關，故青城武術盛極一時。

青城派雖然歷經滄桑，但恢復以後仍可說是傳承有緒、脈絡井然，還保持著一些門派師弟倫理的古風。傳承情況如下：

目前青城派掌門為劉綏濱。派中有孫門、生門、俠家諸分支。孫門源出福建南少林，受佛家思想影響較大。俠家又屬綠林武功。故武術的青城派並不等於道教的青城派。

從目前的挖掘整理看，清末民初傳說的青城二十四俠中，青城山道士僅占四人（張至清、陳琳、張永平、李傑）。

青城山門

王裕康的孫門與四川郫縣的孫門同源異流。最早均由南少林傳出，屬佛家傳承武術。但受青城山道教文化的影響，變成一種不尚功力、追求巧打的武功，與郫縣仍保留的南少林風格完全不一致。

灌縣周烈光傳下青城洪拳，最早與北少林傳人李泰山有關。但李泰山後到青城山入了全真教，所以他的洪拳也被青城山道教文化同化。

開縣陳生一傳承的青城六合內功，是由青城山冷道人（又稱洪道人）所傳。

余國雄是由青城山陳琳道長所傳。

廣東青城心意拳黃國楠是由青城山抱一道人所傳。

王慶餘是李傑道長所傳。

綠林派代表人物路軍建認為，綠林派是青城派的一支，但與佛道兩家無關。

雅安西派南宮，是清代李道生於青城山道家學後傳於雅州。

青城本以劍術見長，又以道教爲主。但依上文所述，可見現在拳多於劍，而亦不限於道教；南少林北少林的傳承也很重要，綠林派則自成脈絡。道教的影響主要在修練功法上，也就是內功的部分，如筋經內丹功、玄門太極、混元氣功、六合功之類。整體武功狀況大抵如下：

青城武功，今傳健身十八法（非張廣德之健身十八法）、玄門太極長生功、盤功、太子勁、混元氣功（非王安平所傳混元氣功）、鐵漢碑、筋經內丹功、六合內功、七盤功、健身延壽功；麻圈、枕頭包、三角包、吊包、手包、砂桶、五輪樁、草龍樁、梅花樁、單鞭勁、天地滑子、石牛、石袋、沙筒、太極球、九宮樁；鐵砂掌、朱砂掌（非世傳兩類掌法）、毒藥掌、毒砂掌、劈空拳。

拳術有龍、虎、豹、蛇、鶴五拳（非象形拳，也非少林五拳）、火龍滾、梅花拳、七星拳、天罡拳、洪拳（非廣東洪拳）、二路洪、綠林小手、綠林豹拳、太子遊四門。稀有拳術：猴拳、蛇拳、青龍拳、醉八仙、二十八宿、小神拳、太極拳、綿掌（非成都體院所傳綿掌）、八卦掌（非目前流行的八卦掌）、六通拳。

器械：八母槍、紫虹劍、龍虎劍、梅花點石槍、白虎鞭、黑虎鞭、追風匕首、鸞鳳劍、七星劍、八仙劍、飛劍、十三劍、二十四劍、一百零八串劍、陰把八方劍、無極劍。稀有器械：雙卡、鳳凰輪、雌雄劍、背箭、足箭、傘、筷子、鐵針、拂塵。

技擊：太極散手、纏手、太極翻花拳、十二時辰點穴術、十二殘手、十二死手、串子十八手、三十六路大擒拿、三十六絕手、六大點穴術、空手入白刃。

麻圈、吊包、沙筒、石袋等，是一般練拳的人常用的輔助練功器材，其實不能因此便說它們是一種功法。樁法也一樣。

毒沙掌、毒藥掌，現存有拳譜與藥方，但據我所知，該派並沒人練，這個時代好像也不准許練這類武術。劈空拳則傳說歡喜道人李傑可以遙擊大樹，令其枝幹斷裂，目前也無人能練到這個地步。劉綏濱可擊滅一米五以外的蠟燭，且可以從後面的蠟燭打滅起，或間隔地打滅，成為金氏世界紀錄保持者，其他人好像也很少練這門功夫。

▶青城派第三十六代掌門人劉綏濱表演的青城太極十八式。劉綏濱道名「信玄」，中國武術高段位（青龍七段）。從事道家武術及養生教學二十餘年。

其他拳套，除劉綏濱介紹的這些外，我知道似乎還有四馬投唐拳、炮捶架等。其紀念玄壇黑虎元帥趙公明的黑虎拳好像也不是此處介紹的龍虎豹鶴五拳。另外，源出青城生門的六通拳也稱爲鶴拳，多暗腿、短手、局部發力。太極拳則與南北各路太極都不相同，速度略快，有技擊功能及發勁動作，此拳綏濱說是「隱蹤數百年後重視人間」，但我推測是清末道人陳琳所創，三傳至劉綏濱。有三十六式。綏濱另簡化爲一種十八式的，以便流傳。目前他外出演示，多只打這十八式。另該派老宿龔海清還會一種巴巴拳，現在好似也未廣傳出來。

器械、背弩、足箭，現在也不實用，我沒看見誰在練。筷子、拂塵、鐵針亦罕見。武松刀，未列入，今似亦僅金躍山等老宿會使。此外，綠林派的六合雙刀，似應補入。白虎鞭則是青城三元門的技法，又稱鞭杆，其實就是短棍，以打擊肘、腕、膝、踝關節爲特點，爲青城派較具特色的兵器。

青城派內部分支很多，拳種及兵刃也很多元，但既合稱爲一派，其中當然有其一貫性或共同性。這種共同性，劉綏濱概括爲以下幾種風格特點：

一、融武、易、醫、丹、氣於一體，匯道、佛、俠家精華。

二、以柔克剛、以小打大、以短制長、以慢制快、以老打少。宋德照七十餘歲尚把一大力如牛的鐵匠發出丈外，龔海清八十一歲尚與中年壯漢搏擊，應付自如。

三、練內功得氣快，氣感強。

四、功夫上身，不易退功。陳用和因牢獄之災，遭受多種傷害，年近八旬時，已耳聾足跛，但仍能表演鐵指鉗刀，腹部抗打等功夫。

五、擅長貼身短打、小手連環、擒拿封逼、挨肩擠靠；寸勁、短勁、長勁、彈抖勁和纏勁混發，路線多變。

六、擅長養生，習者多長壽。近代道士李傑一〇八歲、包至清一〇七歲、李成功一一五歲。余國雄九十二歲。目前青城道士蔣信平一〇三歲仍行拳舞劍，治病救人。

七、擅長在高低不平及狹窄地帶作戰，對身體的平衡性要求很高。碧雲居士黃雲錦七十多歲時尚能在一張八仙桌上打完綵林小手十八式而不翻。

練青城功夫是否真能迅速得氣或長壽，我不敢說，但技擊上擅長短打，多小手、多暗腿、少明腿，而且少直來直往的打法，確爲該派之特色。短距離發勁，以巧勝人。因此表演性不高，注重實戰。散手、擒拿之法中有號稱殘手、絕手、死手者，即表示它以致敵殘死爲宗旨。是否真能達到這種效果，須看練拳的人功力如何，可是如此設想，便可見這派武術之重點所在。

不過，這樣的傳統武術並不適合現代社會。現代社會中，武術主要服務於三種功能，一是競賽，二是表演，三是養生。爲了競賽，青城派已有了不少改變。例如青城太極本來並無推手，可是目前太極競賽都是要比推手的，青城也就只好練推手，去各種比賽中得獎牌。

爲了表演，青城派現在也要大演二指禪、鋼槍刺喉、頂汽車、大木樁頂心窩、木條擊腹、單掌開磚、脛斷木板、負重上刀山、汽車壓足、飛針破玻璃等所謂硬氣功了。青城本以內家功法及巧打功夫爲主，但此類功夫不適合表演，故只能如此變通。

養生方面，目前也是青城推廣之重點。因爲練拳以爲搏擊之用，如今畢竟用途有限，去比賽、去表演也不是人人均做得來的。既如此，那就只好練拳養生啦！劉綏濱介紹青城派風格時特別著重講其養生功能，我想原因即在於此吧！

崆峒派與昆侖派的武學

近幾年我每月都去珠海聯合國際學院上課。這個學校是香港浸會大學辦的。浸會近年擬進入中國本土辦學，可是依目前法規，大陸並不同意外地學校到境內來設校，因此若想辦學，只能採取合作之法。現在這個學校就是以北京師範大學和香港浸會大學合辦的名義設立的，故名聯合國際學院。

如此辦學，自爲創舉，整個學校事實上也具有開創新典範的意義。例如採全英語教學、招收國際學生、聘請大量外籍教師，與外國聯合設立課程、引進香港的學校管理模式等，都令這個學校充滿了國際性，與內地一般大學迥然不同。但該校真正不同於內地大學的，其實不是它的國際化。恰好相反，是它由中國書院傳統中提煉出來，參考外國博雅教育而發展的全人教育體系。

這個體系十分複雜，我不能在此詳加介紹，只談與武術有關的一部分。

一般大學都有體育課，但該校認爲體育並不只是跑跑跳跳、活動肢體，每一種體育形式，其實都與其文化有關。因此該校設計了由高爾夫球去體會歐美紳士如何養成；也設計了射箭課，聘請日本弓道師範來教授。開課前舉行儀式，日本使館派員來賀，日本師範著戰裙，攜其巨弓草靶而至。做了表演以後，還有兩名吹尺八古簫的藝者登壇奏樂。又有八名和服盛裝女子，持日本箏，彈唱並舞扇。師生看得目瞪口呆。這就是透過一門體育項目來認識文化。

中國部分，該校也請得佛山黃飛鴻第四代弟子攜二條龍、八尾獅來，教學生舞龍舞獅。開課前也有儀式，由我主持，持筆蘸了朱砂，爲龍和獅開光點睛。司禮者高聲念贊，一點額頭如何如何、二點眼目如何如何，一直點到龍身龍尾，然後敲起鼓來，龍驤獅躍一番。

我以爲體育課如此改造甚好，乃又向郭少棠校長建議開個武術文化的課。每次邀一門派掌門人或主要代表人物來，先介紹該門派之淵源歷史、武術功法特點，再做演示，並答覆師生提問。

郭校長本身即爲香港詠春拳高手，且習太極多年，深具心得；該校全人教育中心主任郭海鵬則家居洛陽，素往少林參訪，故一拍即合，都覺得是好主意。乃委我規劃，自二〇〇七年春天起，陸續邀請了青城派掌門劉綏濱、少林派武僧團總教練釋德揚、峨眉派代表人吳信良、崆峒派太極門掌門白義海、昆侖派掌門周金生、精武會代表王洪海、武當派掌門遊玄德、形意八卦傳人牟波、萇家拳傳人劉義明諸先生到珠海來主講，由我主持。

各派武術，在武校或體育學院演練，並不是什麼稀奇的事，各大學武術社團也常會辦些講座，邀武林名宿去講說。但在一般綜合大學中，用一門課來介紹武術，恐怕是不經見的。在武術社團或體育院校講武術，那就只是談技術，我設計這課卻是要透過武術門派來認識中國文化的。

諸掌門亦都很捧場，千里「飛的」而至，相與講論於海濱，演其秘技，述其旨要。學生受益若干，我不曉得，起碼我自己是覺得挺好玩的。

諸先生講課均有講義。全文將來學校當會與其錄影資料一併處理，我這裏只選一部分來談談。因崆峒、昆侖兩派，外界較不知名，故謹以此兩派為先，其餘各派，且俟諸異。

一、崆峒派

據白義海兄說，崆峒武術起源甚早，《爾雅》中已云：「崆峒人武」，漢代飛將軍李廣，宋代抗金名將吳磷吳階、抗西夏高僧法淳，都是崆峒地區的武術家。而崆峒派則是唐代道人飛虹子所創，歷代掌派人分別是：

第一代飛虹子（唐末甘肅人）
第二代飛綏子（宋朝甘肅人）
第三代雲離子（元朝甘肅人）
第四代飛雲子（黃衫客，明朝甘肅人）
第五代眉姑（女，清朝四川人）
第六代飛塵子（曲一洪，清朝四川人）
第七代陸塵子（清朝湖南人）

第八代袁一飛（清朝廣東人）

第九代胡飛子（胡惠民，民國廣東人）

第十代燕飛霞（王進，中國吉林人）

崆峒派，我知道還有甘肅酒泉一家天戈武術展公司在推動。謂其藝亦出於飛虹子。但說飛虹子為晚清五劍俠之一，主持人郭文平道長，則為該派第四十八代傳人。傳縮骨功、三皇服氣攻、玉環心訣、崆峒十八手、斬手密譜等。但我對這個譜系及功法有點疑惑，故現今講的不是這個系統，只就白義海所說考之。

這個譜系自然也不盡可靠，因為每一代差距年數太大，恐頗有遺漏或多依託。不過這也都已無可考證。崆峒派在武俠小說中雖然名聲顯赫（金庸之外，司馬翎敍述最多），但在武術界並不知名，相關記載又少，現在能知道的材料，大抵均由燕飛霞處傳下。燕飛霞以教拳為業，萍蹤浪跡於大江南北，可是並沒什麼他與其他武林人士交往的記錄，生平資料也很罕見，因此這僅能視為該門派相承之傳說。

燕飛霞即白義海師父。在教白氏之前，曾授藝日本留華習拳之女子花舞影。後來兩人結褵，崆峒派遂東傳於日本。燕飛霞逝世後，花舞影繼任為第十一代掌教，在日本東京、大阪、神戶、名古屋、北海道等處都有其武館。崆峒派未宏闡於本土，反而開花散葉於彼邦，說起來也是令人感慨的事。

崆峒派在國內的傳播較分散，甘肅平涼崆峒山有釋妙林、王鏢、尹騰劍等，廣東有張勇、白義海等傳此技藝。但這派武術，體系還不小，據云內分八門：飛龍門、追魂門、奪命門、醉門、神拳門、花架門、奇兵門、玄空門。每門各有十五六套拳法，故合計有百餘種之多。

飛龍門是崆峒派武術的初級。包括飛龍拳、飛龍掌、飛龍刀、飛龍槍、飛龍劍、飛龍棍、飛龍鏟、飛龍雙鈎、飛龍雙鞭等。在此基礎上，追魂門、奪命門、醉門、神拳門都將拳、掌、刀、槍、劍、棍、鏟、雙鈎、雙鞭等功夫逐一提高變化，加強了難度和抗擊性。

如追魂門攻擊的招式多變，招招緊逼，各路名稱即是把飛龍門中的「飛龍」變成「追魂」，如追魂棍、追魂雙鈎、追魂雙鏟、追魂雙鞭等。

奪命門是在追魂門的基礎上又上了一層，其特點是猛烈，不留活路，有奪命拳、奪命掌、奪命劍、奪命棍等十幾個套路。

醉門是在奪命門的基礎上更上一層，主要是強調動作中的躍、翻、仆、騰、跌等功夫。醉門又分文武兩類，稱「文八仙」和「武八仙」。文八仙重醉態的表現，鍛煉人在失重情況下的平衡能力。武八仙著重躍、跌、仆、騰、跳等動體，鍛煉意、氣、神所蘊涵的爆發力。醉門中的套器因此多出十幾個，如文醉拳、武醉拳、文醉劍、武醉劍等，都是文武各一套，拳、掌、刀、槍、劍、棍、鈎、鏟、鞭齊備。

神拳門（**即太極門**）是崆峒派武術中攻擊性最高的武功。所謂神拳，即「花拳繡腿」——不是通常所指表演中的那種「花拳繡腿」，而是指拳打不實、用意不用力，如遊龍一般，神出鬼沒，招式詭秘，以內氣傷敵內臟，各種兵器亦以氣傷敵，是崆峒派拳術中登峰造極的功夫。此門中同樣有拳、掌、推手、刀、槍、劍、棍等十幾種套路。

花架門是在神拳門的基礎上結合敦煌壁畫上的飛天造形而創立的。造形優美，攻擊巧妙，適合女性習練。此門有出水芙蓉、香飄宇庭、笑傲乾坤風流扇、桃花扇、花架拳、花架槍、花架劍等十幾種套器（**現較為流行的木蘭拳、木蘭扇、木蘭劍即根據花架門拳法改編而**

來）。

奇兵門是崆峒派武術中最具特色的一門。其特點在於所用兵器短小及排兵布陣的陣法。其中兵器有風火五行輪、風火扇、挎虎籃、飛爪、佛塵、九齒鐵耙、連枷、鐵琵琶、分水峨眉刺、判官筆、翻天印、太統法鈴等。陣法有太極陣、七星回天陣、八卦陣、十面埋伏陣、十二生肖陣、二十四天魔陣、二十八宿造天陣、三十六遊龍陣、四十八降妖陣、六十四卦齊天陣、八十一通天奇門遁甲陣等。

玄空門是崆峒派秘傳之寶，多爲歷代掌派人獨修之法。有燕式古太極八式、無相神功、達摩神功，以此修煉內功，並有以針灸、中藥、易經、氣功結合而成的療病方法《易通療法》，是崆峒山鎭山之寶。其中針灸取用「靈龜八法」、「子午流注」之時辰、穴位、脈絡，藉以《易經》之卦相推斷，合氣功引導助力，再用中草藥服用，達到療病之效。

以上是根據白義海的描述。他這派的傳承較特別，掌門稱爲掌派人，底下門人各有掌門。白義海即太極門之掌門。奇兵陣法與玄宗門中之針藥醫術、燕式古太極、無相神功等，既然是比太極門更高深的武功，我不知他是否擅長；但我看過燕飛霞演練以上各門武術的錄相帶，確實是一代宗師，功力非凡，很能表現出上述各門不同武技之特點。奇門兵器，目前各派也較少人練了。

綜合起來看，白義海說：「崆峒武術以柔美爲主，身、步、手法多以弧線、曲線形成，取太極陰陽魚應對哲學思想，在運動中攻防。攻擊時動中有靜，靜極生動、剛柔相濟。所用兵器短、小、輕、柔、奇爲特色，如扇、拂塵、劍、五行輪、鞭杆等。即便以剛烈顯赫的神拳門中的醉八仙，在進擊中也以巧擊眼、頸等軟弱部位及穴位」。

曲線弧線進手，表演時會有舞蹈的效果，頗具美感，搏擊時則顯得法秘奇幻，我覺得這正是該派的特色。而由其八門分立的武學架構來看，又顯然是一個道術結合的體系，由搏擊進而修道。神拳門以上，均顯道氣，至玄空門，就無我無相，空意空識，呼應崆峒的古字「空同」的涵義。古代黃帝問道於空同，只是個傳說，崆峒派武術看來卻是想技進於道，由此求道了。白義海本人原習跆拳，早有六段身手，但斂華求朴，用心於太極，捨外勇而求內壯，殆亦取途於此乎！

二、昆侖派

現在人，一談到崆峒派，就想到「七傷拳」。這是因金庸小說《倚天屠龍記》講金毛獅王謝遜去偷學崆峒五老的七傷拳之故。其實七傷拳不僅徒憑想像，不符歷史，亦不符崆峒修道人之所為。欲傷人而先自傷，豈不類似《葵花寶典》所謂「欲練神功，引刀自宮」？可見文人創造，故弄狡獪，刻意出奇，本無當於武術之理也。

這不是反對創造，而是說創造須有個合理的理路。

相較於崆峒派，昆侖派雖也溯源於上古，但我覺得它基本上是新創的。不過它的創造有一套符合武學原理的思路，所以也很值得介紹。

昆侖派，我見過的，有一種昆侖太極拳，段智明先生傳授。據說是最早由新疆堤克魯·呼圖克圖紅教大活佛傳到上海，再傳到四川。共三路，我所見是第二路。又稱僧式太極，雖然它也說此拳爲張三手所創。

這一系拳法目前並不在青海流傳，因此我現在要說的不是這一系，而是在青海的昆侖派。昆侖派現今掌門周金生先生，本籍山東曲阜，一九七八年才到青海工作。據他在青海的調查，發現青海的武術流派大抵爲少林拳及其支系。五十年代以後，因大批「支持西部建設」的人到青海來，從而帶來了各自的武術，十分駁雜，反而歷史上相傳曾有的昆侖派並不見蹤影。

而周先生認爲老子西行出關，有傳說曾到了昆侖山，在昆侖悟道；現今武當太極拳，依武當山丹派十二代掌門馬傑的考證，又謂爲源於老子所傳的太極功法。因此他根據自己對太極的體會，結合八卦的原理，依託昆侖傳說，於八十年代中創立青海昆侖武術館，張起昆侖派的大旗。

這些考證、傳說、依託，當然都是靠不住的。老子五千言，根本不曾談過太極二字，講太極生兩儀的是《易經》。太極圖則始見於宋代。故說老子創太極功法，乃無稽之談；在昆侖山玉虛宮修道，創此功法，就是更沒影兒的事。道教之有宮觀，事在南北朝後期，老子連是否去過青海都不曉得，又怎麼講他在昆侖山修練呢？至於太極拳與張三丰、武當派之牽扯，我別有文章考證，就不再說了。武當武術要開宗立派，不能不如此說，我也能理解；但如此「考證」，在史學上是做不得數的，用來做爲支撐立派之據，自然也沒什麼效力。

不過，武學上的流派淵源或理論依據，有時「效力」並不同於史學。如少林五祖故事，也是假的。南少林到現在還找不著，幾個地方紛紛自稱就是南少林，而其實每一個都不是。既無南少林，當然也就不會有洪熙官方世玉等等。可是沒有洪熙官，怎麼又有洪拳呢？其實洪拳不只南派有之，北方嵩山少林如今的母拳之一也是洪拳，可見洪熙官是假，洪拳卻是真。洪熙官故事，可能是「洪門」造出來的，也可能是由洪拳上推想出來的，正如從太極拳上推想出一個創拳的老子或張三丰那樣。這在武術史上非但不是特例，抑且可說是常態。古代說倉頡造字、伶倫造律、伏羲造漁罟、黃帝造車，也都是如此，本不能從「史實」的角度去衡量。再說，一種拳是否有效，評判的標準亦不見得在於它是否授受有緒、確有來歷，而在於它好不好。好不好指什麼呢？指它架構合理，且有具體搏擊效果。這才是它有無效力最主要的判準。

周先生所傳承的太極拳，號稱是王宗岳太極，另外他還學過尹氏八卦拳，因此他所創的昆侖派武術，主要即是結合這兩個系統所得，號昆侖太極拳和乾坤掌。

我看他的太極拳，最大的特點是步子收縮極小，擦地而行，不用弓步、馬步、仆步等動作。理論是武術講究速度，弓馬以及仆步，跨步既大，變勢出力都慢。依此原理，他認為可把功法功架分成三種結構、三種速度，或三級。他說：

> 慢速、中速、快速都能健身，到高乘必須到快速否則不是上乘功法，很多人練太極拳都是慢速而練，在實踐中對抗再快絕對快不了，因為拳法最終用於實踐技擊，慢絕對戰勝不了對方的快速，練拳必須達到快速練法，就是上乘功法，快要達到快如閃電。因武術道拳法結構每式都關係到實踐應用，每式進攻防守的遠、中、近是拳法層次，遠距離是初級拳，中距離是中級拳，近距離是高級拳法。慢速是初級，快速是高級。

這說明了他的太極拳乃以技擊爲主。此爲特色之一。特色之二，是因此故他並不僅重拳架。拳架只是練身體，不能技擊，要技擊便須能運用，所以拳架與推手，需體用兼備。而所謂推手，又與一般太極不同，他是應用時把推手當散手用，而練習時又把散手當推手練的。

特色三仍與上述快中慢三速有關，他說：「拳法結構有三，初級拳法、中級拳法和高級拳法，每個拳法結構各有不同。馬步兩足內側超過肩是初級拳法，兩足內側與肩齊是中級拳法，兩足外側與肩齊是高級拳法，這是拳法結構的定位」。也就是說三速理論構造了他的三種拳法結構論，形成三種拳架。

與此配合的，是他的三盤理論。掤、捋、擠、靠、按、采、挒、肘，是上盤。中盤有膝、臀、胯。下盤有勾、點、磕、砸、打、轉腿法（再加上穿、撩、滾、截、化、捆、點、克、彈、掌法）。這是身體整個的三盤。但上中下三盤又各有三盤。如一臂即有三盤：手、肘、肩。一腿也有三盤：胯、膝、足。一手還可分三盤：指根、指中、指尖，各有骨節組合之運用，所以三盤也是與長短中呼應的。

這是三盤之分。練時則講究三盤合一，也就是彼此之配合。他的乾坤掌，取法於八卦，先練轉掌，單換、雙換、仰月垂肘八字步、擦地步、後撩掌腿法。再練肘法。各種肘法，包括腿法，都是起伏上中下練，務求練到三盤合一爲止。太極的掤、擠、肘、靠、勾、磕、砸、打等等，也都必須單勢單練，再予配合。

以上這是練法的特點。打法的特點在於懂力。

懂力，是每一派太極都講的。有些更把力跟勁分說，把懂力講成聽力、聽勁、懂勁等等，然後說明、暗、螺旋、纏絲等等，玄妙無比。太極最讓人難以體之處即在於此。可是諸家所謂懂力懂勁，大都指雙方搭手時即知其勁力之曲、直、橫、斜、小、大，而化之、送之、導之、取之。這在表演或練習時確實能驚四座，可是實際搏鬥時，老實說，要搭上黏上對方的手腿是很難的。對方出拳踢腳，往往快逾閃電，格擋得到，已非高手，更休提要搭要送了。被擊中那一刹那，也根本沒有運氣化力的時間和機會。當年萬籟聲擊敗揚澄甫就是如此。周老所說，純從技擊上著眼，故他說的懂力並不從搭手上說，而云：

有力勝無力，武也。力小勝力大，術也。無力勝有力，借力而用和直取對方道也。

有力勝無力，就是一般武夫的大欺小、強淩弱、力大打力小。力小的人要想勝力大的，就要靠方法技巧，此即所謂術。若根本不用力，借力使力或直取對方，則是懂力的上乘。什麼叫做直取對方呢？基本上是「敵進我進」。不避、不躲、不架，所以不必做力量的對抗，也不耗力於閃挪，而是對方進攻時我亦前進，對方攻擊的角度及距離因而改變，我欺進了他懷裏，他自然重心不穩，爲我傾覆。簡單說即是如此，細說還要明白角、圓、直各種力量的變化。

武、術、道，也是三盤。周先生這三三三的架構，可以再添加三才、五行、八卦、九宮，而讓它更爲繁複，但我覺得基本原理大抵盡於此矣。所以就不再介紹了。這是不是王宗岳的本旨，或許不重要，這種武術思路則很可參考，故略述吾管見如此。

金庸小說與武術

一

論金庸，而討論他會不會武術，或他書中的武術是不是真有其事，其實是個熟題目，許多人都極感興趣。〈金庸與北大學子趣談中國文化〉就記載北大學生問：「您的小說中，有許多的武術門派，您是怎麼想像出來的？比如九陰真經、降龍十八掌。你會武術嗎？可以比試一下嗎？」金庸回答：「有些武術門派本來就有，像少林、武當。……當然，一些武術門派是我想像出來的，像降龍十八掌就是我從《易經》中想像出來的」（二〇〇七年六月十九日，王慶環，《光明日報》）。

這樣的回答，顯然仍不能滿足讀者的好奇，因此就有不少人爲之鉤奇索隱。如陳墨《金庸小說之武學》多達二十萬字，潘國森《武論金庸》亦厚達三百餘頁，網上的討論則更多。

當然，有些練家子對這樣的討論是嗤之以鼻的。因爲從武術的角度看，小說中多是武術文藝化的寫法，且頗多矛盾和錯誤，因此：「拿一個矛盾（我可不敢用「錯誤」這個詞）百出的著作，來印證我們自己認爲的對錯（您有您的想像，我有我的猜測），那無異是在緣木求魚！」（金庸小說城，討論區，二〇〇五年七月十五日）

此說雖有一定道理，但畢竟不是主流，主流意見仍是要對之仔細探究一番的。探討所得，也不乏有趣的見解，如風中葉《金庸小說中的武術》就認爲：查老在書中所用的太極拳招式，皆爲楊或吳家所用的名字，如「攬雀尾」「抱虎歸山」等等。又說：

查老在《飛狐外傳》中記，趙半山為南宗高手，而北宗是廣平府的太極門。北宗的呂希賢因拒交出太極拳的奧祕給滿人，而給叛徒陳禹害死。這一段記載，大抵是根據楊班侯祖師的一段傳聞寫而成。據說「廣平」與「北京」兩派，都是班侯祖師所傳授的，而「廣平派」中的陳秀峰，曾侍班侯祖師入京，見「北京」與「廣平」的風格迥然不同，於是便問其師：「何故同出師授，而廣平派有剛有柔，北京派一味純柔？」班侯祖師初笑而不答，後才說道：「京中多貴人，習拳出於好奇玩票，彼旗人體質本與漢人不同，且旗人非漢，你不知道嗎？」聞說現今永年縣，還傳有班侯拳架，和我們一般所見的楊式太極拳截然不同。

網上的討論，大底皆如此類，雖然有趣，也有許多有價值的部分，但胡說處也不少。金庸小說裡講的太極拳，採用的只是楊家的招式名，不是吳氏的。而金庸講的太極拳兩宗，乃是溫州與直隸廣平。此處則扯上廣平與北京。班侯拳架，也只是比楊澄甫所傳稍緊湊而已，哪說得上就「截然不同」？楊家班侯、少侯、澄甫三種式子沒啥不同，具詳澄甫高足董英傑所著《太極拳釋義》。可惜論者一知半解，故所談動輒出錯。

二

武俠小說，顧名思義，係由「武」與「俠」兩個元素構成。這兩個元素原本就是獨立的，俠是俠，武是武，未必相干。《史記》把〈遊俠列傳〉和〈刺客列傳〉分開來敘述，最能表現這個意義。〈遊俠列傳〉所記錄的大俠，如戰國四豪：春申君、孟嘗君、信陵君、平原君，固然都不以武技見稱；閭里之俠原憲等亦未聞其善武，就是漢代大俠朱家郭解也不嫻武術。嫻武技的，乃是俠之門客中一部分具擊刺能力者。此即為刺客。

古之俠者如此，降及宋元明，依然沒什麼太大改變。像《水滸傳》中擔任水泊領袖的宋江，雖不能說他沒有武藝，可是他武藝稀鬆，能成為領袖的條件不在其武而在其俠，也就是所謂的「及時雨」，能急人之急、紓人之難。

清朝俠義公案小說，多寫綠林故事，俠與其敵對勢力才都擁有武藝，彼此以武爭衡，如《三俠五義》之俠，即無不能武者。《三俠》或稱《七俠五義》，其後又有《七劍十三俠》之類。但不管是三俠、七俠或十三俠，也都是具武藝的，這就形成了一個新的傳統。

再加上劍俠小說一派，至晚清而大盛，由《仙俠五花劍》下衍至後來還珠樓主的《蜀山劍俠傳》等等，俠既皆是劍俠，焉能不長於武藝？於是俠與武又更爲緊密地結合了。

民國期間，新開一派寫江湖的，爲從前寫綠林故事之嗣響。由平江不肖生《江湖奇俠傳》以下，愈寫愈具體，遂出現許多江湖門派，如少林、武當。漸漸且形成五大、六大、八大、九大門派的名號，爲古來小說所未有。

又由寫江湖綠林之爭鬥搏殺，而要具體描述這些江湖豪士的武技，於是又衍生了一種技擊小說，平江不肖生開其端，鄭證因、朱貞木、白羽繼其後，如《鷹爪王》《十二金錢鏢》《偷拳》等均屬此等。《鷹爪主》故事假託於鳳尾幫十二連環塢，實際上以當時的鷹爪翻子門等各派武術爲藍本。《偷拳》則是逕以楊露蟬去陳家溝傭身爲僕，偷學太極拳的故事爲內容，此類寫法均對後人有極大的啓發。

武俠小說之真正成形，即在這個時期，凡俠皆武，無武不俠。武術成爲小說中極主要的部分；練功、比武、爭霸、復仇，成爲它的基本內容。

這種小說類型吸引了許多作者投入，參與寫作。但不是每個人都熟悉武術門派或技擊方法，因此寫法上各有巧妙。有真懂武術或對幫派社會有瞭解有接觸的，傾向實寫。不懂的，就虛寫。或利用劍俠小說，把俠客寫得飛天遁地、出入三界，其武術神乎其神。反正非凡人所能知能見，故可肆其想像。或練劍成丸，飛出白光，殺人於千里之外；或御劍飛行，上窮碧落下黃泉。要不則開發心理、氣勢、鬥智的寫法，一擊必殺，迅雷不及掩耳，根本就不必再一招一式地去搏鬥。

廿世紀五十年代以後港台新派武俠作家中，實寫者少、虛寫者多。原因一是藏拙，二是討巧。如梁羽生、司馬翎、古龍、諸葛青雲、臥龍生等人對技擊其實都不內行，對江湖幫會也很少具體參與經驗。勉強去寫武術、談幫派掌故，既縛手腳又易出錯，不如捨去，以想像揮灑之，或避而就搏擊之氣氛、心理狀態去發揮，反而易見精采，並爲武俠寫作開一新路。

因此，藏拙之同時也討了巧。畢竟讀者看武俠小說也未必想由其中獲得武術技巧、或真實的武術史幫會史知識，小說的故事、人物的恩怨情仇，才是主要吸引他們的部分。故武術部分寫得簡略，甚或離奇，讀者常不以爲意。讀者中真懂武術者也畢竟是少數，所以小說就是寫錯了，大抵也沒啥關係，很少人會留意到。

▶梁羽生武俠小說插圖

不過，武俠小說做爲一種文學類型，武術終究是它類型元素之一，或者是它極重要的部分。武俠小說若無武，或武得不精采，就如同它裡面喪失了俠一樣，還能稱爲武俠小說嗎？猶如偵探小說若不具體寫探案，讀者能承認它叫偵探小說嗎？一名好偵探，探案的技術必然要甚好；一名大俠，武功也必然要高明，乃是這個文類之基本規定。因此對武術的描寫，乃是武俠小說作者繞不開的領域，差別只在於作者如何去寫而已。

例如梁羽生的寫法就是半真半假，或把動作的名稱詩意化，諸如「燕子穿雲林」「丹鳳朝陽」等等，予人以充分的想像。這無異是一條捷徑。但讀者也是糊弄不得的，據說梁羽生就曾弄得很尷尬。因爲剛開始寫武俠小說時，對武術不大懂但又要吸引讀者，只好「知難而上」。有兩段寫太極劍和判官筆，他根據前輩作家白羽的作品，稍稍改動了幾字，抄用過來。誰知給人看出，讓懂武術的讀者譏議了一番。

司馬翎、古龍則是朝搏擊之氣氛、心理狀態去發揮，重在心理、氣勢、鬥智的描寫。古龍尤其發展那種一擊必殺，快刀斬亂麻的寫法。

相較於上述梁羽生、司馬翎、古龍等人，金庸的寫法可謂虛實相生，最具特色。

一般人讀金庸小說，較會注意到而且印象深刻的，如九陰真經、九陽真經、降龍十八掌、打狗棒法、獨孤九劍、吸星大法、乾坤大挪移、一陽指、六脈神劍……等，其實都是虛寫。世上無此武功，全憑幻設而生。但它又不像古龍那樣，全然蹈虛，只用刀光一閃，或詭異絕倫之身法手法云云帶過，仍是寫得煞有介事的。有倫有脊、有招有式、有功有法，有時還編了歌訣或心法，達到一種「仿真」的效果。此可謂以虛作實。

金庸另一種寫法，則是實寫。這，一般人雖較少注意，卻也有不少論者對之特別欣賞。如倪匡論金庸，即曾說：「說《鹿鼎記》不是武俠小說，但卻又是武俠小說。試看洪教主的『美人三招』的詳細描述，有哪一部武俠小說有這樣好的有關『武術』的情節？」指的就是他的實寫。

實寫，一部份仍是靠想像得來，只是寫來一招一式，彷彿實戰一般。另一種則是確有所本的。例如《書劍恩仇錄》中陳家洛與周仲英比武一段，周仲英使的「闖少林」，又稱甘鳳池所傳少林拳。金庸就完全是拿著拳譜來照著寫，所述招式，均是拳譜上的，此即所謂實寫。

三

《書劍恩仇錄》中實寫的還有八卦掌。小說中描述王維揚的遊身八卦掌及八卦刀法，基本上也依著相關拳譜來：

王維揚……掌不離肘，肘不離胸，一掌護身，一掌應敵，右掌往左臂一貼，腳下按著先天八卦圖式，繞著張召重疾奔，正是他平生絕技「遊身八卦掌」。

此類描寫，尤爲具體的是《飛狐外傳》。此書爲金庸作品中最質實者，涉及門派既多，拳法及兵器亦大部分皆有來歷，如查拳、彈腿、華拳、燕青拳、地趟拳、韋陀門、八仙劍、太極拳等。如第一章描述：

徐錚……擺個「對拳」，雙足並攏，雙手握拳相對，……何思豪見他這姿式是查拳門人和人動手的起手式，……原來「潭、查、花、洪」，向稱北拳四大家，指潭腿、查拳、花拳、洪門四派拳術而言，在北方流傳極廣，任何練拳之人都略知一二，算得是拳術中的入門功夫。何思豪見對手拳法平常，……一招「上步野馬分鬃」，向徐錚打了過去，他使的是太極拳。……徐錚不敢怠慢，左腳向後踏出，上身轉成坐盤式，右手按、左手撩，一招「後墊步撩掌」出手極是快捷。

這是講太極拳跟查拳。接著講商寶震：

當下拉開架子，在場中打起拳來，但見他「頭趟繩掛一條鞭，二趟十字繞三尖」，使的是十二路潭腿。

接著寫醉拳：

一套燕青拳奈何不了對方，忽然拳法又變，使出一套「魯智深醉跌」，但見他如瘋如癲，似醉似狂，忽而臥倒，忽而躍起，「羅漢斜臥」「仙人渴盹」，這路拳法似乎是亂打亂踢一般，其實是精彩之極。

繼而又寫八卦掌：

商寶震的「遊身八卦掌」一施出，再不停留，腳下每一步都按著先天八卦的圖式，轉折如意，四梢歸一，繞著對方身子急速奔跑，一掌一掌越打越快。那大漢……腳下卻也按著先天八卦的圖

(六)第四節練時愈久愈妙，至兩腿發痠為止。每日漸將所擊數目增加。能長氣力。惟呼吸應聽其自然。不可緊閉胸中。

(九)拳術器械名目

燕青拳

立正切掌上步雙撞拳。懷中抱月。二郎擔山。拉弓式。封手花採上步進肘摑身拳。翻劈正軋打踢順腿打順拳。撲肘上半步。撐滑腿挑上步。上步打。挑上步對面掌快打三拳。挑上步打。挑上步打。脫靴轉身。掌探打。刲打刲打抽扯拳。封手花採。上步進肘摑耳拳。翻劈正軋打。打順拳。挑上步對面掌快打三拳。反身栽錘。左右跨打。翻劈正軋打。打順拳。抱拳(左右)拷打。挑上步對面掌快手三拳。隨意站立。上步軋拳。上步軋拳。上步挑打。腿踢陰十字拳。撲肘踢潭腿立起擬哽讓步跨虎勢。退步收拾。

二郎拳

六合拳

立正切掌。上步雙撞拳。騎馬式劈軋拳。高頭探馬踹窩心。腳探打掌。珍珠倒捲簾磕膝腿白鵝掠翅古樹盤根。攔腰掌。托天掌。走三步。打八式。攔腰掌。托天掌。走三步。打八式。攔腰掌。珍珠倒捲簾磕膝腿。白鵝掠翅。古樹盤根撲腿勢打跳八式左右掌連環掌古樹盤根。跌連環腿。走登三步外排腿磕膝腿。珠珍倒捲簾磕膝腿。白鵝掠翅。古樹盤根。打旋風腳。刁手上步打拳。刁手上步打拳。珍珠倒捲簾。磕膝腿。白鵝掠翅。古樹盤根冲天炮。踩子腳。陰踏腿。捕虎勢。白虎洗臉。磕膝腿。珍珠倒捲簾。白鵝掠翅。古樹盤根。烏雲遮月。坐盤遮跌刲腿跌點交摑面拳。擬哽讓步跨虎勢。退步收式。

崑崙刀

接刀式上步剌刀。得勝刀。護身刀。力舉千斤。後掃蹚刲腕刀。攔

翼德槍

置槍式。舞花掌。踩手腳。扣槍通大樸大蓋樸。鵪鶉(一二三)抽槍式。踢陰腿。舞花槍。轉身扣槍。通撞槍勢扣槍通跳跕步坐盤槍捭把掃蹚分筋槍。臨槍通扶擠棒風吹倒大輪。扣槍通抽槍式。踢陰腿舞花槍。扣槍通雲頂槍。打把踢。打把踢。坐盤槍。扣槍通走登山槍。回馬槍面背槍。上步打棒竄槍。倒掉把竄槍。上步分筋。退步分筋腿手捧退步劈軋棒退步竄槍。扣槍通抽槍。(換把)掤喉槍。背槍。竄槍。上步掉把擋步竄槍。轉臨槍。扣槍通抽槍收式

古傳潭腿

頭蹚絕掛一條鞭　用時撩陰踢崩腿

二蹚十字繞三尖　打十字撻踹踩子腳

三蹚劈扎倒夜叉　專用穿花陰襠腿

四蹚撐花人難當　內藏白鶴亮翅平地翻

筋舞花槍。追風趕月。跑八步轉身走登山槍。回馬槍。大舞花四門槍。大舞花八步趕驪攔口槍。點手換羅成轉身攔腰棒。舞花挑播中平槍。帶還急步坐盤槍。雙虬貫日托鎗式。隨機帶還坐盤槍。慧星襲月直射去。轉身抽回背槍式。左右分開。急用棒。敗中取勝。坐盤槍。巧女紉針。拓槍去反身穢式。用挑槍抽槍。立起收式。

魯智深醉跌

上步二龍吐鬚。丹鳳朝陽。金雞獨立。鷂子翻身。打槍背轉身。蛟龍起空。雲頂帚槍背隨身起。仙鶴獨立。伸頸踩子腳。飛身起空。反身羅漢臥睡。仙女睡醒伸頸立起。鈎掛連環腿。反身飛蹤落地。仙人渴睡。錯腿立起。大轉身。二起腿。翻身。後跌起身。鵲雀蹬枝。大槍背。英雄獨立。躍身坐盤。童子拜佛。攬綠腿。跑步單鬪盤立起。急風止浪。二起腿。旋風腳。搶背立起。燕子穿海。反身蛤蟆

▶民國時期中央技擊學會主編的《國術大全》中收錄的部分拳譜

式，方位絲毫不亂。

然後再說太極拳：

陳禹……一招「玉女穿梭」，猛向他肩頭拍去。趙半山……當下身軀微蹲，一招「雲手」，帶住他的手腕向右一引。陳禹立足不定，登時全身受制。

另第六章寫六合拳：

劉鶴真右足踏上一步，右拳劈面向袁紫衣打到，正是六合拳「三環套月」中的第一式。袁紫衣見對方拳到，自食指以至小指，四指握得參差不齊，生出三片稜角，知道這三角拳法用以擊打人身穴道，……當下左足斜退一步，還了一招六合拳中的「栽錘」，右手握的也是三角拳。劉鶴真……踏上左步，擊出一招「反躬自省」。……袁紫衣無此修為，於是避難趨易，還了一招「摔手穿掌」，右手出的是摔碑手，左手出的是柳葉掌，那也是六合拳中的正宗功夫。

第十五章寫華拳：

「華拳四十八，藝成行天涯。」……右腿半蹲，左腿前伸，右手橫掌，左手反鉤，正是華拳中出手第一招「出勢跨虎西岳傳」。張復龍提膝回環亮掌，應以一招「商羊登枝腳獨懸」

後來大概覺得用比武的寫法太麻煩或太老套，乃改用直接練套路的寫法，根據拳譜一一寫來：

姬曉峰朗聲道：「蔡師伯既要考較我天字派的功夫，弟子便代程師哥練一套，請蔡師伯指點。」……雙腿一併，使出曉星當頭即走拳，跟著出勢跨虎西岳傳、金鵬展翅庭中站、韋陀獻抱在胸前、把臂攔門橫鐵閂、魁鬼仰斗撩綠欄，一招招的練了起來。但見他上肢是拳、掌、鉤、爪迴旋變化，沖、推、栽、切、劈、挑、頂、架、撐、撩、穿、搖十二般手法伸屈回環，下肢自弓箭步、馬步、僕步、虛步、丁步五項步根變出行步、倒步、邁步、偷步、踏步、擊步、躍步七般步法，沉穩處似象止虎踞，迅捷時如鷹搏兔脫……只見他一直練到鳳凰旋窩回身轉、腿登九天沖鐵拳、英雄打虎收招勢，最後是拳罷庭前五更天！……待得姬曉峰使一招旋風腳，躍起半空橫踢而出，門外突然有人喝彩道：「好一招風捲霹靂上九！」

▶梁羽生武俠小說插圖

以上這些都是實寫，有具體的招式、動作、攻防狀態，讀者甚至可以具體還原，兩個人依著演練一番，形成一種身臨其境的感覺。對於有小說寫作經驗的人來說，看這類寫法，更可悟到如何將拳譜化用到小說裡去的技巧，獲益匪淺。

這樣實寫，效果不言可喻，既增強了小說中武打場面的真實感，也令人對作者之武術敘述更加信任，達成了小說更大的仿擬功能。

不過，金庸寫這些武術時，我們都可發現它大抵僅具有過場性質。打出這些拳的人，多不是主角；敘述這些武技，也多不在主要場合，屬於過場、陪襯。就小說而言，可謂以實襯虛。

真正著力描寫，把正式拳法當成主要武功來寫的，大概只有《倚天屠龍記》裡的太極拳。把真實武術太極拳寫得功效威力大如虛構的乾坤大挪移，誠可謂以實作虛矣：

張無忌目不轉睛的凝神觀看，……看到第七招「手揮琵琶」之時，只見他左掌陽、右掌陰，目光凝視左手手臂，雙掌慢慢合攏，竟是凝重如山，卻又輕靈似羽。張無忌突然之間省悟：「這是以慢打快、以靜制動的上乘武學，想不到世間竟會有如此高明的功夫。」……張三丰使到上步高探馬，上步攬雀尾，單鞭而合太極，神定氣閒的站在當地。……雙手抱了個太極式的圓圈，說道：「這套拳術的訣竅是『虛靈頂勁、涵胸拔背、鬆腰垂臀、沉肩墜肘』十六個字，純以意行，最忌用力。」

凡此等等，虛寫、實寫、以虛作實、以實作虛、以實襯虛、虛實相生，善悟者當可於此體會小說之寫法，著實大堪玩索。

四

金庸寫兵器，寫法也同於寫拳腳。

例如刀法，它先介紹：「少林韋陀門拳、刀、槍三絕，全守六合之法。所謂六合，精、氣、神爲內三合，手、眼、身爲外三合，其用爲眼與心合，心與氣合，氣與身合，身與手合，手與腳合，腳與胯合。全身內外，渾然一體」。然後說其刀法：

楊賓……當下立個門戶，右手持刀橫置左肩，左手成鉤，勁坐右腿，左腳虛出，乃是六合刀法的起手「護肩刀」。……孫伏虎刀藏右側，左手成掌，自懷裏翻出，使一招「滾手刺扎」，說道：「師弟請！」與胡斐同桌的那中年武師賣弄內行，向身旁後生道：「單刀看的是手，雙刀看的是走。使單刀的右手有刀，刀有刀法，左手無物，那便安頓為難。因此看一人的刀上功夫，只要瞧他左手出掌是否厲害，便知高低。……這二人刀法，用的都是『展、抹、鉤、剁、砍、劈』六字訣，……刃口向外叫做展，向內為抹，曲刃為鉤，過頂為砍，雙手舉刀下斬叫做劈，平手下斬稱為剁。」

這是刀。接著寫槍法：

那女郎……提槍向前一送，使的是一招「四夷賓服」。這一招是六合槍中最精妙的招數，稱為二十四式之首，其中妙變無窮，乃是中平槍法。……歌訣道：「中平槍，槍中王，高低遠近都不妨；去如箭，來如線……」……那女郎雙手一捺，槍尖向下，已將楊賓的槍頭壓住，正是六合槍法中的「靈貓捕鼠」。這一招稱為「無中生有槍」，乃是從虛式之中，變出極厲害的家數。

《書劍恩仇錄》第三回中另寫蔣四根的奇門兵器鐵槳，而實爲杖法：

兵器是鐵槳，使的卻是「魯智深瘋魔杖」的招術，他是將鐵槳當作禪杖使，這一記「秦王鞭石」，鐵槳從自己背後甩過右肩，猛向周仲英砸來，呼的一聲，猛惡異常。

其他寫兵器處，大抵類此，不贅述。基本上是就著刀經槍譜做演繹。但也有出奇之處，那就是以兵器之法運拳：

袁紫衣眼見不敵，左手突然間自掌變指，倏地向前刺出，竟是六合槍法中的「四夷賓服」。劉鶴真吃了一驚，不及思索，急忙側身避過，豈知袁紫衣右手橫斬，出招是六合刀法中的一招「鈎掛進步連環刀」。劉鶴真想不到她拳法竟會一變而成刀法，微一慌亂，肩頭已被斬中。……還擊一拳。袁紫衣左手「白猿獻挑」自下而上削出，那是雙手都使刀法，……劉鶴真再難避過，砰的一響，脅下中掌，身子一晃，跌下碗來。

這一類變招，當爲金庸心血來潮的神來之筆。但暗與理合。武術中，拳法本來就常由兵器擊刺之法中變來，如形意拳脫胎於槍法、八卦掌取法於刀術。金庸未必知此，然觀其所寫，自可以悟拳理。

唯其中亦有可商者，如《雪山飛狐》中寫劍法：

阮士中……見右僮長劍逕刺自己前胸，當下應以一招「騰蛟起鳳」。這是一招洗勢。劍訣有云：高來洗、低來擊、裡來掩、外來抹、中來刺。這洗、擊、掩、抹、刺五字，是各家劍術共通的要訣。阮士中見敵劍高刺，以洗字訣相應。

這恐怕是從「高來洗」一語而生的誤解。洗是指揮劍做較大幅度的運動過程。如撩，撩的過程就叫洗。故《武當劍術》說：「洗者，乃劍鋒往來摩盪也」。洗法也有平洗、斜洗、上洗、下洗等，並不只有高洗。猶如刺也有上刺、下刺、平刺、斜刺等等。敵劍刺胸，也不能稱爲高刺，乃是平刺。

五

金庸寫的查拳、彈腿、華拳、闖少林、瘋魔杖、六合刀、魯智深醉拳、太極拳、八卦掌等，我小時候恰好都練過，因此看來格外親切。舊時摩挲於圖譜者，今又可玩味於小說，感受自與一般人不同。一般讀者或許更津津樂道降龍十八掌之類虛構的武功，我則對這部分較感興趣。

但是，我對武術的理解與金庸有些不同，覺得它的描寫可能有點問題。

（一）

第一是練法與打法不分。

如《飛狐外傳》第一回徐錚打查拳，從起手式寫起，一式式打去；商寶意練彈腿給徐錚看，也從第一路第二路，一一練去；就是胡斐打華拳，亦仍是從第一招打起。這在演練時固然沒問題，交手時卻絕不可能用這樣的套路式打法。

武術向分練法和打法，練法是練套路、練式子，以長功力、熟悉身法步法拳法爲主。打法則不然。像金庸寫王劍英兄弟與胡斐對打時，那就純是練法而非打法。《飛狐外傳》第三章：

▶《碧血劍》插圖

王劍傑自幼在父親監督之下，每日清晨急奔三次，每次絕不停留地奔繞五百一十二個圈子，臨睡之時又是急奔三次。這功夫從不間斷，每天大圈子、中圈子、小圈子一共要繞三千餘轉，二十餘年練將下來，腳步全已成自然，只須顧到手上發招便行。……那凳子有五尺來長，王劍傑若再繞著轉動，轉的圈子太大，跟他二十多年來所練的圈子大小不同，這是熟練了的功夫，臨時改變不來，……王維揚教子習藝之時，規定極為嚴厲，不得有分毫差失，偏生這大兒子又是天性固執，臨敵時腳下定須踏正方位，才肯出招。

八卦拳如果應敵時如此大跑圈子，非被揍慘了不可。金庸以此寫王氏兄弟食古不化，甚是！可惜寫張無忌、胡斐、周仲英等人時卻未注意到這一點。像周仲英跟陳家洛對戰，高手過招，而竟依著拳譜所載套路一式式打下來：

周仲英按著少林禮數，左手抱拳，一個「請手」。……一招「左穿花手」，右拳護腰，左掌呼的一聲，向陳家洛當面劈去。……陳家洛一個「寒雞步」，右手上撩，架開來掌，左手畫一大圓弧，彎擊對方腰肋，竟是少林拳的「丹鳳朝陽」。……周仲英「咦」了一聲，甚感詫異，手上絲毫不緩，「黃鶯落架」、「懷中抱月」，連環進擊……第一路「闖少林」三十七勢未使得一半，陳家洛已處下風。

看得出作者是就著拳本子在編故事，練武人其實無這般對打法。《倚天屠龍記》中張無忌也是這個毛病：

張無忌……招招都使張三丰所創太極拳的拳招，單鞭、提手上勢、白鶴亮翅、摟膝拗步，待使到一招，「手揮琵琶」時，右捺左收，剎時間悟到了太極拳旨中的精微奧妙之處。

許多人都不知道拳法有練法與打法的分別。練時有定式，打時無定型。因此打架時絕不可能如張無忌這般照著楊式太極的式子一式一式打下去。

再者，就是散用各式，也與練時不同。如練時，太極拳的白鶴亮翅是左摟、右捌、向上挑打的，設想敵人以左掌右腿攻我而我防禦之。在打時，這一招因時因機，卻可能變為左手提臂上挑，架起對方右腿，右手由捌變為向右側猛採，以使對方傾跌。也可以變成：對方以右衝拳擊我時，我左手採拿其腕，右手則以腕背迅擊其下頦。又，若對方仰身退避，我可上右弓步入其襠，右手仰掌以大拇指及食指扣其咽喉。此式前腳為虛步，但對敵時也可以變為提膝，撞擊對方的襠或腹部。一式化為五招。

凡此皆打法之應用，一般練拳的人皆只知依著式子比劃，不知打法，故其拳皆不能實戰。金庸也不知這打法與練法之別，以致寫打而竟只是照著拳譜練套路。

（二）

第二個問題，是拳理與拳派不合。

作者依拳本子作小說，本身又未真諳技擊，因此所敘拳理，有時可商。如趙半山論陰陽訣：

「萬物都分陰陽。拳法中的陰陽包含正反、軟硬、剛柔、伸屈、上下、左右、前後等等。伸是陽，屈是陰；上是陽，下是陰。散手以吞法為先，用剛勁進擊，如蛇吸食；合手以吐法為先，用柔勁陷入，似牛吐草。均須冷、急、快、脆。至於正，那是四個正面，隅是四角。臨敵之際，務須以我之正沖敵之隅。倘若正對正，那便沖撞，便是以硬力拚硬力。若是年幼力弱，功力不及對手，定然吃虧。……若是以角沖角，拳法上叫作：『輕對輕，全落空』。必須以我之重，擊敵之輕；以我之輕，避敵之重。再說到『閃進』二字，當閃避敵方進擊之時，也須同時反攻，這是守中有攻；而自己攻擊之時，也須同時閃避敵方進招，這是攻中有守，此所謂『逢閃必進，逢進必閃』。拳訣中言道：『何謂打？何謂顧？打即顧，顧即打，發手便是。何謂閃？何謂進？進即閃，閃即進，不必遠求。』若是攻守有別，那便不是上乘的武功。」這番話只將胡斐聽得猶似大夢初醒。……趙半山又道：「武功中的勁力千變萬化，但大別只有三般勁，即輕、重、空。用重不如用輕，用輕不如用空。拳訣言道：『雙重行不通，單重倒成功』。雙重是力與力爭，我欲去，你欲來，結果是大力制小力。單重卻是以我小力，擊敵無力之處，那便能一發成功。要使得敵人的大力處處落空，我內力雖小，卻能勝敵，這才算是武學高手。」

「亂環訣」和「陰陽訣」，是金庸掰的。金庸本來就對太極拳情有獨鍾，〈金庸談太極〉曾說：「太極拳的基本構想在世界任何拳術、武功、搏擊方法中是獨一無二的。我相信這是老莊哲學在拳術中的體現。用在政治上，那是清靜無爲的黃老之術，用在拳術上，便是以柔制剛的太極拳。……基本要點是保持自己的重心，設法破壞對手的平衡。……所以太極拳講究以靜制動、四兩撥千斤、後發制人。……保盈持泰，謙受益、滿招損，那正是中國人政治哲學、人生哲學中的要點」（**天地報第四期**）。

其實老莊皆不講太極，講太極的是《易經》。故說太極拳創自張三丰、體現了老莊哲學，都是沒根據的。

而且，作者忽略了：太極拳的道理，在拳術中確實是個例外。當年王宗岳論拳時，既是深有感於一般搏擊均是以快打慢、以力大勝力小、以強打弱，故別創一種以柔克剛、捨己從人之法。此法之用力用勁、觀念及技法便與其他拳術不同，所以不能拿來當作武術之一般原理或通則。強調用勁須「空」，更是不能用到其他一般拳法上去的原則。

依金庸書中所述，胡斐的胡家刀法，乃至袁紫衣、苗人鳳之武功，也仍是以快打慢、以力勝弱的，與太極之法實相枘鑿。只因太極拳家對其拳理闡述較詳，便於採擇，少林等外家拳術較少談玄理，故小說家逕以太極之法來講論，而不知此間大有門庭之異。

查拳、彈腿、華拳都要求挺胸，展肩、收腹、塌腰，太極則要求含胸、拔背、收胯、斂臀、身形截然不同。動作方面，查拳、彈腿、華拳閃戰騰挪、兔起鶻落、節奏強烈，也絕不講鬆、空。發力的方式亦不一樣。太極拳曲蓄有餘，查拳等則發力直盡。故以太極之理去打其他拳，乃是不通的。所謂「各拳各理，各門各法，各廟各菩薩」，絕不如外行人所以為可以一通百通，或有放諸四海而皆準的原理與方法。就是太極拳，陳、楊、吳、武、孫各派，用勁用力，身形步法乃至拳理拳意亦皆迥異。如無這些差異，也就不會分化成這麼多派別。

又，《飛狐外傳》描寫燕青拳：

馬行空號稱「百勝神拳」，少林派各路拳術，全部爛熟於胸，眼見查拳奈何不得對方，招數一變，突然快打快踢，拳勢如風，……使的是一路燕青拳。那燕青是宋朝梁山泊上好漢，當年相撲之技，天下無對。這一路拳法傳將下來，講究縱躍起伏、盤拗挑打，全是進手招數。

依他此處所述，燕青拳乃是風格不同於查拳的一種快拳，強調縱躍起伏。其實燕青拳跟查拳風格近似，均爲長拳體系。故由查拳轉爲燕青拳，根本談不上「招數一變」。若要細分，則快打快踢，拳勢如風，講究縱躍起伏、盤拗挑打，全是進手招數的反而是查拳。燕青拳較爲輕靈敏捷，身法以藏、閃、擰、抖爲主，步法以蹤、跳、偷、提爲主。金庸講錯了。

（三）

另一個問題是對拳理與其應用未盡深知。例如：

張無忌自聽張三丰演說「太極拳」之後，一個多時辰中，始終在默想這套拳術的拳理，眼見阿三左拳擊到，當即使出太極拳中一招「攬雀尾」，右腳實，左腳虛，運起「擠」字訣，粘連粘隨，右掌已搭住他左腕，橫勁發出。阿三身不由主的向前一衝，跨出兩步，方始站定。

攬雀尾包含了掤、捋、擠、按四個攻擊動作，稱爲四正手，不會直接就擠。四個動作都是弓步，右腳雖實，左卻不虛。力由腳起，如左腳虛了，擠就只能靠左手掌拍擊右手臂內側的力，根本不能發揮效果。同時，擠不是橫勁，是爆發的穿透勁，受者既不會前衝，也不會後倒。且擠不粘連，也不搭敵之手。

再看陳禹以進步搬攔捶進攻時，趙半山以半招白鶴亮翅避開，並以攬雀尾還擊，也都不合理。練過太極的，稍演練便知其誤：

運勁右臂，奮起全身之力，一招「進步搬攔捶」，往趙半山背心擊去。陳禹這一拳，……拳去如風，勢若迅雷。就在這電光石火的一瞬之間，趙半山身子一弓，正是太極拳中「白鶴亮翅」的前半招，陳禹這一拳的勁力登時落空。趙半山腰間一扭，使出「攬雀尾」的前半招，轉過身來，雙掌緩緩推出，用的是太極拳中的「按」勁。他以半招化解敵勢，第二個半招已立即反攻。

搬攔捶，乃連消帶打之招。搬、攔爲格擋，捶才是進攻。是假設敵方以右直拳擊我胸口，我翻右前臂轉蓋壓敵手，謂之搬。對方再以左拳攻我上身，我上步踩其腳，同時以左掌拍按其手，稱爲攔。最後弓步前進，以右拳自腰際擊出，才是捶。陳禹既是偷襲，就絕不會用搬攔捶。應直接用捶，才能快，且當時亦不須格擋。至於白鶴亮翅，身子根本不弓，乃是右實左虛，稍下坐而已。亦無前半招。而那攬雀的前半招，亦恰好不是按。按是此招最後一個動作。

太極拳拳理，在《飛狐外傳》中金庸又特別講了「陰陽訣」和「亂環訣」，尤以亂環訣畫圓之法爲要。金庸對太極拳之理解亦以此爲主，故《倚天屠龍記》中講張三丰創拳、張無忌

▶《倚天屠龍記》插圖

習拳，基本上也是忘掉了招式而只記得畫圈圈的道理。

> 這一下變招，果然體會了太師父所教「圓轉不斷」四字的精義，隨即左圈右圈，一個圓圈跟著一個圓圈，大圈、小圈、平圈、立圈、正圈、斜圈，一個個太極圓圈發出，登時便套得阿三跌跌撞撞……。張無忌……一個圓圈未完，第二個圓圈已生，又是喀喇一響，阿三的左臂亦斷，跟著喀喀喀幾聲，他左腿右腿也被一一絞斷。

《飛狐外傳》中講太極拳亂環訣，與此相同，亦是畫圈圈：

> 趙半山道：「本門太極功夫，出手招招成環。所謂亂環，便是說拳招雖有定型，變化卻存乎其人。手法雖均成環，卻有高低、進退、出入、攻守之別。圈有大圈、小圈、平圈、立圈、斜圈、正圈、有形圈及無形圈之分。臨敵之際，須得以大克小、以斜克正、以無形克有形，每一招發出，均須暗蓄環勁。」

其實太極劃圓，只是一般人最初步的印象，可是所有太極拳經典都不這麼說。試看王宗岳拳論，它講的十三勢，指的就是四正方、四斜角、五行。〈十三勢行功總勢歌〉也只講到尾閭中正。〈十三勢行功心解〉則說：「蓄勁如開功，發勁如放箭，曲中求直，蓄而後發」。楊澄甫傳〈太極平準腰頂解〉也強調要立如平準，上下一條線。都無任何一字提到圓的問題。

太極拳實際使出時，亦不盡是圓理圓勁，如單鞭、進步搬攬捶、十字腿、蹬腿，就都是直勢直勁的。步法尤其方而不圓。雲手，更不可能如張無忌般絞斷敵人雙腳。

金庸對太極最熟也最愛好，而所論尚有這些問題，談起其他拳種當然更不免會有些錯落，如他論華拳：

胡斐……右腿半蹲，左腿前伸，右手橫掌，左手反鉤，正是華拳中出手第一招「出勢跨虎西岳傳」。那人轉身提膝伸掌，應以一招「白猿偷桃拜天庭」，這一招守多於攻，全是自保之意。胡斐撲步劈掌，出一招「吳王試劍劈玉磚」。那人仍是不敢硬接，使一招「撤身倒步一溜煙」。胡斐不願跟他多耗，便使「斜身攔門插鐵門」，這是一招拗勢弓步沖拳，左掌變拳，伸直了猛擊下去，右拳跟著沖擊而出。

華拳起手式其實只是亮相，或可用於防守，但並無攻擊作用，可是金庸兩度描述它用於攻擊，而對方也都用提腳方式還擊，這均是昧於拳勢的。

關於查拳，《飛狐外傳》中是這樣說的：

只見商寶震抬手踢腿，正在練一招「查拳」中的「弓步劈打」，正是徐錚適才用以擊中何思豪那一手。……右足踏出，右拳劈打，左手心向上托住右臂。……這一招有兩句口訣，叫作「陸海迎門三不顧，劈拳挑打不容寬」。

查拳中劈打甚多，查拳第三路就名爲劈打。但此處講的劈打，一說抬手踢腿，一說右足踏出，並不一致。前者類似四路查拳裏的右蹬腳接右劈打，後者就只是劈打。因前文有說徐錚「眼見迎面一刀砍來，他身子略閃，飛腳向敵人手腕上踢去」，可知應是前者，金庸的敘述不免有誤。底下接著說：

閻基……忽地猱身直上，左拳猛出，向馬行空擊去。馬行空待他拳頭離胸半尺，一個「白鶴亮翅」，身子已向左轉成弓箭步，兩臂同後成鉤手，呼的一聲輕響，倒揮出來，平舉反擊。

查拳的白鶴亮翅，確是「身子已向左轉成弓箭步」。但底下動作似乎不是像金庸講的，而是在左轉成弓箭步時兩手交錯於胸前，再猛然右旋，重心移至右腳，成爲右弓步，兩手右上左下一齊打開。若兩臂倒揮，同後成鉤手，焉能稱爲白鶴亮翅？又怎能擋住敵人向前胸的攻擊？

凡此皆是實寫之困難處。虛寫難於徵驗，實寫便容易稽考，即使高明如金庸，於武術亦不免有這些失檢處。

六

金庸另一失檢處是對武術門派的描述。如少林、武當、青城、峨眉、崆峒、崑崙，所述多不符史載，大抵皆是自我作古、構造其門派來歷及武術功法。

在這一部分，小說與歷史不可避免會形成緊張關係。小說家會覺得以歷史材料做爲小說敘述之素材，本來就不必完全符合歷史。史家或武術門派則覺得小說會令讀者產生誤解，真以爲有一位張三手創了武當派、崆峒派真有七傷拳、峨眉派乃是女人所創，派中亦多爲女子等等。

但兩者也不完全是對立的，像武當山過去以拜真武大帝爲主，現則大談張三手，並坐實張三手創太極拳之說，不承認太極拳是由陳家溝的陳家拳衍來。武當山上練武之盛，亦已不下於南北少林寺。這都是受武俠小說影響的。

我在一本武術專業雜誌上，還看到一則廣告。說四川唐門之藥功、暗器天下聞名，歷代用藥高手皆出自唐門，該武館就傳授這種功夫，而且還能教人一擊必殺術、通天雷、霸王鞭等，保證兩小時之內就能讓人學會用頭臂開碑碎石、腹壓千斤、睡釘床而上壓巨石等絕技。四川唐門？那不是古龍小說中杜撰的門派嗎？怎麼現在居然真有一個四川唐門，且「歷代用毒高手皆出自其門下」？

金庸小說也一樣有此效果。《天龍八部》裡不是說有個消遙派嗎？我在河北邢台就發現已真有這樣一個門派了。據稱可以隔山打牛、隔空削磚、百步之外擊人。其純陽內功，修習百日，便可開碑裂石，一頭撞倒牆。再練更可踏雪無痕。

《笑傲江湖》裡的華山派，現在居然也出現了。有華山九劍，還有「密傳華山紫霞功」。紫霞功發出紫霞掌時，雙手也會出現紫色，可以切碑斷石。

這時，小說與歷史就不是緊張關係，而是「互文」關係了。所謂互文，是指在小說中，歷史插入成爲小說的一部分；在歷史中，小說又形構爲歷史之一部分，彼此互相指涉、互相說明，各自成爲對方的一部分，於是真中有假，假中有真，馴致真僞揉雜，不可析辨。武俠小說迷人的魅力，或許也正在於此。

葵花寶典

金庸武俠小說中最邪門的武功，應該就是《辟邪劍譜》了。名爲辟邪，其實最邪。亦因其最爲邪門，故足以辟邪。正如欲辟鬼物作祟者，輒懸鬼王之圖象也。民間驅邪時演儺戲，都戴上猙獰厲惡之面具，意思也就是以暴制暴。過去有一陣子，大陸上開計程車的朋友，喜歡在車上懸掛毛澤東的圖象，認爲辟邪效果更甚於吊掛神佛法像或符籙，原因也在於此。

《辟邪劍譜》與《葵花寶典》兩本祕笈所載武功，系出同源，功法之原理也一樣，均是邪之邪者。練它的技法，要「欲練神功，引刀自宮」，方能達致武學高峰，成爲不敗的高手。

自來練武功的人，好像沒有人真會幹此傻事。故讀小說者視爲奇談，倚爲笑柄而已，並沒有誰把它當真。

可是天下之奇，無奇不有。理之所無者，安知非事所必有？《葵花寶典》，吾未之見也，然其事相類者，正自不鮮，聊舉一、二，以爲談助：

金庸小說《笑傲江湖》作於一九六七年，在此之前，台灣最重要的武俠小說作家司馬翎

《織手馭龍》中已提到一位高手朴日昇練了「五行神拿」這種絕戶奇功：「練成這等蓋世武功之後，便至死禁絕色欲，絕不能破戒，否則便會喪命。既是不能生兒育女，所以稱爲絕門功夫」（**五六章**）。金庸的講法，無疑奪胎於此。但五行神拿是練過以後絕戶、葵花寶典是要練之前斷根，二者略有不同而已。

武術方面。我講過，明清間，宗教界多同時練氣習武。其中，明末清初，山東地區，有位董吉升，字四海，創立一種宗教，叫一炷香教。本於道教內丹法，講存神養氣、性命雙修，有病則跪求一炷香，往往而癒。這個教，也講武功及坐功運氣。

據《拳時北京教友致命》卷八說它「以敬佛爲宗旨，不殺生、不害命，吃長齋，焚香，日日坐功運氣，其終向，望死後脫下皮囊，往西天成佛做祖，爲樂境也。」董氏嫡傳弟子徐名揚、再傳曲星斗，就都採「淨身修行」之法，據說皆得成正果。後來該教道友紛紛效法，以避免欲根不淨、元陽走洩。

清中葉後，此教部分與八卦教匯合，不斷起事，成爲官方認定的邪教。正人端士，若見其淨身修行之法，蓋亦將視彼爲邪教矣。

然而，淨身以求至道，其實在宗教中並不罕見。凡以出家禁欲爲修行功夫之教派，皆有此類事跡。如佛教《四十二章經》《法句譬喻經》中都載有人患淫不止，欲自斷根之事。《高僧傳》卷三十也說有人「淫惱纏對，恐漏初篇，割從閹隸」。實際採此辦法者，又可見諸《太平廣記》卷九四引《紀聞》所載的釋儀光、卷九七引《朝野僉載》中所說的釋空如。

基督宗教中也有這類事例，《新約全書》即說：「有人爲登天而自宮」。教中也有「閹者靈魂升舉，上帝必親啓天門以納之」之語。欲成神人，引刀自宮者，看來頗不乏人哩。

引刀自宮，其實需要絕大的勇氣。有些想斷欲根而不能引刀成一快者，便只好避人避世，逃離女人，眼不見爲淨。此類修真之士，與引刀自宮者，追求的效果是一樣的。

由是觀之，邪者似乎又不邪了。無奈的，恐怕是人爲什麼要有淫情欲求呢？這才真是邪門呢！

武林玄學

我在一本武術專業雜誌上，看到一則廣告。說四川唐門之藥功、暗器天下聞名，歷代用藥高手皆出自唐門，該武館就傳授這種功夫，而且還能教人一擊必殺術、通天雷、霸王鞭等，保證兩小時之內就能讓人學會用頭臂開碑碎石、腹壓千斤、睡釘床而上壓巨石等絕技。

四川唐門？那不是古龍小說中杜撰的門派嗎？我曾訪問過古龍，他也很得意那是他的創造。怎麼現在居然真有一個四川唐門，且「歷代用毒高手皆出自其門下」？

速成的功法更是神奇。開碑碎石等硬功不足爲奇，奇的是兩個小時就能練成。我自己練過鐵砂掌，對於如何用藥行氣以助練功，並不陌生，於此道中亦會過不少高手。可就不曉得竟然還有此速成之法，頗感慨昔年枉費了不少時日。

但是速成好像也並不是這家武館的專利。我又看到有一家某某山太極功夫館，開辦太極拳速成班，說太極是種能量運動，所以唯有進這個速成班，才能讓生命到達十三勢的狀態。它把「十三勢」解釋爲生命能量。太極十三勢能這樣解釋，實在超出我這文學博士、教授之理解範圍。而太極拳可以如此速成，我就更不能理解了。

不只太極拳。某意拳武術館亦鄭重承諾：十天訓練就能全面瞭解中國實戰武術。但意拳，顧名思義，著重於意，而意氣之動並非短期可以臻效。何況就算掌握了意拳，即能全面瞭解中國實戰武術乎？又何況只有十天？

我這些疑問，在這些武術「大師」「傳人」「宗師」「不世出的奇人」眼中看來，一定覺得是大驚小怪。因爲還有人說他們傳授的某某山龍門絕技，一個月就可以飛身上房，並可在水面行走呢！

這家武館也教一種速通小周天法，又有閃電內氣外放、隔空擊物法，七天便可輕鬆擊滅五米外的蠟燭。

所謂龍門，指道教全真龍門派，也就是丘處機那一派。這一派的道經，我無有不熟的，可就還真不知有此功法，殊感慚愧。

然而，劈空拳的金氏世界紀錄，我知道是青城派劉綏濱兄保持的，他也不過能在一米開外擊滅火燭而已。這家武館所教弟子卻只要速成小周天就能閃電放氣，那看來劉掌門也不用再練了。

但這家武館好像也未必就稱得上是獨門絕技，因爲另一家也表示他們的五行秘宗神功，可以三天得氣丹圓、十五天運行大小周天，然後便可單掌隔空削磚。若不隔空，則可劈斷十塊耐火磚，全身具金鐘罩鐵布衫功夫，不怕任何重擊；內勁一抖，便可將人擊出丈外。此外，他們還傳授幻影夜行術、草上飛行術、踏雪無痕等輕功。如此神技，豈不令人歎服？

然另一山之太乙丹道內功第某代嫡系傳人可能就不服。因爲他就教一種太乙金龍功，七到十五天，人人均可速成內家金丹，七天就能聚氣成丹，再採用一種以每人生辰八字全資訊的加持靈藥，即可獲得上述諸家所說之各項神技。

另一家則說他們可以教人五馬分身、白紙站人、走荷葉、踩氣球、掌斷鋼板、意念點火、五指出煙、沾衣飛人三丈外。

別家說，發人三丈算什麼？我的九宮神力，四十九天即能內氣外放隔空擊物，五十米外擊滅蠟燭，擊起水浪。神力所到，風起葉落，中掌者如樹葉飄出。甚至可以伸手從活牛身上取骨，揚手撒出，骨碎紛飛。

又一家說其白玉蟾密傳大法，可讓人九天就學會隱身術，一次隱身二十分鐘，連影子都沒有。繼續修煉，則凡接觸到的東西都能化氣隱形。

還有一家據說是「千古道、武、醫之泰斗」的無極天罡超感應武道，更可以金針度穴、靈符組場布氣、夢中傳功，直收宇宙高能。短期便可修得無上劍罡，七天通靈，具超感應反擊絕殺風格。功力深的，尚可以意念殺人，全身無處不太極。

全身無處不太極，在另一些朋友那裏，稱爲「全身無處不丹田」。我看到這樣的說法，也覺得很慚愧。我一九八九年就在台灣與中華道教協會諸長老創辦了中華道教學院，爲海內外道教教育之鼻祖，可是我完全不知丹田居然可以全身都有；也不曉得若全身皆是丹田，那還需要丹田做什麼？

不只講道講氣的如此如此這般，練少林拳的武館也一樣。開碑裂石、口咬鋼條、吞舔火鏟、噴水斷磚、豆腐上行走，金鐘罩鐵布衫不說，還教大成拳、李小龍截拳道，完全搞不清楚什麼跟什麼。

還有「千年不傳之密」的大公開、大放送，只要函附若干元即可獲得。隔山打牛、隔山點穴、三步倒、殺手棍、沾衣閉穴，什麼都行。例如讓你在八小內即能手指上放青煙，名曰陰陽指；能讓人的身體任何一點閃光，並治療疾病，名曰霹靂掌。又還有五部通靈法、棄殼升仙法、焚身化骨法等等。有一家還教彈指神功和施放血滴子。

看這些，當然令我不禁再次感歎，過去何必花那麼多時間精力去讀丹經拳譜、去苦練功夫。如此速成，豈不正符合這個速食時代之需？猶如大力水手，一瓶菠菜吃下去，即可神力無窮，還練什麼練？

可是看倌莫要搞錯了！唐門是古龍杜撰的，彈指神功也是。血滴子更是清代俠義小說的杜撰，從來沒這東西。金鐘罩、鐵布衫當然有，但出於清代義和團、金鐘罩教等秘密社會，後來也被證實了並不太罩得住。草上飛、踏雪無痕、水上飄，也不用騙人，這樣的功夫，王度盧寫的小說中都還沒出現哩！點穴之法，王征南首創，時在明末，但其技不傳。王度盧等人始移用於武俠小說中，但僅限於一二絕頂高手才能施爲，哪來什麼千年之秘？又豈是人人隨便就能學得？至於練精化氣、練氣化虛、九轉丹成，宋金以前無此說；宋金以來，諸祖窮畢生之力，亦未必即能功行圓滿，焉得如此隨意便能成就？

因此看來，這裏面頗多沒常識的人在哄另一些也沒常識的。把天罡、太乙、靈光、周天、資訊、能量、磁場、超感應、金丹等辭彙套來套去。術法內容也差不多，開碑裂石、腹壓千斤、隔山打牛……等等抄來抄去。廣告詞都講得信誓旦旦，稱爲獨門之秘法神功，可是對比著看，又老疑心其爲仿製品。

我不反對武術界的朋友如此煞費苦心地做生意。畢竟這個年頭想生存也不容易，武館之經營維持不能不靠廣告招徠。而上述廣告就算誇張點，比起化妝品、藥品、黑心食品其實還是小巫見大巫。賺那一點兒函授錢面授費，說來亦是可矜憐的。

但這類廣告太多，必然會令我們對醫、道、武術的認識愈來愈混亂。武術界憑空出現一大堆掌門人、傳人、宗師、大師，這個派、那個門，什麼什麼嫡傳、什麼什麼千古絕學、什麼什麼神功。

其實中華武術雖然博大精深，可也沒那麼神。所謂硬氣功，不過道具、藥物加上巧勁，從前江湖上稱爲彩法、藥法和手法，而且大部分與武術技擊也無關。腹能壓千斤巨石、可以汽車過身、可以在上面敲石板，未必能讓人打一拳、戳一指。因爲那些表演都是平面擊打，力量是分散的；一拳一指，尖錐透力，力量是集中的。故這些過去只有江湖上賣膏藥的人才會演練，真正的武術家並不做興表演此等雜藝。

雜藝之中，又頗用藥法、彩法。如掌斷鋼板鋼筋，是事先用百分之九十八的鹽酸，加水、發軟劑，混合塗於鋼上，以減弱其硬度。舌舔火鏟、燒紅鐵鏈掛身，是先用高濃度硼砂調水以浸洗。開碑裂石，是把石頭先斷開，用胡蔥汁、地榆汁共煎成糊狀，塗在裂縫上黏合了。輕功上房，是用茯苓、桂心各一百五十克，研末，蜜煉成丸如指大，先吃上五天。暴打不痛，是用乳香、沒藥、木別子、地龍骨、白蠟等共研末，蜜煉成丸，事先吃下，即全身失去痛感，怎麼打也不痛。凡此等等，事涉江湖道上朋友們的衣食，我不好講太多，但它們與武術無關，其實是很清楚的。

而內功練氣，大半也同樣與武技無關。古代服氣練養之學，本不與武功合起來講。講武術而重氣論，事在清初，如今愈演愈烈，當然頗有度越前人之處。可是內功練氣是極難的，非真積力久不能成功。練氣而要能用於武技上，更是難上加難。例如內氣外放，真有多少人能練成？就算練到內氣可以外放，替人補氣調理還勉強，要以之擊人，哈，前文不是說了嗎？劈空拳，目前也不過能打滅一米開外的蠟燭而已，隔山打牛、凌空點穴、五十米以外葉落浪起，不是說笑話嗎？

要談武論藝，還是該提倡一點樸實的學風才好。

筋經門的武學

一

我國武術，門派眾多、功法複雜，多有所謂「秘傳」者，不見經傳，忽然出世。這其中當然大部分是騙人的，以此旌名射利。或改頭換面，另立旗號；或東拼西湊，不成體系；或胡吹亂扯，哄弄外行，動輒自稱大師、傳人、絕學；實則術士、江湖、野狐禪也。

本文要介紹的筋經門，也是一種秘傳功法，但情況頗與上述野狐禪不同。這一派，原隸青城派中，但屬於獨立一支，目前傳習者僅王慶餘先生一系，其餘未見。

王慶餘，一九三七年生，祖籍爲山西忻縣，本爲望門鄧氏。高祖與太祖均曾擔任過清廷的武將，祖父因得罪朝廷，遭到橫禍，只好舉家南遷，輾轉到四川省劍閣縣落戶。由於家道中衰，父親被送給王家作爲養子，遂改姓王。辛亥年從軍。但因自幼習武，驍勇善戰，深得上司器重；選送黃埔軍校第二期受訓，旋即參加北伐，官拜軍參謀長等職，晚年退出軍界。

王慶餘幼承家學，受父親啓蒙，讀了《四書》《幼學瓊林》《古文觀止》《詩經》《千家詩》等傳統典籍，爲往後學《易經》奠定了基礎。並學岳門、僧門、岳家裁手法。又從楊少雲學形意拳、六合拳、雙頭槍、八仙劍以及一般性的療傷手法。

後來得自然門杜心五介紹，拜歡喜道人李傑爲師，得道家秘傳筋經內丹功真諦。此外，還學到道家醫理、藥理、診理的知識及其實踐經驗，也學到了八卦掌、臥貓功、經絡穴位和道家秘傳的點穴、閉穴、拿穴、解救穴等，另外還有指甲診病的手段。

五〇年代中期，王慶餘在甘孜藏族自治州康定中學任教，又向藥農學習有關中草藥知識和民間單方，深入瞭解各種藥物的藥力與性能。並系統加強了對中醫經典《黃帝內經》等的研究。

有了筋經內丹功的真傳和武術、點穴等功夫，又熟悉了中醫、藥草知識，王慶餘乃漸漸把武術、氣功、醫療三者結合在一起，去「救人濟世」。不但在康定爲藏、漢、回各族民眾治病。一九八六年還被選爲九名代表之一，赴中南海爲中央顧問委員會作道家氣功匯報，並爲中央領導治病。

一九八七年，更被國家體委會徵召，爲跳水皇后高敏治病，使她在往後全運會跳水比賽和國際跳水比賽連得金牌。其餘的名將，如許豔梅、李青、陳曉丹、熊倪、伏明霞、孫樹偉、童輝、李孔政等人在比賽前運動傷害，都是得益於王慶餘氣功發功、按摩、點穴、敷藥等治療後，才能發揮正常水準，爭取最佳的成績。

一九八九年，王慶餘應邀到泰國講學，並爲泰國知名人士與王室成員治病。同時被評選爲全國先進體育工作者。

一九九〇年，受日本邀請，作爲首次赴日本代表團成員，在東京、京都、大阪、名古屋等地學術交流。

一九九二年，以氣功醫學家身分與啓功、紅線女、關山月、聶衛平、梅葆玖、陳招娣等人，參加在香港召開的世界華人協會成立大會。

一九九四年，接受美國史丹福大學中國傳統文化系邀請，爲該校博士生講授道學文化及氣功養生學。並受伯克萊大學之邀，作氣功養生學術講座。

一九九六年，任美國國家自然療法醫科大學中國傳統文化系特聘教授。

一九九七年，美國國家出版社出版《我們世界的大師們》一書，他是三十人中唯一的中國人。

二〇〇一年，受德國中國傳統中醫針灸協會邀請，往德國、法國、義大利講學，參加世界第三十二屆中醫針灸學術研討會。

二〇〇一年至二〇〇七年，每年都前往美國國家自然療法醫科大學講學，並授予該校博士生學位。該校還頒發匾額致謝。

先生經史功深，文彩斐然，有專著五本，被評爲優秀論文的也有三十餘篇：

《秘傳道家筋經內丹功》，北京人民體育出版社，一九九〇年

《少兒氣功保健法》，四川少兒出版社，一九九二年

《道醫秘方錄》，人民體育出版社，一九九二年
《四川武術大全》（拳種門派章），四川科技出版社，一九八七年
《道醫窺秘：道教醫學康復術》，共八本系列叢書，四川人民出版社，一九九四年

我得識王先生，有遠因，也有近緣。遠因，是彼此皆爲道家一脈。我家本籍爲江西吉安，家伯父龔乾升先生，與江西龍虎山六十三代天師張恩溥大真人義結金蘭，故天師赴台後，時來往我家中。我幼時體弱，民間習俗，要過繼給僧道或神祇菩薩才好養，乃拜天師爲義父。家堂兄龔群先生則長期翊贊天師，擔任其嗣漢天師府秘書長，獲得天師秘授三十六道天師符，爲中華道教會長老。他奔走兩岸道教事務，常至四川，遂與王慶餘先生友善。

王先生時任四川文史館館員、社科院研究員、川大宗教所道教研究基地兼職教授。而我亦爲該所學術委員，某年來蓉參加其道教研討會，住在青城山，發表論張三丰武學一文，先生大表欣賞。談起來才知他早與家堂兄甚熟，於是遠因加上近緣，談愈相得。每至蓉，皆請相見。我在蓉城收了磕頭弟子，也特請他來做個見證師。時或茗話武壇、杏林、學府、道門掌故，均有所獲。

二

先生性慕俠義，身世傳奇，我久欲爲其作口述歷史，因事冗而不果。二〇〇八年春，乃託四川大學歷史系教授吳銘能兄爲之。銘能率其博士生黃博進行了幾次，略得梗概，可是對其武術部分尚不詳盡，故請銘能兄就此續做深談。不料汶川大地震，對整個訪談計畫頗有干擾。銘能在餘震不斷中錄寫出來，我覺得已得涯涘，便先記於此。附說管見，以見筋經門武學之一斑。

王先生說：

從八歲開始，我父親即教我岳家拳。岳門源於山西，假託岳飛，故又稱為岳家拳。岳家拳套路很多，我主要學了頭部、連成。頭部從山西流傳到四川的共有十路，各路各取所長發揮，我與他們的路子大同小異。連成情況也是如此的。

岳門的風格特點主要有二：

（一）拳一出手，講八巧。出手上身要重要硬、勇武剛捷、站四平馬步、意氣要合一。直臂劈打（即肩臂用力）、一變三、三合一。出拳時，手法要外旋成圈，以六合拳的手法為主體。

（二）岳家裁法，即散手搏擊。主要是分筋錯骨，把人的韌帶搞傷、骨頭弄斷。如對方打來，先用引手引他，以探虛實，然後再決定進攻的策略；一旦洞悉敵方較弱，就直接進攻踩洪門；若敵其責，戒之哉，戒之哉！』此之謂也。

（三）岳家裁手法

凡習武功，至師傳爲說裁手法，與敵人較優劣，則拳腳棍棒，習之有年，已有成績可觀者也！不然，卽爲之解述，亦看到作不到，反將功夫葬送，是以本條列於器械之後，以明學藝者，須逾二三載功夫，武功大旨，略已諳悉，乃與解此也！緣習武功，雖爲強健身體，然其每手練法，無一不談如何破敵人之着數，苟無以解說，則此等動作，將何所取義耶？且習武功，於不得已時，亦所以自衛也！平日習拳，乃練手眼身法步之靈動，散打之根基功夫，有如讀書後，再習作文，而求應用，其真正之裁手法，（卽散打，）尚須另爲說明，茲將動手方式，述之如下：凡少林嫡派，與人動手，先站開馬步，左拳橫置右掌虎口中，而右掌心向外，平與胸齊，先退後三步，再進步半，道聲請字，卽交手矣！橫拳平胸之義，乃反背胡族，心在中國，退三步再進步半，名爲踏中宮，其同派者，禮節相同，則係一家人，可勿動手矣！其少林支派，抑或不諳此等禮節，欲與人一較時，卽稱與先生領教領教可也！動手先用引手，探其虛實，然後再進，所謂：「引落攢翻是個空！」敵人弱，則踩洪門入（直進，）

中華 器械學 第二章 器械拳小引 一百四十三

▶萬籟聲《武術滙宗》書影以及萬氏所演示的岳家裁手法

方較為強大，則採取從側門進入，生擒捉拿。如是少林派的敵手打來，就先以躲閃圓滑，探其虛實，若是弱者即活拿。要知難而進，見拙不打、見勢不打，虛虛實實，變幻捉摸。

至於手法的要訣，可以簡單歸納如下。

手上有十八個字：擒、拿、封、閉、浮、沉、吞、吐、抓、拉、撕、撤、刮、挑、打、盤、駁、壓。

腳下功夫有八個字：雙拉牽虎勢、暗藏金龍形。

臥下有十字：雲臥單撈腿、猛虎滾連城。

腳下十八字構成歌訣為：腳東手西兩相關，上下相同虎膽寒，縱遇英雄猛虎漢，好比蜻蜓撲泰山。

接著，我師父楊少雲教我形意拳。我學了兩套，即六合心意、形意六合。

為何叫做「六合」呢？六合講上三合、下三合，外三合、內三合。也就是上下相合，內外相合，精氣神相合。技擊特點是：直門直往、以剛克剛、以柔克柔、形蹤自如、隨氣自然、意在心定。步伐是步步加速、形如狂風、快變莫測。

我是在岳門、形意的基礎上練成武功本領的。

一九四六年，肖丙章與我父親帶我在重慶磁器口的一個店裏，會見了大俠杜心武先生。杜心武先生是我父親在國民政府北伐時期的好朋友。杜心武先生起先是拒絕的，很不情願；但看了我打形意拳之後，他倒是很滿意，就寫了一封信交給我父親。父親帶著杜心武先生的信，領我到青椏觀的廟裏見到歡喜道人李傑，讓我拜他為師。

影響中國人的三教，我個人的體會：道家是談玄的，佛家談空，儒家談性。也就是說，道家是練金丹，佛家是舍利，儒家是如嬰兒，講究練性盡心。道家一講玉液金丹，二講離水金丹，三講津液大還丹，總之是為了出陽神，因此我就進入了經筋門。經筋門屬於陽功範疇，走的是筋絡的路數。

我是把經筋功一整套完全學完了的。內容有走法（含十二個步伐）、靜功（含三個功法）、動功（含八個功法）。其中動功法是經筋形拳，融匯了藝、道、情。

其中第一個重點是學道家武術、劍術。劍術就是學陰把八方劍，它只有八個動作。我後來又學了陰把八方棍，也還是只有八個動作。特點是動作簡單、以作用力為虛、而以反作用力為實，虛實較難以捉摸，所以令人防不勝防。除了上述之外，我還學會了八卦掌。

第二個重點是學道學理論，包括《易經》、人天觀、張伯端的《悟真篇》、天文歷數、陰陽、五行、八卦、子午流注。

然後是學習道家醫學、藥學。道家醫學的側重點是傷科、骨折療傷、各種疑難雜症，特別是以指甲診病，我曾有專著行世。

三

王先生自述習武經歷，著重講了岳門與形意；對其從師歡喜道人部分則較簡略。大概是因過去跟我們談過多次，故這番就說得少了，筋經功的練法並未詳說，該功如何作用於搏擊也未交代。我依所知，做些補充。

據王先生曾說：經筋門和自然門是一對孿生兄弟。這話怎麼說呢？一是先師都是同門師兄弟，二是練功的身法、手法、步法有相似之處，三是從歌訣可以看出。經筋門歌訣：筋經有始、動靜無端、千姿萬式、虛實自然。自然門歌訣：動靜無始、變幻無端、虛虛實實、自然而然。

其實筋經門武學，源出於《易筋經》。《易筋經》世皆謂為達摩傳法，為少林之技，其實內容與佛教沒什麼關係，乃是道家的導引內功，詳我論《易筋經》一文。王先生所傳，亦稱為「秘傳道家筋經內丹功」，這是較符合實際的。

功法既源出《易筋經》，當然主要是八段錦、十段錦之類導引姿式。不過，一般學《易筋經》的，大抵就是練那幾個勢子，王先生所傳有些不同。

一是成體系，有靜功、有動功。靜功是腹式呼吸靜坐、逆式呼吸靜坐、臥功、站樁功四種。樁為渾元樁：兩腳站開，與肩同寬；雙手如抱大樹，掌心對著胸前，雙眼微閉。動功有行功十二式、筋健功八樁法、筋拔斷十式、五嶺功八式。陰陽升降開合功七樁法，以及筋經十四式。體系儼然，層次分明。

二是許多式子都要做過渡式。也就是平時我們看《易筋經》或練八段錦，只是那八個姿勢，王先生所傳則是每一勢都不只一個姿式，而是一套動作，整套動作做完，這一勢才算結束，而且可連接到下一個勢子。我覺得這比一般練法合理、有效。

三、由其動功各式看，許多式子跟《易筋經》相同或相似，可知其淵源。《易筋經》看一個版本附了「易筋甩手功真傳」，據說是出自道教《青城秘錄》，也許這就是其淵源之線索。

四、每一式均有詳細的運氣解說，意守何意，守多久，也都有說明，便於操練，也可使練的人知道在練什麼。

五、這些練功的勢子對技擊也是有幫助的。例如行功為初階，就是先練步法，丫雀步、鷹飛步、陰陽合氣步、貓步、揉球步。接著再練手法，大雲手、矮樁內圈手。由此繼練筋健功，則接上左右雲手樁、馬步練氣樁、左右推磨樁（**仍是馬步**），海底撈月托天樁（**由馬步轉弓步再回馬**）、護腎歸元樁、萬氣歸元樁，亦仍以馬步為主。如此循序漸進，不唯可練內功，也是習武很好的步驟，尤其適合用來做打拳前的熱身動作。

我國武術界普遍不重視教拳之法，門徒初來，便教其紮馬步、站樁，呆站呆蹲一陣。練了拳套以後，也沒什麼準備熱身動作，大抵稍動動筋骨就依套路打了起來。反觀日本柔道、空手道、合氣道之教學則不然。熱身運動一大套，翻翻滾滾要先練上大半小時，而且許多基本技法就含在熱身運動中。做完熱身運動，基本動作也就複習完畢了。至於套路或搏擊，亦無非是這些基本動作的串組與發揮，故其教學簡速而有效。王先生所傳筋經門練功之法，就具備這樣的作用。其中許多動作或樁法本也具搏擊功能，如馬步劍指、雲手、虎坐亮爪、力士推山之類。筋經門的拳套，我未見到。但我看王先生打拳的手法，大約即是以上這些動作配合形意六合及岳門之技，綜合而成，十分迅猛剛勁，符合我上面說的原理。

四

筋經功練得好，內氣便足，內氣足，才能內氣外放，將氣導引出去。平時我們看武俠小說言內力深者如何以掌力傷人，指的就是內氣外放。據說李傑即可以遙擊丈外腕臂大的樹枝，令其墜落。王先生之內氣外放則不用在擊人而用在救人上，亦即靠自己的氣，注入病患體內，替其搜陰升陽，去疾卻病。其手法與台灣天德教、天帝教之法不同，右掌懸在頂門百會穴上，左掌照其患部。天德教天帝教則是左掌懸照百會穴，右手掌尖直對眉心。但兩者都有具體療效，大約是原理相同之故。而王先生不用此法於技擊，也可能是筋經門本來就不以此爲重的緣故。

筋經門搏擊之法，重點在於點穴。據王先生說他學點穴時的情況：

練息貓功，就是做俯臥撐，開始是五個指頭撐，後來就要做到一個指頭撐，每次要撐五個。練這個功的目的，是爲了學點穴法。點穴法裏面有點穴、閉穴、拿穴等等，這個功夫就是師父的絕學了。這功夫，道門面裏一直是沒人學完了的，我卻是全部掌握了，在當今算是唯一的人。

點穴要背穴位，一天師父把我叫到他的丹房，拿出一張經絡穴位圖，一共四幅。那幾張圖很大，幾乎有三尺長，是他自己親手繪製在硬紙板上的，圖畫得很清晰，看得出來師父花了不少心血。他把圖掛在牆上，指著圖上的經絡，對我講解了寸二經脈、三百六十五個穴位及循環時間。他要求我先掌握六十個要穴的部位和名稱。因此在之後的三天時間裏，我除了早晚練功以外，幾乎整天都是在死記硬背這六十個要穴的部位和名稱。

幾天之後，師父把我帶到大殿左側的一間大約只有十來平方米的小屋子裏。這是一間空屋，只有裏面屋角放著一個用紅布蓋著的東西，當時我不知道那是什麼東西。我心裏有點緊張，覺得房子裏陰森森的，有些害怕。

師父走過去，把紅布揭開，原來那裏面蓋的是個木頭人。這個木頭人大概有一米二高，雙腳釘在一塊厚厚的木板上，木板的左角固定在一個活動的「之」字木架上。然後他又把木頭人拉到房子中間，我定睛一看，才發現，這個木頭人的前胸有三十六個黑色圓點，每個圓點都上面都有毛茸茸的東西，有銅元那麼大。木頭人身上還有很多圓孔，上面用小鐵釘釘上剪成圓形的牛皮，這些牛皮都還留得有牛毛。另外，木頭人的後背還標有二十四個穴位。師父一邊指著這個木人，一邊講穴位的名字，同時要我按著名字去摸一下木頭人身上的穴位。

這個方法使我很感興趣，當時我還是小孩子嘛，覺得這個很好玩。這樣學了一個星期，他一邊講，我一邊摸。基本上能夠熟練而準確地講出各個穴位了，師父才開始傳我點穴、閉穴、拿穴、解穴和解救穴。前後花了大概三個多月。

人體的血液可運送養分、輸送氧氣、促成新陳代謝的功能，是維繫生命的重要因素。一晝夜二十四個小時，人體血液隨時都在流通循環。而子午流注、靈龜八法的理論就是用來掌握二十四小時的。各個時辰不同，血液流經的穴位就有不同。點穴打穴就利用上述理論，結合了岳家拳、形意拳直接打。

說到人體血液流通的穴位上，大類可以分爲上四刻、下四刻、左四刻、右四刻，包括前胸後背、上肢下肢。點穴法是以點、打的手法爲主，其指法用鳳眼捶、雞心捶、中指和食指並起的力量，還有冠捶的力量，達到打到穴心的位置。如打不到穴心，就打穴宮。打不到穴宮，就打穴的交界處。總之，一定要打中穴頭流經的部位。被打到的人，其症狀是一下子覺得頭脹眼花、噁心，甚至想嘔吐，手軟痲木乏力，很快就失去了戰鬥力。

這是要根據不同時辰，打不同的穴位。如子時就打人中穴，丑時就打天庭穴，寅時就打橋空穴。一定的時辰，打一定的穴位，不能錯亂。其餘就不便公開了。

閉穴法也是按照十二個時辰打法，要能夠打中關鍵處。如子時就打踝關節，丑時就打腰部，寅時就打雙目，午時就打胸腹，申時就打心肺、背後等等。

掌握了點、打、閉、拿的訣竅手法以後，和岳家裁法、形意六合結合起來運用。

五

點穴，首見於清初黃宗羲所述王征南之技，有所謂暈、啞、死穴，後來宋永岳《亦復如是》某翁精拳法條，亦載某翁之子炫技，逢一道人笑以手點其臂，說：「好武藝，四十九日，我來看汝！」回去老翁一看，知是遭了毒手，急縛其子，懸吊起來，鞭其背數十，嘔血數斗才解救過來。四十九日後，道人來訪，翁送出門，亦以手點其臂，道人失色而遁。「蓋人身穴道，有受傷即死者，有受傷不死者。道人所點，生穴也，翁所點，死穴也。」

潘綸恩《道聽塗說》荆襄客條則說一大漢要搶荆襄客人的鳥，「荆襄客徐起，以指點漢脅下，漢手若僵，擎不得下」。張培仁《妙香室叢話》曹大條，也說曹大在廟前觀戲，人多，推擠，一矮子「駢二指捺曹肋，雜人叢中去。曹急以手按肋，面色如紙，口不能言。鄰人見之，扶歸，嘔血數升而死」。可見點穴之法已漸流行。

俞超《見聞近錄》另載一事，謂吳某撞破一惡僧調笑婦女事，惡僧戟手指其頸而去。吳某返，其師見之，說這叫「鐵釘」。出藥傅之，三天後出凝血一條，粗若指，遂教以報仇之法。一年後，吳某又於市邑見僧，以手拍其頸後，僧即死。據說這叫「鐵板」。

毛祥麟《墨餘錄》「褚復生」條也提到褚以箸點張某之胸，張即死，遍體青如靛，「蓋中人要害處，則於三時之頃，傷即入骨，能致死」。又同書某公子條，說某公子怙權縱淫，被一女劍俠教訓，不但陽具被割去，「合府男女百餘人，或立或坐，或跪或臥，皆瞠目不語，如木偶然」。不過女俠尚存一念之仁，留書云：「婢僕肢廢，飲木瓜酒可療」。

綜合這許多記載可知：點穴雖仍屬於秘技，帶有神秘性，不同於一般拳勇搏擊之術，但已有不少人能掌握其法。其法以點為主，也可以拍擊，只要擊中穴位，都可對人造成傷害。被點了穴的人，血氣壅阻，不久就或殘或死。筆記中說各受傷者凝血、遍體青如靛、不能動、嘔血數升，都是血行不暢使然。解救之法，或用藥，或喝木瓜酒，也均是著眼於活血功能。另外就是用手法解穴，《道聽塗說》講荊襄客點了大漢，大漢不能動以後，眾人求情，客才「回步至漢前，但一試手，而漢之手下矣」。此即是以手法解救。點穴之原理，大抵如此。

筋經門的武術，即以打穴為主。王先生描述歡喜道人命他學臥貓功，目的就是為了將來可用指力點穴。但以指點，只是其中一法，也可以用平拳、肘、膝，或鳳眼點、雞心點。點穴之外，還有閉穴法，以掌猛擊一要害穴位後，將所擊掌緊壓所拍穴位，類似《見聞近錄》所謂鐵板。再就是拿穴，指以單手或雙手掐住穴位。手法不同，原理則一。

要打穴，首先須能認清穴位。再則是要明白什麼時辰打什麼穴。這方面，他們所依據的是「子午流注」理論。

《靈樞》已然說過：「經脈流行不止，與天同度，與地同紀」，但具體講子午流注還是宋明以後的事，與此相關者還有靈龜八法、飛騰八法和靈樞四季四時分刺法等，本來是針灸上的辦法，認為人體血氣運行跟天時是相配合的。子時在膽、丑時在肝、寅時在肺、卯時在大腸、辰時在胃、巳時在脾、午時在心、未時在小腸、申時在膀胱、酉時在腎、戌時在心包、亥時在三焦。武術家由此得到啓發，乃倒過來：什麼時辰打什麼穴，打了以後，要解救，當然也要配合時辰。

點穴的基本原理如此，故各家點穴於此並無不同，差別在於主打什麼穴和打穴的手法。全身三百六十穴，筋經門是打前胸三十六穴、後背二十四穴。其中十二穴隨時辰定生死，是死穴。另四十八穴則可傷可殘。打時又不只要分時辰，還須知上四刻下四刻之分。一個時辰可分為八刻，若點到上四刻和下四刻交界處，其人必殆。打時，除上述點、閉、拿之外，尚有彈、撥、提、壓、掐諸法。

六

此法，王先生自嘆是絕學，目前僅他一人會了。他閱歷廣，昔年在中南海，曾會過高人無數，也奉派去各處檢驗過武術氣功名家，此語必非漫然而發，中含無窮慨喟。

但也許功法之全、手法之妙，可以如此說。然相關或相似之法，正自不鮮。例如我曾在〈奇門秘技〉一文中提過的江西「五百錢」就是。另外，我知道河南沈丘縣申段莊張振嶺先也傳一種兩儀拳，屬於類似工夫。

據張先生云兩儀拳昌盛於宋，已有上千年歷史，今傳十四代，張為掌門。內含混元養生功法、兩儀醫療體系。其拳又名兩儀點穴，謂有死穴三十六，凡被點者，任何推拿、針灸等傳統醫學治療法均不能解救，只能以兩儀拳解穴手法為之。拳法多抖勁，發力達於拳、肘、腳。十二經穴氣血流注各有歌訣，如手太陰肺經，左右各廿二穴，穴歌曰：「手太陰肺十一穴，中府雲門天府訣，俠白尺澤孔最存，列缺經渠太瀾涉，魚際少商如韭葉，左右二十二孔穴」，別無深意，只是教人記住穴位罷了。

此拳也與筋經門一樣，稱爲秘傳。但所謂創於宋代云云，必非事實，拳譜亦必爲僞託。不過拳理相似，以打穴爲主，打穴也根據子午流注之法，故附筆及之。

鄭子太極拳美人手

林明昌

一、鄭子簡易太極拳

縱然在武俠小說裏，想像中的武林第一大門派是少林派，但在現實世界，不論台灣或大陸，民初以來，流行地區最廣，學習者最多，影響最深遠的武術應是太極拳①。

關於太極武術源頭，歷來有數種不同說法，但是主要派別則大致不異，而有「一祖、二宗、四小家」的說法②。一祖指陳家，二宗是楊家及武家，四小家爲李、郝、吳、孫四家。

陳家太極拳源自河南省懷慶府溫縣陳家溝。陳家溝的拳種從何而來，亦是眾說紛紜。一說來自陳卜。民國八年陳鑫著《陳氏太極拳圖說》③，自序云：「明洪武七年，始祖諱卜，耕讀之餘，而以陰陽開合，運轉周身者，教子孫以消化飲食之法，理根太極，故名太極拳。」依此說，則太極拳之初創，只是消化飲食的健身體操，無關乎武術。另一說則指太極拳爲陳氏第九世陳王廷所造④。陳王廷爲明末武庠生，嘗自謂：「到而今，年老殘喘，只落得黃庭一卷，隨身伴。悶來時造拳，忙來時耕田。趁餘閑，教下些弟子兒孫，成龍成虎任方便。⑤」其中造拳之語，或謂即指創造太極拳⑥，只是證據並不充分。再有一說，陳家溝的太極拳源於王宗岳的弟子蔣發⑦。

儘管陳家溝拳術源頭說法不一，然陳家溝拳風熾盛則是無庸置疑，荆文甫即說：「今見太極拳譜，是陳君一生用力而得力者，用以傳其家人。故至今溫縣陳溝陳氏，人無男女，皆習是術，以神勇稱。⑧」陳家溝男女皆學習太極拳，影響至遠，二宗之楊家及武家亦皆出自陳家太極拳，李、郝、孫、吳四小家當中，吳源於楊家⑨，李、郝、孫出自武家。亦即全部源於陳家溝。

武家指直隸廣平府儒生武禹襄。武禹襄從河南懷慶趙堡鎮陳清平⑩習陳家太極拳，頗有心得，其拳術人稱武家太極拳。武禹襄之外甥李亦畬從舅習拳，苦心鑽研多年，卓然有成，傳子李石泉、李遜之，號李家武式太極拳或李家太極拳。郝家太極拳創始者郝爲貞亦李亦畬之弟子。後來孫祿堂拜在郝爲貞門下，學習郝家太極拳。孫祿堂又吸收形意、八卦的特色，自成一格⑪，稱爲孫式太極拳。其傳承譜系如下：

陳清平—武禹襄（武家）—李亦畬（李家）—郝爲真（郝家）—孫祿堂（孫家）

楊家太極拳始於楊祿禪。楊祿禪之太極拳，學自陳家溝陳長興。陳長興「行止端重，號牌位陳。門徒尤盛，楊福魁其最著者」⑫。

楊福魁，字祿禪⑬，生於清中葉嘉慶四年，世居直隸省廣平府永年縣南關。楊祿禪訴說自己習武的經過曰：

> 余自幼即以救弱為己任，嘗見責解者，其精神體魄，固不遜於外人所謂大力士、武士道者。余大喜叩其術，秘不以告。乃知中國自有強身之術，而一弱至此，豈無故哉！嗣聞豫中陳家溝陳氏有內家拳之名，躡蹻往從陳師長興學。雖不見拒於門牆之外，然日居月諸，迄未許窺堂奧。忍心耐守，凡十餘稔，始於月明人靜時，舉個中妙諦以授余[14]。

後楊祿禪「遊京師，客諸府邸，清親貴王公貝勒多從受業焉，旋爲旗官武術教師[15]」。然習自陳家的內家拳，傳至其孫楊澄甫時已面貌迥異，號爲楊家太極拳。楊澄甫憶祖父楊祿禪談及陳長興之武術曰：「其術本於自然，而爲形不離太極，爲式十三，而運用靡窮。運動身體，而感及心靈。」至於楊澄甫本亦無心習「一人敵」之武術，只因楊祿禪一席話，謂「從吾學者，瘠者肥，羸者腴，而病者健」，於是欣然請受教。可知在楊祿禪眼中，太極拳的功用在於「救弱強身」，特色爲「運動身體，而感及心靈」，竟無一語及於攻防之用[16]。楊澄甫在此觀念下動念習拳，故曰「太極拳，非專爲與有力者鬥狠而作」，而是「資道體之用」。但是若論楊氏太極拳之功用，在「衛身養性，卻病延年」方面，無論「騷人墨客、羸弱病夫，以至於老幼閨人，皆可學習。有恒者，三歲有成」。於武術方面之用，「則在不用力，而卻不畏有力也，倘有大力者來擊我，以吾之至柔，自足以制勝者，蓋順其勢而取之也」，因此有「柔拳」之稱。楊澄甫弟子鄭曼青，則在此「至柔」的理念下，發展其鄭子簡易太極拳，並成爲極具特色的至柔一派太極拳。

鄭曼青，名岳，浙江永嘉人，民前十一年生，有詩、書、畫、醫、拳五絕之稱。鄭曼青早年以詩書畫聞名，弱冠任教北京郁文、藝術兩大學，不久又任上海暨南大學及美術教授[17]。鄭曼青年少時有軟腳風痛病，習《易筋經》而癒。又曾患肺病，吐血咳嗽不已，習太極拳而癒[18]。在拜師楊澄甫之前即曾習太極拳。第一次在民國十二年，才學一個多月即中斷。他說：「癸亥，岳任北京美術專門學校教授，有同事劉庸臣者，擅斯術，以岳體羸弱，勉之學習，甫逾月，輒嬰事輟，未得其趣。」第二次在民國十九年，他說：「庚午春，岳因創辦中國文藝學院，操勞過度，甚至咯血，因復與同事趙仲博、葉大密研習斯術。不一月，病霍然，而身體遂日見強健。於是昕夕研求，鍥而不捨。兩年之間，與有力十倍於我者較，則數勝。」民國二十一年，鄭曼青經介紹投楊澄甫門下[19]。起初楊澄甫對鄭曼青似有保留，陳微明曰：「名畫家鄭曼青，精於岐黃。楊師澄甫南來，從學太極拳六年。師德配侯夫人抱疾垂危，得君投劑而起，師感之，悉以口訣相授，他人所未聞也。[20]」因此鄭曼青得以從楊澄甫學得他人未聞的口訣。

鄭曼青本為文人，非有志於武術，又無家學與環境之造就，加上自幼身體孱弱，對武術的

▶楊氏太極之二三代傳人楊班侯、少侯、澄甫及陳微明

理解和基礎自與陳、楊所傳各派宗師不同。他根據自己的生命經驗，加上讀書的體會，擷取楊家太極拳「柔」之一端，發揮至極，遂有鄭子太極拳之誕生。

鄭子太極拳又稱爲「簡易太極拳」。此拳的來歷，據鄭曼青的說法，是在民國二十七年他主持湖南省國術館時，國術爲該省全民眾之運動，不論男女老幼，都必須學習。爲了普遍推行太極拳，採用分批集訓的方式，每兩個月調訓全省各縣國術館及教官四十人，親自教授。然而兩個月學習時間太短，學員無法學會整套傳統太極拳。於是決定刪削，以成簡易拳套。他說：

> 太極拳原僅有十三式，以沿傳既久，架式增繁，練習費時，不易普及。余乃刪減為三十七式。已較原有之十三式，增多廿四式。此亦因時制宜，勿以余著之簡易太極拳以為簡也㉑。

鄭曼青不認爲招式多是拳架的優點，而且比起「十三式」，簡易太極拳已多了廿四式，不可謂少。鄭曼青學自楊澄甫的太極拳，全套計一百二十餘動，當中不少重複的動作，這些動作「反覆不已，頗耗心神，無裨於體用」。他推論發展出重複招式的用意有三，一、恐學者無恒心，故事衍演，以稽其時日，聊資善誘。二、以此拳式中，有基要動作，欲其反覆多練，以促其進度。三、或以十三式拳套過短，嫌不足爲運動之數量者。對於這三點，他也分析道：「若以此三點言之，亦都未得要領。倘無恒者，卻使之有恒，非易事也。久暫之間斷，同也。若以有基要拳式，另爲提出，屬其多練可也。若嫌拳套過短，多練一套可也。」㉒因此他極早即有意將此拳架刪繁就簡，使學者能由易而難，如此才不違背簡易之理，所以

「今得傳授一式或二式者，必須潛心嫻習，而默記之，方能有得，不然未有不惑也」。拳架取名「簡易」太極拳，不僅指太極拳架之刪簡，更是《易經・繫辭傳》所謂「易則易知，簡則易從」的簡易之義。

鄭曼青創造簡易太極拳的目的，卻不僅刪減架式而已，而是基於對太極拳理的體認，進一步發揮「致柔」、「柔術」的觀念，重新詮釋太極拳之體與用。最具代表性的即在強調「美人手」㉓。以下從美人手出發，探討鄭子簡易太極拳之特色。

二、鄭曼青之美人手

鄭曼青於民國三十九年印行的《鄭子太極拳十三篇》中論「掌」時，有「美人手」之圖，並說明：「掌，相傳謂美人手，手背筋不浮露。無論何式，腕背皆要豎直。」㉔文中強調手背筋不浮露且腕背豎直，及無論何式均須合乎美人手，即美人手爲簡易太極拳的共法。民國六十七年出版的《鄭子太極拳自修新法》則略修正爲「腕背皆要自然伸直」。或許「自然伸直」較不致造成「用力豎直」的誤解。

雖文中推以「相傳謂美人手」，然「腕背豎直」實爲鄭曼青太極拳的特色，只要比較各家拳譜即可知。

以下舉民初以來各家拳譜單鞭、摟膝拗步等式對手部或掌法的要求，並與鄭子美人手相較。

民國八年，陳家溝陳家太極拳傳人陳鑫編寫《陳氏太極拳圖說》㉕，其中第三勢「單鞭」說：「指肚用力。」又「掌前外臁使力」、「掌後與大指使力」，又手腕處注釋曰：「左手節不可軟。」可見陳鑫的陳家太極拳單鞭左手按掌是要用力的，而且還得指肚、掌前外臁、掌後與大指、手腕一起使力㉖。而且手掌並不是中指、勞宮（掌心）朝前的平按掌，而是類似「切掌」的外臁使力。（以下簡稱「豎掌」，以別於美人手之斜臥掌）㉗。

陳家太極拳傳至郝爲真後之郝派，其掌形亦非美人手㉘。郝爲真弟子孫祿堂的單鞭式，更是兩手成掌豎立。動作要領爲：「先將兩手腕往外扭，再從心口橫平著，如按㉙長竿。」又說：「兩手掌直立，兩手指與眼相平。」孫家太極拳的「手掌直立」和美人手的「腕背豎直」顯然不同，前者指手掌垂直於地面，後者則只談手腕平直㉚。

至於楊家所傳。民國十四年楊澄甫口授，由弟子陳微明筆述的《太極拳術》書中，收錄楊澄甫、陳微明演式攝影相片。陳微明曾向孫祿堂學習形意、八卦拳，後又向楊澄甫學太極拳。民國十四年陳微明於上海成立致柔拳社，以楊澄甫的照片爲主編成一書作爲教材。據楊澄甫的說法，此書爲楊主動「囑陳生微明，以余口授者，刊爲一書」㉛。

楊澄甫的單鞭與摟膝拗步前手，明顯都是豎掌，而非美人手強調的「腕背豎直」或「腕背自然伸直」。

十數年後，楊澄甫重新拍照，將太極拳「體用之全法」編次成集，即爲《太極拳體用全書》㉜。編寫此書，是因爲楊澄甫的拳架已有極大變化，他覺得「十數年前之功架」，已經「不及近日」。就楊澄甫的體形、姿態而言，十數年來確實略有不同，但是掌形則一樣是豎掌。

楊澄甫的按手有「坐腕」的要求，此書不論在「攬雀尾按法」、「單鞭」或「左摟膝拗步」式中，都提到「沈肩垂肘坐腕」或「沈肩墜肘坐腕」。而其坐腕明顯爲豎掌。

楊家另一系脈的吳家太極拳，豎掌更爲明顯。相形之下，鄭曼青的單鞭及摟膝拗步前手，均明顯爲「美人手」。

鄭曼青在說明文字內亦注曰：「沈肘坐腕立掌」，然而其所謂坐腕立掌，應當只是承繼師說，實際打法則須不違背美人手原則，即「無論何式，腕背皆要自然伸直」。腕背自然伸直的美人手，與其他各家豎直腕背垂直地面的差異，在於美人手強調腕部之鬆柔不用力。腕背若要豎立垂直地面，則免不了要使一些力，美人手則是連這一點力也不許使用。

簡易太極拳中唯一例外的，應當是「起勢」。鄭曼青將簡易太極拳起勢手腕動作分爲六段，稱爲「六變」。第一，由立正而預備。第二，由預備而起勢。兩臂提起時，兩腕背上突，若水中浮起，手指下垂。第三，提至兩腕平肩時，又復行氣舒指，筋絡似若不張不弛。第四，收回時，腕肘折疊至胸前，其時指又下垂。第五，兩臂將復降落時，兩腕若沈沒入水，指尖俱若飄浮水面。第六，兩臂降至胯旁歸原，同預備式。鄭曼青曰：「故我謂起勢著重手腕之運動也。此式既能瞭解鬆淨，則第一關第一節，已能開達矣。以後手腕要注意貫氣，如上圖所謂美人手也。[33]」起勢著重手腕運動，或係附和他所提出的「陸地游泳」的理論[34]，故不得不模擬放鬆身體在水中的情狀，而有沈浮之說。然而何以只有在起勢合乎「陸地游泳」而其他各式則手腕不再運動？究其原因，蓋「陸地游泳」之說只是比喻，鄭曼青亦謂：「我是以取喻於太極拳，欲學者可以方物，易於領悟。空氣非空，正猶水然，每一運動，即覺氣之鼓蕩如游泳，吞吐浮沈，以及乎進退如游泳。苟能逮乎此境，則已非常人所能到也。」㉟既然只是比喻，自然不宜過度延伸，畢竟人在空氣中與水中相去甚遠。在水中幾無重量，所謂虛實鬆沈、分腳擺蓮絕無可能。於是簡易太極拳除起勢外，其餘各勢的手腕仍不得違反「美人手」。

三、美人手的理論根基

美人手確爲鄭曼青的簡易太極拳一大特色。然而鄭曼青卻將之歸原於其師楊澄甫。他在《鄭子太極拳十三篇》中，有〈視本末〉一節云：「楊師澄甫之分釋太極拳諸要點，如下：……」其中第二點即爲：「沈肩垂肘坐腕。謂肩不可聳，亦不可塌。肘勿翹起，亦勿夾緊，能自然，便自沈自垂。惟坐腕最難，要手背不露筋絡，相傳謂美人手，如是始可矣。」㊱若此記載爲真，則美人手之說亦來自楊澄甫，但是從楊澄甫及諸家拳譜文字及圖片，卻很難得到如此結論。

鄭曼青的美人手，其實是以老子「至柔」思想發揮太極拳。

太極拳的經典拳譜〈十三勢行功心解〉文中，有「極柔軟，然後極堅剛」之語。然而極柔何以能成爲極堅剛？從陳家太極拳以來，各家對此問題的說法並不相同。

民國八年陳鑫《陳氏太極拳圖說》，以《易》卦陰陽太極之變，詮釋太極拳理，故劉煥東〈後敘〉云：「……品三先生所著拳譜，本羲《易》之奧旨，循生理之穴脈，解每勢之妙用，指入門之訣竅。」[37]本於《易》，故陳鑫論太極拳名義乃依據太極剛柔互濟之理，曰：「拳以太極名，古人必有以深明乎太極之理，而後於全體之上下左右前後，以手足旋轉運動發明太極之蘊，立其名以定爲成憲，義至精也，法至嚴也。後之人，事不師古，不流於狂妄，即涉於偏倚。而求一不剛不柔，至當卻好者，以與太極之理相吻合，蓋亦戛戛乎其難矣。」[38]他認爲手足「旋轉運動」發明太極之蘊，陳家太極即依據「旋轉運動」發展成「纏絲勁」。太極的運動則要不剛不柔，或剛柔並用。故又曰：「若以神韻論之，交手之際，剛柔並用，適得其中。[39]」既然是剛柔並用，陳鑫當然反對以太極拳爲「柔術」之說，他認爲：

> 打拳何嘗不用氣，不用氣則全體何由運動？但本其至大至剛之氣，以直養無害焉已耳。世人不知，皆以為柔術。殊不知自用功以來，千錘百煉，剛而歸之於柔，柔而造至於剛，剛柔無跡可見，但就其外而觀之，有似乎柔，故以柔名之耳，而豈其然哉。且柔者，對乎剛而言之耳。是藝也，不可謂之柔，亦不可謂之剛，第可名之為太極。太極者，剛柔兼至，而渾於無跡之謂也。[40]

此段論述足以表現陳鑫代表的陳家太極拳之立場：其一，柔只是太極拳外觀之相似者，因此反對太極拳爲「柔術」之說。其二，太極拳爲剛柔兼至，不可謂之柔，亦不可謂之剛，只可名之爲太極。此種本於易經剛柔並用的理論，反對「柔術」之名的主張，影響陳家太極拳發展方向，也形成陳家太極拳的特色。

同樣是民國八年出版的《太極拳學》，孫祿堂在其〈自序〉中將太極拳歸本於太極圖、河圖洛書及易之數曰：「張三丰……故遵前二經之義、周子太極圖之形、取河洛之理、先後易之數，順其理之自然，作太極拳術，闡明養身之妙。」其中「二經」指《易筋經》及《洗髓經》，以此說明太極拳與少林拳的關係。此外不論周子太極圖、河洛之理、先後易之數，均表明孫祿堂詮釋太極拳的路數與陳鑫並無太大區別。然而此書前有一〈序〉，未注明作者，卻以《老子》之理解釋太極拳曰：

頃孫祿堂師以所編《太極拳學》見示，余反覆參觀，見其中頗有與老氏之旨相合者。形上謂之道，吾無間然矣。太極拳貴空虛，忌雙重，非《老子》之「虛而不屈，動而愈出」者乎？太極之勁斷而意不斷，非《老子》之「綿綿若存」者乎？太極之隨屈就伸，意在人先，非《老子》之「迎之不見其首，隨之不見其後」者乎？故吾謂「有欲以觀其竅」者，即太極之十三式是也，「無欲以觀其妙」者，即太極之煉氣化神是也。㊶

此序以《老子》之旨比附太極拳理，頗有見地。另外尚有陳曾則作〈太極拳學序〉，除引《老》、《莊》爲論以外，以「專氣致柔」歸結太極拳之特點，曰：

《老子》曰：『為欲取之，必固與之。』㊷原譜所謂『左重則左虛，右重則右杳』，即人取我與之意也。《莊子》曰：『得其環中，以應無窮』，原譜所謂『氣如車輪』、『行氣如九曲珠』，即得其環中之意也。故其術專氣致柔，蓋合於道家。㊸

這兩篇序代表陳家太極拳以外的發展方向，其中至少有兩處與陳鑫的陳家傳統不同，一是引老、莊思想說明太極拳，一是不強調「剛柔並用」而取「專氣致柔」路向。

這兩處不同正是陳微明和鄭曼青革新太極拳的方向。

陳微明曾習形意與八卦於孫祿堂，雖然太極拳習自楊澄甫，陳微明太極拳主要方向，卻暗合孫祿堂《太極拳學》兩序之思想。

陳微明曾任清史館纂修，能文章，民國六年向楊澄甫學習太極拳起，即將楊口述之動作拳理筆述成書，並將書稿呈贈楊澄甫。楊澄甫卻藏之數年不肯付梓，直至民國十四年才出版。㊹

陳微明於民國十四年在上海成立致柔拳社，簡章第一條即曰：「本社取老子專氣致柔之意命名，曰致柔拳社。」又於《太極拳術》的〈序〉中說太極拳異於外家拳的特色之一是「專氣致柔，以弱勝強」。書中除引《老子》「天下之至柔，馳騁天下之至堅」解釋〈十三勢行功心解〉之「極柔軟，然後極堅剛」以外，並於書末獨立一章曰〈太極合老說〉，分別引用十一條《老子》文章，說明太極拳的拳理乃合乎《老子》的思想。此點不同於其師楊澄甫。楊澄甫雖亦以「柔拳」稱呼太極拳，然而編著《太極拳體用全書》時，只說到：「太極拳本《易》之太極八卦（曰理、曰氣、曰象）以演成。」並不及《老子》之論。

陳微明以「用力」與「內勁」的差別論太極拳的鬆柔，發揮致柔理論。他說：「太極拳之堅剛內勁，係由柔軟鬆開而生，練架子愈柔軟鬆開，則長內勁愈速，稍有強硬不鬆之處，即為長內勁之阻礙。」㊺不僅練拳架如此，推手時亦不可用力，他說：「推手雖不用力，然練之數年，自然生一種掤勁。此種掤勁，並非有意用力，而敵人之力，自能掤住，不能近身。初學者鬆開練習數年，使全身毫無僵硬之處。」㊻陳微明認為〈十三勢行功心解〉所謂「極柔軟，然後能極堅剛」，是指在不用力中鍛煉，不論打拳架或推手，久之自然能生出內勁，此爲太極拳內勁之由來。

鄭曼青的簡易太極拳理論延續陳微明「致柔」說，並向「至柔」發展。鄭曼青在民國二十二年爲其師楊澄甫《太極拳體用全書》作序時，提出太極拳的剛柔與用不用氣的問題。他說，《易》、《書》、《詩》均有剛柔並用之理，而《老子》則獨言「柔弱勝剛強」，兩者似乎不同。再者，太極柔拳之術則有「有氣則無力，無氣則純剛」之說（見〈十三勢行功心解〉），此說又與老氏之理有異。因爲「不用力固已柔矣，未聞有不用氣也。若不用氣，何復有力，而至於純剛」？不用氣之說確實費解，前文引陳鑫曰：「打拳何嘗不用氣，不用氣則全體何由運動？」即對〈十三勢行功心解〉的質疑㊼。鄭曼青是在習拳兩年後（尚不是向楊澄甫學），與力大十倍者較量而數度勝利，「始信柔之足以勝剛」。亦即肯定《老子》思想較能表現太極拳之特點。但是另一方面，不用氣之義，要等到楊澄甫「口授內功」後才明瞭。他的心得是：

不用氣，則我處順，而人處逆。唯順則柔，柔之所以克剛者漸也，剛之所以克柔者驟也。驟者易見，故易敗；漸者難覺，故常勝。不用氣者，柔之至也。惟至柔故能成至剛。余至是遂恍然大悟，于真人與老氏之說、大《易》摩蕩之訓，究竟一理。㊽

足見當時鄭曼青即有兼用《易》、《老》，又以「老子」柔弱勝剛強爲主的基本原則。民國三十九年出版的《鄭子太極拳十三篇》，〈釋名義第一〉即以老子之說立論曰：「彼以剛爲用，我以柔化之；彼以動爲攻，我以靜待之。柔靜之極，是爲陰極。陽極而遇陰極，未有不敗。此即老氏所謂柔弱勝剛強也。」[49]第三篇〈專氣致柔〉又以「氣沈丹田與心相守之法」解說老子「專氣致柔」之道。

致柔的進一步引伸，則爲不用力。鄭曼青解釋「不用力」與陳微明「內勁」說不同。他以力的構成言之：「不用力者，不受人襲擊之力。」此說以不受別人襲擊之力解釋爲自己不用力，看似狡辯，其實頗有深意。因爲力的形成，必須大小、方向、施力點（即抗力點）三者齊全，缺一則無力可言。若彼此接觸之點無對抗之力，則對方必無可施力之點，也就無力可言。故不用力本指自己不用力，其結果則是對方亦無襲人之力。如鄭曼青所說：「任人用力襲擊，而我不以絲毫氣力抵禦，反引其力落空，而攻擊之效能全失。」[50]鄭曼青對「不用力」（也就是「柔」）的功用似較陳微明體悟更深，因此不必另以「漸長之內勁」解決「不用力何以能禦敵」之疑問。

不用力的另一種說法爲「鬆」。鄭曼青記錄楊澄甫不輕易傳人之要訣十二則[51]，首則即爲「鬆」。鄭曰：

> 澄師每日，必重言十餘次：「要鬆、要鬆」、「要鬆淨」、「要全身鬆開」，反此則曰：「不鬆、不鬆」、「不鬆就是挨打的架子」。
>
> 案，鬆之一字，最為難能，如真能鬆淨，餘皆末事耳。余將澄師平日口授指點之大意，附於下，使學者易於領悟：鬆，要全身筋絡鬆開，不可有絲毫緊張。所謂「柔腰百折若無骨」，若無骨，祇有筋耳。筋能鬆開，其餘尚有不鬆之理乎。[52]

能鬆透，就是沈。於是鬆沈即是鄭曼青得之於楊澄甫的秘傳口訣中最根極理要者。只是鬆之一字，說來容易，行之維艱。鄭曼青於從學楊澄甫的前兩年間，聽楊澄甫叮囑何只千遍，一聞此語「甚至覺頭大如斗」，煩惱非常，始終做不到鬆淨的境界，「自恨愚蠢，抑何至此？」直到有一晚「忽夢覺兩臂已斷，醒驚試之，恍然悟得鬆境。」鬆的感覺若何？鄭曼青記曰：「其兩臂所繫之筋絡，正猶玩具之洋娃娃，手臂關節賴一鬆緊帶之維繫，得以轉捩如意，然其兩臂若不覺已斷。」悟得鬆淨之後，與原本功力較高者比試，皆大為驚異，「其進境不啻有一日千里之感」㊾。可知鬆之為用大矣。鬆的另一種陳述是「不動手」。鄭曼青又記錄楊澄甫分釋太極拳要點，第一點就是「不動手」：

每於練功架，或打手時之講解曰：「練太極拳者，不動手，動手便非太極拳。」且戒之曰：「健侯老先生之教人，每引拳論曰：『由腳而腿而腰，總須完整一氣。』又曰：『其根在腳，發乎腿，主宰於腰，行乎手指。』謂手必要相隨，不可自動。於此可見本末之不相離也。且〈行功心解〉，首謂「以心行氣，以氣運身」，亦可證手之不得自動明矣。㊿

不動手是指手不自己動，手必須隨腰腿而動。

四、至柔的美人手

鬆淨、不用力、不動手，形成鄭曼青對「柔」的更進一步要求，也就是「至柔」的境界。一絲一毫用力，即是不鬆淨。手無因而動，亦是不鬆淨。鄭曼青以鬆淨原則將太極拳朝「至柔」推進一步。

照鄭曼青所言，鬆淨、不用力、不動手都是其師楊澄甫教導的要訣，照理說楊澄甫當比鄭曼青更知道其妙用與要領。另一方面，鄭曼青的師兄陳微明，民國十四年即成立致柔拳社，提倡《老子》「專氣致柔」學說，且筆記楊澄甫教導之課程內容，也是強調鬆淨、不用力。然而楊澄甫及陳微明之著作未強調「不動手」、「斷手」的說法，或者此二者正是鄭曼青獨悟的心得。鄭曼青的「不動手」、「斷手」說，使「鬆淨」與「不用力」的太極拳更明確成為「至柔」拳。再觀楊、陳與楊家另一脈的吳鑒泉之演式照片，更可見三人似乎並未脫淨手腕的餘力。故他們的坐腕，與同名為坐腕的鄭子太極拳美人手並不相同。

陳家一系更不在話下。陳鑫明確反對「柔術」之說，強調剛柔並用，且在拳譜上明白寫出「指肚用力」、「掌前外臁使力」、「掌後與大指使力」，又在手腕處注「左手節不可軟」，用力使力對他而言似理所當然。陳家傳下的郝派、孫派，就現存照片及拳譜看來，也同樣不是走向「至柔」一路。

「致柔」說明太極拳往「柔」發展的指向，「至柔」則是柔的極致，即〈十三勢行功心解〉的「極柔軟」。至柔的不用力，不僅不對他人用力，自身也不可有絲毫力氣。「鬆淨」、「至柔」爲楊澄甫常言之語，楊曰：「倘有大力者，來擊我，以吾之至柔，自足以制勝者，蓋順其勢而取之也。」㊺但其中隱含兩方面的難題，一方面是否必須「至柔」才能制勝？或者只是相對柔即可？另一方面，何以至柔就「足以」制勝？這兩點楊澄甫均未解釋。如果換一種說法，這兩點也可以歸結成一項。只要確定較柔的一方定能勝較剛的一方，則愈柔者其致勝機會愈大，雖未能達至柔境界，也要盡力去除身上手上餘力。於是只要說明較柔一方何以必定勝較剛的一方即可。

鄭曼青的《鄭子太極拳十三篇》企圖爲太極拳的鬆柔建構解說理論，除了引用《易》、《老子》之外，〈勁與物理第七〉一章，努力以「科學」原理說明。如離心力、向心力、圓的旋轉、時間和空間的改變、槓杆原理、速度與力量、分力與合力等等，這些原理的說明力不一，但其中「圓的旋轉」與「時間和空間的改變」二項，很能表達美人手至柔的作用。

美人手的特點在於全部放鬆，沒有絲毫拙力。鬆柔的美人手相對於傳統的豎掌，在作用上有極大差別。首先，腕部鬆開後，從指到掌到腕，乃至肘、肩一路而上均放鬆淨盡，於是敏感度較豎掌強。尤其以指尖作爲耳目先探，放鬆的手指如果接觸對手，可以清楚測知對手的動向、力度。即使接觸點不在指尖，由於手部全都放鬆，任何一點均能發揮探知的功能。此項作用對豎掌而言較爲困難。

其次，美人手因爲放鬆，可以因爲對方力道而「變形」，只要本體中定，則這樣的變形即成爲圓。而且手掌任何一點都可以旋轉形成一個圓，圓就有化、走的功用。化即是打，也因此手掌上任何一點都可以攻擊。圓只是在二度空間的想像，實際上人活動於三度空間，因此手掌上的圓，其實也可以視爲球體。

圓形或球體如何化解對方之大力？鄭曼青解說運用時間和空間的改變，化解對方之力的原理：

> 其急襲者，不能出乎二要素，一即空間，一即時間。其速度與效能，若不能把握時間與空間者……其所欲得者，適得其反，自取其速亡也。曰：何也？曰：強弩之末，不能穿魯縞。此空間之限制，亦即時間之延長也。[56]

凡一般人攻擊或遭遇攻擊，心中必有預期接觸或施力的時間和位置（空間），鬆柔的圓（或曰球）則可使對方的預期落空而失去平衡。鄭曼青說：

> 不予抵抗，而予以退讓，不與之正衡，而予以偏避，使其造度與能力稍為摧挫，則以順勢擊之，不費吹毛之力，則其自取摧毀，不及一瞬也。拳論所謂：「牽動四兩撥千斤者。」正以是也。

退讓偏避均會改變對方預期的施力時空和位置，使接觸點沒有抗力，也就沒有施力。等對方落空之後，順勢擊之，就能牽動四兩撥千斤。這些細微的作用，是方手的豎掌不易達成的，也是美人手以柔弱勝剛強的優勢。

然而，進一步言，「柔弱勝剛強」是老子名言，「極柔軟，然後極堅剛」也是習見的太極拳論，然而如果單純停留在哲理的層次，未必具說服力。至於太極拳名師如楊、鄭等人神乎其技的傳說或表演，也不見得可證明「至柔」的方向必然正確。雙人過招，一掌擊出時，是方掌直擊較為乾淨俐落，或是柔掌牽引能以弱勝強，本無定法。美人手是鄭子簡易太極拳的特色，使用美人手，是鄭曼青的選擇。唯不是太極拳唯一的選擇，但是美人手使太極拳朝至柔路向更邁進一步的嘗試，即已深具價值。

注釋

① 民國二十三年黃文叔云：「太極拳，近年來風行南北，可謂國術界中最普遍之拳術。」見《武術偶談》，附於《楊家太極拳各藝要義》，民國二十五年出版，台北：逸文，二〇〇二年重印。如今在台灣及大陸，太極拳更為普遍。

② 參見王嘉祥《太極拳研究——楊氏太極拳篇》，台北：逸文，二〇〇一年。

③ 陳鑫《陳氏太極拳圖說》，上海：上海書店，一九八六年重印。

④ 參見沈家楨、顧留馨編著《陳氏太極拳》，北京：人民體育出版社，一九六三年。頁一。

⑤ 陳鑫〈陳氏家乘〉，見《陳氏太極拳圖說》附錄。

⑥ 見《陳氏太極拳圖說》，王壯弘〈重印序〉。

⑦ 關於太極拳及陳家溝太極拳的考證，請參考唐豪《行健齋隨筆》，民國二十六年出版，台北：逸文，二〇〇二年重印。徐震《太極拳考信錄》，台北：逸文，二〇〇二重印。徐震《太極拳譜理董辨偽合編》，一九三七年上海正中書局出版，台北：逸文，二〇〇二重印。

⑧見《陳氏太極拳圖說》，荊文甫〈跋〉。頁四三一。

⑨吳圖南曰：「方露蟬之客於京師也，得其傳者，聞僅三人，吳全佑其最著者也。然承露蟬之命，均拜班侯之門。全佑有子一人，名愛紳，字鑒泉，得太極真傳，名聞海內。」班侯為露蟬（祿禪）次子。吳圖南即吳鑒泉門徒。見吳圖南《國術概論》，民國二十六年上海商務印書館出版，北京：中國書店，一九八三年影印。頁六五。

⑩亦有作「陳清萍」者，此據李亦畬〈太極拳小序〉，見徐震《太極拳譜理董辨偽合編》頁十九。

⑪孫祿堂自謂：「朝夕習練，數年之久，略明拳中大概之理，又深思體驗，將夙昔所練之形意拳、八卦拳與太極拳三家會合而爲一體，一體又分為三派之形式。三派之姿式雖不同，其理則一也。」見〈太極拳學自序〉，見孫祿堂《太極拳學》，民國十年出版，台北：逸文，二〇〇三重刊。

⑫陳鑫〈陳氏家乘〉。又，陳炎林〈楊家小傳〉亦曰：「陳立身中正，不倚不靠，狀如木雞，人稱為牌位先生。」見《太極拳刀劍杆散手合編》，台北：世一書局，民六十五年。頁十五。

⑬陳炎林〈楊家小傳〉則曰：「楊福魁，字露禪，一曰祿纏。」《太極拳刀劍杆散手合編》，頁十五。楊字又作「儒禪」，見唐豪《行健齋隨筆》，頁二一。

⑭其孫楊澄甫記，見《太極拳體用全書》，〈自序〉，台北：老古，一九九二，三版。頁十五。

⑮黃元秀〈張三丰傳〉，見《楊家太極拳各藝要義》。

⑯健身或許是當時的時空環境共同關心的話題。

⑰鄭曼青《鄭子太極拳十三篇》，台北：蘭溪圖書，一九九二年。頁二九。

⑱《鄭子太極拳十三篇》，頁七，〈自序〉。

⑲以上參見《太極拳體用全書》，〈鄭序〉。

⑳《鄭子太極拳十三篇》，頁一，〈陳序〉。

㉑鄭曼青《鄭子太極拳自修心法》，台北：蘭溪圖書，民六十七年。頁十三。至於年代，另一說爲廿六年。見《鄭子太極拳十三篇》卷中，頁五三，〈釋主旨〉。

㉒《鄭子太極拳十三篇》卷中，頁五三，〈釋主旨〉。

㉓鄭子太極的「田」字步法，則為另一項特色。本文不及説明，當於其他論文詳述。

㉔鄭曼青《鄭子太極拳十三篇》，台北：蘭溪圖書，一九九二年版。頁五八。

㉕此書自光緒戊申（一九〇八）年開始編，至民國八年（己未，一九一九年）完成，費時十二年。見陳鑫〈自序〉，《陳氏太極拳圖説》，上海：上海書店，一九八六年重印。

㉖一九六三年沈家楨在《陳式太極拳》書中，談及陳式太極拳中的掌云：「要求手指後彎，就是除大拇指外，其餘四指全部向手背微彎。」可見手指用力一直是陳式太極拳的共同要求。北京：人民體育出版社。一九八五年第五次印刷。頁七二。

㉗陳家太極拳掌形可參見孤鵬〈前輩風範透玄機〉（太極拳篇），《台灣武林》二〇〇〇年九月號，台北：逸文出版，頁四七。

㉘郝派掌形可參見李英昂《精簡太極拳》，台北：大孚書局，民七十六年。頁九。

㉙原字為提手旁右為履。

㉚孫家太極拳掌形可參見孫祿堂《太極拳學》，民國十年版，台北：逸文，二〇〇三年重印。頁十三。

㉛楊澄甫《太極拳體用全書》，頁七。另一說見注四四。

㉜楊澄甫《太極拳體用全書》，台北：老古文化，一九九二年三版。

㉝鄭曼青《鄭子太極拳自修心法》，頁三七。

㉞鄭曼青之前亦有郝為真以游泳比喻打太極拳，然說法略有不同。見孫祿堂《拳意述真》，民國十三年版，台北：逸文，二〇〇三年重印。頁七三。

㉟鄭曼青《鄭子太極拳十三篇》，頁十二。

㊱鄭曼青《鄭子太極拳十三篇》，頁五四。

㊲劉煥東〈溫縣陳品三太極拳譜後敘〉，陳鑫《陳氏太極拳圖說》，頁四三一。

㊳〈太極拳名義說〉，陳鑫《陳氏太極拳圖說》，頁一二七。

㊴〈太極拳纏絲精論〉，陳鑫《陳氏太極拳圖說》，頁七四。

㊵陳鑫《陳氏太極拳圖說》，頁一五九。

㊶孫祿堂《太極拳學》，〈序〉，頁一。

㊷《老子》原文為「將欲奪之，必固與之」。

㊸陳曾則〈太極拳學序〉，孫祿堂《太極拳學》，頁一。

㊹因此陳微明以「專氣致柔」解釋太極拳之事，亦可能自民國六年即開始，未必是受孫祿堂書序的影響。事見孫紹濂〈序〉，陳微明《太極拳術》。

㊺陳微明《太極拳答問》，民國十八年上海致柔拳社出版，台北：逸文，二〇〇二年重印。頁五。

㊻陳微明《太極拳答問》，頁十三。

㊼由此更可見陳家太極拳未必接受〈十三勢行功心解〉等太極拳經論的論點。

㊽鄭曼青〈序〉，楊澄甫《太極拳體用全書》，頁三。另，陳微明對不用氣的解釋為：「此氣言後天之氣也。蓋養氣之氣為先天之氣，運氣之氣為後天之氣。後天之氣有盡，先天之氣無窮。」亦可參

看。見《太極拳術》，頁六八。

㊾於近三十年後撰寫的《鄭子太極拳自修新法》中，則曰：「所謂內家拳者，乃基於黃老之哲理。」又在書中立〈節錄前哲要言之與太極拳運動有關合者〉專章，此章共四節，分別為摘錄《易經》、《老子》、《易繫辭傳》、《黃帝內經．素問》與太極拳有關合者。

㊿鄭曼青《鄭子太極拳十三篇》，頁二。

51 據鄭曼青所說，楊澄甫對這些要訣十分珍密，曾曰：「余如不言，汝雖學三世，不易得也。」見鄭曼青《鄭子太極拳十三篇》，頁四五。

52 鄭曼青《鄭子太極拳十三篇》，頁四五。

53 鄭曼青《鄭子太極拳自修新法》，頁二三一。

54 鄭曼青《鄭子太極拳十三篇》，頁五五。

55《太極拳體用全書》之〈例言〉，頁十一。

56 鄭曼青《鄭子太極拳十三篇》，頁二三一。

57 鄭曼青《鄭子太極拳十三篇》，頁二三一。

迷蹤拳之謎

返北京才幾天，便又「不安於室」，南下廣州、珠海，再轉往無錫、上海。列子御風，去以七日。

在珠海，邀王洪海先生來講精武體育會霍元甲事。

霍元甲事，在今日，經電影電視渲染，幾於無人不知；而可惜正因電影電視渲染，故幾乎沒有人知道真正的霍元甲究竟是什麼樣。王洪海自稱農民作家，曾撰《正說霍元甲》（百花文藝出版社）《中國近代愛國武術家霍元甲》（天津霍元甲紀念館出版）及小說《霍元甲》等書，對霍氏生平考核最稱翔實，是當代研究霍氏真正的專家。王氏與霍家爲同里世好，故能如此。

但王氏書也有不足之處。一是太偏重霍氏個人及家族，而對精武體育會之描述不足。例如精武會中濟濟多士，可是趙連和、趙連城在書中只簡單提了一筆，鷹爪門陳子正、螳螂拳羅光玉便都沒敍述到。精武會在全國的拓展情況，所敘也極少。精武會在南洋的發展，則因

▶霍元甲在三十餘歲時在天津劉捷三照相館留影

霍元甲兒子霍東閣在印度尼西亞教拳的緣故，對印度尼西亞敍述獨詳，而馬來西亞、新加坡等地，竟幾乎未談。

其次是他太側重霍元甲的生平事跡，而對他的「藝」論述不足。

這個問題是與上一問題關聯的。李連杰「霍元甲」電影拍攝後，霍家人對之極爲不滿，去法院提出了控告。因爲電影中描寫霍元甲全家滅門，對家屬後人來說自然覺得難以忍受。其他事跡，電影中也亂扯一通。王氏既與他們家世交好，替他們申辯，情有可原。但霍元甲之所以重要，老實說跟他有沒有後裔沒太大關係，跟他的生平瑣事也沒太大關係，主要是他的藝。無此技藝，便無法成那些事，也不值得人們來研究。

可是王先生的論著在這方面卻是不足的。霍元甲的武術到底是怎麼回事，李連杰、袁和平固然搞不清楚，王先生也不太明白。我在天津南河鎮霍元甲故居（**其實故居早坍了，這是新造的假古董**）訪問時，霍氏曾孫霍自正先生練了一趟霍家拳給我看，形貌略具，而精氣神采似乎也相去遠甚，這是現今最遺憾的事。

精武會所刊行之拳譜甚多，包括潭腿、工力拳、少林拳、鷹爪連拳、螳螂拳等。霍氏迷蹤拳卻無專書，只有霍氏練手拳，號稱雜采各派手法而成，如少林、鷹爪、長拳、佛家、形意、八卦、太極、螳螂。但太極、形意、八卦如何與少林、螳螂、鷹爪等等混合爲一，實在很玄，因爲彼此拳理上大相徑庭，不無參差之處。且若以此拳爲迷蹤藝之一，那麼迷蹤拳大抵就跟北派長拳差不多，可是以姜容樵在民國十八年所寫的《寫真秘宗拳》考之，情況卻頗爲不同。

據姜容樵說，流傳於河北滄州的，叫秘宗拳。分兩支，下窪一帶，稱爲秘宗架，燕青拳；城廂附近，稱燕青架，秘宗拳。又稱秘宗藝、迷蹤藝、猊猔藝。其藝由道光年間魯人孫通所傳。孫氏晚年嘗遊東三省，又在天津靜海授徒，「聞霍元甲君之曾祖，係孫之弟子」，因此「霍氏所傳之全部刀棍拳棒，動作名稱，理法功用，皆與孫氏所傳完全相同，其爲秘宗之正宗也明矣」。

依他這樣說，秘宗拳就不是霍家拳，而是廣泛流行於山東河北乃至東三省的一個拳種，只是霍家人也練它罷了。可是霍家所練究竟是否正宗呢？姜氏的說法似乎又有所保留。

因爲姜氏所描述的秘宗拳，乃是近於太極拳的拳種，因此曾服務於中央國術館的滄州人王子平替姜書作序時說：「其與普通秘宗拳有別者，即斯術之不用力而有內動，不養氣而氣自貫丹田，上下連絡，動作自然，決無蹤竄蹦跳之弊，亦無聚氣努力之害」。

他所批評的「普通秘宗拳」即包括了霍元甲所傳

▸ 雲南蒙自個碧鐵路公司柔術部的精武會員

習的那一種。姜氏講得更直接：「余以二十年之廣征博訪，幸遇秘宗藝之能者十餘人，然求其真能得斯術之三昧者，不過二三人而已。……學者率多莽夫，徒以使氣努力爲妙用，以鼓胸踢腰爲美觀，滯而不化。……及見靜海霍氏之秘宗，亦殆受其弊而不知」（〈序〉）。直言霍氏之秘宗雖然確是秘宗，所謂「正宗」，但仍未得真傳。

據姜氏評價，秘宗以滄州較佳，能得真傳三四成；天津南窪與天津城兩派大約兩成；河間、任邱、獻縣所傳也差不多；霍氏家鄉靜海及青縣則只得一成。至於山東德州青州，更差，一成也不到，因爲純剛不柔。另有兖州、濟寧、汶上、拳架與滄州完全不同，但其八趟秘宗合戰拳，又稱八趟燕青靠，頗存古風。

古風是什麼呢?就是柔。姜氏甚至有時會直接說它叫柔術。假若不柔，那就錯了，因此他說：「練手拳、綿掌拳、秘宗靠，皆無一顧之價值」。他的書，名叫《寫真秘宗拳》，就是想把這個真相揭露出來。

姜氏描述的迷蹤藝：「斯術姿式動作完全太極，見效之速，又似形意，偶有步法手法，轉輾進退，則又類似八卦。考古證今，固知孫通大師之秘宗藝，決非今日以訛傳訛之秘宗所可望項背者」。

這種秘宗藝，「柔多剛少，無跺腳、無坡腿，旋風腳、二起腳則更不見」（〈序〉）「在最初發明之時，其技確爲柔術上乘、內家正宗。其姿式、動作、理法、功用，無不與太極拳息息相通」（第一章）。

該書第一章「論秘宗與太極相同之點」「論秘宗之天然內功」「論今昔之秘宗藝」、第二章「秘宗拳之要訣」各節，對於它與太極相似之處闡述極詳。不只說站立時一樣要豎項、頂動、垂肩、含胸、舌抵上齶、提肛，而且演武時要如回翔之鳥，動作不停，純任自然，不用力而有內勁，不蓄氣而氣貫丹田，同時還說此拳之要訣亦有拗、粘、靠、攔諸法。總之是在太極八卦還沒發明之前，內家拳術之正宗。

姜氏是與霍元甲同時代而略晚的人，對於霍氏技藝，亦褒亦貶，既許爲正宗，說各地所傳「唯精武霍氏遺傳仍存少許之古派」，又批評它不盡合古法，剛多柔少，第一章且專門闢一節，名叫「論靜海霍氏之秘宗藝」。裏面說：「霍氏所學，皆近代之秘宗藝而非最古之猊猔藝，似乎偏於一方。霍氏對此，亦頗自認，且不恥下問，可見霍氏之肯虛心，能容納，固非世之以一得自矜者所能及其項背」，實是陽褒陰抑，要推倒霍氏秘宗拳這個大招牌，另立一法門。

姜氏本身也是武術大家，他這種說法到底對不對，迄今沒什麼人考辨。可是在當時精武會及霍元甲聲望如此之高的時代，公然著書立說如此，沒一點證據或把握，恐怕是不行的。因此我從發言情境上認爲姜氏之說決不能漫然視之。霍氏迷蹤藝固然柔少剛多，然而王洪海《正說霍元甲》一書中便收有一張精武會員習武的照片，練武的人是在「雲南蒙自個碧鐵路公司柔術部」，可見精武會也講究柔術，並不只一味剛猛。至於姜氏強調拳術不能只有猛力，須有內功，乃是練武的通理，練秘宗拳掌然也不能不如此。故其說還是很應參考的。也唯有通過這類挑戰霍氏權威的言論，我們才能更深入且準確地把握迷蹤藝到底是什麼藝。

其實，迷宗藝之謎，還不只在於它究竟是內家拳抑或外家拳。它本是猴拳之一支，又名或古名猊猔便是明證。可是如今已不太看得出它與猴拳的關聯。姜氏解釋說是當年因見群猴嬉鬥於山中，彼此往來，純任自然，又有老猴婆娑作舞，凝神斂氣，剛柔相濟，故才創立此拳，恐怕也是臆想的成分多些。關於這部分，我也很想知道答案，可惜天津霍元甲文武學校裏南拳北腿、練著去打金牌的朋友，不太能跟我解釋呢！

馬來西亞精武門的故事

一、精武體育會的興起、消沈與再興

一九〇九年，河北武術家霍元甲在上海創辦「精武體操學校」，樹立「強國先強民」的宗旨，提倡體育。霍元甲是位傳奇人物，關於他的事跡，小說戲劇傳述甚多，凡華人無不知之。尤其是李小龍主演的「精武門」電影，敷衍其故事，風靡世界，影響尤爲深遠。

不過，霍元甲創辦的乃是體操學校。霍元甲病逝後，陳公哲、盧煒昌、姚蟾伯、羅嘯璈、陳鐵生等人繼承其志，才於一九一〇年訂立章程，改組爲「上海精武體育會」，確立以傳授武術、強身健體、發揚「體、智、德」三育的宗旨。數年間風起雲湧，竟成爲全國矚目之體育團體，學員眾多，發展迅速。

▶ 國父孫中山先生為精武會的題詞

其設於上海之滬總會，先後成立第一、二、三分會，分設上海東南西北四區；在橫濱橋建立精武中央大禮堂。一九一一年又成立浙江紹興精武會。一九一八年再設漢口精武會、一九一九年廣州精武會也接著成立。隨著影響日益擴大，沿海地區先後建立佛山、汕頭、廈門等各地精武體育會分會。因此，國父孫中山先生曾在一九一九年爲這個聲譽卓著、意義深遠的團體寫了一篇不尋常的文章，放在《精武本紀》前面，並親題「尚武精神」橫額給精武體育會。序文中說道：

> 人必自侮而後人侮之，國必自伐而後人伐之，此皆為不知自衛者警也。精武體育會成立既十年，其成績甚多，識者稱為體魄修養術專門研究之學會。蓋以振起從來體育之技擊術為務，於強種保國有莫大之關係。推而言之，則吾民族所以致力於世界平和之一基礎。會中諸子，為《精武本紀》既成，索序於余。余嘉諸子之有先知毅力，不同於流俗也，故書此與之。
>
> 中華民國八年十月二十日。

孫先生特地爲精武體育會書額撰文，推介如此，除肯定其成績之外，當然也因精武體育會與革命黨人頗多淵源有關。精武體育會很善於把握這種關係，積極發展。除上述廣東福建湖北等地之外，一九二三年七月十八日，南昌精武分會宣告成立，地方軍政要員、名士巨賈均有出席大會的。一九二七年春，四川順慶縣，亦成立精武第一分會暨精武學校；翌年，四川涪陵成立第二分會。精武已發展了全國性網絡。

至一九二四年，精武已經成爲在國內外均有分會的龐大群眾武術團體。精武總會以爲民意尚武，並爲擴充精武的號召能力，便希望能納入國家體制之正軌，決定向當時國民政府呈請國辦精武。且把十幾本《精武本紀》分送給蔣介石、李鈞烈、宋子文、林子超等中樞要員。不料其議竟寢（關於這件事，有人解釋道：「當時精武的學員比他黨員還要多，你想他國民黨會同意你嗎？」）。算是精武體育會發展上的一大挫折。

政府不同意將精武納入國立體制，並非不重視國術，而是要另起爐竈。因此隨後便成立了由張之江主持的「中央國術館」，發展國家國術系統。

這種「體育國家化」的辦法，迨大陸淪陷後情況更爲嚴重。整個精武體育會，與其他民間團體一樣，都國家化或停止活動了。

直到中國共產黨十一屆三中全會以

▶劉振聲（右）與趙漢杰在上海精武會門前

後，精武體育會才在「撥亂反正」中得到了恢復和發展。一批上海武壇名師會員重新到精武執教，整理出精武傳統拳種四六套，編寫了《精武拳械錄》，獲得大陸國家體委頒發的「武術挖掘獎」。因此可說現在的大陸精武體育會是考古挖掘後重新發展起來的。一九九五年上海精武進修學校、一九八八年餘姚精武體育會、一九八九年廣州精武體育會、一九九〇年天津精武體育會、一九九一年佛山精武體育會等等均屬此類。

此固可以顯示精武精神不死、強韌有力、絕而復甦，但整個精武體育會的運作畢竟是中斷了的，其武術亦是重新發掘整理的。恢復活動後的大陸精武會，其人事與發展目標更不能免除政府及政策控制之色彩。它們的武術，則也頗多新增新創的部分，不盡與傳統精武武術有關。

在這些方面，中國本土的精武會，其發展均不如海外。

二、精武體育會在南洋的新生

精武體育會的內展與外拓是同時進行的。一九二〇年左右，內地成立之精武會，計有：山東、江西、四川、南京、天津、廈門、梧州、汕頭、肇慶、佛山、南寧、桂平、郁林、樂從、西陽、織貢、會同、下柵、篁莊、南潯、蕪湖、香港、九龍、澳門等處，不下百餘地。此，精武內展之結晶也。

外拓方面，則派「五使」下南洋。五使以陳公哲為主幹，其餘為羅嘯璈、黎惠生、陳士超、葉書田。所帶精武叢書為《精武本紀》、《精武章程》等，以及精武活動影片。

五使於一九一九年南下，其南洋之行共費七十三日，所遊九埠。演說者陳公哲、陳士超、羅嘯璈，約卅次。教練各校精武體操十校，參觀工廠、學校為數廿九次，習拳者二百餘人。此外各地設歡迎會，賑災表演，皆為此行之成績。所到之處，均甚轟動，一時之間，南洋各地陸續紛紛設立精武會。如西貢、新加坡、吉隆坡、檳榔嶼、雅加達、三寶壟、泗水等共八個大埠均建立精武分會，使精武的影響日益擴大。其後更有一九二一年成立新加坡精武會、雪蘭莪精武女會、金寶精武會，一九二二年成立森美蘭精武會、越南精武會、印度尼西亞泗水精武會，一九二四年成立怡保精武會、檳城精武會、檳城精武女會，一九二五年至一九三五年間成立太平精武會、實吊遠精武會、和豐精武會、麻坡精武會、馬六甲精武會、安順精武會等。精武會在南洋迅速且完全札根。

一九四九年大陸淪陷後，精武體育會的大本營遂不在大陸而在香港與南洋一帶。南洋地區除越南與印度尼西亞外，又以星馬為大根據地。不唯技藝傳承弗輟，會務發展亦愈形擴大。

一九五三年，新加坡精武會倡議發起南洋馬來亞精武體會總會，並在新加坡精武會舉行成立。由各埠精武體育會所組成，以一會為一單位，計有：新加坡精武、馬六甲精武、森美蘭精武、雪蘭莪精武、雪蘭莪女子精武、金寶精武、怡保精武、太平精武、檳城精武、檳城女子精武共十間，以「聯絡全馬各地精武會，互相砥勵，共同推進精武事業，提高武術程度，增強辦事效率，並謀鞏固經濟之基礎，及贊助慈善公益事業」為宗旨。職員由各埠精武會每會推派代表一名，在全體大會中票選常務理事五名，其中設常務主席一名，常務副主席貳名，常務委員貳名，其餘屬執行委員，任期定二年，每年召集全體大會一次。迨至一九六七年，因新加坡獨立，才改名爲星馬精武體育會總會，爲世上最大的精武團體。

不但如此，在推動精武會成爲國際組織方面，亦以馬來西亞爲主。籌組世界精武總會組織的構想早在一九九〇年初就由馬來西亞精武總會、雪隆精武體育會、雪蘭莪女子精武體育會、英國精武體育會及新加坡精武體育會代表在吉隆坡雪蘭莪精武會所舉行的一項聯席會議上（一九九〇年一月三日）提出。同年九月上海舉行首屆精武國際武術邀請賽，同時也舉行了一個各地精武體育會的會長代表聯席會議。約定次年八月由馬來西亞精武總會召集世界精武聯席會議。在吉隆坡召開的這項聯席會議上，馬來西亞精武友會建議組織世界精武聯合會，以延續一九九〇年上海召開的第一次世界精武體育會會長代表聯席會議的精神，同時還向會議呈一份成立世界精武聯合會章程草案供與會者參考。但大陸代表頗有顧慮，並認爲「成立上述世界精武組織的時機仍未成熟」，而未定案。

一九九四年九月在上海召開世界精武體育會會長聯席會議時，「世界精武體會聯誼機構」終於正式決議成立，採用的是上海精武會的草案版本；聯誼機構設常秘書處，秘書處設在上海精武體育總會。其通過的世界精武體育會聯誼之宗旨爲：

（一）促進世界各地精武友會間的團結與合作；

（二）發揚精武傳統武術與中華文化活動；

（三）弘揚精武精神；

（四）推動精武事業的發展。

會議規定，參加聯誼機構的成員，必須是當地政府註冊或以其他方式承認的合法的精武體育會。但矛盾的是：根據聯席會議召集者（上海精武體育總會）於會議後印發的《會議紀要》說明，世界精武體育會聯誼機構屬聯誼性質，不辦理註冊。

這說明大陸在面對馬來西亞等地精武會時複雜的心態，一方面想藉此整合海外相關資源，一方面又擔心主導權旁落，而且還要顧慮政治環境（據上海精武體育會一九九一年二月發出的《精武體育會會長和代表會議簡訊》所記，精武會的人還因為「在海外有些人打著精武體育會的旗號，廣招會員，實際上是背離精武宗旨，以圖利為目的，敗壞與損害精武體育會的聲譽與形象」，而深表不滿哩）。

縱然如此，這個機構其實仍未正式確立。其間延宕多時，大概是大陸的環境因素。直到一九九八年六月三日至七日在馬

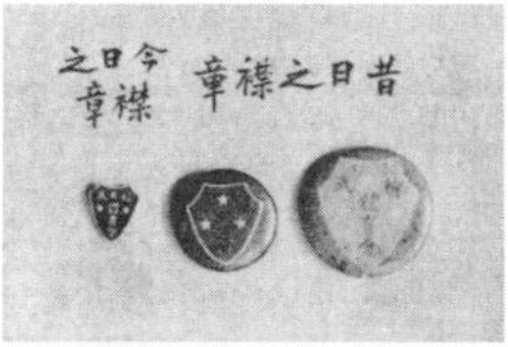

▶精武會不同時期的會旗及會徽

來西亞怡保主辦第五屆世界精武武術文化大會時，各精武友會會長及代表在大會第三天（即六月五日），舉行了二年一度的世界精武體育會聯誼機構會長聯席會議，其間才接納了馬來西亞精武會提出的「世界精武體育會聯誼機構簡章」。其簡章內容，經會議修訂如下：

一、名稱：世界精武會聯誼機構（以下稱本機構），英文名稱爲World Chinwoo Co-ordinating Organisation。

二、宗旨：

1. 促進世界各地精武友會間的團結與合作；
2. 發揚精武傳統武術與中華文化活動；
3. 弘揚精武精神和推動精武事業的發展。

三、成員：

1. 欲加入本機構的精武組織必須是經當地政府註冊或其他方式承認合法，其活動和宗旨一如本機構宗旨者，並由本機構一成員推薦及一成員支持，經代表大會通過，方成爲本機構正式成員。
2. 除了已存在的精武體育會，本機構不接受同一城市或地區的第二個精武組織加入。

四、權利和義務：凡本機構成員皆有權參加本機構舉辦的武術文化賽會和代表大會，享有本機構賦予成員之權益和執行員之義務。

五、代表大會：

1. 代表大會每兩年召開一次，討論並決定一切與本機構宗旨有關之事務。大會議程包括覆准前期議案、會務報告、財政報告、接納新成員、推選下屆世界精武武術文化大會主辦單位。

2. 大會由所有成員組成，每個成員除了其會長或會長代表爲首席代表外，另得委派三人出席，唯每一成員單位只擁有一席表決權。

3. 大會法定人數爲來自本機構成員所在國家總數的三分之一的首席代表。

4. 世界精武武術文化大會主辦單位之會長爲該屆大會召集人及會議主持人。

5. 本機構設秘書處於上海精武體育總會。

六、活動：

1. 協商研討各友會共同關心的問題。

2. 推動籌辦每兩年一屆的精武國際武術錦標賽及文化活動大會。

3. 秘書處負責通訊聯絡交流資訊。

七、經費：本機構成員每年須向秘書處繳交美金一百元，作爲秘書處通訊聯絡及交流資訊用途，盈餘款項充作發展基金。

八、會旗：世界精武會旗長三米、寬一．九五米，旗幟白底，旗中間置盾形會徽，盾邊：中黃色。盾內上端相扣三環：上環大紅色，環內星形中黃色、下二環普藍色，左環內星形大紅色，右環內星形普藍色，三環下端直書精武二字大紅色，盾形內白底。

這個過程，足以證明馬來西亞精武會，是精武體育會世界化的主要推手。目前在美國等地的精武體育會，也往往由馬來西亞、新加坡的精武弟子所辦。

再由實力看。一九九八年世界精武武術文化大賽經過三日的競賽，三十項武術賽和十一項武術表演以及五項文化專案比賽，在六月六日圓滿完成。馬來西亞精武聯合隊分四隊參加武術賽，獲十六面金牌、十二面銀牌、十四面銅牌，是全場金牌最多的得主。其次，是上海精武得十二面金牌；天津精武會得金牌二面，居第三。在文化賽項方面，馬來西亞精武代表更是在所有項目中皆獲冠軍。

而且這不是個別優異選手的表現而已。馬來西亞精武總會成立初期，即進行統一精武會歌，及十套基本拳招式；除了擬議出版叢書及錄影帶外，並規劃成立「精武武術師資訓練班」專司研究精武數十套之武術套路。因此對精武會本門武術之精熟，馬來西亞的水平尚在大陸之上。

當年上海中央精武會在努力將精武拳術傳播到中國各地與星馬一帶時，深深感到外派的教員必須對精武宗旨與精神有深切的瞭解，並具有精熟的拳藝，才能發揮領導作用。因此開辦了精武拳術專修訓練班和精武師資訓練班，積極的培訓武術人才與師資，分派了不少精武精英到學校、社團、各分會及南洋各地分會擔任教員，傳播精武拳術和精武思想。

據現有的資料記載，直接由上海精武總會選派的教師即有：

葉鳳岐（即葉鳳池）（全馬，括符內為服務地點，下同）。

葉書田（全馬）、葉書香（吉隆坡）、葉書紳（全馬），他們終生服務精武，被尊稱爲「精武葉氏三雄」。現設有「葉氏三雄獎勵基金」。

蔡景麟（全馬）終生服務精武。

黃強亞（全馬）是精武南傳的骨幹，曾創建精武友會多所，終生服務精武，與羅嘯璈合稱「精武兩牧師」。

趙連城（新加坡，森美蘭芙蓉）

李瑞標（新加坡）
王成章（吉隆坡）
劉法孟（檳城）
魏元峰（全馬）後任新加坡精武會司理，馬新精武總會的總評議總教練，終生服務精武。
唐文伍（新加坡、吉隆坡）
姚電俠（吉隆坡）
歐陽少烈（怡保）
羅克己（全馬）
劉清桂（檳城、芙蓉、新加坡）
劉致祥（檳城）
張德純（檳城）
夏啓芳（新加坡、吉隆坡）
王玉琴（檳城）
盧蘇麗（女）（新加坡）
吳秀媛（女）（吉隆坡）
李志羲（女）（吉隆坡、新加坡、檳城），任檳城精武女會司理，服務精武六十多年。被尊稱爲「精武聖女」；與吳秀媛、蔡秀安合稱爲「精武女中三傑」。
李少林（檳城）

這些當年選派來南洋的優秀教師，不但技藝高超，且具傳教士般之敬業精神，長期耕耘，成效自然可觀。如在吉隆坡等地服務的「葉氏三雄」，不但是最早的精武南洋五使之成員，其所練拳術和上海中央精武總教練趙連和也是同一個系統，所以所傳授的大部分是中央精武規定的套路，除了潭腿與北少林拳術外，也包括了醉八仙、大聖拳、地趟門等拳術。數十年從沒間斷的累積成果，雪隆精武所保存了近百套的精武傳統拳術，與大陸文革後才重新挖掘出土「整理古物」的情況截然不同。

而雪蘭莪州精武會一九八〇年在全馬來西亞精武嘉年華會舉行百人潭腿會操，一九八三年在默迪卡球場大馬華人文化匯演大會中表演三百多人潭腿大會操，一九八六年更主辦千人武術大匯演，「其目的乃是提倡優秀中華武術，發揚精武精神，加強各支會的合作團結，開拓武術運動的新精神和新方向。其二是把武術作有系統、有組織的推動。其三是聯合各地會員以經過統一招式的精武基本拳以團體操的方式操演」。這種形式，也是其他地方不容易做得到的。可以看出精武會在南洋播種的具體成果。

三、馬來西亞精武會的處境與發展

馬來西亞的武術，雖不如泰國拳有名，但亦自有其傳統。其術相傳由蘇門答臘而來，名爲賓查絲拉（Penchaksilat）。它包括了五種技擊：（一）拳術，巫語東保（Tombor）；（二）短刀，巫語叫東旁拉踏（Tembonglada）；（三）棍棒，巫語叫東邦（Tembong）；（四）長刀，巫語叫壁邦（Pebang）；（五）劍術，巫語叫基里士（Keris）。五種技擊中，又分爲兩類：一屬表演的，巫語叫西臘默霸（Silatbelbat）。這一類是在公共場所表演的，故其步法非常優美。一屬打鬥的，功在決鬥取勝，故拳路兇猛。拳派中亦有三門。第一門，巫語稱絲臘亞士里（Silatasli）、西臘則加（Silatchekak）、西臘班蘭（Silatpamdang）。演式時，兩人出台各站一旁，先一個托拳拱手的起步式，跟著一個自台左打過去，另一個自台右打過去。第二門巫語稱株古烏拉（TukuUrat），類似中國的點穴術。但表演時，先演一套廿四式或七十二式，兩個人才靠近地盤手打起來，拳路幾如暹邏舞蹈中的佛舞。第三門巫稱基巴寒東（Kipashamdong）和加惹勇（Kagayong），據說可以憑一口氣一動作而傷人於無形。但僅見於傳說。

短刃，巫語稱東旁拉踏。是一種長約六寸，類似童軍刀，也像中國古代匕首的短刀，短兵相接的肉搏時施用。棍棒，巫語稱東旁（Tembong）。長度通常爲六尺至七尺，整根重量在十斤以上。長刀，巫語叫做壁邦（Pebang）。這種刀僅次於短劍，通常以四尺的爲最長，二尺半爲最短，長的類似中國的樸刀。劍術，巫語稱基里士株周支羅。劍長標準一尺五寸（**最長的達二尺半**），分三曲、五曲、七曲的形狀，兩邊皆利，而以七曲最爲名貴。

但馬來西亞精武會的發展，卻與上述馬來西亞的這個武術傳統無關，它是直接移植到馬來西亞地區去的中華文化之花。這是馬來西亞精武武術的特點之一。因此，它的傳習者基本上是華人，其活動也與華人社會息息相關。

以一九九八年雪隆精武會所辦武術師資班的課程來看，署理會長、武術部主任楊柏志輔導華文。副會長、前任武術部任任葉振華輔導華文。秘書長、武術部委員葉漢光講解該會武術發展史。曾任武術部主任和義務教練蕭茂松講解武術概論與套路教學。武術部教練葉漢輝講解套路教學。武術部資深助教張師福講授基本功教學。來自寧夏的氣功理療師孫亞民教練也受邀請講授跌打推拿。培育武術師資，先須加強華文，其間的道理不言可喻。這個中華武術與華文、華人社會、中華文化整體結合的關係，在下文中我們還會談到。

在馬來西亞社會中，推展一套完全與馬來人、馬來社會無關的武術，會不會產生摩擦呢？會的。馬來西亞政府曾一度禁止華人舞龍舞獅，即爲對華社練武風氣有所疑慮的表現。直到一九九九年，大馬政府青年部部長丹斯理慕希汀雅新才宣佈將舞龍舞獅正式納入官辦的「青年之友」計劃活動項目內。似乎華人的武術與舞龍舞獅均能在「包容多元民族文化」的角度被官方接受了。可是，馬來武術與華人武術之對話、交流或觀摩迄今仍未展開；馬來政府對華人體育團體之註冊審查及行政管理情況也仍有待研究。

其次，馬來西亞華人，以閩粵移民爲主；而閩粵又都各有其武術傳統。閩系之南少林、五祖、鶴拳；粵系之洪拳、詠春拳等等，在東南亞均非常流行。可是精武體育會與這個華人武術傳統也無甚關係。雖然霍元甲在創立精武體操學校時，即主張破除各流派武術門戶的偏見，反對標榜門派而互相排斥。要以廣闊的胸懷及開明的態度，集合中國南北各派能手，共同推展武術活動來激奮人心，振興國家。因而精武會開創了良好的風氣，羅致了許多武術名家、容納了各種流派的拳術，吸取精華，發展成精武武術的系統。但這個系統仍是以北方拳術爲格局的。

精武會早期章程所列的精武拳術，包含了黃河、長江、珠江三大流域的拳種將近三百套，有徒手、兵器及對練等。看起來是南北融合了的。但是，依霍元甲訂定的精武十套基本拳來觀察，情況又不同。這十套拳是：潭腿、功力拳、節拳、大戰拳、八卦刀、群羊棍、五虎槍、接潭腿、單刀串槍、套拳。是精武會員必修和考試的課程。精武會員必須完成了規定的十套基本拳課程，經考試成績及格，才可以根據自己的志趣和擅長，跟會中各派教師學專門拳藝。而這十套拳的格局，就是北方的拳系格局，與閩粵拳系的拳理並不相同。在精武會中教的各別流派拳，如太極、形意、八卦、螳螂、鷹爪、羅漢、大聖、醉八仙等，也均屬北方拳種。精武會所演練的北方獅舞、跳梅花樁，也都與南獅不同。

一個以北方拳種爲主的體育團體，竟南下到以南方人、南拳爲主的社會中開花散葉，毋寧也是一大特色。但其間真不曾有過衝突或磨合階段嗎？

據《雪蘭莪精武體育會會訊》第六期所載〈精武史萃〉記錄，精武五使南下星馬表演拳術時，星馬人士固多歡迎仰慕之者，但也有因不習見此類拳術而噓笑者：「學生表演潭腿時，場下竟嘩笑不止。陳公哲以爲學生功力淺薄，旋即規自登台表演。未料嘩聲再起。陳公哲無奈，立即請人翻譯，說：『我志在宣傳中國國術，倘有輕視者，我願在大家面前一試其功力。今請在座任何一位上台與我角力』。語畢，台下稍靜，但無人敢上台比試。陳公哲再說：『有人願上台較量，我願讓體重五十磅，用角力方法比試，倒地爲止』。言畢，良久無人上台。台下人面面相覷，會場秩序才趨恢復」。這可以看成是星馬人士不能接受北派拳術的一個小例證。詳細的情形，則尙待研究。

再者，馬來西亞精武會的武術，是當時精武中央的老傳統，沿續至今。現在的大陸精武武術則是近年的新發展。整個大陸武術近年又因走向競賽套路形成風潮，而對像精武體育會這一類傳統武術團體產生巨大衝擊，馬來西亞精武會又如何處理這其間的矛盾呢？

附技擊術名目

◎黃河流域派技擊術

(一)拳術

譚腿　工力拳　節拳　大戰　脫戰　十字戰　短戰
穿拳　插拳　龍虎勢　伏虎拳　黑虎拳　練手拳　二郎拳
殺蛟拳　太祖拳　少林拳　金剛拳　關西拳　八極拳　青龍拳
醉八仙　溜腳勢　溜腿架　小紮拳　順步拋　子孫丹　五虎拳
五虎架　孫臏拳　擋拳　撩襠拳　硬拋　散拳　十二步架
臥地豹　跳地龍　形拳　四六拳　地躺拳　殺手掌　開打拳
行拳十路　鷹手連拳五十路　羅漢拳　八步捶　八面捶　雁行拳
大雄拳　小雄拳　五花豹　大棉掌拳　小棉掌拳　前溜勢　(以上獨習類)
接潭腿　合戰　串子　八折　猴拳　擋步拋　五郎拋

◎長江流域派技擊術

(一)拳術

天罡手　四門重手　十字手　八黑　蔣手　下山拳　小梅花拳
昭陽手　金槍手　興唐拳　十八技　脫銙　獨臂拳　醉溜膛
醉八仙　楊家手　競槍拳　百合拳　金雞拳　宗法拳　赤雄拳
彌陀拳　八羅漢拳　大天罡　小天罡　(以上獨習類)
紅操　黃操　花鉋操　短手　文操　(以上對手類)

(二)兵器

梅花槍　左提槍　少林棍　金箍棒　五郎棍　板櫈　虎尾鋼鞭
流金鐮　單槊　單札　月牙鏟　平安戟　單拐　雙撲刀
雙鞭　雙槊　雙平安戟　甘家刀　縱撲刀

◎珠江流域派技擊術

(一)拳術

鐵拳　祖拳　虎膝拳　鳳眼拳　雙龍泉　伏虎拳　(以上獨習類)
拚命拳　(以上對手類)

(二)兵器

長棍　雙刀　攔門豸　板櫈　藤牌戰刀　鈀　(以上獨習類)
對手棍　雙刀對棍　板櫈戰雙刀　鈀戰刀牌　(以上對手類)

▶早期精武會章程中所列的三大流域拳種

香港精武會在一九九七年一月舉辦世界精武體育研討會發出邀請書時，函中就特別提到：「自七十年代新武術的誕生，再加上近期新武術被列爲競賽套路作爲世界性的武術比賽後，傳統武術的保存和發揚頗受衝擊。雖然兩者同爲中國武術，但各自的要求和目的則大相徑庭。甚多習武者，尤其是初學之士，亦開始產生混淆。」因此希望與會者能針對此一衝突研議解決之道。香港與馬來西亞一樣，都是精武傳統武術的保存地，面對大陸體委所發展出來的競賽套路，也跟馬來西亞一樣困惑。在那次會議中，他們一方面肯定：「競賽套路走上國際體壇，掀起了一番熱潮，是中國體委把武術推廣向世界的多年努力的成果」，但另一方面卻主張應：

（一）分析出競賽套路趨向高、難、新、美、快、動作誇張、製造表演效果，是受到競賽評分規則的要求，體操化、舞蹈化、規格化所影響。

（二）競賽套路的發展趨勢有令人擔憂的一面。它與傳統武術拳理、素材，功架內容脫離。競賽器械套路的運用與演練，兵器規格特點，歪點更嚴重。

（三）競賽套路取之於傳統武術，在發展的道路上，不應失去了主流武術的真精神，不應脫離武術的基本規格。要配合傳統武術訓練的要求為依歸。

（四）明確指出練武的重要意識概念。瞭解武術的拳理、哲學思想，以及尚武崇德的內函，是無庸置疑的。

（五）武術老師們及領導人對訓練武術的目的要肩負起責任，繼承傳統，時時刻刻給予輔導。激勵學員的修心修身學習精神，為推廣武術共同獻出力量。

（六）精武體育會擁有的武術教材、訓練教程、考試制度，應加以提升，可成為發展武術的典範。

（七）大力加強學術研究、理論建設，使武術的健身、防身、修身的效能成為培養人民素質的有效教育學科。

第一、二、三點是對競賽套路之批評；四、五是重新確立精武體育會之！信念；六、七是面對新局勢的調整與改革。這些意見，是馬來西亞葉振華的綜合整理（刊《雪隆精武體育會會訊》，一九九八年十月三十一日，第十期。次序我做了些調整），故其實也就是馬來西亞精武會的見解。另據《精武七五周年會慶特刊》載陳禮博〈有關本會武術教程與制度〉一文云：精武體育會一九八〇年以來所編教材與課程，計有初級拳套十三套、中級十六套、高級十五套，共四十四套。其中徒手二十二套、兵器十套、對練十二套。考試則是初級五套徒手套、二套兵器，中高級包括刀、槍、劍、棍各八套，內含七套基本拳。「但是，時代與潮流不斷的進展和改變，近年來中國推展競賽套路，要把武術發展為世界性的體育競賽專案，加上好幾位中國武術教練到馬來西亞教授武術，因此，把其他拳種與競賽套路引進本會，影響到部份學員偏向於這些拳術，而本會傳統拳術有逐漸少人練習趨向」。

對此，他建議修改武術部課程與教材，相容並蓄。一方面堅持傳統：「本會及總會武術考試範圍的套路訂爲必練科目（每級八套），另選擇四至五套作爲輔助教材，學員完成了高級課程後，能掌握三十多套的拳術」。另一方面也兼顧現實：「參加武術總會或國外的比賽，必須要掌握武術競賽套路（共七套），因此，應該採納爲中、高級的輔助教材」。

相容並蓄，說來容易做來難，未來精武會會不會質變，仍待觀察。

不過，由以上初步的描述與觀察來說，精武體育會要面對在馬來西亞異邦異地異文化領域生根、在閩粵南方拳術社會生存，以及新時代變遷之諸多挑戰，竭力奮鬥了八十年，其堅苦卓絕之精神與毅力，爲創會理想而奉獻之態度，實在也是極可佩服的。

四、馬來西亞精武會的特色

不過，以上的討論，都只是由「武術」這個角度進入的。精武體育會，創會宣言曾云：「凡吾國人，或專攻乎教育，或一志於工藝。兢兢業業，惟日不足，心既瘁矣，身其如何？稍留餘暇，以作軀體上之運動，實爲當務之急。吾會成立迄今，倏將十載，而會眾已達七百餘人，直接傳授者已達五千餘人，間接傳授者逾二萬餘人。皆於商事繁劇之餘，以技擊爲日常功課」。可見該會之所謂體育，係以技擊爲主。何況該會創立之因緣即來自霍元甲這位武師，精武會爲一武術團體，自不待言。

然而，以此看精武會是不夠的。精武體育會的前身是「體操會」，其後也一直自稱體育會而未如一般武術團體稱爲什麼門、什麼派、什麼武術會。那就是因爲精武體育會固然以武術馳名，卻不僅限於武術。該會宣言說：「既而龍蛇起陸，國運更新，變專制爲共和，而國民擔負益覺重大。由是而體育體育之聲，幾家喻而戶曉。誠以重大之負荷，決非病夫所勝任。而欲其不成病夫，則莫如講求體育！」足以顯示其所關切者，乃是國家強健其體魄之問題，是整體的體育，而不只是武術。武術只是體育中之一項而已。

這是它非常特別的地方。自創立之始，即聲稱要「唯精唯一、乃文乃武」。在以國術為中國式體操外，設立中西各種文學、醫學、音樂、攝影、籃球、網球、足球、秋千、平台、木馬、杠子、凌空、溜冰等教習。

精武五使下南洋表演時，即包含書法、音樂、球類運動、醫科等。楊柏志〈精武精神在南洋的發展〉一文說：二十年代「南洋精武皆以上海總會為依歸，不涉黨派，不參政治，純以民間自發自立團體姿態立會。會務活動以體、智、德；智、仁、勇，體育健身，培養全能高尚人格為最高宗旨。以武術體操、球類運動、木馬、杠子為體育運動內容，輔以臨池、音樂、遊藝、文化教育，為智慧培養。以仁愛為懷，服務社會。嚴遵『精武十式』正義守信、友道助人、博愛平等為道德操守。會內規章嚴明，因而立下穩固基礎」，可見發展總體體育乃是此後各精武會共同的態度。

那麼，為什麼又有文化、書法、音樂、文學專案呢？原來，這是由於精武精神強調「體、智、德」三育並重。既重智育，當然要有文化教養之類課程。馬來西亞精武會大體都辦有書法班、繪畫班、合唱團、舞蹈團、華樂團……等。以雪蘭莪精武會為例，它就設了武術、體育、游泳、智育、遊藝、調查、維修七部。遊藝、智育諸部之表現，也並不遜於武術部。如遊藝部辦的合唱團，創辦於一九四九年，是全馬歷史最悠久的合唱團，栽培了許多人才。它歷年活動非常豐富多樣，包括巡迴全馬為文教團體義演、為華社作文化匯演、受邀往電台錄音、主辦吉隆坡歌樂節、主辦藝術歌曲歌唱比賽、參加歷屆大馬合唱節、本團演唱會、觀摩賽、受國家製片廠邀請拍攝演唱中國名曲、參與半島運動會開幕及閉幕典禮演出、主辦本地及外國歌唱家演唱會和本國及外國合唱團作交流，邀請外國名家作音樂講座等等，不勝枚舉。其成員或進入馬來西亞藝術學院就讀，或赴台灣及各外國深造者，更不乏其人。怡保等地主辦「中華文化藝術展覽會」，亦多由精武會負責，展出華樂、文學史、戲劇、舞蹈、結藝、雕刻、歷代服飾等。這不是其他任何一個武術團體甚或體育團體所能做得到的。

▸霍東閣手書二幅

這個特色，在馬來西亞尤其重要。因爲它使精武會成爲一個綜合性文化團體，在推展中華文化、鞏固華族精神認同、傳播文化火種各方面，都發揮了不可輕視的力量。

它們還辦學校。雪華精武會於一九二九年創辦精武學校，在正月十日開課，附設在吉隆坡諧街門牌一六八—一七一號的舊會所內。地方不足，只分爲智、仁、勇三課室，另設半日班專收英校學生補習華文，並免收學費以鼓勵英校生接受民族教育。

一九五一年，該校遷新址。但至一九五八年，該校接納政府全部津貼，成爲「政府津貼，僱主主辦」之學校，稱標準型華文小學。卻必須奉教育部命令，停辦幼稚園，停止傳授國術。一九六二年加入統一薪制，爲國民型華文小學（**屬中型**），采自動升級制。又循新法令組董事部，掌管校產。遂與精武會斷了聯繫。前文說過，精武會在馬來西亞發展，曾與馬來政府有所扞隔，馬來政府未必樂見其發展，此即爲其中一例。而且，精武華文小學雖已與精武會斷了聯繫，一九七二年雪蘭莪精武會註冊不幸被吊銷，精武華文小學的不動產竟仍同時遭到扣押。馬來政府之態度，可想而知矣。

直到一九七七年，雪蘭莪精武會復會，一九七八年精武會才與精武學校恢復聯繫。至今雪隆精武仍是精武國民型華文小學的主要贊助者。早自一九九五年，該校董事長楊柏志就強調：「華小是華文教育的根本，要維持華小的純正性，華小要達到真正的教育目的，就必須堅持。……精武小學是一間名符其實的華文學校，除了語文科如英語、國語之外，所有的科目都是以華語爲教學媒介語。我們絕不會讓華校引以爲榮的算術科目，改用英語來教學，這是自毀長城的做法，董事部決不糊塗，決不同意任何企圖改變華小教學媒介語的建議」（**精武七五周年會慶特刊，籌募建校基金演唱會講詞**）。其態度，即使在今天最熱門的「以英語教數理」爭論中，都稱得上是鏗鏘有力的。

精武會在馬來西亞這樣不利的環境中發展，而竟發展得很好，另一個得力的條件，是它的組織力。

葉漢光於一九九八年八月在精武武術師資訓練班講話時，分析精武會發展成功之要，認爲主要有以下幾點：

（一）採用學校制度，把精武武術科學化和系統化的推廣；

（二）編訂課程表與訓練時間表，作為日常學習和操練的功課；
（三）定期舉行考試考查學員的成績，獎勵勤苦練習而取得好成績者；
（四）在會內培訓精武傳統拳術的師資，以擔任精武武術教練。

其實這只講到武術教育的部分，整個精武會的組織化力量殊不止於此。精武體育會，是我國近代第一個「現代化」的武術團體。傳統型武術團體，係以家族血緣、區域地緣、職行業緣、或門派幫會黨社之方式組識。精武會打破這些，不限家族、宗派、地域、門戶。組織內部，亦不採用傳統武術團體的師徒、行輩關係、人際網路，而是用現代科層組織的方式運作。教習拳腳，則采公開授受之現代學校教育型式，揚棄傳統師傅徒弟、家學秘授之辦法。因此它可以說是中國第一個「公共教育」型的武學團體。它與傳統武館的區別，就如同私塾家學跟現代公共教育的中小學那樣不同。何況，它還擅於組織宣傳，這更非傳統型武團所能為矣！

一九一六年上海中央精武在《學生雜誌》連續刊登潭腿及達摩劍，很受歡迎。之後，由商務印書館承印潭腿掛圖，和潭腿、達摩劍、五虎槍、合戰、工力拳、棍譜等單行本，以及《精武本紀》《精武外傳》《精武畫冊》等，並且拍攝了精武宣傳電影，由中央精武主幹人物攜帶到中國各大城市，和南洋各地廣作宣傳。以百折不撓的創業精神，在中國內地成立了數十個精武會，精武拳術隨著精武組織而傳播到各地。

精武五使下南洋，不過短短數十天，但就迅速發展出各地的精武組織，更可以看出它的組織化能力是非常驚人的。星馬精武大抵均創辦於此一時期：

雪蘭莪精武體育會	一九二二
雪蘭莪女子精武體育會	一九二二
金寶精武體育會	一九二二
新加坡精武體育會	一九二三
森美蘭精武體育會	一九二三
檳城精武體育會	一九二四
檳城女子精武體育會	一九二四
太平精武體育會	一九二四
馬六甲精武體育會	一九三二
砂勝越精武會	一九六四

這裏面只有砂勝越因當時五使未至，故待東西馬合併以後才得以成立精武會。這種組織發展的方式，亦非傳統武團所能望其項背。

尤應注意者，爲精武五使中，陳士超是女士。精武會自創會起，就提倡女學，主張女子亦應練鍛強身，甚且自辦若干元甲男校、元甲女校，或派教練赴各地女校擔任體育教練。陳士超到南洋各地，均演說女子習武之意義，推動設立男女平等之精武會，因此星馬女精武分會甚多。這也是與傳統男性父權體系的武團迥異之處。

在卅年代的南洋精武成長期，各地會務組織亦已系統化。以會長爲領導主體，會內成立各部組織，著重於武術、遊藝、康樂、教育、福利、調查等部。各部皆有設部長領導。由於組織系統分明，各部皆能蓬勃發展，並向會外與廣大社會、學校機構等聯繫，舉凡社會救濟、籌款運動、學府教授精武拳術都積極參與，深入民間。其間只有日本攻佔馬來西亞期間，會務中輟。但至五十年代以後，南洋精武又重振旗鼓，恢復往日雄風。星洲精武，自置會所；雪州精武建成雄偉室內體育館、泳池；雪女會、檳男會、檳女會、森州等地友會會所也先後建設，南洋精武已立下穩固基業，傳授武術、提供音樂文化、舉辦教育事業、賑濟社會、球隊、游泳、出國比賽等，其豐富性更與傳統武團不可同日而語。

雪隆精武會在三十年代就擬定了發展計劃，目標包括：興建精武學校、興建會所、興建運動場、加強會務和組織星馬精武總會等，並於一九三八年成立建築委員會，進行籌劃興建計劃。戰後又發行精武彩票，積存了大筆基金，在一九四七年購買了（**精武山**）會所地段，積極推行建會和建校計劃。

精武學校的情況已如前述。一九五三年精武山精武會所成立，一九五四年游泳池又竣工，這時精武事業如日之東升，會員逾萬，氣象蓬勃，活動更為多姿多采，舉凡武術、游泳、籃球、音樂、歌詠皆極為活躍，成績斐然。富麗堂皇的會所俯瞰吉隆坡市區，與歷史悠久的中華會堂相映成輝。「精武山」乃成為公眾觀賞的名稱，許多盛大的華人集會亦在精武會所舉行。

五十年代末，由於開支增加，經營不善，精武部份產業如店鋪地段逐漸被出售。迨至七十年代，負債殊巨，一些活動也因此而沈寂下來。一九七二年馬來政府以雪蘭莪精武體育會未呈報一九七〇及一九七一年度賬目和會務報告為由。援引社團法令，吊銷雪蘭莪精武會的註

▶霍精武會女子模範團團長陳士超女士像

冊。爲此，各地華人社團紛紛發起搶救，成立了一個「全國挽救精武基金委員會」，並向法庭訴訟，跟馬來西亞政府打官司。雙方纏訟至一九七七年，才恢復了雪隆精武的註冊，收回產業，清還債務。

復會後，雪隆精武發表宣言，重申精武是一個屬於社會的公共團體，是一個超越政治的體育文化組織，將盡力推行康樂體育活動，繼續發揚體、智、德群育和智仁勇的精武精神，加強與社會的聯繫。同時擬定下列目標：

（一）積極展開籌款運動；

（二）開放門戶，廣召會員；

（三）加強理事會組織，擴展會務活動；

（四）加強宣傳及聯絡工作。

展開募款，是爲了還債。理事會於是組織籌款小組，經過集體計劃和努力，成功地掀起全國性的「捐助精武」籌款熱潮，號召「一人一元捐款運動」獲得全國華團及各階層人士熱烈回應，發揮了強大的社會經濟力量，形成一場富有社會意義的團結運動。一九七八年十二月籌款所得如期清還了廣益銀行債款。精武即從經濟重壓的困境中解放出來，走向會務發展的轉捩點。

經濟基礎穩固之後，即展開各項長期性的會務活動。一九七八年初，理事長策劃長期性經濟計劃，利用一切可行條件，定立「資本小、實行快、收入好」之方針，增進收入。一九七九年取得長足成長，獲全年贏取廿九萬元盈餘，一九八〇年收入多達卅三萬元，這是復會以來經濟大躍進，同年設立精武畫廊；一九八一重修游泳池完成，一九七九年六月理事會並已成立「修改章程小組」對雪精武會章程研究分析，加以增刪充實，求其能符合時代要求。同年十月會員大會研討通過接納對六十年來的章程在形式與內客組織作了大刀闊斧的修改，新章程對傳統精神體育、智、德以及智、仁、勇，發揚武述，體育文化，藝術，依舊保存純正宗旨，但組織系統卻越進了一大步，走向現代化管理體系，而會員權益、會產保護也作明確規定新的章程。

其中最重要的是設立「發展精武小組」及「精武園小組」。前者制定發展方針，後者以該會產業規劃投資使用。幾經研議，該會與精武園發展商激發實業公司合作，於一九九八年建成一棟大樓，取名精武閣，樓高十三層，有一五四個包含三房一廳二浴室的居住公寓單位，另外還有游泳池、壁球場、便利商店及一五九個停車位等設備。四周有圍牆環繞，有獨自的進口通路和保安亭，位處首都吉隆坡市中心地帶，交通便利，是一座共管式公寓大廈。這棟大廈，是馬來西亞第一項由華人社團在保有主權的大前提下，和商家以互惠互利的方式合作經營，而達致成功的屋業發展案例。它的完成，標誌著雪隆精武體育會步入了一個新的發展里程碑，加強了該會的實業基礎和經濟力量。

由這個事例，可以看出：精武體育會雖如葉漢光所說，比傳統型武館會館更具現代性，因此在當時星馬武術都還在家鄉會館、武館傳授的時代，最具競爭力。可是其現代性只表現在武術教學活動上，整個機構的現代性仍然不足。所以雖發行彩票賺了錢，長期經營就不免虧損，組織結構也未能與時俱進。直到重新恢復註冊，改組理事會之後，才煥然更新，充分現代化。這是非常難得的。在挽救雪隆精武之際，成功地動員整個華人社會；與馬來政府訴訟階段，學習司法操練，更是絕佳的研究題材。在華人傳統社團經營及轉型上，有經典意義。

然而，現代化之後，帶來的，往往是工具理性的算計、金錢財利的現實考慮、人情疏離的感傷……等等，精武會在這方面卻又能避免其弊，極力強調要發揚全國「精武一家」的精神，歷年均舉辦全國精武嘉年華會。一九七八年由金寶精武會倡始，輪值在各地友會舉行。嘉年華會舉行期間，數百名來自各地精武的會友，齊集一堂，進行多姿多采的多項活動：精武基本拳會操、武術表演賽、北獅觀摩、文娛遊藝晚會、書法、繪畫、乒乓、羽球、拔河、徒步等。同時，亦舉行聯歡宴會、新馬精武友會聯席會議、馬來西亞精武總會會議、和精武基本拳研討會等。

嘉年華會當然以聯誼為主，但主辦下來，也達致不少成果，例如：（一）把新馬各地精武會融合在一個大家庭中。（二）促成精武基本拳統一招式研討會的召開。（三）在八〇年使砂勝越友會歸入精武總會的大家庭中，把東西馬的會友連系起來。（四）通過了各會的共

早期爪哇泗水精武會教練，左為霍東閣

同努力，在一九八三年六月二三日，成功地恢復了馬來西亞精武體育會總會的註冊，重新活動，並修改章程，將新馬的精武同志結合爲一家人。（五）統一與確定了精武的會歌：「精武頌」，以共同的聲音、齊一的步伐，使精武精神，永遠存在於所有精武兒女的心中。（六）累積了嘉年華會的經驗與精神，集合了十一個精武會的力量，爲慶祝精武總會三周年紀念，一九八六年六月十五日並在馬來西亞首都吉隆坡獨立球場，舉辦空前盛大的「精武武術大匯演」。

這種嘉年華會形成的內聚性非常可觀，可讓成員形成一種傳統的「家人情誼」，以滋潤現代化社會中「陌生人倫理」的乾枯情境，故不能僅以社團辦活動觀之。

其內聚性亦不只表現在會與會間的聯誼交流，更表現在會內部。各精武會內部人情味濃郁，雖排除了傳統師徒關係，改採「教練——學員」之方式，但師生實質的感情卻依然維持。故南下教拳者，如「葉氏三雄」、「檳城聖女」李志羲等，都樂於在精武會奉獻，投入數十年生命。而對葉氏兄弟，受教者也感念至今，每年都辦紀念會、設立獎學金、設宴邀請師母來奉觴等等。這種傳統情誼，又與傳統門派、家族類似了。精武會的組織發展，兼有現代化的經營管理，與傳統的倫理精神，自無怪乎雖處

▶早期精武會授課

不甚有利之環境而仍能茁壯至今了。

這是馬來西亞精武體育會的故事，及我對這個故事的分析。馬來西亞精武會過去並無人研究過，因此並無學術論著可以參考。我依調查及採訪所得，勾勒出這個故事的輪廓，謹供關心武術、東南亞華人文化與社會的人參考。

淡水海盜小考

康熙三十六年（一六九七年）郁永河還在《稗海記遊》卷中說：「君不聞雞籠、淡水水土之惡乎？人至即病，病輒死。凡隸役聞雞籠淡水之遣，皆啼噓悲歎，如使絕域。水師例春秋更戍，以得生還爲幸」，認爲這是個近乎蠻荒的地方。

但早在郁永河之前一百年，此地就早已是個海上貿易的重鎮了。一五九七年，萬曆二十五年，《明實錄》載：「福建漳泉濱海，人藉販洋爲生。前撫塗澤民議開番船，許其告給『文引』於都東西諸番貿易，惟日本不許私赴」。這是針對當地行之已久的海上貿易行爲予以合法化、規範化，納入官府管理。所以出海販貿需要獲得官方許可文書，以便抽稅盤驗。而所認可的合法經貿地區，即包括「東西洋引，及雞籠、淡水、占城、高址州等處，共引一百十七張」。

當時所稱西洋，指「暹邏、柬埔諸國，其國產蘇木、胡椒、犀角、象牙諸貨，東洋則呂宋。其夷佛郎機也，其國有銀山，夷人鑄作銀錢獨盛。中國人若往販大西洋，則以其所產物相抵。若販呂宋，則單得其銀錢」（《春明夢餘錄》載傅元初疏）。西洋，指今南洋一帶。東洋本應包括日本，但因正值倭亂，使明人觀念上把日本排除在經貿往來的範圍外，只指菲律賓群島、汶萊一帶為東洋。淡水與雞籠，亦屬於此一範圍，故乾隆十年《重修台灣府志》淡水廳附考引《談薈》云：「東洋：則呂宋、蘇祿、貓里絡、沙瑤、吶嗶嘽、美洛居、文來、雞籠、淡水」。

雞籠淡水在整個東西洋貿易活動中，又有個特殊的位置，因為它距漳泉最近。乾隆年間《海東剩語》卷六說：「有某把總者云：曾駐防上淡水。福州近海漁人，於五月初四夜，網取海鮮，順風而渡，及曉，即至上淡水」，似海行只須七、八更便可抵達。不但平時漳泉一帶漁民來往頻繁，更是東西洋販貿者要將貨品運入中土的門戶或前哨點，也是貨物的集散轉運要地。

但由於朝廷實施海禁，於是這些貨品便成了「私貨」。想把私貨運入內地，須靠兩種方法，一是文的，以交通官府、納賄獻金為手段，把貨販入內地；另一種則是武的，靠走私偷渡，強行運入。《明實錄》載萬曆三十五年徐學聚疏云：「海禁不通，則方物不至。每值東西洋船私寄數金，歸索十倍。稍不如意，則誣為漏稅」，講的就是地方官吏借機勒索敲詐之狀。據說其時「拷掠之毒，怒盡骨髓」。因為該地民眾本來就以此為生、以漁撈販貿為業，如此做為，其虐民可知。何況，官吏還自營私販：「又私遣人丁四出越販，動經年歲，搜求珍異，假國用以入私囊」，人民怎能服氣？官逼民反，遂只好自求多福，靠自己的本事走私偷渡，強行貨販了。

這樣，就變成了海盜。

海盜，在此時有兩種意涵：一是因海禁，故凡「販洋爲生」者，其實都是定義上的海盜。二是因政府既不保護販洋爲生者，販洋者海上的安全，便須仰賴海上武力集團，或自己結成武力集團。而販殖所獲，須要銷售轉運，又爲政府所不許，或遭政府所剝削，則勢不能不依本身之武力強行輸運，此則爲實際的海盜。兩者在晚明，受客觀政治環境之影響，漸漸混爲一談。以致雞籠、淡水等海上貿易奧區，漸竟成了海盜之窟穴。

《明實錄》萬曆三年（一五七五年）即載「巡撫福建劉堯誨以海寇林道乾警報聞」。林道乾的大本營，就在雞籠淡水。

乾隆十年《重修台灣府志》封域志建置部說：「嘉靖四十二年，流寇林道乾掠近海地，都督俞大猷征之，追至澎湖。道乾遁入台，大猷不敢進，留偏師駐澎。道乾旋遁占城。澎之偏師亦罷，設巡檢以守澎湖。萬曆間，海寇顏思齊據有台灣，鄭芝龍附之」。占城，在今越南。林道乾大抵往來於台灣越南一帶，而其勢自嘉靖間已盛。

從這段記載也可知道當時海寇與日本的關係匪淺。俞大猷抗倭事跡中，有一大部分就是與這些海寇相周旋。抗倭也者，所謂的「倭」，就包括林道乾、顏思齊，乃至後來的鄭芝龍。

《明實錄閩海關係史料》載萬曆四十四年十一月，巡撫江右命都御史劉一焜奏謂：「浙地濱海，所在防倭。溫、台、寧三區，俱屬要衝。雞籠、淡水二島，正對南麂，尤當日夕戒嚴者」。溫州、台州、寧波區域，倭患最爲嚴重。南麂在溫州區，其所以日夕戒嚴尤爲謹愼者，正因雞籠淡水爲「倭」之根據地也。

次年，八月，同書又載福建監察使李凌雲奏說：「問其何故侵擾雞籠淡水？何故謀據此港？何故擅掠內地？」因當時我國已獲琉球通報，說日本想佔領台灣北港。這北港，其實就是淡水。乾隆十年《重修台灣府志》風俗志，番社風俗條引《名山藏》說：「雞籠淡水夷，在泉州澎湖嶼東北，名北港，又名東番。永樂中，鄭和入諭諸酋」。明朝自鄭和以後，大抵已將台灣視爲領土的一部分，雖未建置，但已如「荒服」「藩屬」之類，任其自治。故對日本人想實質佔領或侵擾仍甚介意，所以才有這樣的詰問。

「侵擾」跟「佔領」並不一樣。依海盜的習慣，生涯本在海上，陸地不過做爲暫時止泊、休憩、補給、維修、積藏貨糧之處。他們進攻內陸，大抵也只爲了掠取財貨，並不想佔領久居。「倭寇」在浙江福建一帶寇掠，即屬此種。雞籠淡水，同樣也曾遭掠劫。但這個地方也提供給他們休憩、止泊、積貨、貿易的便利，因此也成爲他們的根據地。可是這是海盜式的傍水紮寨，而非真正進行佔領統治。明朝說：「上年琉球之報，謂汝（**指日本**）欲窺占東番北港，傳豈盡妄？」則就是說日本有意奪占台灣，如豐臣秀吉欲奪朝鮮一般。次年，巡撫福建右副都御史黃承玄奏云：日本「家康物故，其子代之，欲有事於東番」，即指此而言。這就不是海盜所能幹的事了。大概日本政府有運用當時海寇的海上勢力，實施國家領土擴張之謀，故明朝防倭才顯得如此慎重。而防倭一事，糾纏在海岸人民生計、遠洋販貿、國防戰略之間，也才會愈弄愈複雜，難以董理拿捏。

雞籠淡水的地位或角色，在其中也就格外曖昧了。一方面，它是海寇聚嘯之地，明朝不但無法有效統治，而且還視之爲敵區。所以「雞籠淡水二島正對南麂，尤當日夕戒嚴」；林道乾遁入台灣後，俞大猷也不敢輕率進兵。《閩海贈言》載林有標〈沈寧海將軍自淡水奏捷，兩汛無警，小詩賦贈〉云：「受降城築未經秋，搗穴宣威至淡流……」，也明顯以攻入淡水爲直搗敵域。從這一方面看，淡水不啻域外，乃匪區也。可是，另一方面，《明實錄》載萬曆三十五年福建巡撫劉學聚語，稱：「諸夷益輕中國，以故呂宋戕殺我二萬餘人，日本聲言襲雞籠淡水，門庭騷動」，又明明以雞籠淡水為中國之地。

林道乾、顏思齊、鄭芝龍等海盜，即遊走於這個曖昧的空間中。既是中國人，又是倭寇；既是商販團隊，又是劫掠者。

鄭成功以後，海盜的角色大變，原本被明朝視為「倭寇」之一的鄭家商盜船隊，一轉而成為明朝的國家武力。原本傍水紮寨式的佔據，變成了領土統治。屯田拓墾，經營台灣，也成功地使其海洋事業轉型為農耕型態。這時，倭人才暫時停止了對台灣的染指。海上販貿固然仍在進行，但台灣是以國家的身分在擔任東西洋貨物轉運站這個角色的。

明鄭滅亡後，台灣做為清朝國家體制中之一部分，情況並無改變。但清朝的辦法，是更強化其農耕性，削弱其海洋商貿性格。即使商貿，亦只以台灣與內陸之關係為主，減弱台灣在東西洋貿易中的地位。

因此，遲至咸豐元年，洋船始能在淡水雞籠依商貿易，官照商船徵稅。其餘香山、中港、鹿港、鹿耳門、打狗及各大小口汊，一律禁止洋船貿易。道光三年，打狗港及鹿耳門才開禁。見《淡水廳志》賦役志，關榷部。

可是，台灣在海洋經貿上擁有的地位及力量，並不能因此而完全扼止，故而在清朝統治期間，海盜依然是不斷出現的。康熙六十年，《東徵集》載〈檄淡水謝守成〉云：「昨情擒獲孽醜黃來，供稱台灣山後，尙有匪類三千人。皆長髮執械，屯聚山窩，耕田食力，又有艘艦往來」，可見此即海盜之不服清朝王法者。

這類海盜，大約不少。嘉慶以後，蔡牽之聲勢則最驚人。

清朝與蔡牽鏖戰多年，相關戰報、奏摺，均見於《台案匯錄辛集》。起自嘉慶元年，止於十八年。

蔡牽的船隊來往於台灣與大陸之間，在台亦無固定根據地。十年閏六月兵部奏稱：「該匪為內地舟師跟追剿甚嚴，屢次竄來台洋躲避，兼可截掠商船，視為利藪」「台灣地勢袤長，濱臨大海，自淡水滬尾起至南路之東港止，計程三千餘里。港汊紛歧，在在可以通舟。匪船乘風伺劫，或南或北，往來靡定」，即指此。

其勢似甚大。嘉慶十一年三月十三日許文謨上奏稱二月間進犯鹽水港的海盜就有「賊匪數千人」。七月，兵部資料載鹿耳門大捷，「奪獲並擊沈匪船二十一隻」「擊斃、淹斃股頭賊目匪犯一千六、七百名」「搜獲偽印一顆，上刻『王印正大光明』六字」。此役清軍共調動船四十二艘，又有義民洪秀文捐助船四十五隻，才能合擊成功。蔡牽船隊此次僅出動三十三隻，所以寡不敵眾。但由其數量，亦可以想見他的聲勢並不下於清朝台灣水師。滋擾甚久而一直難以平撫，不為無故。

蔡牽船隊固然襲泊之地不定，但淡水一直是他經營著力之處。故嘉慶十一年六月十三日軍機大臣諭：「朕聞淡水滬尾以北山內有膏腴之地，為該逆素所窺伺，此時或又竄往，亦未可知。賽阿沖可派兵前往，相機辦理」。同年三月廿六日，閩浙總督玉德奏也稱：「上年十一月內，（陳花）隨同蔡逆盜船駛到淡水滋事，該犯在滬尾上岸打仗」。同年八月三十日，刑部為內閣抄出福州將軍賽阿沖奏會移亦云：「淡水滬尾地居極北，逸匪尚未盡獲」。十三年，正月廿四日，賽阿沖又奏：「朱濆幫船，三十餘隻，先竄至雞籠洋面。……又匪船竄至滬尾」。十八年十二月廿一日，閩浙總督汪志伊題本亦載：「陳剛，原任閩浙督標右營外委，管帶兵丁撥付台灣剿捕蔡逆，留防台灣滬尾海口」。

這些紀錄，都顯示了蔡牽的根據地之一就在淡水。清朝水師之防務，也以淡水最爲吃重。因此，嘉慶二十一年八月，福建巡撫王紹蘭奏，說巡閱台灣澎湖兵營，分別等第時，台灣水師中、右、左三營及滬尾水師操練最精，爲第一等。台灣城守營，「艋舺、噶瑪蘭二營，布陣連環，緊湊得法，藤牌跳舞，亦屬便捷」，爲二等。水師南路則弓馬軟弱，爲第三等。這種排序，正反映了當時防務吃重的程度。

依清律，凡逮到海盜：「江洋行劫大盜，立斬梟示。又洋盜案內，接贓僅只一次者，發黑龍江給打牲索倫達呼爾爲奴。又，被脅服役、雞奸者，杖一百、徒三年」（嘉慶十一年，三月廿六日，閩浙總督玉德奏摺），處罰不可謂不重。可是海盜之勢依然如此之大，只能說是官府斷了人財路，所以趨利者不絕，絡繹於海上了。

據嘉慶十年四月十四日閩浙總督玉德奏稱，當時總兵吳奇貴「身爲大員，於海洋匪徒肆擾，自應認真奮勉緝捕。乃竟心存畏葸，屢催不應。喪心病狂，實出情理之外」，應予革職。此即可見當時海盜聲勢足以令官兵畏戰。

後來經王得祿等人戮力整頓、奮勇力戰之後，情況才好轉，蔡牽等人之聲勢逐漸銷戢。但海上之盜，並不止息。嘉慶二十五年（一八二〇），十一月初九，有上諭云：「所稱淡水之滬尾、雞籠及噶瑪蘭一帶洋面，又有匪船遊奕等語。從前洋面大幫賊船往來肆劫，剿捕多年，始行淨盡。比年洋面肅清，何以忽有匪船遊奕？王得祿係水師提督，洋面皆伊所轄，責無旁貸。此等匪船若不及早撲滅，聽其勾結，又成大幫，必致滋蔓難圖。著該提督即分飭舟師出洋擒捕」。這就可以證明海上之盜是不曾止息的。

而且，嘉慶皇帝還沒有弄清楚的是：這時再度死灰復燃的小股海盜，乃是新海盜時代的先聲。帶來的，乃是比從前「洋面大幫賊船」更巨大的力量。那就是以西方國家力量來叩清朝海關關口的新海盜時代！

嘉慶君在發了上面那道上諭之後不久便過世了。道光繼位，道光四年（一八二四）姚瑩《中復堂集・上孔兵備書》有云：「舺板夷船，以販鴉片禁煙，爲粵省驅逐，竄入閩洋。總督、巡撫、水師、提督，嚴檄沿海文武官勿任停泊。自本年三月至鹿耳門外，郡中禁嚴，遂使至雞籠。而淡水奸民恃在僻遠，潛以樟腦與易鴉片；水師任其停泊，經時不更驅逐。此中弊情，固顯然矣」。這就是指英國來販鴉片的事。

以後經歷鴉片戰爭，列強更番入侵，法國海軍甚至進攻淡水。這些事，讀近代史者無不知之，故不備述了。

台灣宜蘭縣的武館

摘要

台灣的宜蘭地區雖開發較晚，於嘉慶元年（一七九六年）始有吳沙入墾，武風卻素稱興盛。宜蘭武風興盛的因素，主要爲開墾禦番之需，其次是作爲安定地方之力，再次爲分類械鬥之用。

清朝噶瑪蘭時期及日據時期，官方對武館均採嚴格管制立場，直至光復之後，武館管理才納入正軌，武館的發展才受到法規保障。武館管理的法規，主要是一九四九年台灣省政府公佈的《台灣省各縣市國術館管理規則》，訂定國術館成立與經營的規範。

宜蘭縣的主要武術團體爲一九五二年成立的「宜蘭縣國術會」及一九六七年成立的「宜蘭

縣體育會國術委員會」。「宜蘭縣國術會」近年來少有活動，「宜蘭縣體育會國術委員會」則為宜蘭縣國術活動主要推動單位。

宜蘭縣傳統武術門派以宜蘭河為界，有溪南、溪北之說。大致而言，溪南武館重視門派，嚴守家法傳統，以德義堂、勤習堂為代表；溪北武館講究革新求變，主張吸收眾家之長，以太祖忠義堂、礁溪獅團為代表：一、德義堂：德義堂分佈全省，以五祖拳為主，號稱宜蘭最大門派，曾在宜蘭各處傳授三千名以上弟子。二、勤習堂：宜蘭勤習堂傳自雲林四湖吳金河，屬白鶴拳系。三、太祖忠義堂：林金獅所傳，屬太祖拳系。四、礁溪獅團（金鷹拳）：振興社系，目前以茅埔、港仔尾、林美、洲仔尾四團為主。

宜蘭縣武館之傳統經營形態，主要為莊頭武館及國術館兩類。莊頭武館以莊頭為中心，弟子為附近子弟，武師則多半聘自外地，流動性較大。國術館以武師為中心，固定一地設館，弟子慕名而來。時至今日，武術傳承逐漸轉移至小區及學校的武術社或武術隊。其招生方式、對象、經費來源、師生關係以及武館的社會角色，均大幅改變。

展望宜蘭縣武館之發展，有幾項新的方向，分別是：（一）小區化、學校化之傳習；（二）正式比賽之激勵及套路標準化；（三）養生、氣功、整復等武術新路向；（四）本土化、民俗活動之熱潮。這幾項方向，是宜蘭縣武館發展的新挑戰，也是契機。

一、宜蘭縣武術源流

宜蘭地區雖開發較晚，於嘉慶元年始有吳沙入墾，武風卻堪稱興盛。同治元年至光緒十九年間，宜蘭武舉人即有李輝東、周振東、胡捷登（礁溪鄉武暖莊人，同治九年庚午科中武第二十六名）、周元泰、陳遐齡、李睿川、陳朝儀、江錦華、潘振芳、陳文德等等計十三人，武秀才亦有林陳祖（礁溪街人，光緒乙亥科武秀才）、林兼材（礁溪街人）等。傳習武藝之風，遍及各鄉裏。宜蘭武風興盛的外在因素，主要爲開墾禦番之需，其次是安定地方之力，再次爲分類械鬥之用。

陣頭表演爲武館訓練成果的正式展現場合，融合舞獅、拳術、兵器、陣武與鼓樂而成，或稱爲「舞獅」「獅陣」。

宜蘭獅團以礁溪最負盛名。據《礁溪鄉誌》載，礁溪獅團源自白雲村份尾阿琴師。阿琴師俗稱「大箍昑」師，少居林美山麓，光緒九年（一八八三年）遷居白雲村份尾聚落，務農維生。阿琴師見當時治安不佳，盜賊四起，民心驚惶，乃思等設村莊自衛組織，於是創立武館，收徒三十餘人，分別教以拳術，包括叉手、粗拳、直箭、三叉、大馬、下粗拳、上中下洗馬、童子拜觀音等二十餘套拳，及長短兵器。三年後，學習人數已多，遂組成舞獅團，表演民俗陣頭，形式略似宋江陣。陣頭表演中的拳套演練順序大致如下：1. 龍吐珠、2. 跳四門、3. 走蛇泅、4. 跳中村、5. 開斧、6. 蛇脫殼、7. 田螺陣、8. 雙套、9. 連環套、10. 蜈蚣陣、11.排城、12.破城、13.跳城、14.交王花、15.四梅花、16.八卦陣、17.黃蜂結巢、18.黃蜂出巢。

其中八卦陣除武術演練之外，更象徵鎮煞驅邪，對於以廟會爲主要表演場合的陣頭而言，特具意義，亦更顯重要。

阿琴師的弟子在礁溪二龍村、三民番割田、壯圍鄉五間等處，各自組織獅團，傳承武藝。宜蘭地區的分類械鬥，依性質可分爲六大類：一、省籍械鬥，如閩粵械鬥；二、府別械鬥，如漳泉械鬥；三、姓氏械鬥，如陳林李三姓械鬥；四、職業械鬥，如挑夫械鬥；五、樂派械鬥，如西皮福祿械鬥。

其中西皮福祿的樂派械鬥爲宜蘭特有之械鬥類別，並與武館發展息息相關。日據時期宜蘭廳曾調查並作成《西皮福祿之歷史調查及目前之情勢暨視爲兩派首領者之視察要領及與他廳（基隆、頂雙溪）同黨者之關係（氣脈通之與否）》之報告。調查報告說明西皮與福祿兩派產生之背景與習武械鬥之狀況曰：

> 音樂是由中國古代所傳，距今四、五十年前，在宜蘭廳下尤其在南部地方盛行音樂，有數莊連合或一莊分為數派以舉行音樂比賽。競賽到了極點，終於發爭鬥殺戮事件。此即為西皮福祿為名產生黨派之起因也。
>
> 其後（大約於道光年間）西皮福祿互相培養子弟，而另一方面又設置集義社，暨義社等，大練武術，兩派互相蓄勢對立應變。大有摩拳擦掌虎視眈眈之狀況。……當時之清朝官吏亦大為，或以威力壓抑，或以道理試行和解，但未至根絕之態勢，而經常小鬥不斷。至光緒

十九年，福祿振仰仗陳輝煌（阿裏史莊武學官），而西皮派則仰仗黃纘緒（宜蘭街十六崁街黃舉人）。互相挑戰，旁若無人，因而橫行益甚。

宜蘭廳的另一篇報告《西皮福祿之結黨紛擾》，更說明兩派爲械鬥而聘請武師傳授武術之事曰：

迨至光緒七年，馬桂芳卸任，由彭達孫繼任宜蘭知縣，因讓西、福兩黨自由弄奏音樂而禁止演戲。一時幾乎絕跡之西、福兩黨乃重新再唱出歌曲，爭鬥亦隨之而起。自光緒八、九年雙方各結黨徒，聘請教師學習拳頭槌法之各種武術及十八般器械使用法，以應時之需，從此兩黨之仇視欺壓更甚。於光緒十年、十二年在頭圍、宜蘭、羅東等地區相繼鬥爭，官方雖逮捕一、二名處以死刑及其他重罪，但隨制隨起，遂至無論如何處理亦無可奈何。

不僅於民間，有此種黨類事件，在官衙及地方紳士亦有參加其黨派者，福祿推舉營官陳輝煌為其首領，西皮乃擁戴舉人黃纘緒為首領。

可見樂派之械鬥爲武館發展之重要助力。

日據時代早期樂派械鬥仍然嚴重，當時各村莊均有三館之設，一是子弟館（即音樂團），二是獅館（即武術館），三是學館（即私塾）。獅館由武獅成立，聚集青壯年教授拳術，及長棍短棒、大刀鐵尺、藤牌雙刀等等兵器，進而舞獅跳桌等。日本官方爲防止對立與械鬥情事漫延，強化治安，嚴格管理，終使西皮、福祿之械鬥絕跡。日本官方亦禁止民間獅館之組織，於是武術活動只能暗中進行。

少數例外如台北縣知事倡立武德會，以「裁成在台之武人」這當然是應和日本官方的門面話。原文作「栽成」，當爲「裁成」之誤，邱心源曾有一文記錄其事，頗能表現獅陣表演之貌與武館於日據時期之處境，曰：

台灣習俗，有謂弄獅者，每年春之元日、冬之十日，以及迎神賽會，凡武人各集數十人，名曰獅陣。紮竹枝外蒙五色帛為獅子形，以二人妝獅子為跳擲狀，餘則擁以矛盾刀杖，列次各展拳勇技擊之術。……自改隸以來，武人技擊亦自棄，然拙者巧之機，屈者伸之始，且文德與武功不容偏置，武人尤須作其壯氣，使之修德，而入於有勇知方之範圍。於是，村上台北縣知事為會長，倡立武德會。以栽（裁）成在台之武人。未幾，知事以官制改易，解組歸朝。於是武德會員，相率呈其技勇，送別於淡水館，並攝影為記。（《台灣慣習記事》中譯本）

文中所謂「自改隸以來，武人技擊亦自棄」之說，當然是爲日人之嚴厲管制文飾之詞，但可見日據時期武館生存的困難。

此外，文章開頭所云：「凡武人各集數十人，名曰獅陣。紮竹枝外蒙五色帛爲獅子形，以二人妝獅子爲跳擲狀，餘則擁以矛盾刀杖，列次各展拳勇技擊之術。」說明獅陣爲武人所集、獅頭作法、舞獅的基本方式及拳術兵器的表演等，則是近百年來大同小異。

二、宜蘭縣武術團體

清朝噶瑪蘭時期及日據時期，官方對武館均採嚴格管制立場，直至光復之後，武館管理才納入正軌，武館的發展才受到法規保障。

（一）國術館管理法規與台灣省國術會

一九四九年，台灣省政府公佈了《台灣省各縣市國術館管理規則》，開始管理台灣各地武館。其中規定了設立國術館的許可制度，「凡開設國術館者，應由負責人於開設前填具申請書、保證書及本人最近二寸半身照片三張暨許可証成本費、印花稅費，向該管警察局申請登記，經查明核准發給許可証後，方得開辦」。

此份許可證每年一月應繳回該管警察局查驗，並加蓋驗戳，然後發還存執。而且於此規則施行前已開設之國術館，也應於此規則公佈履行後十五天內補請登記領証。此規則還限制設立和參加者的條件，凡具有下列各項情事之一者，不得開設國術館，也不能充當國術教練或參加學習國術：一、無一定住所或居所者。二、素行不良者。三、患精神病者。不僅如此，自開辦日起，負責人每三個月應「將參加學習來賓之姓名、性別、年齡、聯業、住址呈報該警察局審查」。此外，國術館所用的武器，不但均須烙印該國術館名稱及號碼，備簿登記，並由負責者直接保管。更嚴格的是「除練習武藝外，不得借予他人，非有正當事由不得攜出館外使用」。當然，國術練習使用的武器，「係指鍛鍊刀、劍、槍、矛及各種武器而言，槍械不包括在內」。而且這些武器，「當地警察機關因治安上之需要，得予以檢查或暫時保管及使用」。

這個規則並規定國術館負責人和國術教師「非領有從事醫術之開業執照者，不得為人醫治疾病」。如此一來，武館的重要經濟來源受到限制。這個限制卻受到台灣省國術會的挑戰。

台灣省國術會於一九五一年由國術耆老及黨政人士二十一人發起籌備，推舉時讓台灣省警務處長王成章將軍為籌備會主任委員，國術名家黃生發、新竹縣警察長陳鼎為副主任委員。當年九月二十三日，在台北市中山堂召開第一屆會員大會正式成立，由王成章擔任第一任理事長。台灣省國術會成立後，頒行傷科及內科之「証明書」。「証明書」成為台灣省國術會創會初期最重要經費來源。當時台灣省國術會入會費為新台幣五元，會費一年為新台幣十二元，而醫療証明書一份則需新台幣五十元。因此一九五一年九月成立後，十一、十二月兩個月的收入為一萬一千八百一十八元，其中開立「傷科証明書」收入六千四百元，開立「內科証明書」收入二千二百元，兩項合計八千六百元，占總收入百分之七十二點七七，重要性可想而知。

所謂「傷科証明書」，是以台灣國術會名義，開立証明書給會員，証明該會員「精醫跌打傷科，接骨入骱，應用各項丹膏丸散，合乎科學衛生，懸壺問世，濟世救人」，因此「合應發給証明，用介病家」。這樣的証明書，提供國術館執業行醫的非官方証書，當然深受歡迎，卻也遭到批評，於是改成「介紹書」。「介紹書」內容為「查會員〇〇〇經歷祖傳師授，熟諳國術拳技，兼精中法接骨療傷之學，尤具仁人濟世之心。多年以來，嘉惠傷員不可勝計，軍民鹹沾其德，而於發揚中華固有文化意義尤深。爰給本書，用爲之介。」進一步擔保其拳技、接受療傷之學與仁人濟世之心，及「嘉惠傷員不可勝計」，並同樣推介給病患。雖然不論証明書或介紹書，都不能改變《台灣省各縣市國術館管理規則》中「非領有從事醫術之開業執照者，不得爲人醫治疾病」之規定。然而這樣的情形一直持續到一九七五年才改變。

行政院衛生署於一九七五年發布《國術損傷接骨技術員管理規則》，確定國術館接骨療傷的法令依據。此辦法將國術館從事跌打接骨者訂名爲「損傷接骨技術員」，並限定可從事內容爲「國術損傷接骨整復」，而且「不得施行注射或交付內服藥品」，似乎從嚴管理。然而此辦法的結束，是使原有從事接骨整復人員，能夠就地合法，取得從業資格。本辦法第四條規定，凡「於民國五十六年六月二日前，取得台灣省國術會會員証，精查証屬實者，均得依本辦法之規定，向行政院衛生署申請有登記，並請領國術損傷接骨技術員登記証」。持此登記証，即可向所在地政府申請從業執照。

這顯然是爲傳統國術館從事接骨工作者大開方便之後門。因爲國術會爲依人民團體組織法成立的民間社團，加入會員的條件十分寬鬆，只要是對國術有興趣的初學或外行人，都可以經簡單手續加入國術會，成爲會員。且加入國術會時並未考核其接骨整復能力，換言之，國術會章程並未將接骨能力列爲會員加入的必要審核條件，亦可以會員資格作爲申請接骨技術員的唯一條件。儘管不合理，卻給予國術館生存發展的一股力量。

國術館最主要經濟來源，本即是接骨療傷，此後更確定國術館由「傳授武藝、接骨療傷、弄獅演武」三合一的武館，轉變為「接骨療傷為主」的國術館，傳授武藝與弄獅演武的功能，已不再是國術館的必要項目。

（二）宜蘭縣國術會

宜蘭縣國術會的全名為「台灣省宜蘭縣國術會」，依章程所載，其宗旨為「提倡國術效忠國家發揚正氣服務社會並團結力量努力反共」（原文無標點）。

宜蘭縣國術會是宜蘭縣第一個國術民間組織，然而近年來幾近停擺。說「幾近停擺」，有幾項因素。

首先，本屆是第十屆，相對於第八、九屆舉辦的活動，本屆自一九九七年會員大會結束後，未曾舉辦活動，因此可謂停擺。

其次，相對於同屬國術團體的宜蘭縣體育會國術委員會、宜蘭縣武術協會及台灣省體育會國術委員會之活躍，國術會可謂停擺。

再者，經查宜蘭縣政府社會科，並無本屆國術會資料，僅有第十屆第一次會員大會手冊，而此手冊所列資料均屬第九屆，至於第十屆資料付諸闕如，自是必然。社會科所能提供資料，僅知第十屆理事長為余添泉，並登錄兩個聯絡電話。可是這兩線電話不論白天、晚上、平時、假日都無人接聽。社會科人員幫忙試打，結果亦然。再詢問曾任理事長的黃培基、曾任監事的簡忠信及會員也是體育會國術委員理事長陳正行諸位先生，均無所悉，只知國術會停擺多時。

後來聯絡上理事長余添泉才知道因爲工作在台北，長居台北，宜蘭雖有親人，畢竟山隔路遠，事務繁忙，與宜蘭國術界少有聯繫，也是必然。聯繫尚且罕有，遑論推展國術會會務、舉辦活動了。

訪查之初，對此歷史悠久的會竟似憑空消失，深感意外。而主管機關宜蘭縣社會局除九七年手冊外，竟無其他任何數據，堪稱怪事。後來才知道，宜蘭縣政府找不到宜蘭縣國術會資料並不是新聞，早一九七七年就曾因爲資料遺失在報上喧騰一時。當時曾有報紙標題爲：

> 宜蘭地檢處檢察官
> 調國術會資料
> 縣府缺乏名冊
> 社會科長感到奇怪

然而國術會資料並未完全毀損，據吾人調查，宜蘭縣國術界前輩楊長憲先生即收藏一份宜蘭國術會成立時之報備文件，包括總報告表、理監事名冊、會員名冊。

根據此份數據記載：宜蘭縣國術會於一九五二年二月二十五日獲得發起許可，共五十人列名發起。發起宗旨爲：「提倡國術，效忠國家，發揚正氣，服務社會，並團結力量，努力反共抗俄」。三月一日推選籌備員，分別是蘇耀南、張冠雄、遊溪賴、林旺全、陳榮國、林本堅、蔣戊庚、劉銀漢、林金木、李煙漢等十人。三月五日呈報章程後，三月二十日於宜蘭縣會議廳正式成立。當時到會人員共五十人，選出理、監事及理事長如下：

宜蘭縣國術會第一屆理監事名冊（一九五二年）

職稱	姓名	年齡	籍貫	職業	經歷	黨籍
理事長	蘇耀南	五二	宜蘭	代書	里長	國民黨
常務理事	張冠雄		福建	公	縣政府社會課長	國民黨
常務理事	遊溪賴	四四	宜蘭	商	縣議會	國民黨
理事	蔣戊庚	四〇	宜蘭	商	接骨師	國民黨
理事	遊瑞參	四六	宜蘭	商	村長	國民黨
理事	張永全	四六	宜蘭	商	里長（中醫師）	國民黨
理事	陳玉枝	五〇	宜蘭	商	里長（中醫師）	國民黨
理事	陳豫卿	三二	福建	公	形警隊長	國民黨
理事	陳華圩	四二	宜蘭	商	華南銀行經理	國民黨
常務監事	林本堅	五五	宜蘭	商	縣議員	國民黨
監事	陳榮國	五〇	宜蘭	商	里長（聯合里主任）	國民黨
監事	江宗耀	五〇	宜蘭	商	里長（聯合里主任）	國民黨
候補理事	劉銀漢				米商	國民黨
候補理事	李清池				接骨師	國民黨
候補理事	陳來發				接骨師	國民黨
候補理事	潘松輝				漢藥商	國民黨

會員名冊：（由於資料陳舊，部分文字不易辨識）

姓名	年齡	職業	姓名	年齡	職業
林明彩	47	醫	陳阿炎	65	醫
黃連壽	48	醫	李清池	56	醫
遊永春	45	商	張永全	48	醫
陳山水	65	警	簡石麟	49	警
林萬成	60	醫	柯金連	54	接骨師
李金福	47	商	蔣燦源	18	商
李金榜	38	農	曾添池	48	醫
江火樹	45	醫	楊天浴	38	牙醫
林阿溪	41	醫	陳松根	53	商
林幹成	43	醫	劉銀漢	35	商
周作成	46	醫	張維禎	51	醫
林金木	47	醫	張忠泉	45	醫
○祖○	40	藥	李訓陽	20	商
胡水十	21	商	陳炎明	50	商
林俊福	50	商	高火煉	40	警
遊阿益	43	農	賴阿五	41	農

○繼智	42	農	張貴祥		接骨師
陳旺○		農	陳來發	44	商
林加冬	41	商	謝阿猛	52	農

現存名冊所載人員僅三十八名，全爲個人會員，且全部是男性。其中職業登記爲醫者爲十三人，牙醫一人，接骨師兩人，藥一人，商十二人，警三人，農六人。

另成立大會還通過《台灣省宜蘭縣國術會獅藝公約》包括前文及公約六條。全文如下（**標點符號及文字一律照第十屆第一次會員大會《大會手冊》所載，以存其真**）

查獅藝爲國術之一部既可鍛鍊體魄強健身心，尤富民族精神且爲平民業餘正常娛樂實有保存與提倡必要，本會爲加強組織嚴守紀律爰依章程十一條之規定訂定公約六條，凡我用志仰共信守。

一、各獅藝會員應有捨己爲君盡忠國家服務社會之職志及協助政府擔任戰時肅奸妨匪之義務。

二、各獅之基本設置與裝備力求簡單實用以符政府戰時節約之旨。

三、各獅所需經費以就玩習會員之財力自由捐助爲限另有會員以外人士樂意捐贈者應於事請本會核准方得受領事後著由負責人製給收據附函致謝，嚴禁個人自由捐募。

四、各獅不得任意參加團體外之遊行，如有必要應於三天前報請本會核准始可參與其隊形以三列縱隊爲原則並由組長及幹事分負督導之責不得妨礙交通。

五、凡在夜間練習獅藝不得超過十時並應避免擾及鄰居之休息。

六、玩習獅藝會員應養成禮讓美德不與人糾紛如有發現冒用國術名義對外滋事者應隨報會以便請求憲警機關查辦。

此公約除文字不甚通順之外，更可看出光復初期的政治氛圍，如「協助政府擔任戰時肅奸妨（防？）匪之義務」、「符政府戰時節約之旨」、「不得任意參加團體外之遊行」等均反映動員勘亂時期之政治要求。

但是另一方面，雖然國術會號稱民間團體，卻規定各獅藝團體接受會員以外人士捐款必於事前申報，並「嚴禁」個人自由捐募，顯見國術會想扮演部分公權力的角色。

另外，獅隊若要參加「團體外」之遊行，必須於三天前報請國術會「核准」始可參與，並規定其隊形「以三列縱隊爲原則」，似乎以國術（獅隊）的「主管機關」自居。

又第六條論及會員的道德規範，及所謂「冒用國術名義對外滋事」之用語，用意在維護國術界之形象。至如「捨己爲君」之類說法，則頗不知所云。

宜蘭縣國術會自一九五二年成立之後，並未積極推展會務。至一九七〇年才舉行第二屆改選前，十八年間並無任何活動，新會員自然也無從加入。眼見國術有團體卻無活動，國術界遂有人想另起爐竈，籌組新的國術組織，以便加強國術活動之推廣。於是致力國術組織及活動之楊長憲，即於一九六七年倡議成立新組織「宜蘭縣國術委員會」。從此，宜蘭武術活動重心，即轉移到「宜蘭縣國術委員會」。直至一九九〇年九月選出之第八屆理監事，才積極拓展組織，推動會務。

第八屆理事長為德義堂國術館李銘泰，常務理事為許其旺、楊文旗，理事包括賴皇衡、黃宗一、黃正源、江昆霖、王水金、遊正義等六人。於一九九三年十一月召開第九屆第一次會員大會時，登記會員兩百八十七人。會員變動情形，以一九九三年整理時為例，新加入三十四名，亡故七名，退會二名，停權保留會籍一百三十二名。一九九七年第十屆會員大會整理會籍時，則新加入會員一百二十二名，亡故三人，停權恢復會籍者三十一人，停權保留會籍者一百二十三名，共計合格會員三百二十七名，比上屆多出四十人。第八屆理事會推動工作，包括於一九九一年五月設立國術訓練中心，開班授課共十二期，計學員三百六十一人次。授課內容分為：一、氣功養生班。二、傳統武術。三、達摩五祖拳。四、各種長短兵器。四大類。至一九九七年六月，增加三期，學員增加二百零二人次。此外，第八屆理事會還在一九九一年十二月舉辦教練講習，共有六十二人參加，五十七人合格。競賽活動包括一九九一年三月在冬山鄉體育活動中心舉辦北部八縣市國術賽。一九九一年十二月二十五日，在礁溪鄉礁溪國小舉辦宜蘭縣國術會成立四十周年「中正杯國術賽」。參加一九九二年區運會踩街遊行及國術表演。一九九二年於蘇澳舉辦八十一年度中正杯國術賽。一九九三年元宵四十五名會員參加台南市舉辦之民俗藝術節活動。

一九九三年底改造第九屆理監事，理事長由李銘泰連任，然舉辦之活動似逐漸減少。至一九九七年再改選第十屆理監事後，由余添泉當選理事長，會務卻自此停擺，甚為可惜。且至二〇〇三年本研究調查時，亦早已超過章程規定之四年改選期限。

（三）宜蘭縣國術委員會

一九六四年左右，楊長憲鑒於宜蘭縣國術會自一九五二年成立以來，未積極推動國術活動，因此聯絡宜蘭國術界領袖，倡議另外成立組織。經幾年奔走籌劃，終於在一九六七年成立「宜蘭縣體育會國術委員會」（以下簡稱《國術委員會》）。此會成立之後，努力經營，持續舉辦各項國術比賽、講習及表演活動，成爲宜蘭縣最活躍之國術組織。

國術委員會是其體育會組織下之單項委員會，主任委員由縣體育會理事長遴選，委員及其他幹部則由主任委員聘任。各屆委員人數約三十至四十人。民國五十六年國術委員會創立時正值宜蘭縣體育會第七屆，首任主任委員爲蘇耀南（亦即宜蘭縣國術會首任會長），副主任委員蔣茂庚，總幹事劉銀漢。三年後，民國五十九年改選，第二任（即體育會第八屆國術委員會）主任委員爲李朝成，副主任委員高水，總幹事爲楊長憲。

此會第三年均依規定改選，現任第十七屆任期二〇〇一年至二〇〇五年，主任委員爲陳正行，榮譽主任委員楊長憲，技術顧問黃培基，副主任委員李金致、李春生、林正雄、宋南濱等四位，總幹事則分爲國術總幹事（黃文泉）及武術總幹事（簡忠信）。榮譽主任委員楊長憲爲武術界聞人，長年致力推展國術，編訂國術比賽規則，居功厥偉，同時亦是宜蘭柔道運動先驅，現任中華民國柔道協會第七屆理事、高段審查六段副主任委員。

總幹事分爲國術與武術兩組，是自一九九三年第十五屆開始。因爲自一九九〇年北京亞運將武術納入比賽項目中，中國大陸發出的武術套路，即成爲國際運動認可的標準競技武術套路，傳統武術面臨極大挑戰。爲兼顧保存傳統武術及參與國際競賽的兩條路線，國術委員會特將總幹事分為「國術」總幹事，以負責傳統武術推廣，及「武術」總幹事，以拓展競賽武術。當然，這只是行政編制上的區分，實際上，自一九九三年至今擔任國術總幹事的黃文泉與武術總幹事簡忠信二位，均兼修傳統武術與競賽套路。

現任國術委員會主任委員陳正行，曾習少林拳，並於一九七〇年參加在台南舉行的「台灣省第廿五屆全省運動大會」比賽，獲雜兵器類第二名。陳正行自一九八二年起擔任兩屆總幹事（第十一、十二屆），一九八七年任第十三屆副主委，至一九九〇年（第十四屆）起接任主任委員迄今（第十九屆），長期致力國術比賽及推廣工作。

現任副主委之一李春生，十六歲師事湖北來台宋少雄研習少林武術，三十三歲再拜洪懿祥學習內家拳。李春生於一九七〇年參加「台灣省第廿五屆運動大會」比賽，獲男子組拳術第一名及雜兵器第四名。

（四）宜蘭縣武術比賽

宜蘭縣自一九六九年起每年縣運會均有國術比賽項目。此外一九七〇年至一九七五年舉辦過六屆「縣長杯」國術錦標賽，一九七六年至一九七八年，舉辦過三屆「正光杯」國術錦標賽。一九七七年承辦台灣省「中正杯」國術表演賽，七八、八八、九一年承亦辦台灣省「主席杯」國術錦標賽，九六年舉辦台灣省「省長杯」國術錦標賽，九七年舉辦「委員杯」國術錦標賽。九九、二〇〇〇、二〇〇二年均舉辦「國（武）術錦標賽」，二〇〇一年則舉辦「武術錦標賽」。武術活動可謂頻繁。宜蘭縣代表隊於歷次比賽亦屢獲佳績。

三、宜蘭縣武館概況與主要派別

宜蘭縣的武館與練武人口，向來並無統計。較為完整的登記，早期資料為宜蘭縣國術會一九五二年成立時登記之會員名冊，近期則為一九九三年第九屆第一次會員大會手冊中之會員手冊。

一九五二年宜蘭縣國術會成立之時，登錄了五十名會員資料。其中大部分設籍宜蘭市，占三十四名，其次礁溪五名，其次員山五名、羅東三名、壯園、三星、頭城、蘇澳各一名。見下圖表《宜蘭縣國術會會員鄉鎮統計(一)》所示。

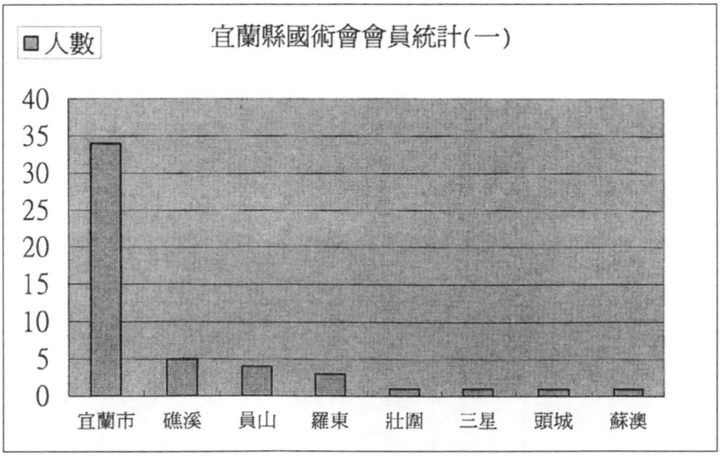

	宜蘭市	礁溪	員山	羅東	壯圍	三星	頭城	蘇澳	冬山	五結	其他
人數	41	18	2	73	3	5	8	41	65	23	8

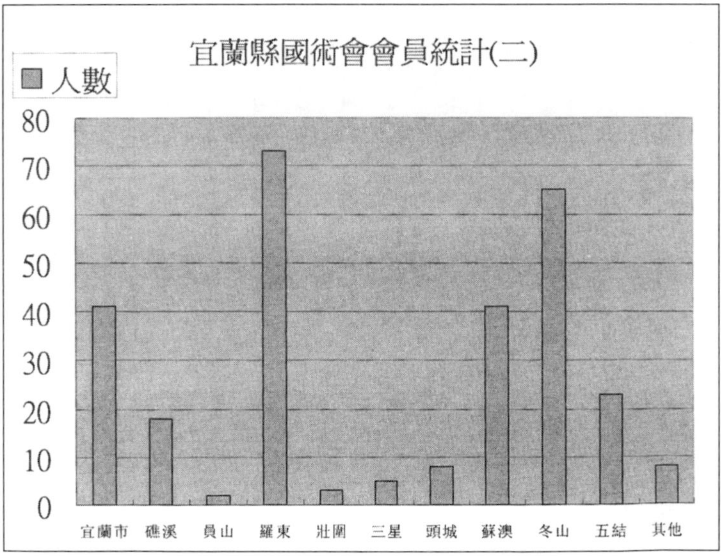

至於一九九三年的會員手冊，登記會員二百八十七人。其中人數最多的是羅東，占七十三人，其次爲冬山六十五人，宜蘭市和蘇澳都是四十一人。羅東、冬山、蘇澳的會員人數增加最多。

在國術會二百八十七名會員資料中，有六十六家注明國術館名稱，包括：

宜蘭市	太移春國術館	共十一家
	濟安國術館	
	虎嘯太極道館	
	正安國術館	
	福成國術館	
	興昂國術館	
	漢陽國術館	
	正義堂國術館	
	寶壽國術館	
	聖元國術館	
	天工國術館	
	德義堂國術館	
	正明國術館	

羅東
偉成國術館
天明國術館
國源國術館
忠義國術館
金都國術館
精亮國術館
天來國術館
健成國術館
天福國術館
健安國術館
惠星國術館
福堂國術館
漢威國術館
五世堂國術館
茂隆國術館
存仁國術館
長松國術館
守信國術館
共二十二家

	弘竹國術館	
	仁德國術館	
頭城	賜安國術館	共三家
	雄武國術館	
	風嬌國術館	
冬山	正義國術館	共六家
	錫洋國術館	
	藍峰國術館	
	神功國術館	
	正光國術館	
	龍仁堂國術館	
員山	田慶國術館	一家
蘇澳	垚輝國術館	共九家
	德安國術館	
	金池國術館	
	慶安堂國術館	
	天賜國術館	
	文長國術館	

	光耀國術館	
	福連國術館	
	保生堂國術館	
五結	天生國術館	共六家
	健順國術館	
	水土國術館	
	忠儒中國功夫館	
	博愛國術館	
	居萬國術館	
礁溪	光鷹國術館	共三家
	玉瑞國術館	
	國田國術館	
壯圍	水金國術館	一家
三星	正夫國術館	一家
其他	國龍國術館（花蓮）	共三家
	勝安國術館（花蓮）	
	金玉堂國術館（中和）	

各地武館以羅東二十二家最多，宜蘭市十一家次之，再次爲蘇澳九家。若如上宜蘭縣體育會一九四六年特刊二〇〇二年所載委員之國術館，含羅東的濟公國術館、羅東林金獅國術館、勤習堂令鶴國術館共三家；五結的晉德國術館、惠群國術館共二家；頭城的頭城林金獅國術館一家；冬山的升陽國術館一家；礁溪的四豐國術館、洲仔尾金獅團及特刊未載但相當知名的茅埔、港仔尾、林美共五家；宜蘭市的國棟國術館、永安國術館二家；員山的永昌國術館一家。統計及圖表如下：

武館家數以羅東最多，宜蘭市次之。

宜蘭縣傳統武術門派以宜蘭河爲界，有溪南、溪北之分。大致而言，溪南武館重視門派，嚴守家法傳統，以德義堂、勤習堂爲代表；溪北武館講究革新求變，主張吸收眾家之長，以太祖忠義堂、礁溪獅團爲代表：

5. 德義堂：以五祖拳爲主。
6. 勤習堂：北港師父所傳，屬白鶴拳系。
7. 太祖忠義堂：林金獅所傳，屬太祖拳系。

	宜蘭市	礁溪	員山	羅東	壯圍	三星	頭城	蘇澳	冬山	五結	其他
人數	12	8	2	25	1	1	4	9	7	8	3

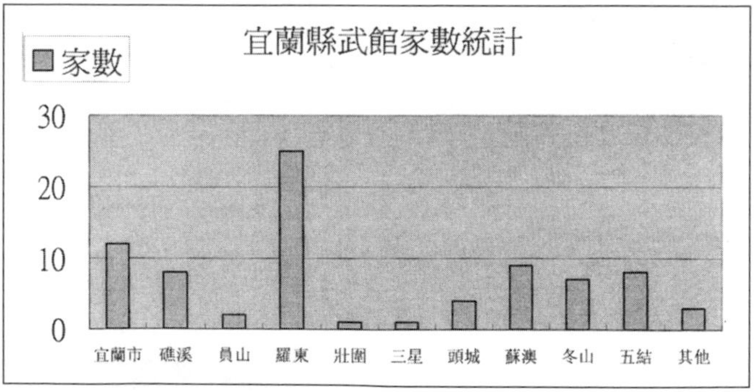

8. 礁溪獅團（金鷹拳）：振興社系，目前以茅埔、港仔尾、林美、洲仔尾四團爲主。

（一）德義堂

德義堂是分佈全省的門派，並號稱宜蘭最大門派，曾在宜蘭各處傳授三千名以上弟子。德義堂來台第一代祖師有兩位，即蘇大鼻與劉錦堂。蘇大鼻人稱大鼻師，落居嘉義市，傳授太祖拳、白鶴拳及少林拳三大拳鍾。門下弟子以吳惡牛及童金龍較知名。劉錦堂人稱劉總，來台後在北港授拳，所授以南少林達摩五祖拳爲主。達摩五祖拳又稱達尊拳，包括五祖點穴、五祖擒拿技、五龍化技、五梅剪及梅花扇手等五種拳路。（據李銘泰雲，此五種拳路如今大陸武術界亦鮮見，惟在一九九五年泉州武術節曾見有人表演）劉錦堂門下只有吳惡牛及王淵語兩位。

第二代以吳惡牛及童金龍爲代表。吳惡牛俗稱惡牛師，住北港鎮，傳弟子李忠信等人。童金龍人稱金龍師，原籍嘉義，後來遷居高雄。童金龍師承蘇大鼻、梅花真人、火炎光佛及少林偉煌、弘法等人，後自創柔拳道一門，弟子包括紀保重、吳明儒、鍾斌光、羅吉村、郭連福、童國棟（童金龍之子，現任嘉義國術會理事長）等。

在宜蘭發展之德義堂，主要爲第三代傳人李忠信。比李忠信略早及同期，亦有其他師兄弟到宜蘭傳藝，然而影響不如李忠信深遠。李忠信原籍雲林縣水林鄉，後移居宜蘭縣羅東鎮。李忠信爲吳惡牛的弟子，亦曾受師叔童金龍指導，門下弟子四百餘位，主要弟子如游茂力、莊添保、黃進煌、陳松茂、餘添良、李銘泰等。李忠信於羅東以接骨維生，一九五六年左右開始授徒。弟子日間上學，放學後較親近弟子，幫忙師父煎藥炮製，整骨推拿，既充助手，更是實習。因此一間武館營生，不需太多專任人員，弟子即是助理。師生傳授，除拳術必須演練示範之外，煉藥推拿全是邊做邊教，邊做邊學。弟子在老師館中幫忙和學習，不必繳學費，亦不可能支薪，卻往往放學後直奔武館，晚餐亦食於老師家，飯後餘暇則練拳舞獅，直至夜深事畢，疲憊不堪，才回家歇息。師生關係近似親人，師兄弟甘苦共嘗，情勝手足。

李銘泰為李忠信之子，於各種武術多所涉獵。除家傳德義堂傳統拳術、舞獅、內功、推拿接骨、丹丸藥散之外，亦曾學習太極拳、跆拳道等。並於一九八三年取得跆拳道省級教練、裁判及太極拳國家級教練資格，一九八五年榮獲中華民國國術會國家級裁判資格，一九九〇年獲中華國術聯盟總會國際級裁判資格，一九九一年取得中華民國體育運動總會國家級教練資格。

李銘泰曾受邀在國中小學教授，習者累計逾三千人。一九八二年與跆拳道老師簡金福於羅東合開宜蘭第一家跆拳道館，名為「蘭陽跆拳道總館」。後因國術界長輩向父親李忠信進言，說德義堂弟子不當背棄國術，在外傳授外來武術。李銘泰遂放棄跆拳道館，於一九八四年自行開設國術館。門下弟子如游祥德（縣議員）、吳順來、游原森、陳志明、羅明結、蘇金榮、林銀星等等。李銘泰生於一九五五年，三十五歲時曾當選宜蘭縣國術會第八屆理事長，並於第九屆連任，至一九九七年改選才卸任。近年來李銘泰之德義堂國術館遷至台北縣中和市，以整復推拿為主，兼傳授養生內功。

余添泉為李銘泰之師兄，一九五四年生，接續李銘泰擔任宜蘭縣國術會第十屆會長。餘添泉於十七歲時為改善體質強健體魄拜師李忠信習武。目前任職郵局，長居台北。

（二）勤習堂

台灣勤習堂相傳來自虎尾西螺街廖萬得，廖萬得的武藝則學自大陸來台的高漢榮。廖萬得在家開館授徒，弟子有陳金龍、張大春、程深腰、廖萬全等等共計四十三人。陳金龍收劉天化爲徒，劉天化的弟子吳金河則是宜蘭勤習堂的開拓者。下表爲勤習堂傳承系統略表，以見由高漢榮至宜蘭勤習堂間之傳承。

吳金河爲雲林縣四湖人，曾於雲林、古坑、東勢各地教拳。一九六一年左右因與警察之糾紛，至羅東投靠經營木材生意的親戚，初期協助管理木材場工作，亦曾改行作過賣飼料等小生意，最後開設國術館，以羅東爲中心四處授拳，二十多年間，教過弟子五、六百人，其中學藝較精的弟子約二百人。吳金河最初成立的國術館名爲「和山國術館」，後改名「北港國術館」。其後北港國術館之名由子吳昆山繼承，其他弟子所開設之武館，除蔡輝龍稱「勤習武道館」之外，其餘均以勤習堂之名爲首，加上自取館名。館名大多包含「鶴」字，如吳明朱的「勤習堂明鶴國術館」、羅國鶴的「勤習堂令鶴國術館」、沈文通的「勤習堂戰鶴國術館」、範光的「勤習堂南鶴國術館」，林正福的「勤習堂正鶴國術館」、李火習的「勤習堂北鶴國術館」、林山和的「勤習堂三鶴國術館」及再傳的「健鶴」、「躍鶴」、「翔鶴」、「天鶴」等等。

吳金河於羅東開設國術館後，主要收入爲損傷接骨、看病賣藥，其次爲授拳學費、出陣表演、排解紛爭的禮金等。授拳採師徒制，弟子於放學或下班閒暇之時，往往留連武館，習

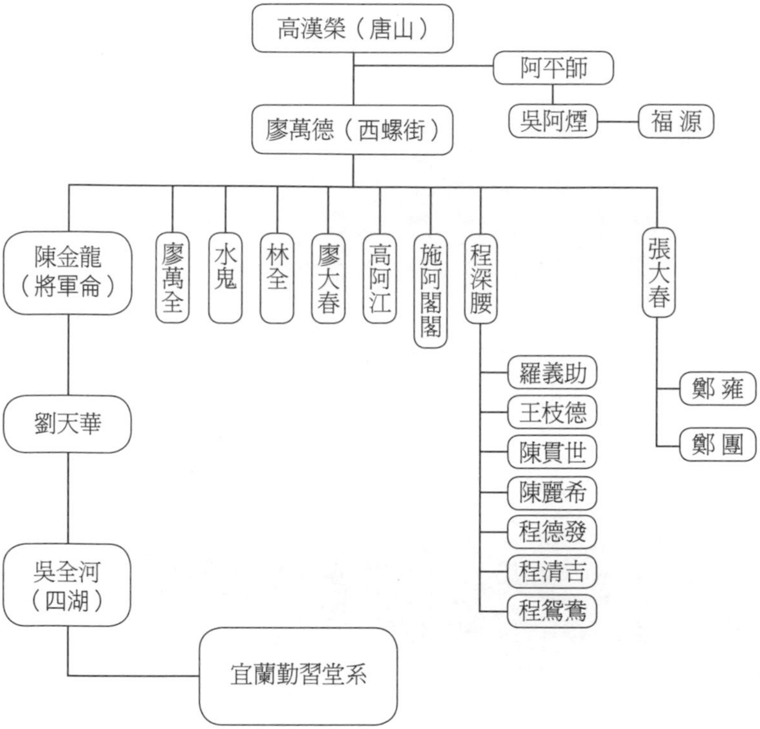

拳練武或協助師父看病包藥，師徒親誼深厚，可謂以武館爲第二個家，甚至除夕當日仍有弟子前來。

吳金河過世後，部分弟子於一九八七年四月成立「勤習堂源流武術聯盟」，爲其宗旨爲「研究中國國粹，發揚中國固有傳統文化及促進勤習堂源流弟子團結、互助、聯誼」。主要工作包括「勤習堂源流之武技、學術之研究改進」、「勤習堂源流弟子之輔導、聯誼、互助、教務、協調」及「統一教材及資料整理等編彙」。聯盟並編訂「階段鑑定條則」，以年資與武術表演爲鑑定標準，凡「源流弟子」習武二年以上，且年滿十六歲者，即可參加入室鑑定，階層可由「入室晉一」逐步升至「入室晉五」，最高階爲「長老顧問」。

下表爲「勤習堂源流武術聯盟會弟子會員師承系表」，所列弟子以加入會員者爲準。

勤習堂源流武術聯盟會弟子會員師承系表

資料時間：一九九一年十二月廿九日

	吳金河	長老	
北鶴	吳明朱	晉五	盧柏賢
	吳水清		
北港	吳昆山	長老	莊國華
勤習	蔡輝龍	長老	
	游本鶴	長老	蔡尚江
	游本德	長老	
	陳和睦	晉四	
令鶴	羅國鶴	晉四	另見下表
	游源龍	晉三	
	黃欽政	晉三	
	藍清華	晉三	
	陳長輝		

戰鶴	沈文通	晉三	林文亮、郭濱慶、陳彥宇
	張四川		
	方阿騫		
	蔡芳雄	晉二	
南鶴	范光燦	晉二	
北鶴	李火習		
三鶴	林山和		
	李聰靜	晉二	
	方燦輝		
正鶴	林正福	晉二	
	林清朗	晉二	
	柳水樹	晉二	
	陳英治	長老	
	蔡順寬	晉二	
	邱燦紅	晉二	
	李政熾	晉一	
	吳奕昆	晉二	
	張鐵男	晉一	

正鶴	郭春湖	晉一
	曾守信	
	簡世煜	
	林昆輝	

羅國鶴弟子會員表

健鶴	戴清榮（晉一）	林振馨（晉一）	林振裕（晉一）	沈英明
	陳松茂（晉一）	謝文發（晉一）	曾信郎（入室）	丁聰明（晉一）
	林盈釗	丁國慶	鄭榮宗（入室）	沈奮明
	游錫琳	何坤燦（入室）	沈文科	陳正賢
	簡志德（入室）	陳宏仁（入室）	沈忠仁	
躍鶴	黃耀德（入室）	何谷生	李建輝	曾信益
	曾信弘	蘇建益（入室）	李建源（入室）	
翔鶴	陳慶雄（晉一）	李雨洲	沈國村	莊明達
	陳金勝	黃仲榮	龍祺穆	黃耀賢
	周敬斌	林子惠（入室）	卓正杉	馬燕
	游至皓（入室）	陳文龍	張建信	陳奕翰

天鶴		
呂天心	沈惠燕	盧永利
林保章	吳啓興	
林世傑	林鳳嬌	
江正添	黃素雲	

勤習堂源流武術聯盟並設計以古太極圖及白鶴爲主要圖案之會旗，圖意之說明如下：（**設計者為羅國鶴**）

1. 圖中背景以黑白色古太極圖爲襯，以超凡脫俗，以象陰陽委婉、融合之徵。
2. 外廓紅色劃橢圓以象乾坤混沌，代表武術最高，返璞歸真之境。
3. 映上象形白色翔鶴以襯出謙沖、含蓄、內斂之義，代表勤習堂弟子內外修爲。
4. 圖配青赤黃白黑五色，以象徵中國傳統哲理五行內涵。

第一、二屆會長爲吳金河之子吳昆山，目前第六屆理事長爲黃欽政，秘書長爲羅國鶴。羅國鶴一九五六年生，十五歲開始跟隨吳金河習拳，現任中華民國中醫傷科醫學會常務理事、宜蘭縣中醫師公會理事長、宜蘭縣體育會國術武術委員會常務委員、宜蘭縣國術會傷科復健委員會主任委員。曾帶隊於七二年奪得宜縣運國術比賽團體第三名、七五年宜蘭縣同濟南杯團體總冠軍、七六年省主席杯團體第三名、七七年省主席杯團體第一名、七七年第一屆中正杯舞獅賽獅王獎。

▶勤習堂源流武術聯盟會旗

勤習堂武術屬白鶴拳系，宜蘭地區勤習堂的拳母以長肢白鶴第一套爲基本功，鶴仔著重練習吞、吐、浮、沈、震、搖、化等各種技法。獅藝包括以下內容：

請金（包括敬天地人及敬三門）、請香箭、搶金（用來淨身）、四門、踏七星（祭煞以保護自己）、淨身（咬腳、咬虱等動作）、左右點七星、拜府探對聯（上聯或堂號）穿龍柱、耍石獅、獅接禮、探井、過橋探水影、參神、刺獅血、大樹困獅、踏八掛等等。

獅鬼則分爲五種角色：

公（即土地公）、婆（即媒婆）、猴（靈猴）、醜（小丑）、小（小獅子）。

（三）太祖忠義堂

宜蘭太祖忠義堂傳自林金獅。林金獅爲頭城侖（中侖）人，年輕時前往大陸福建漳洲，拜在太祖忠義堂陳泰成（泰山）門下，習太祖拳。返台後於頭城中侖里設立「中興國術館」，從習者眾，然正式弟子唯陳俊波（師兄）及黃培基（師弟）二人。

黃培基回憶林金獅教拳情形說：「大師教導極嚴，不論寒暑，天未亮，就叫學生起床。初練內力、呼吸法，至六點各自散去務農。晚上七點再集合練功，至深夜仍不鬆懈。大師每每赤身，手拿長煙斗在一旁嚴厲督責，更時以長煙斗敲打不認真者，隨他練拳的人心理壓力都

林金獅國術館傳承表

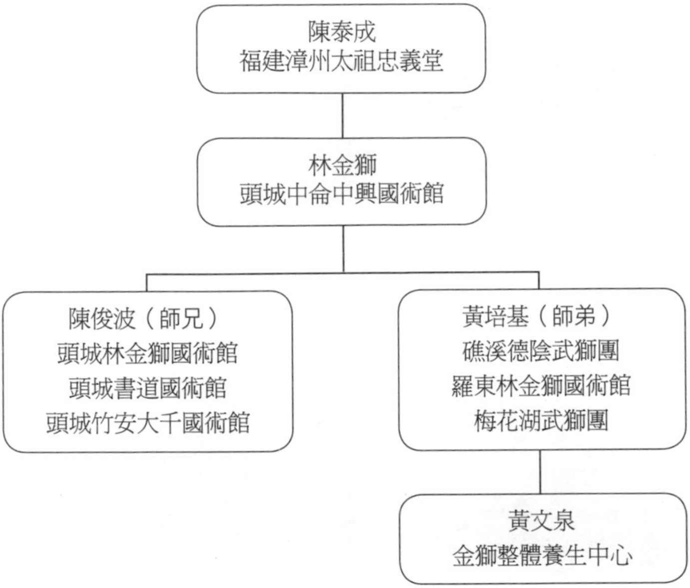

很大，往往夜裏夢醒還起來練武。」（見羅東林金獅國術館編印《八一年台灣區運國術賽特刊》，一九九二年）林金獅在頭城授拳二年後即遷館至台北，幾年後（可能二年左右，待查）因肺癌病世。林金獅去世後，陳、黃胏兄弟再拜林金獅之子林榮寶為師。

黃培基一九三八年十月二十日生。羅東林金獅國術館館主。林金獅傳人。原向張海龍習金鷹拳，十六歲時逢林金獅於頭城設棺，改投林金獅門下習太祖拳。第三年，黃培基十八歲，參加一九六七年此區七縣市國際錦標賽，獲團體組冠軍（當時領隊為蔣茂庚，教練萬松，隊員包括劉榮土、林龍池、俞阿棟、游興埤與黃培基等）。林金獅病逝後，黃培基於礁溪德陽村教授獅團及武術。所教獅陣名聲響亮，足跡遍及宜蘭全縣，並曾參加第四任總統就職典禮表演。一九七〇年，黃培基於頭城頂埔創立「林金獅國術館第二分館」（**第一分館為師兄陳俊波於頭城街所創之「頭城林金獅國術館」**），二年後（**一九七二年**）遷至羅東鎮公園路五號，一九八二年又移居羅東鎮民權路民權商場三十八號。黃培基廣收門徒，持續推廣太祖拳，曾任宜蘭縣國術會第六、七屆理事長，任內主辦七十七年中正杯國術錦標賽及三屆北區八縣市國際錦標賽。並於所經營「林金獅國術館」內闢設訓練場所，培訓比賽選手，一日四餐均由妻子藍美月烹凋，且供住宿，使選手無後顧之憂。宜蘭縣國術代表隊自民國七十七年起，蟬連四屆團總冠軍，代表隊成員幾乎全爲林金獅國術館門下弟子。

黃文泉先生，一九六七年八月九日生。文化大學體育研究所國術組二年級。黃培基先生長子，林金獅第二代傳人。現任「宜蘭縣國術委員會總幹事」「金獅整體養生中心負責人」。武館分爲明館及暗館。明館除教授武術外，亦組獅陣。暗館則只教武術，不弄獅。林金獅國術館之獅陣極具特色，爲開口獅。台灣獅分爲開口與閉口兩種，開口獅爲林金獅所傳。

林金獅一系請拳方式十分特殊，右腳在前，左掌心對右拳心。林金獅傳太祖拳基本功及套路如下：

1. 基本功：

(1) 甩（アしメ3）肢：單甩、雙甩。雙甩肢又稱爲雙割手。

(2) 拏（ムち7）草。

(3) 四門：朝四方各出三拳，順序爲前、右、左、前、後，故一輪爲五個方向，合計十五拳。

(4) 單踢下壓。
(5) 五步
(6) 步法
(7) 角戰
2. 內功：呼吸鼓腹，厲硬氣功。運氣於腹腰，使堅硬如鐵，可耐重擊。
3. 套拳：
(1) 三戰拳（八式）
(2) 太祖上下拳（十五式）
(3) 二十四式拳（廿四式）
(4) 擒拿
(5) 鶴拳
4. 兵器：
(1) 短兵器九套
(2) 長兵器九套
(3) 對練
此外，黃培基自張海龍習得伏虎拳（十二式），屬嘉義阿善師金鷹拳系。

（四）礁溪獅團：金鷹拳

礁溪武館均以獅團形態成立，最早獅團爲「分尾」獅團，百年歷史，目前有人練，但極少活動。分尾獅團傳人主要爲吳塘漢先生及堂弟吳豐年先生。吳塘漢先生爲友群山莊、友誠大飯店老闆，專心經商。吳豐年先生爲四豐國術館館主、六安堂中藥房負責人。

礁溪目前以茅埔、港仔尾、林美、洲仔尾四團爲主。玉田村最早有一獅團，後分爲港仔尾爲茅埔二團。港仔尾一團爲金鷹拳系，目前負責人爲五結鄉農會林清朗先生，曾向勤習堂習鶴拳，因此港仔尾金獅團老師父只練金鷹拳，而林清朗則兼練金鷹拳和鶴拳。

港仔尾和洲仔尾同爲振興社會金鷹拳系，金鷹拳俗稱「揲仔拳」。

1. 洲仔尾金獅團

洲仔尾金獅團成立於一九五四年左右，由壯圍鄉土城人吳飛龍成立。其時茅埔（玉田）西螺來的師父教拳及獅陣，吳飛龍於茅埔習藝後，在洲仔尾授徒。吳飛龍一九三〇年生，厲龍，現年約七十三歲。現住羅東，身體已不佳。吳之師兄弟現在多存於茅埔。吳後亦曾於冬山柯仔林、蘇澳等地教拳，但是這些獅團均已四散。

洲仔尾金獅團創團團爲賴木泉（已去世），剛成立時團員五、六十人。團員須繳學費。一九八一年左右由簡水清接任團長，一九九一年左右簡水清先生去世，由兒子簡忠信先生接任團長，時年二十五歲。簡忠信先生一九六六年三月十七日生。洲仔尾金獅團團主。宜蘭縣國術委員會武術總幹事。

學習金鷹拳必先學拳後練兵器。主要套拳共計十四套，即：

1.拳母。2.揲仔尾。3.二揲仔頭。4.二揲仔尾。5.三揲仔頭。6.三揲仔尾。7.四揲仔頭。

8.四揲仔尾。9.五揲仔頭。10.五揲仔尾。11.六蝶仔頭。12.六揲仔尾。13.七揲仔頭。14.七揲仔尾。

以上十四套，每套各十多式。基本手法、步法相近，而組合不同。金鷹拳的基本手法爲「溜手」，其特色在手成「爪」形。步法亦極具特色，爲二腳成一線之「椅條馬」，此馬前弓後箭，並無寬度。林金獅所傳之馬步，則爲「三角馬」，兩足寬度略同於肩。

另有揲仔外，只聽說未曾見。亦有雙人對練之盤手。又有專練搏擊者，稱爲法門。

一九八三年左右，洲仔尾獅團武師陳錦芳於臺北學得螳螂拳及少林長拳十多套，回洲仔尾傳授。因此洲仔尾金獅團亦兼習螳螂拳及少林長拳。

洲仔尾金獅團目前固定練習者，約十人左右，每周練習三次，星期四、五、六晚上七點至九點，不收學費。不定期應邀在廟會、喜慶、開幕表演。

舞獅之後場分爲鼓、鈸、鑼。其中鼓一人，鑼一人，鈸數人。前場則有弄獅、拳頭、兵器。前後場及各分工，可隨興輪替。

獅團名稱分爲「瑞獅」和「金獅」。振興社系稱爲「瑞獅」，勤習堂及其他系統則稱爲「金獅」。

舞獅又分爲「獅團」和「獅陣」。「獅陣」指北部獅，獅口可開合，稱爲「開口獅」，如淡水、大龍峒一帶之獅陣。「獅團」指南部獅，獅口不開，稱爲「閉口獅」。玉田獅均屬振興社之閉口「瑞獅團」系。然洲仔尾雖爲振興社金鷹拳系，卻錯以「金獅」爲名。

2. 港仔尾振興瑞獅團

港仔尾振興瑞獅團之武術以振興社金鷹拳爲主，然「社」字於樂館屬「福祿」系，而港仔尾瑞獅團屬「西皮」系，爲避免混淆而捨「社」字不用，又振興社爲閉口瑞獅團，故名爲「港仔尾振興瑞獅團」。

港仔尾振興瑞獅團武術種類較多，主要分爲白鶴、金鷹、勤習堂三部分，各有傳承。

港仔尾振興瑞獅團中主要傳承白鶴拳者，爲前任團主（第五任）陳水木先生。陳水木生於一九一九年，目前仍在獅團教拳。日據時代末期玉田一帶教授白鶴拳者，約有四處。一於頂姓謝，由李清池教導，一於下姓謝，由謝阿庚傳授；一於吳阿火（綽號鬼仔火，村人或稱之「鬼仔火」，或「阿火」，其本名無法確定）家中；一在武暖。此四處於台灣光復初期均改由劉銀漢接手授拳。

武暖白鶴拳起初於一九四三年由黃清水傳授。黃清水爲亡命之徒，至金瓜石採礦並從同爲礦工的黃阿壽習得白鶴後，回至武暖教拳。一九四五年，黃阿壽亦回到武暖，武館改回由黃阿壽教授。三年後，黃阿壽去世，享年五十五歲。其後由林狗曾（林狗曾之名村人只能記其音，無法確定為何字。林狗曾與黃阿芳同年）教習，一年多後，再改由劉銀漢接手。

劉銀漢爲宜蘭重要武師，白鶴拳傳自父親，曾習柔道。宜蘭國術會成立發起人之一，曾任國術委員會總幹事。

陳木水所習得之白鶴拳，包括雙肢、五步、青鷹（記音）、門簾、角戰、單戰、四門、揲馬等。據陳木水說法，武館分爲光館和暗館。光館所教，多爲基本拳法，至於狠招、絕招等細緻（幼技）技巧，則只在暗館傳授。

港仔尾振興瑞獅團之金鷹拳傳自「老鷹獅」。老鷹獅來自大陸福建省漳州，原居西螺，後舉家遷居今礁溪鄉玉田村興玉光村交界處港仔尾（當時名為噶瑪蘭的瑪僯社），受聘於莊瑪喜家中公開授徒，傳授金鷹拳（硬枝拳法）。後逢中日甲午戰後，清廷割讓台灣，老鷹師乃擴大號招壯丁習武。茅埔、土圍等地青年聞名前來學武或習醫者日眾，場地漸不敷使用，遂另覓隔鄰李水柳先生之大稻埕成立獅團。老鷹師不曾吐露真實姓名，只吩咐弟子稱其為「老鷹師」（台語音「老葉師」）。

老鷹師於一九二七年去世，享年八十六。

一九三八年間，老鷹師弟子獲廖五常之協助，至西螺禮聘陳火明，陳文炎、鄭水清等人前來傳授拳藝。所傳拳法包括太祖化拳、白鶴拳、猴拳及少林長短兵器及齊眉棍等，前後力期五、六年。然而當時練拳只能利用農閒，雖號稱一年，實際只有四個月。

現任團長林清朗一九五五年生，二十一歲時為鼻病所苦，聽聞練武可治鼻病，故於羅東開源市場勤習堂拜吳金河為師，學習鶴拳。吳金河當時年約六十開外。林清朗於此處習得三戰白鶴拳，包括上下路、獨腳鶴、戰鶴，三戰等。二年後轉加入振興瑞獅團。

港仔尾振興獅團歷任團長如下：

(1) 第一任團長為莊瑪喜，總務李水柳及莊德春。時約民國前二十年左右。第二任團長為李水柳，總務遊春生。時約民國前十一、二年。

(2) 台灣光復後，林天送於一九四八年繼任團長，唯當時並無實際團隊，只在廟會中偶爾出陣湊熱鬧。

(3) 一九六〇年，郭呂金接任第四任團長，才逐步重整團務，安排獅團參與各項民間活動。郭團長於一九八七年因心臟病過世。

(4) 一九八七年，副團長陳木水接任第五任團長，並於第二年代表宜蘭縣至雲林縣北港鎮，參加由台灣省政府舉辦之小區民俗育樂活動，成績輝煌。一九九二年，獲台灣省第五屆獅技藝會台灣獅傳統技藝組「獅王獎」。

(5) 一九九三年，由林清朗接任第六任團長。當年參加台灣省第一屆主席杯舞獅比賽，獲台灣獅傳統技藝組「獅王獎」；及第一屆味全杯舞獅獅王爭霸賽「獅王獎」及「最佳獅尾獎」。次年則獲主席杯銅獅獎。

現任團長林清朗強調獅團存在的目的是爲營利，以貼補團員生活。因此極力爭取任何表演機會，賺取演出費用。獅團致力規劃適合表演之項目，並可依主辦單位經費調整。目前獅團國術主要表演項目及人員如下：

項次	表演項目	表演者姓名
1	春秋大刀	吳炎章
2	白鶴長肢	林正萬、張書瑋、何國華
3	白鶴五步	林佩宜、吳家興
4	雷風钂	吳清華
5	十八羅漢拳	陳寬重
6	長肢白鶴拳	林清朗

7	齊眉對打	張家昌、張書瑋
8	西螺三揲	莊正平
9	西螺雙尺	林賜福
10	左手單頭槌	陳木水
11	白鶴揲馬	吳錦坤
12	半斬	張書瑋
13	太祖猴拳	吳芳仁
14	太祖化鶴	何國華
15	雷風鑞對牌	吳炎章、鄭新耀
16	西螺單尺	鄭阿棋
17	鐮鈎槍	林清朗
18	齊眉牌對打	張書瑋、何國華、吳炳俊、林賜福
19	雙刀對打	吳芳仁、吳錦坤
20	木靶雙刀對打	林廣生、鄭正義
21	形影雙鐧	游水金
22	雙眼	何國華
23	西螺四揲尾	莊正華
24	西螺大刀牌對打	鄭新耀、吳炎章
25	釘頂破磚功	林旼錚、吳錦坤

26	軟喉鐵條功	張家昌、吳炳俊
27	踏刀破瓶功	何國華、林清朗
28	睡壓玻璃功	吳炳俊、林清朗
29	肚皮功	吳金瑞、陳寬重、林清朗、吳錦坤
30	雙鐧對陣	陳寬重、林賜福
31	連環特技硬皮功	張家昌、陳木水
32	鑞對空手	林正萬、林慶辰
33	齊眉棍對打	吳炳俊、張家昌、何國華、張書瑋
34	空手對打	周瑞明、張家昌
35	西螺拳	吳炎章
36	丈二	

四、武館經營

（一）授徒

1. 招生對象

武館弟子可分爲以下幾個主要類別：

(1) 莊頭武館：莊頭武館之弟子，多半具地緣關係，尤其農業爲中心之生活形態，所有活動均需與農業生產時程相配合。當塒更無便利之交通工具，於是形成弟子和武館定著，而師父四處流動教拳之形態。也就是當地有意學拳的人，於鄉裏間覓一場所，定時集合練習，組成各地獅陣（團）或武館，而師父則到各練習場所授拳。一位師父可能同時於數個不同武館教拳，更可能先後在不同地方成立獅團。此類武館可四處林立，而招生對象多限於住家附近。只要集合足夠學員，請得動師父，則各鄉裏都可能成立。因此這類弟子的地緣性和地著性最強。

(2) 國術館：武師可能擇地開設武館，公開招生，吸引學員。此類武館往往設於都市中，或交通便利處，因此除招收附近鄰居外，也可能有遠地學員慕名前來投師。

(3) 亦有學校利用社團或校隊選手訓練名義聘請武術家至學校教授武藝，這種學校自小學、國中至高中高職均有。若是小學生則學習時期較長，學習態度一般而言亦佳，且從小打下較紮實基礎，就讀中學後若繼續練習，成果自然可期。若國中、高中才開始學習，理解力較強，生理較成熟，體能亦較佳。然而學習期相對較短，且如果全無基礎，則悟性因人而異，再加上課業壓力，半途而廢者亦相當普遍。

(4) 各地小區活動中心或社會團體亦有舉辦各類「國術班」、「養生氣功班」等等，學員則爲小區居民或團體會員。這類學員多半年齡層分佈較大，且以「氣功」「太極拳」等柔性健身功法較受歡迎。

2. 招生方式

武館的招生方式，因對象不同，而有不同方式。主要爲：

(1)地方人士主動召集：地方人士有喜好武術者，或希望子弟學習武術者，往往於匯集相當人數後聘請知名拳師前來授拳，因此拳師並不參與招生事務。地方人士召集習武者，當然也以當地人士爲對象，並不需要特別形式之招生，只要針對鄉裏青年略加通知詢問即可。

(2)親戚朋友介紹：武館招生的另一種方式爲親友介紹。這種方式對傳統武館有其便利處，一是由親友子弟關係轉變爲師生關係，較爲容易，不像陌生的學生需經過一段時間的相互瞭解。因此師生關係容易建立。再者若不需要太多弟子時，只要以此途徑即可招募足夠人數，省事方便。此外，親友弟子背景較易掌握，較可信賴。因此親友介紹亦是重要招生方式。

(3)弟子介紹：年輕人對於新奇有趣的訊息，經常都能快速流通傳遞，且同儕間的說服力極大，又非廣告宣傳所能及。因此弟子往往介紹鄰居或同學一起習武，以增加練習的趣味。

(4)以名氣吸引：知名武師亦往往能吸引喜好武術者，慕名而來投師學藝。但是此類靠知名度招生者，限制條件較多。如武師必須有固定地址才能使慕名者有處可尋。其次，若由地方人士召集組成之地方性武館，成員都是鄰裏子弟，對外來陌生人較易抱持戒心。又，武師的名氣亦無適當傳播管道，若非特殊機緣能揚名立萬（例如比賽、驅趕匪徒或鬥毆等等場合），就要等長時間累積知名度。

(5)醫術名聲：推拿接骨醫療工作是武館經營及宣傳的重要工作。醫療工作的宣傳功能可分爲三層意義，一是在醫療簡陋的鄉村或小市鎮，醫生的身分可提高武師的社會地位。武師、拳頭師雖亦稱「師」，畢竟舞槍使拳，似屬以武犯禁之流，鄉人畏懼有之，卻未必尊重。看病推拿的醫生，縱屬江湖郎中，總是較易獲得病患的感恩與尊重。且救人濟世形象比起打拳練武的武夫，社會地位自然提高不少。

二是部分弟子習武的動機是爲習得治病技能，尤其一窺師父「祖傳秘笈」。不少人仍相信拳頭師的治病技能來自一本（或數本）祖傳的藥冊或藥簿秘笈。秘笈當中記錄如何接骨推拿、診斷治療、藥方煉法、毒藥解藥，甚至內功、點穴、輕功等不傳之秘。這些對部分年輕人而言，亦極具誘惑力，最好能習得不世出的絕技，最少也能學得醫術，也算一技之長。

三是有些人習武的目的就是爲治療疾病或改善體質。港仔尾振興瑞獅團現任團長林清朗的習武動機，即因二十一歲時爲鼻病所苦，聽說練武可治鼻病，故於羅東開源市場勤習堂拜吳金河爲師，學習鶴拳。現任宜蘭縣國術會理事長余添泉，亦是爲改善體質，強健體魄而拜師德義堂李忠信習武。可見弟子對習武與治療疾病二者間的關係，有特殊的期待。他們通常認爲，跟師父練拳，不但可鍛煉強健體魄，師父的「練功散」更對練功者的身體大有幫助。

四是醫術的口碑當然亦是最佳的宣傳方式。醫療可以建立良好社會關係，治療痠痛扭折的推拿針灸，原本即需與病患長期接觸，並與病患密切互動。因此每次醫療，都具宣傳作用，即使武師無心利用，醫療的口碑也自然流傳，成爲最佳的人際傳播宣傳管道。

(6) 學校：有些學校爲致力傳統文化之傳承，於校內成立武術社團或武術隊，聘請武師指導。平時屬學校校內社團活動，對外亦可代表學校或地方，參加國術或武術比賽。學員均爲在校學生，招生事務由學校或社團幹部負責，指導老師不必參與。

(7) 社團（小區、社團）：小區或社團舉辦之國術班、養生氣功班、太極拳班等等，招生事務由小區或社團統一辦理，老師或教練亦無須過問。

（二）經費來源

1. 推拿接骨

推拿接骨是傳統武館經費的主要來源。尤其在宜蘭地區早期醫療設備並不發達時，民眾如果筋骨痠痛或跌打損傷，仍至於氣悶鬱積、腸胃不適，都可能到武館求診。武館拳頭師主要治療的病症，爲跌打損傷等骨科及傷科。因爲推拿接骨是某些武館的主要經濟來源，所以白天的主要工作即是推拿接骨，至於習武練拳，是夜晚飯後的活動。招收來的弟子，其主要工作也是幫助師父熬煉藥品或協助推拿，工作之餘才能練拳。而此類武館由於弟子參與工作，亦可能不另收習武學費。

2. 授徒學費

如果武館師父以授拳爲主業，則當然以學費爲經濟來源。不論是傳統在各地自行聚集再聘請老師的地區性武館，或在學校、小區、社團的武術班、武術隊或武術社，學生和老師都以傳習武術爲主要目的，教拳收入亦是老師授徒的主要收入。（雖然老師同樣可能在教導武術過程為學生治療疾病，或另有武館以治病為主業，但是在此類以授拳為主的團體中，其主要經濟來源仍是學費。）

3. 表演比賽

武館的活動，除平日演練傳習之外，亦可能受邀參加項表演或競賽。如廟會、私人宴會、公家慶典或各式比賽等。其中廟會活動常配合神佛誕辰等固定節日，私人宴會則如謝神還願等非固定活動，公家慶典如為慶祝國慶日、光復節、早期的總統華誕等等而舉辦之慶典活動，競賽則如縣運動會、省運動會及後來改成的區運會、全國運動會、全民運動會等等。以上各類表演比賽活動中，廟會及私人宴會，多半支付表演團體演出費。若是公家舉辦的活動，則視主辦單位編列之經費而定，如果是大規模活動則通常會編列車馬補助費。至於比賽，則有比賽獎金。

4. 排解紛爭之謝禮

傳統武館具武力，於社會中扮演特殊角色。以往鄉里之間若遇到難以排解之糾紛，經常邀請地方上有名望者出面調解，出名的武師方可能因幫人排解紛爭而獲得當事人之謝禮。但是這類收入當然無法預測何時發生，禮金多少也全憑對方，因此並非固定收入。

五、武館的社會角色

習武者在社會上於黑道與白道之間，亦正亦邪。官方欲藉以平亂保安，又須提防挾武犯禁。既是民變械鬥的主角，也是維持地方治安的力量。據武館耆老所述及文獻所載，武館在宜蘭社會上曾扮演以下角色：

（一）鄉勇民壯

漢人開墾噶瑪蘭，以武力爲後盾，爲對抗平埔族原住民，必須雇募鄉勇，組織自衛力量。鄉勇操拳練武，形成宜蘭尙武之風。嘉慶十七年（一八一二年），清廷設置噶瑪蘭廳，隸屬諸羅縣。噶瑪蘭廳之差役中即有「民壯」名額二十名。民壯本爲召集學習武藝者，調用於守衛倉庫、監獄、防衛盜賊、解款、解犯，護衛地方官，或從事皂快或糧差職務。可見當時已有學習武藝者，並依恃武藝協助官府處理公務。

（二）為民除害、維持治安

陳木水先生（港仔尾振興瑞獅團第五任團長）提及一件武館師兄弟痛擊土匪、爲民除害故事。他說二次大戰結束，台灣光復初期，正是時局最亂、盜匪四起的時候，有些饑民一變而成強盜四處搶奪稻穀。有一次當時著名的匪徒「臭狗添仔」帶著「黃仔水」在鄰近村莊打劫農家，十來個匪徒每人帶著兩把刀出沒，弄得人心惶惶，有一日搶到光武村（玉由村附近）時，遇見陳木水師兄弟，遭陳木水師兄弟打倒。這正是習武者爲民除害，保護農家安全的最佳代表。林金獅國術館長黃培基先生亦提及藉武館威名克制黑道故事，是說曾有一師弟遭遇無賴攔路行搶，這位師弟客氣的說：「我身上沒帶錢，錢放在武館裏。」對方遂問：「是何武館？」「林金獅國術館。」無賴一聽說此人來自林金獅國術館，知道招惹不起，連忙陪笑放行。可見武館在各地方與黑道間形成互不侵犯的「恐怖平衡」關係，亦多少壓縮黑道活動範圍。

（三）械鬥

西皮與福祿只是音樂派別不同，各自發展，倒也相安無事。然而後因相互競爭而時有摩擦，繼而結黨爭鬥，勢同水火。其時官府亦曾嚴格禁止雙方攻擊，但光緒七年彭達孫任宜蘭知縣，雖禁止西皮、福祿演戲，卻放任雙方自由演奏音樂，於是自光緒八、九年起，雙方各結黨眾，聘請武師教授拳法及十八般武器用時，從此兩派之械鬥益烈，兵器拳法亦日益講究。至同治十三年（一八七四年）西皮、福祿兩派，各集黨二十餘人，爭鬥甚烈，可見械鬥規模。

六、宜蘭縣武館發展的困境與展望

（一）武館發展之困境

隨著社會條件的改變，宜蘭武館的發展遇到極大困境。其一是傳統習武功動機消退。早期習武的動機，可能是爲了強身或防身。就強身而言，在現代醫學知識普及、營養及衛生條件改善、醫療技術及設施進步的情況下，大多數年輕人並無強身之需要。且想強身、健身的人，也很少以武術爲主要選擇，其他節奏快速、輕鬆有趣的體育活動一樣能強身，卻更具吸引力。

對年輕人而言，籃球、羽毛球、舞蹈、游泳等體育活動，不但入門容易，不須忍受枯躁的長期學習過程，且練習即是玩樂，比起練習武術所附帶的「嚴肅」、「正經」，當然較隨興而無壓力。因此當年輕人選擇強身的體育項目時，極少想到武術。會以武術爲健身運動的，以中老年人較多。但是中老年人所練的武術，多半選擇動作和緩安全的太極拳或八段錦、外丹功等等，宜蘭傳統武術如白鶴拳、金鷹拳、五祖拳等，均太過激烈，較不宜中老年人學習。就防身的目的而言，武術原本的功用即在技擊攻防，但是現代社會形態裏，人與人之間的紛爭不宜以武力解決，武術已無施展機會，真正需要保護的弱小族群，又不是武術能幫得上忙。因此不論以強身或防身爲目的的傳統習武動機，都在現代社會中快速消退。

傳統武館發展的第二項困境，是在各類現代體育及室內外活動的競爭下，武術的定位並不清楚，且無明顯優勢。如上所述，武術的根本功用原在技擊攻防，但是這項特色已逐漸消失。年輕人可選擇的娛樂及活動種類繁多，且日新月異，於是是武術便隨社會環境而朝幾個方向變遷。一是發展成適合中老年人練習的「氣功」、「武術體操」或「武術舞蹈」。另一是以比賽和表演吸引年輕人投入，因而發展成比賽或表演用的「武術運動」，或稱爲「運功武術」，表示此爲無技擊作用之武術。前一路向發展相當成功，聚在一起聊聊天、做做操、跳跳舞，輕鬆愉快的和緩運動，確實適合老人家，只是如此一來，與其稱爲武術，不如稱爲體操或舞蹈。後一路向的發展，努力將武術與其他體育活動置於相同的基準線，以成為現代體育之中。為了適合表演與比賽，傳統武術不得不改頭換面。

例如傳統宜蘭流行的武術，每套拳演練的時間多半只有二、三十秒，頂多一分鐘，但是這樣的長度用於比賽或表演顯然太短暫，於是只好將三五套不同套路湊成一套，或重新編排，反覆演練部分招式或加入新招式，修改結果的良窳，差異甚大。大如表演講求動作花哨誇張，武術中許多細微的講究都因派不上用場而遭忽略，反而要向現代體操、地板運動、拉拉隊、特技表演、舞蹈等領域借用動作，武術表演成為地板運動的變形。而此項發展的極致，則是大陸推行的「武術競賽套路」。在亞運會接受「武術競賽套路」為正式比賽項目後，這幾年來已逐漸成為武術的主流，宜蘭武術界學習此類套路的人口也快速增加，更嚴重壓縮了傳統武術的生存空間。

武館發展的第三項困境，是武館經營形態與武師社會地位的改變。傳統武館經營的主要收入為接骨推拿及授拳的學費，但是社會民眾就醫日益方便之後，願意上國術館接受治療的人本即不多。加上綜合醫院普設中醫部，及中醫院廣設復健部，傳統國術館的競爭力更形下降，醫療收入銳減。同樣的，授拳學費收入也因為學徒人數減少而下降。而且，現代願意學武的人，亦未必擁有「拜師學藝」的心態，多半喜歡無心理負擔的短期課程，對武館的授拳收入亦有所影响。此外，這種短期課程的學習，師生關係也由以往「師父——徒弟」近乎親屬的師徒關係，改變為類似研習營、補習班、學校中的師生關係。老師只是教練，不是「師父」，學生只是學員，不是「弟子」。師生的接觸也只限於課堂，學生對老師只要「尊敬」，不必「孝順」；老師對學生，只有「教學」，沒有「栽培」。武館中的師徒關係，由類親戚團體的扶持關懷，改變成爲現實的商業機制。

武師不僅在學生眼中不再享有崇高地位，於社會上的角色也大不相同。武館於傳統社會因滙集醫療、武術與徒眾之力，社會地位十分特殊。身爲醫者，自然易獲眾人的尊敬。武術與武師形成的勢力，又令黑白兩道均不得不顧忌三分。但在現代法治社會中，武館與武師已無法再扮演這種角色。

（二）宜蘭武館之展望

展望宜蘭武館之發展，有幾項契機與方向。分別是：

1. 小區化、學校化之傳習

小區意識拚頭後，增加許多小區活動項目及機會，武術的傳習可以普及且深入小區，此種小區化國術班，可視爲傳統莊頭武館的新形態。

學校計劃性推動國術社團或國術隊，既可發展爲學校特色，更可參加比賽爲校增光。對武館而言，也可以不必參與招生、經費、管理等行政事務，專心從事武術教學即可。且在學校較單純的環境裏，學生家長較可放心，學生亦較專心。

武術在小區化、學校化的傳習方式，當可爲武館發展開拓新形態。

2. 正式比賽之激勵及套路標準化

自民國四十年舉辦光復以來「全省運動會」的首次國術表演大會開始，每年均有多場國術表演或比賽。但是國術比賽只是眾多運動項目之一，並未獲得大眾普遍重視。加上國術門派眾多，南拳北腿、內家外家各有特長，評比不易，因此比賽糾紛屢見不鮮。雖國術界努力制定比賽規則及評分標準，如楊長憲所研擬之比賽規則即普受好評。但是始終難以普及。直至一九九〇年在北京舉行的第十一屆亞運會將武術列入正式比賽項目，武術普受重視，武術套路也有共同規範與標準。這種競賽武術與傳統武術雖然相去甚遠，但卻提供習武者新的目標與動機，吸引更多年輕人學習武術，也給予學習武術的人努力的目標。更可作爲台灣推行國術之借鑒。今後，學習競賽套路新武術，且以參加國際比賽，必然成爲武館傳習的主要內容與目標。

3. 養生、氣功、整復等武術新路向

傳統武術的另一項發展，是配合現代人重養生的需求。現代人由於普遍營養攝取過剩，缺乏足夠運動，普遍有所謂「文明病」。肥胖、高血壓、高血脂、高血糖、憂鬱症、失眠等等陰影，不斷威脅大眾健康。因此養生即成爲社會熱門活動，只要與養生有關的事務，都能受到大眾的注意。傳統武術正可在養生方面著力，發展出養生氣功、養生武術。這本是武術原即具有的功能，另一方面也合乎「練武可以強身」的傳統觀念。

此外，由接骨推拿轉變成整復，也爲武館另闢生路。整復本是傳統武館最擅長的技能，其療效更廣受肯定。但是即使無病之人，也樂於接受以「推拿」、「按摩」、「放筋絡」或熏灸來抒解身心的緊張與疲憊。

因此養生、整復已是武館發展的重要方向。

4. 本土化、民俗活動之熱潮

在本土化的風潮下，政府及民間均著力提倡民俗活動，武館也可以民俗重新定位。武館的武術教學屬民俗傳承，出陣舞獅即是民俗表演，而武術是民俗表演藝術，器具（如獅頭、兵器等）當屬民俗藝術品。例如一九九五年宜蘭縣礁溪鄉玉田村所舉辦的「玉田弄獅」活動，及設立「弄獅文化館」，曾造成觀光熱潮，亦是文化盛事。武館若能乘此風勢，持續前進，當可形成民俗文化耀眼的一環。

參考文獻

1. 礁溪鄉誌編纂委員會，《礁溪鄉誌》，礁溪：礁溪鄉公所，一九九四年。
2. 《蘭陽史跡文物圖鑑》，宜蘭：宜蘭縣立文化中心，一九八六年。
3. 台灣慣習研究會原著，吳文星、鄭瑞明編譯，《台灣慣習記事》中譯本，台中市：台灣省文獻會，一九八八年。
4. 宜蘭縣國術會第九屆第一次會員大會《大會手冊》，宜蘭：宜蘭縣國術會，一九九三年。
5. 宜蘭縣國術會第十屆第一次會員大會《大會手冊》，宜蘭：宜蘭縣國術會，一九九七年。
6. 宜蘭縣體育會國術委員會《成立三十周年紀念特刊》，宜蘭：宜蘭縣體育會國術委員會，一九九七年。

7. 宜蘭縣體育會國術委員會《成立三十五周年紀念特刊》，宜蘭：宜蘭縣體育會國術委員會，二〇〇二年。

8. 勤習堂源流武術聯盟會《第六屆第二次會員大會手冊》，宜蘭：勤習堂源流武術聯盟會，二〇〇二年。

台灣中華合氣道的故事

一、合氣道

有一年，我準備辦個道家武術博覽會。擬想邀請海內外少林拳系統以外各道家武術門派名家來參加，在太湖三山仙島上擺設水擂台。其事未果，故亦沒啥好說。但原初擬想的名單裏，有合氣道，當時想請台灣陳達弘兄來與會。合氣道，不是日本的武術嗎？爲什麼我竟將他列入中國的道家型武術中？

陳達弘兄的合氣道，稱爲中華合氣道。他在台北溫州街的道場，門匾就是我題的。掛在門口及道場內部，跟那兒的日本氣味有些不協調。因爲日本武術的道場，一向都帶有日本文化的徽紀，例如榻榻米、道袍、戰裙、日本刀、日本人的書法、日本合氣道祖的照片、日本頒發的證書等等，唯獨陳達弘這裏，除了我的字，還有另一些諸如「武禪」的掛軸、中國繪畫、或達摩像之類，與他中華合氣道的中華二字相呼應，透露些不一樣的訊息。

他的合氣道，當然也是從日本學來的，早已晉身六段，算得上是此道中高手了。我的合氣道知識，除少年時期一些經歷外，主要也諮詢於他。

二、合氣道的出現

據我所知，在武術中的合氣道，有點像宗教裏的新興宗教。比如傳統宗教有佛教道教基督教等等，近年糅合各教別創一派的，則如天帝教、天德教、慈惠堂、弘化院、德教、天理教之類；或由某一宗教裏變化出來，如法輪功、太極門、清海無上師之類，均可稱爲新興宗教。此類教團，崛起的時間均不長，久遠者不過清末民初，而大部分則爲二次大戰後之產物。合氣道也彷彿於此。

它的創始人叫植芝盛平，生於一八三〇年（**明治十六年**）。成年入伍，曾隨軍出征「滿州」，參加過日俄戰爭。但抵達我國東北時，戰事已結束。我懷疑此時已具備武術底子的植芝盛平，在東北必曾借機考察了我國流行於東北與蒙古的摔跤術和擒拿術。由他回國後即開設相撲場來看，這個推斷，恐非臆測。後來他的武術就一直順著這個路數走，去柳生流的道場學柔術、向大東流武師學合氣武術、跟講道館武師學柔道。到一九二〇（**大正九年**）終於將所學綜合起來，在京都開設「植平塾」，自稱其武學爲合氣柔術。

日本武術，基本上可分三個系統，一是以力量爲主的相撲，二是以技巧爲主的柔術，三是以擊打爲主的拳術。這些都是徒手的格鬥，稱爲「體術」，與刀劍杖法器不同，自成一大類。

相撲源於中國古代的摔跤，柔術源於明末陳元贇之東渡，拳法則源於中國流傳到琉球的「唐手」。在植芝盛平以前，柔術一脈已形成不少次級系統。

一種據說是創自義清太子的，叫大東流合氣武術。特點是以巧制勝，擒拿手法高明。因爲太子有充分條件可以解剖死囚來觀察，所以對人體結構非常瞭解。但我認爲此派其實是明治維新以後才發展出來的，以前的歷史，均諉稱「御留枝」，屬於義清後裔武田家的秘傳。

另一種便是將陳元贇所傳柔術進一步發展爲柔道，代表人物是號稱「日本柔道之父」的嘉納治五郎。他大約在一八八二年創立講道館，推廣柔道。大東合氣武術，也約在此同時，由武田搃角在社會上普傳，稱爲大東流柔術。植芝盛平早期辦過相撲場，後由軍中退伍返鄉，接上的，就是柔術這一脈。

相對於老柔術，或新的柔道、大東流柔術，他所開創的合氣柔術當然更是新東西，所以我說它像新興宗教。而事實上，當時三十幾歲的植芝盛平之所以能或敢開宗立派，也是因爲得到一個新興宗教：大本教的支持。此教大本營在京都綾部，主持人是出口王仁三郎。植平塾就設在大本教本部。一九二四年（大正十三年），大本教受日本政府鎭壓，出口王仁三郎出逃蒙古，植芝盛平隨行。因此很可能植芝盛平在大本教擔任的就是武術護衛或教練角色，所謂植平塾，或許旨在培養大本教之信徒或護衛，與這個新興宗教是共生的關係。

大本教覆滅，對植芝盛平當然是一大打擊，但也是一個轉變的契機。他在東北又重新投入軍旅，準備在軍中找機會崛起。可是他參加的蒙古軍隊跟張作霖打仗時幾乎全軍覆沒，死裏逃生的植芝盛平這才體會到：在新的火器時代，個人或武術都太渺小了，柔術的柔，除了做為打擊的技巧之外，更應強調心術之柔。後來合氣道強調愛、和平、不爭的基本形態，即奠定於此時。把武術的技術面和人生哲學的修養面結合起來，合氣道這才正式成形。

三、合氣道的發展

但在發展其武術的策略上，植芝盛平仍然要如過去依託大本教一樣，有所依託。當時他獲得海軍大將竹下勇的賞識，在東京大力發展其道場。又在一九三〇年，請嘉納治五郎到道場指導。嘉納治五郎對他十分欣賞，還派了門下弟子武田、望月去接受植芝盛平的教習。這不啻雙方結盟，對合氣道做為一種武術產業來說，實在太重要了。爾後日本柔道道場所在之處，往往也就出現著合氣道的武館，柔道高手同時也常兼習合氣道，他們本是同源，後來也一直攜手合作。

此時植芝盛平還有一個發展策略，就是依託上文所述那個秘傳的體系，號稱其技藝本諸皇室，以此投合日本人高漲的效忠皇室情緒。一九三一年他在東京開辦的道場就稱為「皇武館」，一九三九年（昭和十四）又成立了財團法人皇武會，一九四〇年正式運作，首任會長就是竹下勇，日本首相近衛文磨也是會員。這種依託貴室、拉攏權貴以求發展的模式，事實上也是新興宗教迅速崛起的標準做法。

說合氣道源出皇室，爲皇家秘技，當然是假的。這門技藝是在吸收日本及中國柔術一脈的歷程中逐漸發展成形的。本來叫合氣柔術，一九三六年改名合氣武道，一九四二年植芝盛平兒子植芝吉祥丸就任皇武會本部道場長，才又改名爲合氣道。

這段期間，也正是日本侵華戰爭時期。合氣道之崛起，且受大日本武德會接納認可（**若不被認可，就會如某些新興宗教被視為邪教那樣**），很大一部分原因即是戰時的特殊氣氛。

可是日本戰敗了，原先與皇權貴冑相結合的合氣道，豈不也將隨日本敗戰而衰微嗎？

植芝吉祥丸的作用在這時就顯現出來了。他採取的是與其父不同的策略，重在普傳。不但發行合氣會刊物，在各大學設立合氣道俱樂部，辦座談會，而且還爲各道場確立儀式、規則和教材，設立各種日常訓練課程。因此合氣道迅速在社會上流通，並發展到海外教習。

普傳和秘傳是不同的。植芝盛平是創教者，創教者不免要搞神秘，以樹立權威，它傳播的圈子也只集中在權貴少數人之間。植芝吉祥丸是繼述者，則志在推廣普及，所以辦演武公開大會，並廣設分支機構。

其不同，可舉一個例子：合氣道本來是不公開演武的，一九五五年以後才開始公開。但演武時，也只由植芝盛平獨演，門下生徒不能進行演武。這即嚴格體現了開祖的權威，一切技藝以此爲標準，演武只是示範。後來植芝吉祥丸把它改成門下生徒男女老幼一同演武，開祖坐在最高位置觀看；最後才由開祖演示其精髓。這種所有人共演、共同參與，而由開祖評判、指導的形態，自然與從前迥然不同了。

由此看來，合氣道兩代道主不只是武術家，也是十分傑出的經營者，都能針對他們的時代與社會環境找出發展其產業的策略，它能在戰後短短二十年間就在歐美東南亞數十個國家廣泛流行，殊非偶然。

四、台灣合氣道

大陸因過去很長一段時間與外界不通消息，故合氣道傳入大陸極晚，一九八〇年代才陸續接觸到這門武術；一九八六年才有第一本合氣道書籍——《日本合氣道》；九十年代末才逐漸有一些合氣道館，迄今不過幾年光景。

台灣則早得多。一九六八年李清楠即在台北市成立合氣道委員會，推廣合氣道。李清楠原習柔道，曾獲亞洲體育比賽金牌，兼習合氣道之後發現合氣道有更深邃的精神層次，強調馭氣、率氣，且不太受年齡限制，因此後來便以推廣合氣道爲主。

他在台灣之地位，類似植芝盛平，爲台灣合氣道之始祖，主要合氣道師資，均出其門下。而且他也與植芝吉祥丸一樣，重視編教材、廣授生徒。我十幾歲時讀他編著的合氣道教本及大山倍達的空手道教材等，便深爲慨歎。我們中國人寫的刀經拳譜，都語焉不詳、含糊籠統，遠不及日本之清晰明確，方法步驟一目了然，無怪我國武術教育及武術產業發展滯後。李清楠雖是台灣人，但其教材及教學法原本於日本，故亦簡飭明白，無怪乎不數載而合氣道亦在台大行其道矣！

台灣合氣道後來之所以發展停滯，是因人謀不臧所致。這就涉及中日兩國文化的差異。日本文化雖多本於中國，但日本自有其特點。例如家族制的體系就比中國強韌得多。研究企業管理者都知道，日本企業即如大家族，企業員工與企業間即保有家族成員般的忠誠，中國企業卻不是的。我們一般都說中國社會爲家族制，有家父長威權統治，但與日本相比，實乃小巫見大巫。

合氣道本身就是一個家族企業，一代始祖植芝盛平、二代道主植芝吉祥丸，目前是三代道主植芝守央。在中國，若是家傳武術，必然做不成企業。因父子相傳，便只能是比植芝盛平更狹隘的秘傳，例如我們都知道的那些傳子不傳女、傳媳不傳女，或掌門人單傳的絕招、鎮山秘技，以及教徒時要留一手等陋習。爲何如此？非中國人特別狹隘不願傳授。而是門徒承教者並沒有家族式忠誠，只有學會了本事後，自己去開店當老闆的心情與願望，以致教的人爲了怕你學全了本領，反而去另行開鋪子競爭搶生意，均想留一手。反觀合氣道便不然，道主是父子相傳，門下士則如幕府時期的家臣，分赴各地廣設道場分支，而皆仍奉道主爲其領袖。此等關係與氣氛，在中國人社會中要保持便難。

李清楠是去日本學合氣道的，他在台灣或許也期待其門下士能如日本合氣道界對待植芝盛平那般對待他。可是畢竟社會不同，弟子們也許覺得老師太有輩分尊長的架子，不免剛愎自用，漸漸就有了裂痕。終於衍變成弟子出走、自立門戶另設中華民國合氣道推廣協進會的局面。

目前「中華民國合氣道推廣協進會」是台灣最大的合氣道團體，團體負責的人士，大抵均爲李清楠弟子，形式上遙尊李清楠，但活動各行其是。如此，自然就令合氣道發展不暢旺，而使台灣喪失了如植芝盛平那般宗主地位的人物典型，這是極爲可惜的事。

五、振興合氣道

陳達弘也出自李清楠門下，對門派中師生關係如此，不好說什麼，只能自己幹自己的。因此他成立「合氣道振興會」，想對已漸停滯的合氣道振興一番。

此會成立已十三年，原由吳金龍主持，陳任秘書長。吳氏技藝平平，但長於行政，與日韓合氣道界極爲熟稔，故此會過去以推動台、日、韓交流爲主。這當然也是不得已的，島內兩大系統不合，它只能朝外發展。

去年我陪陳達弘參觀北京武源合氣道道場，令他感觸良深。他覺得北京合氣道之發展不過四、五年，台灣則已四十年。可是四十年下來，成果不過如此，北京四、五年卻已形成很像樣的規模。因此台灣不能不再振作。

恰好此時吳金龍已逝，他接任會長，乃籌思了一個「合氣道再出發」的大計劃，一是配合台灣合氣道四十周年，舉辦一系列活動，包括出版年鑒、高峰論壇、大師示範、國際大會考、卓越人士頒獎、代言人選拔等；二是組織全國道館策略聯盟；舉行研討會、論壇、年度金獎、道館經營輔導、聯合推廣等活動；三、建立合氣道平台，如網站、雜誌、影視、多媒體等；四、準備籌辦文武學校，或與各機關學校合作，輔導成立社團及師資養成；五是社會推廣，主要做全民防身術教習。

此等大計劃若要成功，首先得整合台灣內部資源，其次還要從目前社團型態的運作模式轉變爲企業型，否則以上這些專案過去也都做過，爲何成效不彰呢？可見武術文化產業本身也是有賴經營管理之才具的。

六、中華合氣道

這當然不是容易的事，未必做得成。且就算是做成了，也不過就是日本武術的推廣而已。推廣外國武術自然也是極有價值的，就如我們的選手如果練拳擊、練柔道、練跆拳、出國去比賽得了獎，我們豈有不高興之理？何況武術一道，本不必要張揚民族主義。達摩東來，開創中華武學，雖非史實，但武林人士從不以達摩爲胡僧來排斥這類說法。技擊之學，取精用宏，原就要有容乃大，有時也不妨師夷長技以制夷，故研練外國武術並沒什麼不妥。只不過，若能在吸收、學習外國武術時再加以融會變化，成爲自己的東西，那可就更好了。

我替陳達弘武館題額時，之所以會寫成「中華合氣道」，大抵即本於這個意思。陳達弘欣然願掛這樣的招牌，也表示他亦有此蓄志，準備做點屬於自己的東西出來。

他摸索新路，其術大約有以下各項：

一是前文說過，日本武術中「體術」主要指以身體的徒手技術搏鬥，與刀棍弓矢之類用器械的，別爲兩類。故凡體術部門的武技，都不注重器械，如空手道、柔道皆是如此。合氣道是有器械的，主要是杖，也用劍。但整體看，劍杖並不特別受重視，仍以體術爲要，有些道場甚至根本不教劍杖。而且用劍皆用木劍。木劍演練，比劃比劃而已，因爲無「納刀」，也就是收劍入鞘的動作，同理，也就沒有拔劍的講究。木劍在重量和速度上，更與真刀截然不同。這是日本合氣道本身的局限。可是陳達弘認爲合氣道許多技術其實是從劍術中化出（**這是他的體會，當時可能是如此，也可能未必**）。所以他主張應把合氣道與劍道結合起來。他除修習合氣道以外，也精研劍道和一種強調拔劍術的「居合道」，又稱居合劍。故主張學生應主修合氣道，附修劍道居合道，以收相輔相乘之效。

這種想法，我好有一比：太極拳本來也是有器械的，如太極刀太極劍太極槍等等。拳法與器械，本來合成一個體系。但後來練太極的人大多光只練拳，少部分耍點太極劍，刀槍則罕人問津，許多名家甚或根本不會器械。太極所講的鬆、柔、發勁等道理，如何透過器械來表現，自然也就更乏人思考了。故若於今，有人擬於現有太極拳中再創新局，一個可能性，就是重新回到太極拳這門武術最早期的狀態中去，把拳和器械再綜合研練出一番新內

▶龔鵬程題匾

容來。陳達弘之想法，毋乃類此。

這是從技術上做改造。再則就是教學方法上的改進。

他認爲現代人時間匆忙，練功時間少，故教學法應以簡捷爲要。簡捷，不是令其速成之意，而是過去教學是分解式的，一招一法，讓人不斷演練；現在則應由這些分解式技法中提煉其原理，綜合地教給學生。學生掌握了基本原理，自然容易學成。

合氣道手法繁複，尤其是它的擒拿，千變萬化，若看它的表演，翻翻滾滾，一定摸不著頭緒。但歸納其要，其實十分簡易，一共只有三個要點：一、圓；二、平衡；三、功法。

圓，指它的基本原理。入身、轉身、間距均採圓形、球體式運動，講究入身走圓，閃身若空，如水流動，合氣同化。此爲整個合氣道之精髓。平衡，即由圓發展出來。自己要平衡，對敵則要破壞其平衡。圓本來就有陰陽對稱、平衡和諧、旋轉或圓融之意，因此練習者必要使自己身心平衡，而一切攻擊或防衛則以破壞對方的平衡爲原則。功法，所有技法，歸納爲三大基本功，一爲轉身法，二爲划船運動，三爲一教運動，要旨均在練習重心移動。

另外，針對現代人耐力不足的問題，他強調基本功，即走路（**包括運步法、八方運步、米形運步**）、護身滾翻、跪坐等。認爲耐力不足，也就沒有速度，且跪坐等等，也是一種修練心性的好方法。

由此便涉及第三個層面的問題，即精神性修養部分。

合氣道，前文已提過，不只是一套技術，而是講氣、講身心合一的。這門武術不似許多門派一般，以競賽、搏擊、奪冠爲追求目標，它是不比賽的。既不參加各類比武競賽，也不辦內部的競技。其理論是：始於禮、終於禮，武技乃是對人身心的修練，是磨練人格的一種修行，故應避免爭勝。重點不是打倒對方，而是面對自己。真正的敵人即是自己，所以修行之目的乃是要不斷超越自己，是對自己不斷的修練。由於不爭，因此其技術也強調借力使力、四兩撥千金、不爭不鬥、身心統一。在二次大戰之後，合氣道本此原理，呼應戰後之氣氛，還揭櫫「武即是愛」、「武即和平」的口號。

陳達弘對這些，當然也都是服膺的，但他覺得還可以加強。例如身心修練不只是在武術的技藝中去做，武者還應該加強其人文意識。武即是愛，涉及人對生命的尊重；身心統合、合氣同化之境界，更須對哲理有所悟會。是以他想把合氣道的修練跟禪結合起來，讓它更具有深邃的內涵。

本來早在李清楠第一本合氣道教材的序文中，蔣緯國將軍就曾把合氣道稱為「武太極」，陳達弘則嘗試將之稱為動禪或武禪。這個禪，當然是泛說一切智慧，而不專指佛教的禪宗。

但將合氣道比擬為禪，卻恰好與禪宗的歷史及性質相呼應。因為禪由中國人創立，東傳日本，影響深遠，禪宗本身便是中日共有共通的一種文化內涵與符號。陳達弘把源於日本的合氣道，比擬於禪，似乎也就在禪武合一的情況感知中，讓人領會到這種日本武術也有「中國性」。

他對合氣道的改進或改造，走到這一步，若再往下走，便應脫離合氣道，由中華合氣道的中華兩字上再做文章，發展為「禪武門」，另立一宗。這也是我對他的建議。但他對此，仍意存猶豫，目前還是以振興台灣合氣道、加強與大陸合氣道合作為主。除非將來有機會辦達摩武術學院，否則另創禪武門，看來也不實際。

七、道家型武術

這是合氣道的歷史、台灣合氣道的故事、以及中華合氣道的大體內涵。講完這些故事後，我要說說爲何合氣道可視爲道家型武術？

如上所云，合氣道講圓、講合氣同化、講借力使力、講不爭，這都很容易讓人想起太極拳一類武術。太極也強調圓。平常人總愛拿太極開玩笑，說那拳是「一個大西瓜，用刀劈兩半，這一半給你，那一半給我」。大西瓜，講的就是太極兩手虛涵圓勢的動作，這是太極最明顯的特徵。可是太極之圓又分形與意。由形上說，其實不盡爲圓，有許多直拳伸展的動作，腳尤其不圓，因爲它乃是天圓地方的結構，弓馬方正，形成四方四隅的狀態。由意上說，則不論方直圓斜，意均在圓，以此說圓勁。

合氣道沒有屬意的這部分，其圓只在形上，圓也不表現爲兩手虛涵之類的圓勢，而是以身體整個地構成圓，如轉球、如旋陀螺。

要達成這種效果，要旨在於步法、身法。從搏擊上看，爲什麼需要轉圓呢？因爲敵人從正面攻來，我一旋身，便可閃入他的側面，消解其攻擊，而對他自然形成攻擊。八卦掌的走位便是此理。故八卦不唯腳步走圓，手也採圓勢，基本上無直捶硬打之手。此手圓腳圓之理，最與合氣道相通。故與合氣道在技法上最類似的並不是太極，而是八卦。

不過，合氣道的圓，是身體整個轉動，並不只是八卦式的走位。這便又不同。其次，合氣道大抵是在一條在線轉圓圈，八卦是繞著一個大圓圈走。另外，八卦走圓，身體基本是平的，合氣道則上下起伏，是一圈高一圈低地轉。

因此合氣道可說只有一招，就是轉圓，沒有其他具體的招式，也沒有套路。練的人練好了運步法轉身法之後，就是在對練中反覆練習如何以此法應付正面、背面，打你、抓你、抱你，拿刀砍你等攻擊。其摔法（投技），控制法（固技）、奪武器法（氣流技）均是利用對方攻擊，相應地做出來，故雖千變萬化，實無一定之招、必用之法。此所謂無招，是因招皆因人之攻擊而相應地生出，故亦無爭，若對方不攻，也就不用出手。

這些地方，都很容易讓人聯想起道家「因而應之」、「上善若水」、「大方無隅」等哲理。其壓制，主要靠擒拿，這恰好靠的也是巧勁，而非蠻力，所以才能達到莊子形容庖丁解牛「以無厚入有間」的效果，使其刃本身不受損。太極拳經或內家拳理都強調一般武術皆靠氣力，故壯打弱、少打老、有力打無力，內家則反是，以不用力或很少的力來打敗強力者，才稱得上是好技藝。合氣道也是如此，所以老人小孩婦女均適合練。

可是合氣道也很難稱爲內家拳。因爲它並不講內勁那一套，也沒什麼意守丹田之類源出道教內丹學的說法。其合氣云云，亦無陰陽、剛柔、內外之說。合氣之合，究竟是馭氣或集合各氣，或令自己與氣相合，也沒有辨析清楚。我覺得這都是它的理論仍可再予深入之處。未來若有賢達，能由此進而比較它與我國各派內家武術之異同，而更調適上遂之，以達於道，則甚善矣！我道家武術各派，能參考其技，融會於太極八卦形意等等中，更創新猷，則尤善矣！

琉球武術小記

我國武術於十五世紀後傳入琉球，發展爲「唐手」。

唐手基本上即是徒手拳腿，琉球本身的古武術則是運用器械的，如棒、杖、鐮、權、鍬、釵、四節棍、三節棍、雙節棍、鐵柱、鐵甲、手裡劍、薙刀、磨石、山刀、蠻刀（又稱青龍刀、二尺二寸五分）、兩刀（二尺三十五分）、劍（二尺八寸）等。

一般都說琉球古武術以八種武器爲限，其實不止，因爲當時人採用的即是生活周遭所能用得到的農漁具，甚至草木石塊，自不能以幾種爲限。既如此，若無器物可資利用時，難道赤手空拳就不能應敵了嗎？因此依理推測，琉球古武術也應有空手技法。今存本部御殿手古武術，除運用上述各種武器之外，就也有「取手」，秘傳九種基本斬法，包括袈裟斬、橫斬、首斬等。正可證明我上述推論不謬。這一派，相傳是尙質王第六子尙弘信本部王子朝平所傳，故名御殿手。

除御殿手之外，琉球另有「琉球古武術保存振興會」，整理了八種武器使用法、基本組手、分解組手等，對於古來相傳四十二型，也系統體系化了。依其整理，可大體推測琉球武器之興盛是在它南山、北山、中山三山並峙的時期。戰爭對抗的環境促使它的武術發達，在十八、九世紀還有添石、佐久川、北谷屋良等名家，其後則漸衰了。

至於唐手，可分三系。一叫泊手，是我國水手傳去的，其後傳承不顯。

二叫首里手，十五世紀時由我國傳入，首里王朝的武士傳習此技，故名。船越義珍（一八六八年－一九五七年）在其師糸州安恆過世後，於一九二二年將其傳入日本本土，並以佛教「色即是空」之義，改稱唐手爲空手。又因船越號「松濤」，所以其技名爲松濤館空手（或松濤館流空手）。

它也是目前世界上最大的空手道流派。共有二十六個規定型（套路）。大開大闔，拳打一條線，多用弓步大馬，並注重腿法運用，類似中國武術中的北派長拳。

該流派並援用柔道的色帶系統，以建立其段位制度。代表團體有日本空手道協會（ＪＫＡ），國際松濤館空手道聯盟（ＳＫＩ），國際松濤會（ＩＳＫＦ）及松濤會、松濤同盟會、松濤館、松濤聯合會、三田會、稻門會、拓空會等。其中ＪＫＡ是日本最大也是世界上最具規模的空手道流派團體。

二叫那霸手。那霸手起源甚早，但現今多只推源於東恩納寬量。此君母親是福州人，故他二十二歲即從琉球到福州市，拜得鶴拳拳師謝宗祥（名如如，咸豐二年－民國十九年）爲師，學習鶴拳。福州鶴拳與永春白鶴、台灣白鶴並不相同，分爲飛、鳴、食、宿四種。東恩納寬量學的是鳴鶴拳，十五年後才返回琉球，謝氏並將抄本《古白鶴拳論》傳給他。其技法主要在那霸市傳習，故稱那霸手。

一九一五年，東恩納逝世，那霸手宗家爲其弟子宮城長順。他爲了在日本發展方便，於一九三零年，才以鶴拳「三戰」型爲剛之型、「轉掌」爲柔之型，合起來稱爲「剛柔流空手道」。也有人說宮城亦曾來福建學習拳法，故其流派的名稱來自白鶴門流傳拳譜中「法剛柔吞吐身隨時應變」一語。

這派空手道有明顯的南拳特色，以小架三戰步、貓足立爲主。在修行時注重「氣」、「息」、「體」的鍛煉。共有十三個規定型。代表團體有全日本空手道聯盟剛柔會、世界剛柔流空手道聯盟、正剛館等，在東南亞地區有相當大的影響，也是最早傳回大陸的空手道流派。

除松濤流、剛柔流以外，摩文仁賢和（一八八九年－一九五二年）於一九二九年在日本大阪以其兩位恩師之名，糸州安恆之「糸」與東恩納寬量之「東」命名，稱「糸東流空手道」。推尊首里手松村宗棍（一七九七－一八九〇）爲宗祖，下傳系洲安桓，再傳摩文仁賢和。這是那霸手與首里手的合流，雖不在琉球創生，也不能不說是琉球武術的發展。而且摩文仁賢和生於首里市，爲日本古代名將鬼大城之後，其先人因有戰功，德川家康將琉球其中一島叫「摩文仁」島賜封，因而易姓爲「摩文仁」。摩文仁之後傳坂上隆祥，再傳坂上節明。

糸東流空手道一共有四十七個規定型，是規定型最多的。代表團體有全日本空手道聯盟糸東會，世界糸東流空手道聯盟，林派糸東流、正氣會、修交會、修道會、聖心會、明武會等。

此派不但融會首里手和那霸手，還加上了日本古代的擒拿術、居合劍術和多田派的釵術、棒術及雙節棍術。其特點可以「守、破、離」三字來概括，守謂對型要忠實遵守，然後破，最後離開獨立，以此方法來修行。極其重視精神修養，所以摩文仁賢和說空手道爲「君子拳」。

空手道在日本本土流傳極盛，且依上文所述，可知它與日本古武術且頗有結合。除了上面講的以外，和道流空手道柔術拳法更值得注意。那是本體楊心流柔術、天神真楊流柔術與唐手之結合，再加上天地人和諧之理論而成，可說是古武術翻新的版本，如今才傳了二代。

這一派創始人爲大塚博紀，大塚博紀出生於明治二十五年。曾到船越義珍的明正塾學習空手道，並自創「唐手術亂取形」（**現代空手道中的約束對打**）等。於昭和八年創設和道流。其中「別」、「流」、「押」、「引」、「入身」、「轉身」等即是柔術的技法特徵，但在套路上深受松濤館流的影響。其勢力主要在日本的大學中。

仍保持並沿用唐手之名的流派也不是沒有，金硬流唐手即其中之一。此派元祖爲琉球王朝的武官大宗真武，傳到十八世紀時的真得、真珍幾代，受到南少林的影響，而創成金硬流唐手，目前也在全世界傳播著。我讀淡江大學時，學校裡的唐手道社就十分活躍。

日本的劍術

一、總說

日本劍術，起源當然甚古，今存正倉院劍器殘片，大抵可見其遺制。但劍術而有流派，則是室町幕府中期以後的事。到了江戶幕府時期，據云流派已多達七百餘個，至今傳承有緒、淵源可考的，也還有幾十個，可謂漪歟盛哉！一般人看見這麼多流派，不免眼花撩亂，實則統之有宗、會之有元，它們大約可以歸爲三個大系統：神道流系、陰流系、中條流系。

神道流，又稱天真正傳香取神道流，是由飯筱長威齋家直所創。陰流爲上泉伊勢守秀綱所創，之後發展出新陰流，其中柳生但馬守宗嚴因任德川將軍劍術師範，故又稱柳生新陰流。中條流爲中條兵庫助長秀所創，下又分富田流與一刀流等。這三系各有傳承，但也不乏相互影響之跡，今存各流派，均依違於三大系之間。

這是就系統說。若以時間來分，則德川幕府以前就有的，有鹿島新當流、天真正傳香取神道流、鞍馬派、卜傳流、示現流、馬庭念流等。德川時期成立的，有柳生新陰流、兵法二天一流、小野派一刀流、心形刀流、直心影流、甲源一刀流、一刀流溝口派、北辰一刀流、天然理心流、神道無念流等。

這些流派，多在幕府的武道場中傳授，但各地諸藩也各有其特別的武術傳統。如神道夢想流的杖法，流行於黑田藩；示現流劍術，流傳於薩摩藩。另外各地也還有些農民自衛武術，如無比無敵流的杖術、北水流的劍術棒術之類。

因此，若以地域來分，我們也可說日本武術發源地竟是在鹿島，以鹿島神宮、香取神宗爲中心，發展出鹿島新當流和香取神道流等。德川中期以降，藩制正式確立，諸國的大名、小名、及各武師競技角勝，遂形成各種獨特的傳承，有名的流派各有其祖庭或根據地。如鹿島新當流在鹿島、香取神道流在香取；示現流在鹿兒島、竹內流在岡山、馬庭念流在馬庭、尾張柳生新陰流在名古屋。情況猶如我國少林派在河南嵩山，武當派在湖北武當山，而螳螂拳盛於山東、形意拳盛於山西那般。

但我國一般只說派，不說流，或稱爲某某門。日本則兼用「流」與「派」，流的概念又略大於派，如一刀流溝口派，就是指一刀流底下的分支。可是一刀流另一些分支或許不稱自己爲某派，只在一刀流上面加限定詞，如北辰一刀流、甲源一刀流等等。

流與派，都取義於水流之分，有源流的意味。故每派都有明確的授受統緒，系譜儼然，比我國的各門各派還要清楚。始祖以下，一代一代的掌門，稱爲「宗家」。宗家的傳承，規矩十分嚴格。基本上是爲了維護這個門派的權威，故正統所系，唯授一人。如禪家傳法那樣，

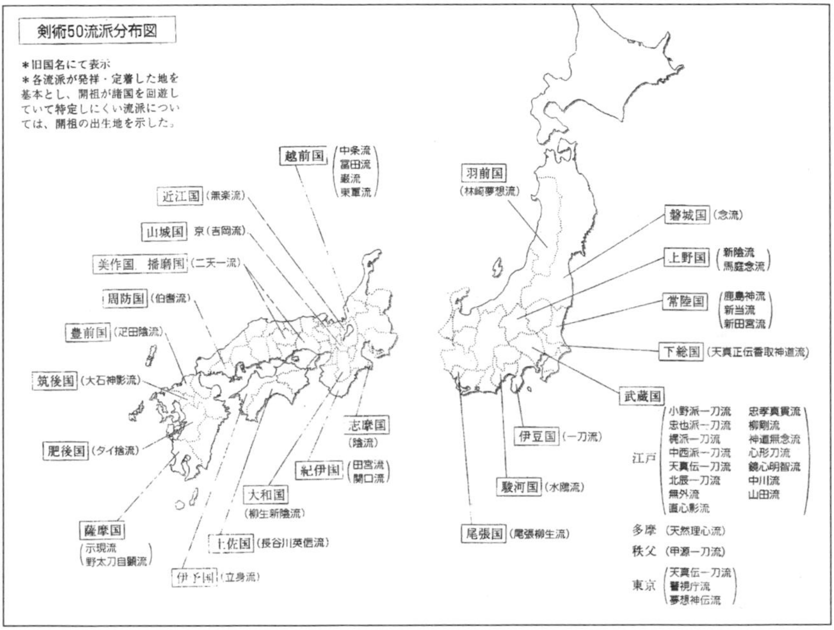

▶日本劍術五十流派分布圖

有授證，有相傳的古文書、秘譜、刀劍，以及特殊的授證儀式。證書上亦會載明本宗歷代祖師名氏及傳承關係，與我國族譜宗支圖一模一樣。宗家之繼承，一般也是以血緣來定，在本宗始祖家族中挑選技術、精神、人格俱優者擔任。本宗無子，或子不足以繼承，才收養子來繼承，又或者在門弟子中擇優擔任。一旦成爲宗家，就擁有該流派最高的權威，比真正的家族宗長還要尊隆。

明治以後，傳統的門派觀念打破了，出現了全國性武術社團，變成流派與社團並行制。但宗家權威仍不稍墮，因爲底下還有明確的等級制在撐托著這個權威體系。

這種等級制，除了一般我們較爲熟悉的九段十級之外，亦分爲入門、切紙、目錄、免許、皆傳諸等級。

入門，不必解釋，屬初級段位。以上則代表初傳、中傳、奧傳。到了免許，即意味可以出師，許可免受本宗管轄，其有獨立自開門戶的資格了。免許以上稱爲「至極」或「皆傳」，有廣大教化主，可去普傳四方之意。也有些宗派對於具此資格者頒發印可狀，模仿禪宗對開悟者的印可。

唯各流派之等級制度又不盡相同，例如兵法二天一流分爲：入門、目錄、免許，免許皆傳。鹿島新當流分爲：目錄、印可、免許、皆傳。神道無念流分爲：切紙、目錄、順免許、免許、皆傳。北辰一刀流分爲：初目錄、中目錄免許、大目錄皆傳。柳生新陰流分爲：表、大転、小転、天狗抄、天狗抄奧、目錄、印可。

各等級所需具備的條件自然不同，規定也十分明確。看看下面這張表，也許我們就能體會爲什麼有個中級段位叫做「目錄」了，要達到目錄這個等級，就必須學會這張目錄上所規定的技術：

武備志所載影流目錄斷片（永祿四年）
影流之目錄 猿飛 說明略 虎龍（亂） 青眼 陰見 三行略 猿劍 第三山陰 以下圖略

秀綱 疋田豐五郎 新陰流目錄
新陰之流猿菱目錄
前書略
一、猿飛　一、猿回
一、山陰　一、月影
一、浮舟　一、浦波
新陰三學之卷
前書略
一、覽行　一、松風
一、花車　一、長短一味
一、徹底　一、磯波
新陰位詰之目錄
前書略
一、高波　一、逆風
一、岩碎　一、殘心
一、清月　一、眼勝
天狗書秘傳卷
前書略

秀綱 西一頓 新陰流目錄	
燕飛	十太刀
前書略	花木
猿回	快捷方式
山陰	大詰
月影	小詰
浦波	八重頊
浮船	村雲
山霞	禁劍
獅子奮迅	（五條）
三學	天狗書
一刀兩斷	心妙劍
斬釘截鐵	光明劍
半開半合	殺人刀
右轉左轉	活人劍
長短一味	當流基本
九個	
必勝	口傳次第之事
逆風	道場莊嚴儀式
	謀略大事口傳

秀綱 柳生宗嚴 與 新陰流目錄（永祿九年）	
○三學	添截亂截
一刀兩段	無二劍
斬釘截鐵	活人劍
半開半合	高上
右轉左轉	極意
左（右）旋右	神妙劍
（左）轉	八個必勝
長短一味	○二十七 條截相
○九個	序
必勝、逆逆風	上段三、中段三
十太刀、和卜	下段三
快捷方式、小詰	破
大詰、八重垣	折甲二、刀捧三
村雲	打合四
○天狗抄	急
太刀數構八	十段三、中段三
高林坊	下段三
風眼房	燕飛
太郎房	燕飛、猿回
榮意坊	月影、山陰
智羅天	浦波、浮舟
火亂房	獅子奮迅、山霞
修德房	
金比羅房	

秀綱 疋田豐五郎 新陰流目錄
一、亂勝
一、○極
一、雲截
一、電光
手留
曲勝曲勢
手縛亂勝
新陰流灌頂
極意之卷
前書略
三光之利劍
新陰流紅葉
觀念之卷
略
八所之目付並二
先持後拍子之事
略
外之物謀略之卷
二十三　條
略

秀綱（信綱）丸目藏人佐與新影流目錄
新影流 殺人刀 活人劍 燕飛 猿回 虎亂 十手 山陰

二、分敘

（一）鹿島新當流

此派傳承宗譜大略爲：國摩真人——六代邦丸——九代常伯——十五代親貞——十九代常足——廿六代常鄉——三十代慶澄——三十四代長慶——四十代秀慶——四十代呼秀——四八代秀室——四九代呼常——五十代覺賢——五十一代常賢・高幹——五二代晴家——五三代晴次——五四代直常——五六代常明——五八代常亮——六十代常香——六二代常淑——六三代規一郎——六四代浩一郎。

相傳此派是鹿島神宮國摩真人所創。真人在神宮內築壇拜祭，得神靈付託，鑄成武甕槌神之「師靈劍」，後遂以「鹿島太刀」之名大行事座主職，並以吉川家爲中心代代相傳。此派在十五、六世紀很盛，因此也有人把它和京八流相對稱呼爲「關東七流」或「鹿島七流」，因那時該派本身就有許多分支之故。

此派劍法之特徵，在於針對古代作戰時武士都著鎧甲，所以攻擊時主要攻其小手、頸動脈、咽喉等處，是非常具有實戰性的劍術。鹿島市還將它指定爲該市無形文化財。

(二)天真正傳香取神道流

此派譜系略爲：飯篠長威齋家直——盛近——盛信——盛貞——盛茂——快貞。據云家直六十歲時，齋戒沐浴，向香取大神發大願，神乃授神書一卷，其劍法亦因此在飯筱家中流傳，已有宗家二十餘代。派中健者塚原土佐守、松元備前守、諸岡一羽齋，均在豐臣秀吉軍中，其後又有片倉小十郎村典、黑澤源七郎、中台信太郎、松元直一郎等擔任各藩的教師，因此流傳甚廣。其「神道流平法」於昭和三十五年被指定爲全日本武道最早的無形文化財，可見其地位。

此派托始於神道，不免神秘色彩，其實是古代作戰時的綜合技藝。故除劍法外，尚含有柔術、居合、棒、槍、薙刀、手裏劍、忍術、軍配法、築城法、天文地理風水陰陽、氣學，以及神道、佛教密宗的修行法等。其術以夜戰、低姿勢、瞬間發刀爲著，也最擅長在狹窄的屋內應付突如其來的襲擊。

（三）卜傳流

此派譜系略為：塚原卜傳——十六傳田中武平——中村次太夫——津輕初代棟方十佐衛門清久——棟方作右衛門貞長——小山次郎太夫英貞——小山太郎兵衛英長——小山太郎兵衛英倫——小山倉藏英清——小山太郎兵衛英直——小山百藏英正——小山英一英孝——小山英太郎——小山秀雄——小山秀弘。

塚原卜傳，於一四八九年生於茨城縣鹿島郡，乃塚原城主塚原土佐守安幹之養子。生父覺賢即鹿島新當流之名家，養父則傳香取神道流劍術，故塚原卜傳兼得兩派之技。十七歲時，出訪遊歷，經十三年返鄉後，在鹿島神宮參悟，據說得神示「一之太刀」而悟入。此派所謂一之太刀，重在氣，要彷彿有燃燒起來的氣焰，才能對敵人造成壓迫感。其次是身體左右移動、進退，要重視間拍節奏，這也是要有修養工夫的。

（四）小野派一刀流

一刀流是個龐大的系統，源祖均出於室町時代的伊藤一刀齋景久，二代小野次郎右衛門忠明曾任職於德川秀忠，對真劍、木刀組合技法有所整理，故後在歷代將軍家諸大名間流傳甚廣，乃日本劍法之代表流派。

小野之後，傳承譜系略為：忠常、忠於、忠一、津輕土佐守信壽、津輕信著與小野忠久。以後就由津輕家與小野家傳承，但小野一系又轉由小鹿家傳承，大正以後，二系又合由笹森順造繼承，再傳笹森健美。

所謂一刀流，其哲理是：「一刀即萬刀」，拔刀切落，一拍之下即分勝負。笹森順造所著《一刀流極意》最可參考。

（五）一刀流溝口派

此派元祖仍然是伊藤景久，二代也是山野忠明，但忠明下傳溝口正則，便稱溝口派。傳到江戶時期會津藩的池上安道時又予以大力發揚，對技法有些改造，故此派又稱池上派，池上安道才是始祖。技法特徵號稱「左右轉化出身秘太刀」，顧名思義是利用左右轉動之方法進行攻擊。

（六）北辰一刀流

此派可能是古武道中最新的流派，幕府末期才成立。由幕末三劍士之一，有天才名劍之稱的千葉周作成政所創。周作本習一刀流，後赴各地道場考察，取義於北極星，創立北辰一刀流。《論語》說：「爲政，譬如北辰，不動而眾星拱之」，此派劍法，要由此參悟。其實即以靜制動，乘敵方出劍時批隙搗虛而入也。

（七）一刀正傳無刀流

一刀流傳了九代以後，由山岡鐵太郎開創了這一派。因受禪宗影響，強調「事理一致，心外無刀」，故名無刀流。技法重在正心修身、虛視勝負，自然易於勝利。此派因山岡生家與小野氏有姻戚關係，其技又得到小野家九代業雄忠政之印可，認爲符合其家傳武學，故名一刀正傳。是最具「劍禪一如」思想的流派。

（八）甲源一刀流

此派系譜上推至清和天皇，其實乃逸見太四郎義年所創，發源於琦玉縣。因係出甲斐源氏，故稱甲源一刀流。二世太四郎義苗、三世義豐、四世義隆、五世長英、六世愛作英敦、七世武義純、八世實道、九世逸見知夫治。此派在安永、寬政至明治初年極盛，門下三千餘人，且不乏農民、庶民，大抵是溝口派一刀流與源家兵法劍技的綜合。今存逸見耀武館，琦玉縣指定爲文化財。

（九）中西派一刀流

創始人爲中西忠太子定，他是小野派一刀流第四代宗家小野次郎右衛門忠一的門人，獨立創派。二代爲中西忠藏子武，首創竹刀劍法。三代爲中西忠太子啓。幕末不少劍士出自此派，明治、大正、昭和初期號稱劍聖的高野佐三郎亦為此派，大本營在鎌倉市。

（十）示現流

這是薩摩地方特殊的流派，始祖東鄉藤兵衛肥前守重位。重位初習待舍流，天正十五年隨藩主島津義久去京都，又學了天真自顯流的技法，並遇到京都萬松山天寧寺善吉和尚，受學後，將待舍流自顯流融合成為示現流。示現，取義於《法華經》之「示現神通力」。

重位四十四歲時擔任島津藩之劍道師範，故此派又稱「御流儀示現流兵法」。重位傳重方、三傳重利、四傳實滿、五傳實昉、六傳實乙、七傳實位、八傳實名、九傳重矯、十傳重毅、十一傳重政、十二傳重德。技法特徵是攻守兼備、先發制人。其家藏文書被指定為鹿兒島有形文化財。

（十一）鞍馬流

此派祖師為大野拵監，明治時期較盛。但舊的圖譜文書武具及館舍都在二戰時期焚毀，十五代宗家柴田衛守中興之，現在成為古武術和現代劍道揉合之流派。除正面擊打外，也有變化卷落敵刀的技法。

（十二）柳生新陰流

室町末期上泉信綱所創，下傳柳生宗嚴，底下之傳承為：宗嚴——柳生利嚴——德川義直——柳生嚴包——德川光友——德川綱誠——柳生嚴延——德川吉通——柳生嚴儔——柳生嚴春——德川治行——柳生嚴之——柳生嚴久——德川朝齋——柳生嚴政——柳生嚴蕃——德川慶恕——柳生嚴周——柳生嚴長——柳生嚴道。

此派名氣甚大，特點一在取法於自然界物象，如蜘蛛、猿、燕；二在強調「無刀」「無形」。無形指無定形無定位，隨敵而動，千變萬化。無刀，謂用刀者無對刀之執著，合理自在地用刀，便能取勝。後世常以為無刀是指空手入白刃，還據此拍成電影，其實是誤解。

（十三）二天一流

此派為宮本武藏所創，二代寺尾求馬助信行，三代寺尾鄉右衛門勝行，四代吉田如雪正弘，五代山東彥左衛門清秀，六代山東半兵衛清明，七代山東新十郎清武，八代青木規矩男久勝，九代清長忠直政實，十代今井正之信勝。

二天一流，又稱二刀流，指身上所有武器都該用上，故長刀短刀應當並用。一切技巧也都該用上，宗旨只在如何殺死敵人，所以無定法無定形，以最直接最能達成之方法為上。所以技法十分簡煉，一共只有五種刀法，但講究「人刀合一，身與心平」，以堅強的意志，隨機活用以克敵。內容具詳宮本武藏所著《五輪書》。

（十四）野田派二天一流

宮本武藏五十歲以後的行蹤不可考，在寬永年間，肥後千葉城的細川藩處開始流傳《五輪書》，正保以後遂衍出野田、山東、山尾三派。野田派的大本營在熊本市，傳承大抵是宮本武藏——寺尾求馬之助信行——新免弁功信森——村上平內源正雄——村上八郎右衛門正之——野田三郎兵衛種信——種勝——大塚莊八——大塚又助——野村市作——伊津野十內——野田三郎八——野田辰三郎——加納軍治——指田次郎——古賀德孝——志岐太一郎——一川格致——神尾宗敬——大浦辰男。

此派每年五月十九都要參拜宮本武藏，六月十二則拜寺尾信行。

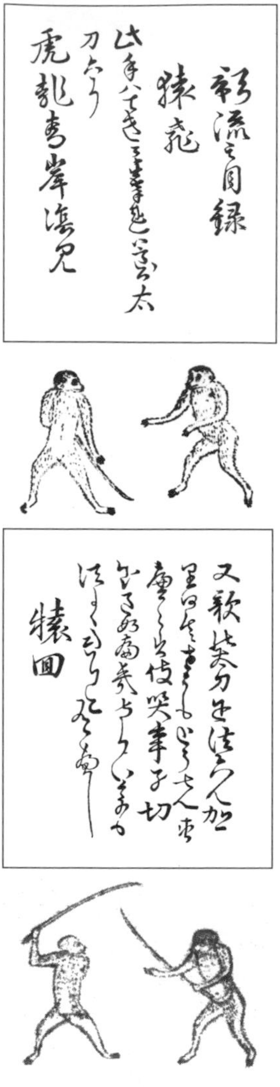

▶明茅元儀《武備志》所刊錄的據稱為戚繼光得自戰場的倭人長刀即雙手刀法，應為影流目錄與猿刀圖譜。

（十五）神道無念流

始祖福井兵右衛門嘉平，永祿十三年生於下野國，歿於天明二年，八十三歲。二代戶賀崎熊太郎暉方、三代岡田十松吉利、四代齋藤彌九郎善道、五代齋藤新太郎龍善、六代也是關東派初代的是根岸信五郎、七代中山博道、八代中山善道、下再分小川武和佐伯宗一郎兩支。其中齋藤彌九郎與北辰一刀流的千葉周作、鏡新明智流的桃井春藏，並稱幕末三劍客，門下名劍輩出。

所謂神道無念，是說作戰時要斷絕念頭，積極攻擊。攻擊迅快，後發先至，決勝於鞘中。

（十六）心形刀流

創於水軒秀明，當時他的道場與上述三大名劍，合稱江戶四大道場。到九代伊庭兵衛秀俊時，因擔任幕府講武所師範，故各地採用者甚多，至今龜山市三重縣均指定此派為無形文化財。

以「心形刀」為流派之名，可想而知是以心的修養為第一義，技藝磨煉還在其次。心正則技正，心的修養不足，技藝必亂，風格則以質實剛健為主。

（十七）天然理心流

此派是劍術、柔術、棒術、合氣術等綜合的武術，由遠江人近藤內藏助於寬政年間所創，下傳近藤三助——近藤周助——近藤勇——近藤勇五郎——櫻井金八——近藤新吉——加藤伊助。

（十八）雖井蛙流

深尾角馬所創，乃鳥取藩劍術的主流。他曾學過圓石流、去水流、東軍流、卜傳流、神道流、新陰流、戶田流、念阿彌流等各派武術，後結合而創此派。所傳著作，初卷名「萬勝之卷」，中卷名「利集之卷」，免許稱「夢想秘極之卷」。下分石河派及白井派。傳到上野小平太忠親時，又著有《井蛙語海》《武士言草》，對雖井蛙流的背景、武士的理想、武士道的形成、劍術的內涵均有所闡說。至今該派在鳥取市的尙德館仍以「文武並進」爲號召。

（十九）駒川改心流

始祖駒川太郎左衛門國吉，甲州人，自幼學習兵學劍術，因感念母親愛撫幼兒口中流涎的情景而奮發精進，故此派以「改心」爲名。創派以後，傳櫻田次郎左衛門貞國，又在劍術之外加上了短刀、薙刀、鎖鐮等術，尤精於短兵。其後傳藤井三右衛門、四傳藤井右門、五傳小島平吉直吉、六傳加藤與七信吉、七傳野口源藏義政、八傳里田彌平正好、九傳高岡彌平義孝、十傳萬象清水敏之、十一傳清水矩之。本派以富士藩爲基地。

（二十）野太刀自顯流

野太刀又名陣太刀，創始人乃冷泉天皇安和元年薩摩地方的伴兼行。他出身軍旅，後裔也多投入戰場，參加過戊辰朝鮮之役等。又稱為藥丸流，因主要在藥丸家族傳承。系譜大略為：伴兼行——肝付兼貞——兼俊……藥丸彈正——藥丸壺岐守——……藥丸兼陳——兼福——兼慶——兼雄——兼中——兼富——兼武——兼義——兼文——兼吉。此派因生於實際戰爭經驗中，故講究「一劍必殺」。

（二十一）馬庭念流

創始人為奧州相馬人相馬四郎義元入道慈恩。據云於安樂寺悟得劍術，故又稱念阿彌慈恩流或念阿彌流。傳赤松三首座禪師慈三。此派後轉居馬庭，所以又名馬庭念流。十世安暠時發展到江戶。目前群馬縣指定其為無形文化財。而其實恐怕是庶民劍法加上護身術。

（二十二）深甚流

祖師草深甚四郎，加賀國草深村人，南北朝時代曾任新田義貞部將，但生平不詳，僅民間有他太刀破槍的傳說。此派後來在加賀藩經武館傳承，每年舉行一次草深甚四郎慰靈劍道大會，主要有「型」五套。

三、討論

日本劍術流派自然不只上述這些，例如居合術的各派，其實也都是劍派，只是它們更強調拔劍法罷了。因此有些門派便居合與劍法並稱，如信拔流劍法居合術、小鷗流劍法居合都是。初實劍理方一流則既是劍派也是居合術。居合講的拔刀之技，在我國，僅視爲劍術中一個小環節、小動作，在日本卻是蔚爲大宗，所以才在劍派之中別居一隊，形成了彷佛另一個陣營，其實它們是一體的。我們考察日本劍術時，對此不能不知。

劍派大多也不只用劍，多半是綜合型的，什麼都練。或以劍爲主而兼習其他，例如一種上文沒談到的立身流，就是劍術、居合、槍、棒、半棒、長刀、捕繩、四寸鐵刀都有。另一些以其他器械聞名的流派，一樣也有劍法，如竹生島劉棒術，就也用三尺二寸之刀。我們中國各門派大抵也都有器械、有拳搏。器械之中，某些門帕特以劍見長，可是也很少只練劍而不練其他兵器的。

這些劍派，如今在日本稱爲古武術或古武道，跟現代劍道並不是同一回事。現代劍道不乏女劍士，這是古代沒有的。現代武道館裏練劍，著眼於比賽競技規則，練習攻防，重在得分晉級，和古代以搏殺爲宗旨的用劍心態、技法也不相同，更不講究什麼門派特點。而且各道場均以推廣爲主，招收學員甚多，具有普傳的性質。相較之下，古劍術就顯得較爲神秘，具有秘傳性質，門第子仍保持著古代師尊和門人的關係，因此弟子數都不會太多。如小野派一刀流門弟子約一五〇名，溝口派一刀流約三十人左右，一刀正傳無刀流這一代的門弟子僅不過四人。門人弟子跟一般學員的概念是不同的。當然，時移勢異，如今古武術若要發展，也漸漸要宣傳推廣，甚至也要收女弟子，但這種門派宗風式的氣氛和慣例，畢竟仍與現代劍道迥然異趣。

不過，造成這種差異最主要的關鍵，還不在門派的儀式、規矩、氣氛、師徒關係、秘傳，以及獨特的技法招式，而在情境。依我上文的描述，讀者已不難看出日本劍法各派往往有神道或佛教的淵源。當然，劍術的參悟可能得諸禪機或神靈示夢，可是這只是其原因之一端。假借神佛以自炫其技，以故神其說，也只是另一個原因。真正影響各派，使它們都牽扯上神佛的，是戰場上廝殺所面臨的生死情境。武士必須克服他對死亡的恐懼，他的生死觀也直接關係著他對劍術的看法，他的精神狀態更須要修練，才能自信而平和地出刀，去迎接那生死一瞬的結果。這種精神性的修爲，當然很需要宗教的支撐。在神佛前參禮、靜坐，或體味某句經文禪語之哲理，均可使人心生穩定感，對堅定其人生觀亦有莫大之裨益。

這個性質，也直接影響到他們對劍術的體會。劍術只是一套拔刀搏殺的技術，可是用刀的是人，人的心理狀態直接關係著他用刀的力道、速度和一切技術。因此精神面的修養遠重於技術之鍛練。而要修養精神、體會劍術之真意，自然又須借助於宗教。許多劍法書都講得玄之又玄，彷彿禪家之機鋒；許多流派也都強調心法、無念。或如宮本武藏那樣，講地、水、火、風、空。有些流派還有道歌，如氣樂流柔術，是講臨機應變，有心無心的，其道歌我不會譯，直錄於下：「闇の夜に鳴かぬ鳥の聲聞かば生まれぬ先の父母ぞ戀しき」「ぬ井にのぞかぬ人の影きしことう月と映る月影」。凡此，均顯示了一種技進於道的風格，內涵比我國的各武術門派似乎更要深邃些。

有些劍派還喜歡稱自己爲兵法，如兵法二天一流、柳生新陰流兵法。據宮本武藏說：「人們常講的兵法，特指的即是劍法。因爲整個社會，一切都在劍的統治下，所以劍法才被稱爲兵法。……關於武士的一切學問都屬於兵法，沒有例外。……就兵法家來說，遍涉諸藝，以修養心性，使兵法與世界共進步，是十分重要的」「真正的兵法要理，在任何時候任何地方都適用於任何人」（**五輪書．地卷**）。意思是說：武士從刀劍上悟出的道理，即是兵法；而兵法又是可以通貫到一切事物上去的。他舉了一個木匠做木器做例子，說木匠必須善於選擇、利用木材，還要能領導組織工人去營造。木工之道如此，豈非與用兵用劍相同？可見木匠有木匠之法之道，兵家也有此道，此道相通，且能貫穿於一切事務之處理中，這種講法，乃然是「技進於道」式的，劍道兵法，便與人生處世法則相聯貫了起來。

這些劍派劍術，還常有劍豪小說和其他文藝作品與相羽翼。如吉川英治寫的《宮本武藏》、五味康佑的《柳生武藝帳》以及描寫鹿島神流的鳴海丈《炎四郎外道劍》、寫野太刀自顯流的池波正太郎《人斬半次郎》、寫尾張柳生流的電影《柳生連也武藝鐵》、寫無外流的池波正太郎《劍客商賣》、寫北辰一刀流的淺田次郎《壬生義士傳》司馬遼太郎《北斗之人》、寫甲源一刀流的中里介山《大菩薩岩》、寫心形刀流的司馬遼太郎《燃燒的劍》、寫天然理心流的司馬《新選組血風錄》、寫林崎夢想流的牧秀彥《流浪的劍聖》等等，小說、傳記、電影、電視、漫畫，不勝枚舉，家喻戶曉，影響深遠。

這也是日本各流派至今得以存在的社會支撐，咱們中國便無此條件。一、文藝作品渲染得較多的，只有少林寺。其他門派之歷史與人物便無人問津。其次，就是偶爾談到少林、武當、霍元甲，也不考證歷史與武術，瞎掰亂扯一氣。三、尤其喜歡杜撰門派，弄得真偽揉雜。搞得假的彷彿真的，真的倒都像假的。

目前，日本有「日本古武道協會」在收集、整理這些劍派的資料，並經常組織、辦理「古武道演武大會」，希望在現代競技體育概念之外，仍能保存這些老門派的宗風與傳統。我以爲此法是值得國人借鑒的。日本各劍派重視心重視氣、有技進於道的特性，更可供我們參考。現在大陸各地武術學校，學生文化素質普遍窳劣。又光曉得鍛煉肢體、苦練技法，一般文化課業尚且不能應付，遑論養心養氣、建立人生觀？因此以上大略介紹日本劍術諸流派及其內涵，或許不爲無益。

再說，據我粗淺的知識看：中國所謂劍術，古代的均已失傳；近代的，自明末清初以降各派劍法，應該全都是由日本劍術轉化而來。此說或不爲民族主義者所樂聞，但實情恐怕竟真是如此，所以介紹一點日本劍派的概況，又不爲無益也。

只是我完全不諳日文，對日本劍派之見聞也很有限，以上介紹可能頗多錯誤，還請學界先達多予賜正是幸。

武士禪

有回去重慶，在機場買了本《葉隱聞書》解悶。旅中讀畢，有些感觸，略說一二。

此書爲日人山本常朝口述，十一卷，談的是日本武士道。日本武士道，思想內涵十分複雜，有儒教之武士道，講究仁者之勇；有兵學者之武士道，講究謀定而後動，以戰爭代替復仇。山本常朝談的，卻不是這些。他的書，形式上類似《論語》，故又被稱爲《葉隱論語》，或《葉隱論語摘抄》，但其實與儒家所說大相徑庭。

分歧最大的，是鼓吹極端忠君。生命之價值，只在

▶明日本劍俠小說封面上的武士像

盡忠於主君，隨時準備爲主君奉獻生命，以死報主殉主。我國人整天批評儒家倡言忠君，實則儒家並不主張尊君忠君。後世在帝制底下，由皇帝提倡的國家君王意識形態才鼓吹忠君，說「君要臣死，臣不得不死」一類話。孔孟荀何曾有這等妄語?但就是「君要臣死，臣不敢不死」，跟山本常朝所鼓吹的忠君思想比起來，仍是小巫見大巫的。那是君不見得會叫臣死，臣卻拚了老命要爲君去死，時時以忠君爲生命唯一之價値，以爲君去死爲唯一之意義。一切精神鍛煉、行爲規範，均以此爲鵠的。忠君至此，真令人歎爲觀止矣。

如此忠君，已近於宗教式之虔誠，死亡成了奉獻的儀式，故講究美感。

武士平時就要勤於照鏡梳妝，懷中且需常帶胭脂。晨起立刻沐浴，剃淨頂門中央，整理髮型、噴上香水。還要修剪指甲，用浮石打磨平滑，再用金色草抹上指甲油。戰盔戰甲也要熏香，有時還得插一枝梅花出征。牙齒上染的黑色更不可脫落，汗毛要常刮，……等等。臨死時，尤其要講究。要從容、要有儀度。有時切腹時還要聽能劇、看歌舞，要死得優雅。

但此種從容雅度，與儒者就義赴死時所顯示的大義凜然，如文天祥顏真卿，實在是兩回事；跟俠客慷慨悲歌，如荊軻之風蕭蕭兮易水寒，也是兩回事。

儒與俠有生命的悲劇感，壯烈剛大之氣，噴薄而出。山本常朝所歌頌的武士道卻只是媚。是對這個生命的祭儀，作出一些姿態來，有以媚之。是有如孔子所批評王孫賈說：「與其媚於奧，寧媚於竈」（八佾篇）的媚。其美感亦只是媚態。

在獻祭生命時，武士所顯示的輕生，或如山本常朝所提倡的：不要想那麼多，先死了再說的所謂狂者精神，當然也與儒家的中道思想迴異。就是儒家所說的狂，也與之異趣。

狂者進取，狷者有所不爲。有所不爲就是舍。武士之舍生取死，乃是狷，不是狂。舍生

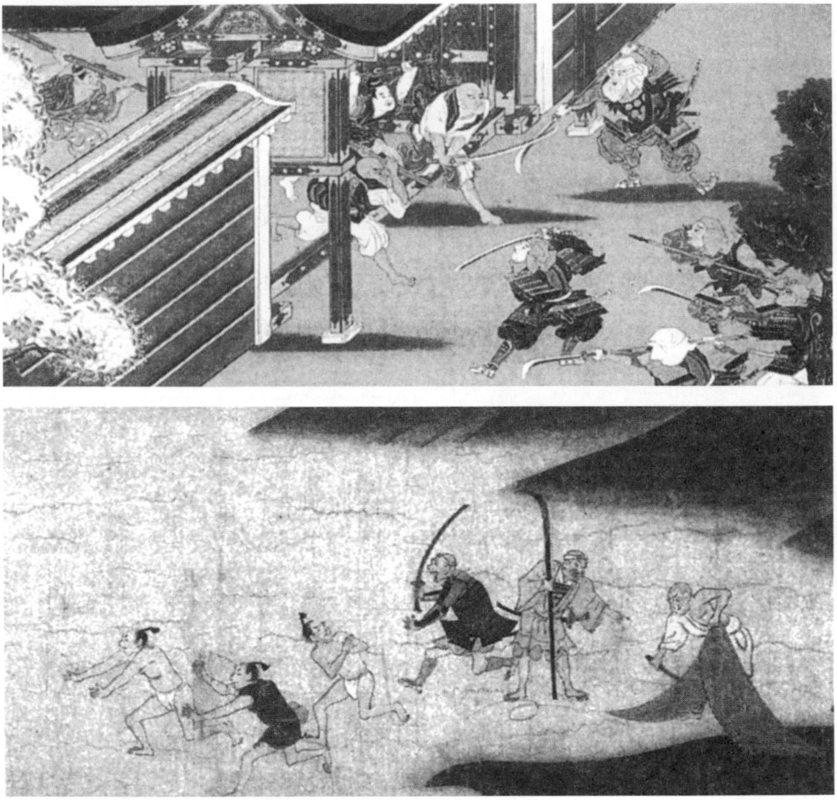

▶《蓮如上人繪傳》(上)與《石山寺緣起》中的浮世繪

是舍，取死一樣是舍生，並沒有進取到什麼，也沒有得到進取本身。

樂府詩，公無渡河，曰：「公無渡河，公竟渡河。渡河而死，當奈公何！」那渡河前進的白發狂夫是死了，但他渡河本身這個行動，卻彰顯了他的生命是自主進取的，不聽人言。武士之狂以取死，則是歸依於他者的。該書卷十引了一首和歌，唱道：「在事事皆偽的世上，唯有死才真實」，又說：

「若與真道擁抱，即使不祈禱，神佑依然」。此種以死爲真道的想法，不就是信徒式的嗎？日本真理教的信眾，因相信死亡才能永生，而集體自殺，沒有人會說他們勇敢。認爲死亡可獲神佑，可與道合一的武士，又怎能說他們是狂者或勇者呢？這連孔子所批評的「暴虎馮河」都及不上呀！

死亡既是獻祭，自己取死固爲一種獻祭，自然也還要殺人爲祭。宗教中本有「犧牲」一詞，爲了成就這宗教性，人命遂不值一提，是隨時要殺了人去獻祭的。

卷七載：「山本吉左衛門武弘，在父親神右衛門重澄的命令下，五歲時殺狗，十五歲時殺死刑罪犯。過去的人更是如此，一到十四五歲，就被迫累積殺人的經驗。勝茂公年輕時，也被直茂公命令練習殺人，聽說一次要連續殺十多個人」。又載一人乘船，看船上人不順眼，就把那人殺了。然後命船夫搖到僻靜處把屍體埋了。埋妥後，又竟把船家也殺了。殺畢，他本帶一男妓上船，說：「好歹你也是個男的，年輕時候體味一下殺人比較好」，故也讓他在屍體上刺了一刀。諸如此類，皆不以人當人，把殺人當玩兒，或當成人生必須的訓練。

這不能說是日本人特別無肺肝，只能說在一種殺牲獻祭似的情境中，殺人被當成從事這種宗教性的儀式過程。

殺人，當然也包含著自殺。自殺也是要練習的，屆時才能從容不迫，完成此種祭儀。書中對此，著墨甚多。

當然，貪生怕死，乃人之常情，要叫人忠君赴死並不那麼容易。故皈依死道、效命主君，仍有待於教育。要強化人求死之信念，山本常朝輒乞靈於佛教。

卷八云：「在日本，佛法廣爲流行，連世俗人都稱道佛法。可這些人多半都是膽小鬼、貪生怕死，與佛法背道而馳。因爲佛法講究『生死事大』、『斷念生死』、『脫離生死』。尙未開悟，就要直面生死，難免以生死爲頭等大事。原本沒有比死更爲輕鬆的事了」。卷十一又說：「武士，若不離生死，則無用。所謂萬能一心，並非無心，是說離開生死，一心任事」。這都是用佛法來去除武士的怕死之心的話。

但佛教之說生死，固然有叫人勘破我執、勿迷戀其生這個部份，更重要的，卻是由生死流轉說無常、空、苦。武士道有取於佛教者，僅爲其偏義而已。

講到此，不由得想起《佛之主事們：殖民主義下的佛教研究》（*Curators of the Buddha: The Study of Buddhism under Colonialism, The University of Chicago Press, 1995*）中兩篇文章。

其一是加州大學柏克萊校區 Robert H. Sharf 教授的〈日本民族主義之禪〉。此文認爲日本鈴木大拙的禪學，是日本殖民主義與西洋東方主義結合成的怪物。爲了在日本明治維新以後，現代化過程中塑造日本民族精神，鈴木倡言一種日本式的、經驗性的禪。禪在鈴木的宣傳中，並不是佛教一個教派，甚至也不是一種宗教，而是超越歷史的、直接的體悟。通過對禪的這種解釋，鈴木等人把禪與「日本人」結合起來。佛教或禪，成爲日本擁有的獨特精神。宣揚這種日本精神，又恰好與日本對亞洲的殖民擴張同步、同構。

另一篇是義大利 Gustavo Benavides 教授的〈Giuseppe Tucci 與法西斯時代的佛教學〉。討論世界著名西藏學及佛教學者 Tucci 在墨索里尼主政時期的演講與隨筆。在一九四一到一九四三年間，Tucci爲了加強日本與義大利法西斯政權合作，在《大和》（Yamto）上發表了許多文章。他藉助於鈴木大拙的論著，顯示了他對現代主義的質疑、對禪的嚮往、和對受禪學影響的日本武士道之著迷。這些文章中，科學式的觀察，跟懷舊式的浪漫東方主義論斷交織爲一，由批評現代性，去武裝法西斯。他從鈴木大拙那裏學到的，正是日本民族主義意識型態中那種超越時間、當下即是、死生如一的態度。

這兩篇文章談的，都是後來的事，離一七〇〇年左右成書的《葉隱聞書》已有不少時日。但文中所談到的問題恐怕不能說與該書沒有關係。佛教，一般都覺得它慈悲、不殺、護生、出世、寂靜，但在日本武士道的運用中，卻完全兩樣。那是要殺人、要自殺、教人死生一如而實際上是叫人去死而不重生的；是曾與殖民主義、法西斯、東方主義相聯結的。鈴木之禪，和武士道之禪，內在或許有其一脈相承的關係。

此種武士禪，本質上只是藉禪以鞏固人赴死之心，故亦無禪者之其他修養，故武士之好色、好貨，皆頗異於修行人。

好色，尤其是好男色，乃日本武士之一大特徵。卷一引述井原西鶴之名句：「沒有契兄的少年，跟沒有丈夫的女人一樣」，可見當時風氣之一斑。日本佛教，本有不禁色的宗派，婚娶如常人；吃肉，甚至吃鶴也不在話下。但如此普遍的男風現象，恐爲佛教教義所不容，然而似乎也沒看見當時佛教界對此有何批評、有何糾正。大概在彼此利益相關的結構中，和尙們也就睜一眼閉一眼啦！

說了這麼多，全是惡評，似乎沒一句好話。但其實書還是很好看的。文字素美，李冬君的譯筆頗有松秀清婉之致。書中論武士心性及行事法則、說鍋島藩家族史及武士言行，亦皆均可以備史考，也可以見風俗。

拳經九論

一、聖典崇拜

刀經拳譜、武笈秘錄，在我們社會上，因小說電影電視之渲染，已形成一種「聖典崇拜」。大家相信最高的道理即存在於經典之中，只要獲得經典，依法修參，便能證得無上菩提，登至最高境界。所以，為了獲致經典，不惜巧取豪奪，大動干戈。取得經典後依之修行，亦為必循之徑路。

聖典崇拜是各宗教各文明中普遍之現象，武俠世界自然也不例外。但武俠文學中出現這個現象的時間甚晚。早期只有俠義小說曾有宋江獲得九天玄女三卷天書之類故事。可是天書玄秘，通常都是沒有字的；僅在危難時焚香祝禱，才會示現天機。此亦為聖典崇拜之一種類型，然非塵俗世界得能仿效。塵世的武林，把拳經秘笈講得最活靈活現的，是金庸的小說。我們試想：若無《九陰真經》《九陽真經》，射雕神雕諸傳的英雄俠侶們還唱得成戲嗎？若無《辟邪劍譜》《葵花寶典》，令狐冲林平之的曲折故事恐怕也講不成了。同理，小胡斐的本領，全憑一冊胡家刀譜。有人偷練了前面幾頁，便成了技擊名家，經典之義，斯可謂大矣哉！

金庸之前的武俠小說名家，談論秘笈者甚少，金庸則幾乎每本小說均以秘笈爲其情節核心，秘笈又特別多。九陽真經、九陰真經、辟邪劍譜，葵花寶典，胡家刀法之外，如六脈神劍、易筋經、紫霞神功、玉女心經、乾坤大挪移等均是。其小說之模式既以此爲特點，當然也就因此而形成了格套，看來看去，似曾相似，不免有自陷窠臼之嫌。故以秘笈爲敍事核心，乃其創格之成就，而亦遂爲其缺點之所在。

何況，秘笈固爲昔賢所創，筆錄以傳世。後世豈即無賢能之士，不能自我創獲，非取而誦習不可？金庸筆下的聖典崇拜，往往被形容成武功一代不如一代。所以誰只要能得到聖典，便可練成當世最高的武功。此固爲聖典崇拜之常態，但經是死的，人是活的，因崇拜經典，遂拒絕靈活通變、因革創益之機，恐亦非智者所應爲。

此非苛責金庸，也不是要討論武俠小說該怎麼寫。金庸之所以特別注意到聖典秘笈，並以此來做爲情節核心，料想他有個特殊的時代社會背景，令他對此有感會，故下筆不覺其然而然，就表現出了聖典崇拜諸徵象。

可不是嗎？近百年來，康有爲奉孔教聖典、國民黨高舉三民主義、共產黨抱持馬列教條、民進黨以台獨核四之黨綱爲神主牌。這些執政者（康有為百日維新亦可勉強算是執了政權），誰不在表演著他們的聖典崇拜態度呢？誰不宣稱其聖典乃「聖人造作，具一切法」？誰不謹循其教，寧願百姓遭殃、社會蕭條，也不肯在黨綱上稍做讓步？這樣的社會，出現這樣的小說，又有啥可怪託的呢？

二、易筋經

武林秘笈，來歷最古、地位最高者，首推達摩祖師《易筋經》。

易筋也者，謂練武之人須改換筋骨，轉弱爲強。修習此經即可以達到這種效果，「以血肉之軀，而易爲金石之體」。

達摩被稱爲少林初祖，少林則爲天下武學之宗，泰山北斗，因此這部經典在武林中簡直地位崇高極了。關於這部經典的傳說、小說敍述也講得神妙無方。

可是，很少人真看過這部聖典。當然，無上妙品，不授無緣，流傳本來就很慎重、很神秘，一般人自然也難得看著。不過幸而讀者並不甚多，一般練武之士，文化水平又不見得太高；更少人關心它的理論性，而僅從練功的需要上去誦習，所以它才一直保持著它神奇且崇高的地位。真去取來參閱，它的西洋鏡恐怕就要拆穿了。

先不說達摩與少林寺相關傳說均屬杜撰僞託，就只針對《易筋經》來說，甚中荒謬之處便甚多。

例如達摩是禪師，少林是僧門，《易筋經》卻教人攢、掙、搓、拍睪丸；握、洗、束、養陽具。洗，指每天用藥水洗泡。束，指用軟帛束起。爲什麼要如此費工夫呢？因爲要壯陽，以供房中鏖戰。經文說：「吾不知天地間更有何樂大於是法者？」這怎樣可能會是達摩和尙的口吻，怎麼會是少林寺裏傳習的功法？

此類功法，它自稱爲「泥水操珠最上乘之功也。」清順治年間，一位海岱遊人記載曾見西羌人習此法，可以「以長繩繫睪丸，綴以牛車之輪，曳輪而走」，則彷彿現在市井間的「九九神功」之類。功在壯陽，與武藝何干？倘或更以泥水采戰自詡，傷德敗行，又豈有道之士所宜爲？在道教練丹法中，對於藉助性交采陰補陽的功法，都是瞧不起的。稱爲泥水丹。跟金丹大道，相去霄壤。《易筋經》號爲至高妙諦，而居然以泥水丹法自鳴得意，不是要笑煞人嗎？

此經還有些附錄，說：「男子骨白，婦人骨黑」「髑骸骨，男子自項及耳並腦後共八片，婦人只六片」「牙有二十四或二十八或三十六」，皆妄謬。

這本經典，所述功法，其實多雜采道教呼吸吐納、導引以及內丹緒法拼湊而成。最重要的鍛練方法則是「八段錦」。八段錦很普遍，會的人很多。但換個名目，稱爲「易筋十二勢」，大家就覺得高深玄秘多了。

聖典崇拜，往往就是如此。一個時代、一個社群、一堆人，奉若神明的什麼主義、綱領、教條，其實大部分也都是如此。高明神聖，徒子徒孫，萬人景從，膜祇奉行，以爲有甚深奧義，足以生死人而肉白骨，按而稽之，殆亦僅僅是另一本《易筋經》罷了。要改易筋骨者，該換的，其實不是筋骨，而是腦筋。

三、洗髓經

武林秘笈，《易筋》之外，尚有《洗髓經》。此經亦屬達摩傳授，而且比《易筋經》還要神奇。

據《易筋經》李靖序說，達摩卒後留下一口鐵函，函中藏有這兩本經書，「洗髓經帙，歸於慧可，附衣缽共作秘傳，後世罕見。惟易筋經留鎮少林」。可見少林所傳亦僅易筋法而已，洗髓功則爲掌門衣缽之秘。李靖這篇序文是僞造的，但即使是僞作此序者也承認並不曾見過《洗髓經》。

故《洗髓經》可謂秘中之秘，歷來修練之士看待這兩本書，也持軒輊之見。例如玄同子藏本《易筋經》後序就說：「練易筋功行，成就已；以洗髓之功視之，猶是外功，不足以言工夫之上乘，必須進而練習洗髓，方爲形神之妙道畢矣」。

少林掌門衣缽秘術，流傳當然也絕少。不過據說後來慧可禪師發願弘法，將此經翻譯成中文，所以畢竟有了傳本。

流傳各本，內容甚爲分歧，譯文也頗有不同。其功法大略謂：夜中靜坐，服氣吐納。五更起床後，也吐濁納清。靜坐吐納時，舌抵上顎，咽津入腹，氣歸丹田。平時行住坐臥也要行功，然後再輔以按摩之法。

這樣的功法，其實也甚爲簡單。但它跟《易筋經》相比，確實較有理趣，其〈無始鍾氣〉〈四大假合〉〈凡聖同歸〉〈物我一致〉各篇，都不只是講技術、操作手法，而是從宇宙氣化講起，謂宇宙因氣化而成，故水火土風四大假合，人亦如此。生命暫有，終歸太虛。修練者只是借假以合真，運用服氣養氣之法，以求長生。這樣的理論，使它在各武術秘笈中顯得較爲深奧高妙，以致於它那極簡單的功法也彷彿高深莫測了。實則其理論雖有理趣卻是欠通的。若真能悟四大假合、生本虛幻，便能超脫生死關，何至於汲汲以長生久視爲念？而其具體功法，則又卑之無甚高論，不過是呼吸吐納而已。裏面甚至還有一些「兩手常在腹，捫臍摸下體」的動作哩。

如此功法，何以便能擁有那麼高的聲譽地位？

原來，聖典之所以能成爲聖典，有時並不只因它本身的因素，而是因時因機的。胡適的《中國哲學史》《白話文學史》〈文學改良芻議〉本身也談不上多麼嚴謹深刻，議論亦多欠通，但掀起一代風潮，肇興新文化運動，誰又能說它沒有歷史地位？不也有許多人迷信它，視爲聖典嗎？

《易筋》《洗髓》於今視之，淺陋可哂，妄謬亦甚可驚。但那是少林外家拳術在明末遭遇內家拳思潮崛起後的自我調整之作，希望吸收道家的運氣行氣說、呼吸吐納功法、導引術來達到新的綜合。這種綜合，雖然簡陋，但卻成爲清初迄今少林系統武術的基礎，許多功法均由此衍申發展而來。此所以這兩部經才會被推尊爲武學宗祖，有如此崇高的地位。

四、劍經

中國兵器，以劍爲尊。但後世劍法失傳，劍在戰陣中亦無所用，劍遂僅成爲裝飾性或表演性的技藝。真正講武術的第一本《劍經》，其實乃是一部棍法譜。

這部棍法譜，同時也是我國第一部棍譜。以棍譜名爲劍經，自有以棍代劍之意。劍的傳統地位及作用，依作者看，是該讓位給棍了。

這位作者，乃明嘉靖萬曆間名將俞大猷。戚繼光曾任其副將，對他的棍法非常佩服，所以在編《紀效新書》時，把他這《劍經》全文收錄書中，且增繪了二十四圖勢，以助瞭解。後來民國初年寫《江湖奇俠傳》的平江不肖生向愷然也曾注釋此經，並增圖勢若干幅，改名《子母三十六棍法》。因此可以說這是一本不僅具有歷史地位，也深受內行推崇的經典。

俞大猷於嘉靖四十年路過少林寺時，因少林棍法從唐初即擅盛名，故請求觀藝。但看後頗爲失望，認爲其棍法「傳久而訛，其訣皆失矣」。於是挑了兩名僧人來教誨，要他們學成之後「轉授寺僧，以永其傳」。所以後世所傳

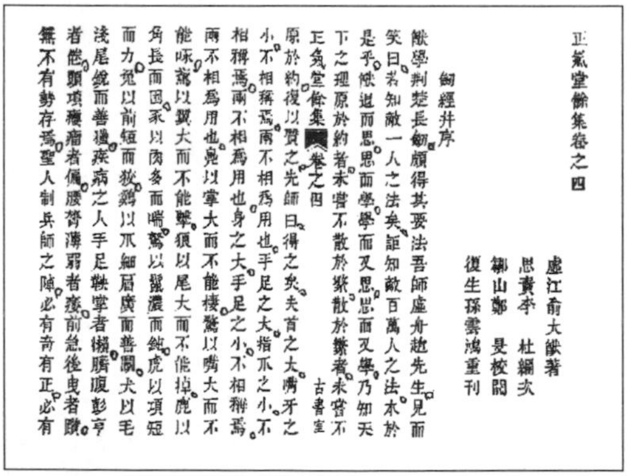
正氣堂餘集卷之四
虛江俞大猷著
思貴李 杜編次
鄒山鄭 旻校閱
復生孫雲鴻重刊
劍經并序
猷學荆楚長劍頗得其要法吾師虛舟趙先生見而
笑曰若知敵一人之法矣詎知敵百萬人之法本於
是乎猷退而思思而學學而又思思而又學乃知天
下之理原於約者未嘗不散於繁散於繁者未嘗不
正氣堂餘集 卷之四 古書室
原於約復以貫之先師曰得之矣夫首之大嘴牙之
小不相稱焉兩不相爲用也身之大手足之小不
相稱焉兩不相爲用也手足之大指爪之小不相稱焉
兩不相爲用也兔以掌大而不能棲鷲以嘴大而不
能啄鶩以翼大而不能擊狼以尾大而不能掉鹿以
角長而困豕以肉多而喘鷲以鬣濃而鈍虎以項短
而力兔以前短而狡雞以爪細扁廣而善鬭犬以毛
淺尾銳而善獵疾病之人手足攣掌者懶臍腹膨亨
者能顛項癭瘤者偏腰脊薄弱者痿前急後曳者蹶
無不有勢存焉聖人制兵師之陣必有奇有正必有

▶《劍經》書影

少林棍法，恐怕也只是俞大猷的棍法罷。

俞大猷的棍法何以能有如此高的評價？或者說，它的要訣何在？

綜合俞大猷與戚繼光的看法，有幾點可談：

一、棍爲兵器之首：「用棍如讀四書，鈎刀鎗鈀如各習一經」，四書既明，六經之理亦明矣。「若能棍，則各利器之法從此得矣」。

二、棍雖重要，但練棍者跳躍閃滾，多是花樣，中看不中用，故棍法以實用爲要：「俞公棍，所以單人打不得，對不知音人打不得者，正是無虛花法」。單人打不得，就是說棍法不是個人表演用的；無虛花法，就是說不准練者「徒支虛架，以圖人前美觀」。

三、使棍時，須懂得短兵長用的道理。棍不如長槍大刀，乃是短兵。短兵利在速進，要搶到近距離才能發揮作用。所謂短兵長用者，是長驅直入之意。

四、兩人對陣，不是演套路、要招數，而是要乘其機、因其勢的。所以他強調：「須知他出力在何處，我不此處與他鬥力，姑且忍之，待他舊力略過，新力未發，然後乘之，所以順人之勢、借人之力也」「不外乎後人發先人至一句」。

這些論點，都是武學上的至理名言。習武者賣弄氣力，矜炫姿勢，乃人之通病。此經所說，可謂切中要害。可惜後世武術之發展仍然是以演套路、打招數爲主，每家各派，以此自鳴得意、宏展宗派。既罕實用實戰之效，又跟俞大猷博采各家之精神相違（**他的棍法吸收了山東河南各處教師的技法與經驗**），實在令人感慨。幸而，「後發先至」「順人之勢，借人之力」之原理被太極拳等內家拳派吸收而發揚光大了，否則後人對此《劍經》豈不愧煞！

五、拳經

古罕有以拳法聞名者。魏文帝曹丕《典論》自序記其麾下奮威將軍鄧展「善有手臂，曉五兵，又稱能空手入白刃」，似是善拳技者。然曹丕記其術，乃是擊劍，而非拳搏。曹丕弟弟曹植論手搏也不詳。足證此道於古不盛。也正因爲如此，清初編《古今圖書集成》，在「拳搏部」，就幾乎沒什麼東西可錄，勉強把古代的角抵列入其中。但角抵只是摔角、相撲，跟我們現在所說的拳術搏擊仍有相當的距離。這也可以看出拳術的發達實在是很晚的事了。

現今論拳術，動不動就說少林、講達摩，或推太極拳之類拳法於唐代道士許宣平、宋朝道士張三丰，其實哪有那些事兒呢？就連《水滸傳》裏說拳腳，也粗略得很。李逵魯智深，三拳兩腿即致人於死者，非其術驚人，但憑一身氣力耳。唯武松醉打蔣門神時，用了一招，說書人特別記了一筆，謂此乃「鴛鴦腳」「連環腿」，可說已爲拳術之濫觴。

《水滸》寫成時代甚晚，但武松所處的宋代，是有可能出現這種拳招的。因爲相傳宋太祖趙匡胤曾創立長拳，岳飛也曾創立拳法。其技雖乏文獻可以稽考，但後世拳術，泰半與它們有淵源，則是可以確定的。台灣民間，流傳最廣的，也就是太祖拳。

宋代這些拳法，傳到明朝，頗有發揚。其間最重要的人物，即名將戚繼光。

戚氏《紀效新書》末尾爲〈拳經捷要〉，此爲拳經之祖。它一方面沿續傳統見解，謂「拳法似無預於大戰之技」；一方面又提高它的地位，說「活動手足，慣勤肢體，此爲初學入藝之門也」「大抵拳棍刀槍叉鈀劍戟弓矢鉤鐮挨牌之類莫不先有拳法活動身手。其拳也，爲武藝之源」。拳法自此，才成爲武技中的重頭戲。

其次，戚繼光又是當時拳術之集大成者。他主張「博記廣學，多算而勝」，故將太祖三十二勢長拳、六步拳、猴拳、溫家七十二行拳、三十六合鎖，二十四棄探馬、八閃番，十二短，以及鷹爪王之拿、李半之天腿、千跌張之跌等兼收並蓄，融會貫通，編爲廿八勢，繪圖、注訣以教人。後世拳譜均循其體例。後世一些拳法，其實也多脫胎於此。例如太極拳中的懶紮衣、金雞獨立、單鞭、探馬、七星、跨虎，均本於此。

此外，戚繼光不是經典主義者，他主張在實戰中增進技藝，而非熟讀圖譜即堪應敵。因此他說：「既得藝，必試敵，切不可以勝負爲愧爲奇。當思何以勝之、何以敗之，勉而久試。怯敵還是藝淺」。後世許多人都妄想尋獲一本秘笈，以爲據本子修練之後，就能立刻天下無敵。依戚繼光看，天下是沒這種便宜事的。這也是它成爲經典的原因。

六、太極拳經

太極拳，可說是現今流行最廣的拳術，但也是興起甚晚的拳種。道光咸豐之後始漸知名，同治光緒間始大盛，入民國，更不斷推衍發展，形成許多流派，某些訣法秘笈甚至遲至一九五八年以後才流傳。所以也可說是仍在發展中的拳術。

這個拳種，歷來神話最多。一是功用的神話，謂其足以健身、祛病、長壽。其實太極拳名家中李亦畬僅六十歲，楊班侯僅六十一歲，楊露禪七三，郝和七一、吳鑒泉七二，亦均非高壽。故太極拳雖可能有強身的功用，若說得太神奇，便過火了。拳，主要是應敵，能否健身長壽，其實是其次的。現在打太極拳的朋友，輕摸慢揉，以健身爲宗旨，而不求其能克敵致勝，恐怕有些兒買櫝還珠。

太極拳另一個神話，是起源。光緒七年起，將它推源於「武當真仙張三丰」；一九一六年袁世凱幕客宋書銘又將它推源於宋遠橋，以及唐代李道子傳明代俞蓮舟；到民國八年，陳鑫更上溯於其始祖，明洪武七年之陳卜。人人扯人一個老關係，弄得太極拳史如墜五里霧中。

詳細的考辨，得寫一本書才講得清楚，我在此僅能講結論。結論是這樣的：首先提出太極拳這個名稱的，是山西人王宗岳，乾隆時人。但其拳本稱長拳，有十三勢，乃掤、攦、擠、按、采、挒、肘、靠、進、退、顧、盼、定。且其拳實已不傳。今所傳者，均由河南陳家溝來。陳家拳，本無太極之稱，據我看，與王宗岳之法也不相同。如陳王廷，年代與王相近而略早，其〈拳經總歌〉七言廿二句，其實就只是依戚繼光《拳經》而編的。陳家所傳拳架及招式名稱也頗多同於戚譜。故我以爲陳家拳即是據戚氏拳譜發展而成者，所以與王宗岳並不相同。陳長興〈太極拳十六要論〉等，講身法、步法、剛柔、三合、六進，也並無所謂十三勢。楊露禪以後，才將王宗岳十三勢跟陳長興所傳拳法拳理結合起來說。但衡諸王氏之法，楊氏太極拳有黏而無走，非王氏「黏即是走，走即是黏」之旨。王氏只論四方四隅，楊則論方圓；王只說陰陽相濟，楊則云顛倒陰陽；楊打穴，王不打穴；楊主張以粘黏連隨等待於人，王主張舍己從人、因敵變化，可見兩者仍是有差別的。

世之傳習太極拳者，囫圇吞棗，把這些東西混爲一談，並穿鑿附會以說之，結果當然是治絲益棼。太極拳傳來傳去，分成了許多派別，事實上也正是治絲而棼的結果。

雖然如此，王宗岳〈太極拳經〉仍是值得重視的。畢竟各派都奉其經文以爲典謨，而且太極拳主要的理論也由此奠基。

什麼理論呢？

一、四兩撥千斤，打拳是用巧勁而非使蠻力；

二、隨曲就伸、舍己從人，打拳須因敵變化，非一味壯欺弱、快打慢；

三、剛柔動靜在於氣，非僅肢體動作而已。

這些理論已超越技術層面，蘊涵了許多哲理。它能造成巨大之影響，殊非偶然。

七、拳經拳法備要

少林拳威震天下，但相關傳說，多屬虛妄。真正足以考其拳法者，厥推清康熙年間張孔昭《拳經》一書。

此書認爲：「拳法之來，本於少林寺」，確認了少林寺在拳法上的宗祖地位。其技亦本之「玄機和尚秘傳」，後來雖另有心得及發展，但基本拳理和拳術架勢，大概仍不脫此一淵源。後乾隆時人曹煥斗據其書作注解，編成《拳經拳法備要》，裏面就仍可看到「少林寺短打身法統宗拳譜」「少林寺玄機和尚傳授身法圖」「少林寺短打推盤步法」等，淵源自不可掩。現在我們要考察清朝初年少林拳的姿貌，僅存此書可供追躡了。

把天下拳術都推源於少林是不對的。少林在明代中期，僅以棍聞名，故戚繼光《紀效新書·拳經捷要篇》歷數天下武術，只說「古今拳家，宋太祖有三十二勢長拳……」等。後來少林寺僧人努力鑽研拳藝，少林拳才聲名鵲起。建立聲望後，徒眾漸廣。其徒眾推重師門，便不止說他的拳法本於少林，更要說天下拳法也都源出少林了。張孔昭這本書，序文照抄戚氏《拳經》論宋太祖長拳以下一大段，卻在上面巧妙地加上「拳法之由來，本於少林寺，自宋太祖學於其中而名遂傳於天下」，很能看出這番用意。

實則少林拳自有其特點，與長拳，以及以長拳為基礎所發展的拳藝（**例如戚繼光的拳勢或太極拳之類**）並不相同。少林乃是短打。這不僅有短打步法、身法諸圖譜可證，其拳理也屬短打。

現在它所存各拳式圖，都沒有伸拳舒腿的。兩肘垂於腰際，兩手上不過肩，下不踰膝，門戶甚小，下盤又很低，正是典型的短打型態。看來現今所傳南派，即傳說中由少林弟子洪熙官等人所創的洪拳之類，仍保持這種風格。傳說中由洪拳發展出來的醉

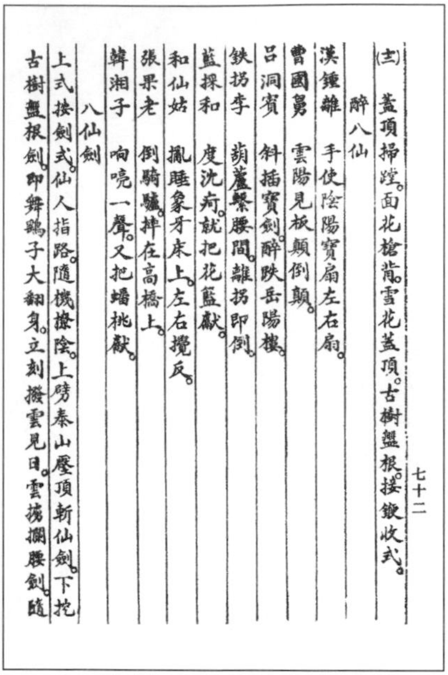

(十二) 蓋頂掃蹚。面花槍背。雪花蓋頂。古樹盤根。接鞭收式。

醉八仙

漢鍾離　手使陰陽寶扇左右扇。
曹國舅　雲陽見板顛倒顛。
呂洞賓　斜插寶劍。醉跌岳陽樓。
鐵拐李　葫蘆繫腰間。離拐即倒。
藍採和　度沈痾。就把花籃獻。
和仙姑　擸睡象牙床上。左右攪反。
張果老　倒騎驢。摔在高橋上。
韓湘子　响喨一聲。又把蟠桃獻。

八仙劍

上式接劍式。仙人指路。隨機撥陰。上劈泰山壓頂斬仙劍。下挖古樹盤根劍。即舞鷂子大翻身。立刻撥雲見日。雲撈攔腰劍。隨

七十二

▶《國術大全》中收錄的醉八仙拳譜

八仙拳法，也早就完整地記錄在這本《拳經》中。

〈拳經問答歌訣〉曾對此有闡發，云：「問：『短打勝長拳，何也？』答曰：『短兵易入。長來短接易入身，入身跌撥好驚人，裹裹打開左右角；外裹打入窩裏尋』」。短打，因為架子小、出手短，所以要勝敵就須欺入敵人身畔。這本拳譜，反覆說明身法步法，即是教人如何打入圈子裏去。所謂打開左右角、打入窩裏去、短身易入，均指此言。其論步法亦最詳，如寒雞步、顛狂步、梅花步、之字步，玄子步，回龍勾、太極八步……等，重在左右閃身、射入攻敵。強調：「凡與人對敵時，身法帶縮，腰法帶彎，偷步宜快宜活」，也是同一個道理。

這種拳法，可能是由猴拳發展來的。戚繼光論古今拳家時已談到猴拳；明人王士性也在〈嵩遊記〉中說他曾在少林寺見過僧人打猴拳。這本拳譜裏，鐵拐顛樁式、站步式，亦均談及猴拳。

八、萇氏武技書

明末清初，是我國武學突飛猛進的時代。突破的一個關鍵，在於將武術跟氣論結合起來說。

早期論武技，只談進退趨避、手法步法；可是到了晚明，武術跟養氣、運氣等氣論結合了，使得武學內向化，不是注重力量、速度、技巧，更要強調內在的氣的作用。如《易筋經》教人由外壯轉而追求內壯，要人讓氣沈入筋膜之間，即爲一例。這種內向化的傾向，導致「內功」逐漸盛行。同時，因爲養氣運氣須運用一些佛教道教的修煉法門，也使得武術與佛學道學越來越緊密。

在這種發展過程中，有一本書起著關鍵性的作用，那就是萇乃周的《萇氏武技書》。萇乃周是乾隆時河南人，曾撰《周易講義》，是一位儒生。故其拳又號爲儒生拳。著作甚多，後人整理成爲《萇氏武技書》，凡六卷七十四篇。

其中卷六是槍法棒法劍法，卷五是拳譜，其餘四卷倒是論氣的多些。而其氣論，卻又不是儒家孟子知言養氣那一套，乃是由道教丹法及醫學上轉化而來的。

因此此書開宗明義即是〈中氣論〉，它解釋道：「中氣者，即仙經所謂元陽，醫者所謂元氣。以其居人身之正中，故武備名曰中氣。此氣即先天真乙之氣。」靠著呼吸，將氣運於周身，流行於經絡臟腑，則「煉形以合外，煉氣以實內，堅硬如鐵，自成金丹不壞之體」。

此即內外兼修之法。在此書之前，我國武學從無此等論調，此後卻成了普通常識。

其書卷一卷二，大抵講的都是如何煉體內陰陽兩氣之法，追求「神以氣會，精以神聚」。然後再教人煉形之法，煉形也講究形氣合一。其拳二十四式，每勢均須配合氣，陰陽流轉，引出自然之力，而非使蠻力。

這本書的論述路數如此，而具體言說，則精義甚多。例如它強調心的作用。武術搏擊，靠心智修爲工夫，而非體能勁力，這就把武技提升爲武道之層次。心是靈妙的，「觸而即發，感而隨通」，故它雖教人廿四勢拳招，但卻強調當機。其機只在敵人一動之間，敵不動我也不動，敵動，機現，我即因此機，乘其氣已動而擊之。這就超越了固定套路拳式之格套，而且以靜制動。再則，粘法，也是此書首創。它說用功時兩臂都要柔軟，不可使力，粘到人時，氣貫力出，才能傷人。若敵來攻，則邀住他手，粘連不離，隨我變化。後來太極拳講究以靜制動、以慢打快、柔軟、粘，都有承流接響之跡。

萇家拳，後世失傳了，今所見者，均非原貌。但其拳譜之價值，實超越了一宗一派的意義。

九、形意拳要論

拳分內家外家。所謂內家拳者，據最先提出這個名詞的黃宗羲說：「以靜制動，犯者應手即仆」。可是因為早期的內家拳法業已失傳，所以我們通常是以太極拳這類拳法為模型來認知所謂的內家拳法。

但一般也稱為內家拳的形意、八卦，其實就跟太極頗為不同。起碼它們不像太極那麼靜態、那麼柔軟、那麼遲緩。

形意拳的名義及來歷，也是個謎。一說達摩傳法、張三丰演術、岳武穆創拳，在內為意，在外為形，故稱形意。一說乃張三丰創，岳飛為之著譜闡發大要。一說岳飛創「意拳」，清初姬際可獲其譜。一說本名「心意六合拳」，為姬際可所創。

到底是形意拳、意拳、還是心意六合拳呢？看來達摩、張三丰、岳武穆也都不可靠，此拳應起於清初。重點也不在六合，而在五行。

今存形意拳譜，號稱爲岳武穆所傳之拳經，有好幾種。其基本道理，是一氣化兩儀，兩儀生三才。三才爲基本式，凡形意拳起手收手均以三才式爲主。以三才基本式，配合身、手、腳、步四法，形成五拳。拳屬五行：劈如斧，屬金，可養肺；攢屬水，可補腎；崩屬木，能舒肝；炮屬火，能養心；横屬土，可理脾。

形意拳極爲簡樸，基本上就只這五行拳。練時一拳一拳反覆練熟，再串起來練五行生克、五行連環，如是而已。

但天地運化，有五行之後，還要化生萬物，故拳不能止於五行，更要以十二物來象萬物之形，打十二形拳。十二形爲龍、虎、猴、馬、鼉、雞、鷂、燕、蛇、駘、鷹。各形也是單獨練，再串起來，稱爲「雜式捶」。如相對練習就叫「安身炮」。

五行拳只有五式，十二形只有十二式，又無套路，其簡樸可知。但這套拳，幾乎全是攻擊進手，動作則講究迅疾，譜云：「身如弩弓拳如箭」。拳則五行須如炮擊、電鑽、斧劈、崩撞，其猛烈也可知。跟太極拳迂緩柔軟且以靜制動者頗爲不同。

但它有幾個特點，一是講究氣的運用，此不僅在動作中的調呼吸，更在於運氣。運氣、形成了勁，是它第二個特點。勁不是力。它說勁有明勁、暗勁、化勁之分。練拳的人，初習拳以熟練拳式爲主，用明勁。漸漸地就須練暗勁。否則拳式如此之簡，欲能傷人敗敵，豈能徒恃其力？再者，拳是配合陰陽五行而創的，也具有調理內臟的養生功能。這些，是它被視爲內家拳的主要原因。

今存《岳武穆形意拳要論》共十篇，大概也是清人所造，與岳飛的口氣不符，但論拳理而強調步法，甚爲切要。形意拳拳式甚簡，而能實戰有效，步法奇幻，確爲一大關鍵。

劍法要略

明朝人論武藝時，大抵已不論劍了，舊作〈刀劍錄〉對此已有說明。茲補充談談：

明人《考盤餘事》說得很清楚：「各名物之制，莫不有流傳，獨鑄劍之術不傳，典籍亦不載。故今無劍客，世少名劍」。大行家茅元儀所編《武備志》中更說：「古之劍可施於戰鬥，故唐太宗有劍士千人，今其法不傳。斷簡殘編中有歌訣，不詳其說」，又云：「古之言兵者，必言劍，今不用於陣，以失其傳」。可見古代之劍術、劍、鑄劍法等在明代即已失傳，失傳的原因是在戰場上劍已無用。故茅氏編《武備志》時就根本沒見過劍是什麼樣，他書上畫的劍，乃是「博搜海外始得之」，由日本、朝鮮留存的實物略窺古代劍的形制而已。

這叫「禮失求諸野」，說來是頗令人感傷的。不過，後來的武術家大概也感到如此把古人之劍術都丟失了，實在遺憾，於是乃又從日本再學了回來。禮失，不是要求諸野嗎？此時便不恥下問，向日本學習。著有《少林闡宗》的武術大師程沖斗所著另一刀法經典《耕餘剩技》，即是依據劍客劉雲峰從日本人那兒學來的刀法整理消化而成的。

腰擊勢
腰擊勢者即腰擊也、法能橫冲中殺身步手劍疾若迅雷此一擊者劍中之首擊也、右脚右手斬蛇勢向前進步逆鱗看法、

坦腹勢
坦腹勢者即坦腹刺也、法能冲刺中殺進如崩山右脚右手蒼龍出水勢向前進步腰擊看法、

舉鼎勢
舉鼎勢者即舉鼎格也、法能鼎格上殺左脚右手平擡勢向前擊擊中殺退步裙攔看法、

刺法有五
逆鱗刺、坦腹刺、雙明刺、左夾刺、右夾刺、
格法有三
舉鼎格、旋風格、御車格、
洗法有三
鳳頭洗、虎穴洗、騰蛟洗、

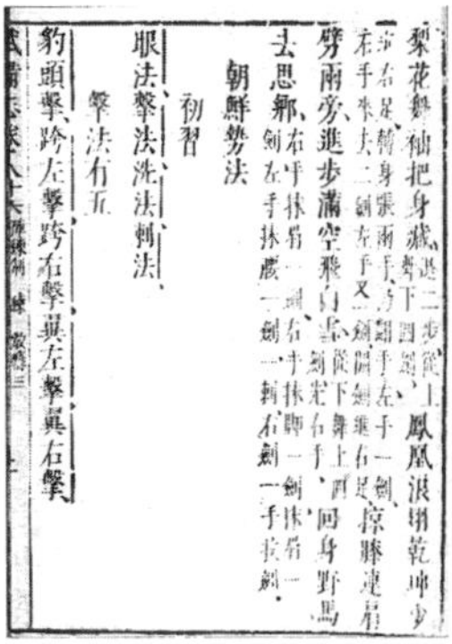
梨花舞袖把身藏、鳳凰浪翅乾坤少、掠膝連肩劈兩旁、進步滿空飛白雪、回身野馬去思鄉、
朝鮮勢法
初習
眼法、擊法、洗法、刺法、
擊法有五
豹頭擊、跨左擊、跨右擊、翼左擊、翼右擊、

▶《武備志．陣練制．練．教藝三》所刊錄的劍法，稱其「得自朝鮮，勢法具備」

日本人的劍，早期也是兩面開鋒的，後來則既像刀又像劍。以單刃爲主，似刀；細而長，又似劍，故刀劍每每混稱。我國此時亦多稱爲刀法，後來參考古代劍兩面開刃的特性，再予鑽研變化，才有清朝以後各派之所謂劍法。如今各派劍法，無不推源上古，講起來彷佛煞有介事，譜系儼然，其實都是清代創造出來的。

即使在清初，吳殳《手臂錄》也不甚論劍，所論以槍、棍爲主，刀、牌次之。槍法，他推重石敬岩的石家槍與程真如的峨眉槍，棍則推崇少林。對於槍法，他說得尤其詳細，可是對劍術卻講得既少又隱晦，所載唯〈劍訣〉一篇。前有序，後僅載歌訣而未詳說劍法。序曰：

漁陽老人教余劍術，且曰：「此技世已久絕，君得之，慎勿輕傳於人。」余惜此技終絕，又顧念老人之語，故不著說而作訣焉。

劍訣的內容如下：

長兵柄以木，短兵柄以臂。長兵進退手已神，短兵進退須足利。足如狡兔身如風，三尺坐使丈八廢。余擅梨花三十年，五十衰遲遇劍仙。劍術三門左右中，右虎中蛇左曰龍。手前身後現刀勢，側身左進龍門亟。身前手後隱刀勢，側身右進虎門易。二勢用手身誘之，彼取我身手出奇。點者奇正亦能識，捨身取手主反客。我退我手進我身，左翻右躍如獅躑。虎躍不入龍，龍翻不入虎，龍翻虎躍皆蛇門。直進當中不可阻，左右進退有虛實。六法相生百奇出。彼退我乃進，彼退有奇伏；彼進我亦進，彼進乃窮蹙。樸身槍尖迫使發，死裏得生生鐵屋。嘗以我矛陷我劍，矛多虛奇劍實戰。當其決命爭首時，

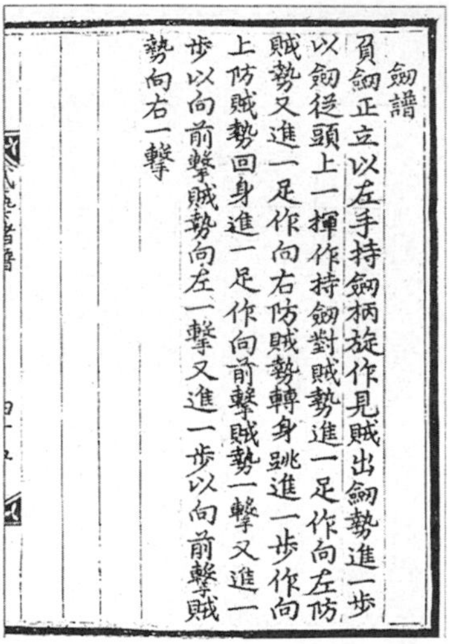
劍譜
負劍正立以左手持劍柄旋作見賊出劍勢進一步以劍從頭上一揮作持劍對賊勢進一足作向左防賊勢又進一足作向右防賊勢轉身跳進一步作向上防賊勢回身進一足作向前擊賊勢一擊又進一步以向前擊賊勢向左一擊又進一步以向前擊賊勢向右一擊

▶《紀效新書》中的「劍譜」（朝鮮《武藝諸譜翻譯續集》）

劍短矛長皆不見。自笑學兵已白頭，初識囊中一條練。

據他說此技得諸漁陽老人。漁陽即今薊門，老人殆爲隱者。傳此法就傳得詭秘，先是說此技久已失傳，繼而說自己偶得劍仙教授（**他本來是學梨花槍的**）。把劍法傳給吳殳之後，又勸他勿輕易流傳，所以吳氏才不說明，只記錄了歌訣，且說劍法終究是要亡的。

歌訣講的只是原則，不知具體使法，終歸無用。而且吳氏在這一篇之後，立刻又寫了一篇〈雙刀歌〉，說：「既於漁陽得神劍，只手獨運捷於電。唯遇拍位已入門，頗恨不如雙器便。乃知昔刀未全可，立有並用故貫貫。今以劍法用右刀，得過拍位乃用左，手眼清快身腳輕，出峽流泉風撼火。亦恨我不見古人，亦恨古人不見我！」似乎他又把劍法融合在雙刀術裏了，自矜新創，愈發不去闡揚劍法啦。

雖然如此，吳殳這篇劍訣仍然十分重要，因爲它是劍法復興初期僅見的文獻，前此俞大猷《劍經》其實是棍法譜。以棍爲劍，亦證明了斯時業已無劍，故取棍以代之。

吳殳以後，劍譜開始越來越多。乾隆期間萇乃周的《萇氏武技書》中就有一套「雙劍名目」，記了真武按劍、浪卷浮萍、雨打落花、王郎砍地、大鵬展翅、孤雁出群、二龍戲珠等三十六個式子。並謂：「此劍數目無多，舞來頗覺耳後生風，雖不比公孫大娘之妙，演習久之，亦可以防護身體，不失古人琴劍樂趣云爾」。可見劍譜之制，主要是思復古道，欲人舞之以得其趣，兼可防身。凡看過萇氏這本書的人都可以發現：這個態度跟他論拳、槍、棍、棒，皆是不同的。論那些，他都著眼於運氣、用力，以及如何攻敵。論劍，卻真是「舞劍」了。

後來的劍譜，層出不窮，不可勝數，但基本上都是這個態度。舞式子、得古人琴劍之趣、演習久之亦可以防身而已，實戰功能或意味都不是很強的。套路雖多，格局大抵相似，所以也就不一一介紹了。

但我要特別談談民國戊申年間宋賡平的《劍法圖說》。此書是劍法之殿軍，此後專門劍譜便也少了。而且它所談的劍法，是完全中國思想觀念之產物，並兼有舞劍和技擊功能。其中卷下有〈論劍有八法與書法相通〉一節，最能看出這種特色。我從前在《書藝叢談》中收有一篇〈書學與武學〉，論我國書藝與武藝相通之原理與現象，本文恰好即是我的說法之一佐證。謹錄於後，亦可以見吾國劍術之大凡也：

習此藝者，務要凝神定氣，手足相應，意前劍後，心閑手敏，此法與書法合符表裏。眼快不如手快，手快不如步快。步法即身法也。意到神到，手足步法俱到，無論砍撩摸刺抽提橫倒，無不如法。

蓋砍撩摸刺抽提橫倒，皆劍學家之規模也（古《劍經》法，有四字訣，曰格、洗、擊、刺。今此所傳八法，刺與古法同，抽即含洗意，提即有格意，橫倒皆用擊意也。益之以撩摸砍，則諸法大備矣）。務使形如飛鳳，而手平推平起，搖挽得宜，展放得當。若搖挽中運內面，自能待用生花，回環上下，或左或右，圓轉自如，輕捷便利，勢如風飛電掣。中鋒透力，一波三折。用左讓右，用右讓左，進退起伏，不可絲毫濡滯，成板笨之形跡。

劍勢之翻花，或巨細不等者，皆緣劍底尖有間隔之故。然求無間隔之病，必於筋絡間用意，使氣行無間，否則疵累百出。嘗論劍法與書法通，古人觀劍法即悟書法，非謬談也。今特詳解八法如下：

砍者，有數十種之砍法。有平砍、立砍、順砍、橫砍、倒砍、斜砍、上砍、下砍、左砍、右砍、進砍、退砍。唯翻身砍為回馬劍，其勢拖劍敗走，急走則急回，緩走則緩回。翻身跳躍，乘勢往來便砍，必中來人。設追者能覺躲去，我可複如前法退走，以盡連環回馬之技。此絕妙之劍法也。砍要平對，力要停勻放妥，尖鋒與中鋒底根勁各不相同，均忌挑望恍過。可用手頸催動，勿用指鋒手先。須空拳用出一催，便得矣。茲雖用對面衝覆，按納拖抖，又宜覆去，宜立針法。

撩者，與砍相似。亦有數十種。有平力、順橫、倒鉤、上下左右諸撩法。惟反撩則係應前而擋後。如與前敵相應，後面來者，不覺下部當中，被撩順而取之，不費思索，此劍學之法。要明中有暗，陽中有陰也。反鉤覆施單挑，抱鉤撩必臥推，平抖撩摸，則凝穩督放。

拔刀出鞘勢

右獨立刀勢

低看刀勢

左提撩刀勢

埋頭刀勢

左獨立刀勢

右提撩刀勢

左定膝刀勢

▶程宗猷《耕餘剩技》中的「單刀法」（部分）

▶民國時代一代劍術奇人「神劍李」李景林的書法。李景林主持了民國第一次國術擂台賽，並創辦了當時實力最強的山東國術館，公開傳授一直秘傳的「武當對劍」。他提出：「練劍之要，身如遊龍，切忌停呆，習之日久，身與劍合，劍與神合，於無劍處，處處皆劍，能之此義，則近道矣。」

摸者，法與前砍撩大抵相同，然能取巧之處，在學者意會神通。摸喉則喉斷，摸頸則頸斷（此手頸即腕七寸處也）。譬如與敵交手，迎面一劍砍來，我必搖身進步，斜斷來人之手頸。若稍遲未下乘勢上取便摸咽喉，或車轉滾撒，帶摸回環左右，皆能隨身隨手借摸，皆妙法也。法又宜衝挽盤旋左納挑。右摸則應用右挽抱。

刺者，對喉擊刺、對胸直刺，向下則有少腹夾襠之刺。故刺有上中下三等之不同。如敵人初來，全力全身，定然搖動。我行刺法，則專其一。譬如線之穿針，期其必中。並有撒手刺者，但非藝精神通，不能用之。蓋失去手中之柄，若稍不中，即同空拳赤手也。所以此藝務要精通，方可使用全身之力，透入中鋒一撒，則七札俱穿。此法與箭相同。箭在百步之外發之，流走甚遲，敵人望風能逃避躲藏，或能閃脫。劍在數步以內，發之甚速，勢險節短，敵人遙望未清，已中咽喉，所以躲匿不及也。

抽者，上下相當、退讓相宜、勻稱相合，所以謂之抽也。居中則退，相逼則抽，欲揚必抑，抽撤取巧以觀變。無抽則劍成有進而無退、有剛而無柔，其法不活，其勢不靈。然則抽撤實劍法之根宗要訣也。譬之戰陣，兵法亦頗重能抽扯，不然焉有許多軍士來死打硬仗？用兵致勝之要訣無他，審勢全賴抽扯得宜。善用活法，進退不失其時。當進則進，迅雷不及掩耳；當退則退，瞬息不得逗留。恰與予《論兵十要》中有要虛不要實之說相合也。出劍入則上滿，上滿則有礙，欲退不還，須用抽落下一走，從實中抽去，返身填補，以回馬之勢取之，必無不中。再外則以封閉之法攔之，亦無不可。此封閉之法，與槍刀迥不相同。走青不架攔，勢如架攔一般。

提者，升降從心，始開面目，發而必中之謂也。身轉搖動，起伏倒坐稍得微勢，提劍便砍。提又與攔相通。照下觀上，行左行右，皆是提也。我身斜行，其上下寬不過七寸，而提劍在手，斷下衝上，亦貴斜行。寬則倒看一尺有餘，全身皆完固，而敵鋒焉能透入其中也？提劍只要一沾長技（長技者長兵，如槍矛之類是也），則借勢便要走青（走青者，閃避令敵器不能沾身，躲得清淨，故俗名走青）入紅門也（入紅者，紅門敵之大路，且可使敵人流血者，故曰入紅門也）八法中尤以提為宗脈。其法，意先劍後，橫順皆可。用出劍尖之鋒，力透向前，迎面亦能推盡，輾轉自如。往左往右，進退起舞。以此為始，以此為終。提法如垂露，雖用覆凝，按注其法，自合劍之竅道。橫者平環之，謂劍之橫行。縱躍起舞，處處有法，處處有竅，得者心領意會，神而明之。弗知者，如隔千萬重山，舉步艱難。吾聞善兵者，不以短擊長，不以寡敵眾。攻心為上，攻城次之。用寡如用眾，以少勝多者，兵之精也，以短勝長者，藝之奇也。不戰而能屈人之兵者，上之上也。

倒者，縱跳起舞之謂。前之七法。處處不離縱，縱即倒也。有高縱、矮縱、回縱、起縱、環跳、順跳。躍及縱者，即如鳳之高飛，必身縱而後翅起，若無躍無蹤，即成癡劍死劍矣。須向形會意，譬之飛禽，身長而尖，皮毛皆柳。如將要起舞飛縱，頭形立尖，而身項直硬，足引下蹬，兩掌落地。觀鳥之高飛將落時，則與劍法之立形相似。

至於內功運氣，操快輕身，則法須面為細授可也。古人之飛崖走壁，皆由工夫習操而成，非奇特怪異之事也。俗云硬工夫不假外求，盡在至情至理之中，由當然而漸到自然。原無一毫勉強之勢也。

奇門秘技

我在陸委會供職時期，兩岸初初交流，文化大學體育系邀了少林寺來。因我在邀訪過程中起過點小作用，故表演時亦找我一塊兒去看。那時少林武術剛恢復。之前拍電影「少林寺」時，包括李連杰在內的武打演員都與少林無關，電影中住持火化的大殿場景，也還是借自嵩山中岳廟的，把道觀當成佛寺來演。此時來台這一批，才是文革後少林第一代武僧。

表演完畢，掌門人永信法師帶了兩位武僧教頭，來我國際佛學中心拜訪。其中一位法號延功，有金鐘罩功夫，故在舞台上曾表演一個節目，叫羅漢撞金鐘，由眾僧扛著木柱去撞他。十幾年後，世事流轉，延功爲台灣姑娘所縛，竟還俗成了台灣女婿。但他畢竟不負如來，有心將少林武術發揚光大，所以在安徽老家辦了一所武術學校，收容孤兒習武，又來台籌組中華少林禪武學會。學會後來又以其他因緣，由我擔任了創會的會長。我小時候練過一些少林及北派拳，故與他們一同說禪講武，重拾青春年少，一時也頗欣欣然。

後來我才曉得高杰（這時他已恢復本名）之武術一部分本於家學，祖傳醫道尤奇。其用針，以經絡爲主，不主穴位。隔衣認脈，隨手發針，輒有效驗。我初去他府上玩時，他便看出我脊椎上帶傷，且在第五節上。又一年，我去少林寺，他趕回來與我相會。我正因腳扭傷了，在醫院治了許久，均不見好，走起路來一瘸一瘸的。他在我腿上扎了幾針，閒聊了幾句後，便讓我起來跳跳看，令我十分驚異。他也能配藥，但常見的少林七厘散之類丸散膏藥，卻不經見。

但本文並不想專門介紹他，他只是我江湖浪跡所遇異人之一。我跟一般學者不同，別人黃卷青燈，在書齋裏皓首窮經；我則東飄西蕩，遊以攄懷。人家往來無白丁，談笑有鴻儒；我卻三教九流、雞鳴狗盜，無不交往。有時甚至不無偏激地認爲：「仗義每多屠狗輩，負心都是讀書人」。他們文采儒雅，我又不免劍氣縱橫，且雜於星曆卜祝之間。生涯如此，焉得不常有奇遇？邇來浪跡神州，在各地飽覽奇山勝水之外，也就順道查訪異人，或打聽相關異聞。

例如我幼時愛聽家父講述江西老家的鄉野傳奇。據說某次鄰村有人來我村偷魚，村人去制止，雙方拉扯了一陣，對方悻悻然離去。其人返家後，雙眼紅如朱砂。我父看了，知是一門叫「五百錢」的功夫。忙請族中長老去邀了鄰村保長來做見證，說盜魚是非姑且不論，卻是不該下此重手，煩請施術者出來解救，否則數日即死。鄰村保長見了也很著急，不斷道歉。但施術者已藏匿他處，一時無法找回。我父乃快船去吉安，找位青幫的朋友趕來救治。用藥之後，病人瀉了一臉盆黑血，才得痊可。依家父說，這門功夫是該村人從一鳳陽婆處學來的，幸而學得尚不地道。後來他還把此事始末寫入他的自傳《花甲憶舊集》裏。

這當是閉穴法的一種，萬籟聲《武術匯宗》雖亦言之，而不得其詳。各武學醫科傷科典籍中，也都未載其法。故一向我只視爲傳奇，不以爲真能得見。

後來才訪知江西萬載縣袁州府黃茅地方仍存「字門」，尙傳此技。習者先交五百錢學點死，再交五百錢學解法，所以名五百錢。分明暗兩種：明手拿其一穴，控制全身，又稱大手，多在技擊時用之；暗手則在與人握手、拍背、遞煙、摟抱、拉扯之際施之。受傷後只有下手人才能解救。若不解救，重者頃刻吐血而亡；輕者數日、數月、數年而亡。其法以指尖發勁，有「點、拍、摸、閉、拿」等陰陽手法之分。按下手輕重、穴位位置、時間長短不同，而產生不同之證狀，去醫院檢查也查不出。解救後，傷處仍會呈現猶如銅錢般的紫色手指印。江西民間習此技，有三十六大穴、七十二小穴之說，但黃茅的郭儀師傳用的是五十三穴，這是他那一派的獨得之秘。家父說的鳳陽婆傳技，或是訛傳，或是鳳陽另有傳承，亦未可知。

字門別有符法，說是可以止血止痛。弟子拜師時，用刀刺手，以符止痛止血來證驗。又有脫繩術、五雷定身術、九龍化骨水等。化骨水可以當場呑筷子和繡花針，然後喝水化之。畫五雷字，亦可以把蛇定住，號稱真武定蛇技。不過我沒見過，不好亂說。

當然，這類醫武奇術，台灣也多的是。但我覺得好奇的，是爲何大陸經歷過這幾十年翻天覆地的變動，大傳統（great tradition）幾乎整體出現斷層，而鄉村小區俗民代表或傳承的小傳統（little tradition），竟能存活下來？例如真正的道教茅山派科儀道法，幾已斷絕；而民間的茅山術，什麼寄打、退煞、青龍過江、隔山打穴、翻天印、鐵板印，卻仍在民間用自己的方式流傳。許多江湖門派，也是如此，文革後一一恢復，且有掌門人等授受譜系。爲何如此？這個問題，有時比那些術法更讓人覺得神秘。

改革開放後的新社會，好像也沒讓他們適應不良，反而活得更暢旺。過去依口傳心授，現在是光碟、函授，教材教具更勝學堂。過去僅在鄉里秘傳，今於通都大邑遍設分部壇口。過去只知閉門苦練，現在有各種特色培訓，完全針對現代生活之節奏與需求來設計，而且推陳出新，根本不限於傳統的門派窠臼。

比方我知道有個華山派，竟然有「密傳華山紫霞功」和華山九劍。紫霞功跟獨孤九劍？那不是金庸《笑傲江湖》裏掰出來的嗎？不要緊，現在真有個華山派了，而且真有紫霞功和華山九劍了。紫霞功發為紫霞掌，雙手便亦出現金庸所形容的紫色，據稱可以隔物碎磚、切碑斷石，你怕不怕？

哈哈，別忙，還有厲害的。金庸《天龍八部》不是說有個逍遙派嗎？今我在河北邢台也訪到了。其逍遙迎風掌，據云可以隔山打牛、隔空削磚、百步之外擊人。其純陽內功，修習百日，即能開碑裂石，一頭撞倒磚牆；再練，更可飛身上屋、踏雪無痕，勝過鐵掌水上飄。就是不知跟天山童姥丁春秋相比如何。

另有一個河南石佛鎮的五毒門，號稱仙劍合爐，頗令人聯想到暢銷電玩「仙劍奇俠傳」。但該派講移魂出竅，不僅可呼風喚雨，更能驅動僵屍。練的是五毒奪魂掌，中者七日之後潰爛至死。此外，它還傳一種迷魂藥、催情功，乃古代房中術、拍花門之流裔。

對這些奇裏古怪的新舊功法數術，我或信或不信，但都無礙我查訪著好玩。有時蓄疑已久，忽然覓著頭緒，如前面說的五百錢，就更是高興莫名。

如我小時曾練鐵沙掌，故對一位鐵沙掌前輩顧汝章與江湖奇俠柳森嚴的故事，深感好奇。此事又牽連於大俠杜心五，而杜心五是自然門的武功。自然門功夫，萬籟聲書中可見端倪，但我在台灣卻未見其傳承。其來歷尤其模糊，連萬氏都說：「本門淵源，不得詳考」。後來我作過一篇考證，查到趙避塵的《性命法訣明指》，知其道脈本於了空了然，武技本於徐矮子。可是仍不曉得徐矮子究竟是誰。方今之世，更有誰見過杜心五萬賴聲，可以從容叩問？不想，某次在成都，逢金筋門王慶餘先生，談起來才知他不但見過，且由杜心五介紹，拜在青城山歡喜道人李傑門下。聽他講述杜心五袖短劍走鏢，徐矮子作羌人裝束，飛身立在桌角上等事，不勝企慕。武林舊事，一霎紛來眼底。訪尋奇門秘技，其樂往往如此。

武學與醫藥學

武術與醫學的關係，應該興起得很早。練武習武，總不免有損傷，損傷則必用藥用術療治，這是無庸置疑的。但我現在要談的不是這部分，而是指用醫學知識或藥物來協助練功，或將醫理融入武學之中。這種情況，起源就不太早了。

現今可考者，仍推僞託達摩所傳之《易筋經》爲最早。此經造於明末，教人內壯法，「煉壯之法，外資於揉、內資於藥。行功之際，先服藥一丸，約藥入胃將化之時，即行揉功。揉與藥力，兩相迎湊，乃爲得法」（〈服藥法〉）。這是第一篇強調用藥力來輔佐練功的文獻，要使藥力與揉兩相迎湊，對後世武學影響極大。

它的藥，是用伏苓、芍藥、甘草、朱砂、川芎、當歸、人參、白朮、地黃研末，煉蜜爲丸，湯酒下服。這些都是補血氣的藥，用以行氣。

此爲內服之藥。它另有湯洗之藥，用地骨皮、食鹽入水煎沸，乘熱湯水洗之，使血氣融和、皮膚舒暢。

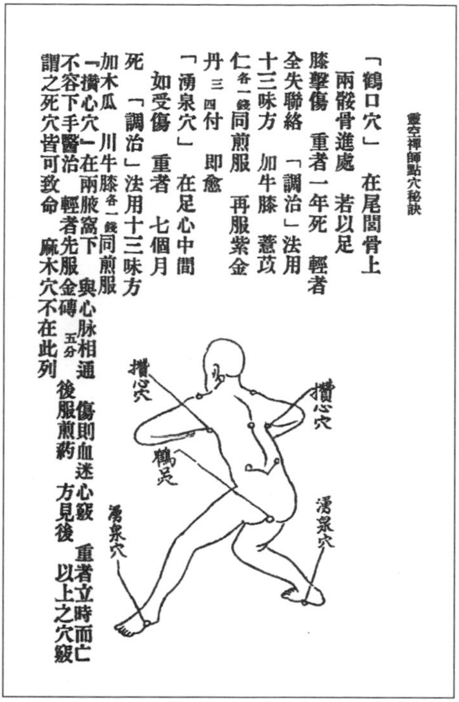
靈空禪師點穴秘訣

「鶴口穴」　在尾閭骨上
兩骸骨進處　若以足
膝擊傷　重者一年死　輕者
全失聯絡　「調治」法用
十三味方　加牛膝　薏苡
仁各一錢同煎服　再服紫金
丹三四付　即愈
「湧泉穴」　在足心中間
如受傷　重者　七個月
死　「調治」法用十三味方
加木瓜　川牛膝各一錢同煎服
「攢心穴」在兩腋窩下與心脈相通　傷則血迷心竅　重者立時而亡
不容下手醫治　輕者先服金磚五分　後服煎葯　方見後　以上之穴竅
謂之死穴皆可致命　麻木穴不在此列

▶薛顛整理《靈空禪師點穴秘訣》的書影

《易筋經》本文所載用藥法之大概僅止於此。但法門既開，賡述者眾，該書後面就逐漸添了多經驗藥方的附錄，如打虎狀元丹、大力丸等，都是增強筋骨、滋長氣力的。比較特殊的，是洗手方。

洗手有專門的藥方，是因爲《易筋經》教人練一種類似鐵沙掌的工夫。用熱水燙洗手掌後，以黑豆綠豆拌在斗中，用手去插，慢慢手力便堅強了。洗手方就是協助人練此工夫的。畢竟，僅用熱水，效力有限，參以藥力，掌力可能更加渾厚。這些藥方，技擊家各有秘方配製，所以有編者說：「壯筋骨藥方，率皆欲速見效，妄投猛烈藥物，雖氣力遽見增長，而致戕生者頗多」。足證以藥助煉，業已蔚爲風氣、形成傳統，而亦出現了不少流弊。

此後《洗髓經》也有藥，內服如十錦丸、五生丸、五成丸、十全丸，外洗亦各有藥方數種。最特別的，是針對下體的藥洗。據說洗後練功，「從丹田運氣至玉莖，努氣至龜頭，硬如鐵杖」。其次，則是它利用鉛球鉛條來推滾指摩骨節穴脈，也用藥來煮這些鉛條鉛球。認爲如此，「用以推滾周身，令皮內筋骨俱致堅勁」。

後世傳少林武術者，皆奉《易筋經》，當然也就傳衍了這套藥洗及服藥行功之法。代表作爲五台山靈空禪師所傳《全圖練軟硬功秘訣大全》。

此書來歷不明，所謂五台山靈空禪師大概也是依託，成書年代應爲清末。其中第一章第六節述涵虛禪師練功法語，不知與所謂靈空禪師又有何關係。但書中各節所述武功，多與少林之易筋法有關，應可推知乃是世俗流傳所謂少林功夫之一脈。

它分武功爲內功外功二路，謂「內功練氣、趺坐習靜，與道家之導引術約略相似」。外功主練力，又可分爲二路，即軟功與硬功。如朱砂掌、一指禪等，屬於軟功；金鐘罩、蝦蟆勁等，屬於硬功。本書即述此軟硬各功之練法者。

這些功夫往往可以隔空傷人，故練之不易。其中也有須用藥洗助其行功者，如琵琶指，其效宛若武俠小說中之彈指神通。練時便須用藥，它也附了藥方。此外第四章又載了三帖練拳洗手藥方。大約這是練鐵沙掌、朱砂手、一指禪、龍爪功等通用的；琵琶指藥洗方，則爲琵琶指專用。

這些藥方，有一帖通用練拳洗手藥，是《易筋經》裏的，另三帖則爲後來發展而來。有兩種須加水加醋煎熬。據我練功之經驗，加醋可以清腫去淤。但也有前輩說以醋練掌，掌力剛硬，但骨質較脆。大概這也就是有些藥方加醋有些卻不加，任人擇用的緣故。

不過，藥方在早期大抵均是尋常之藥，後來逐漸用一些虎掌、鷹爪等難得之藥，而且一用就要一對，藥方的實用性不免大打折扣。其中有一方，藏紅花就要用六兩；一個藥方還要用蚺蛇膽一個。此類藥方，縱能配齊，花費亦甚可觀。

以上這類，均可視爲少林外功的路數，衍《易筋經》之緒，在武術界通行流傳甚廣。

另一條路徑，則不是直接用藥來洗燙或吞服的。強調的是內藥。

這裏，先介紹一篇文獻。民國十八年張慶霖《練氣行功秘訣內外篇》。此書於外篇中又分爲上中下三篇，其中中篇有〈外藥了命〉〈內藥了性〉兩章。其說謂：

> 丹經所謂外藥者，以其我家真陽，失散於外，不屬於我，寄居他家，乃以外名之。盲人不察，錯會他字「外」，或猜為御女閨丹、或猜為五金八石、或猜為天地日月、或猜為雲霞草木以及等等有形之物。殊不知真正大藥，非色非空，非有非無，乃混沌未明之始氣，天地未分之元仁。順則生人生物，逆則成道成仙。聖人以法追攝，於一個時辰內，結成一粒黍珠，號曰陽丹，又曰還丹，又曰金丹，又曰真鉛。以此真鉛點一己之陰汞，如貓捕鼠，霎時乾汞，結為聖胎。此外藥之名，所由有也。……如藥本在外，如何得向內生？藥屬於他，如何得為我有？經云：「五行順生，法界火坑。五行顛倒，大地七寶。」木本生火，今也火反生木。金本生水，今也水反生金。金木水火，中藏戊巳二土。如四象，而配五行。一氣運用，復成一太極。火功到日，煉成一粒至陽之丹，取而服之（〈外藥了命〉）。

此所謂外藥，其實仍是內藥，因爲此乃用道教內丹家之說，要人修體內之鉛汞，而非服用草木金石之藥。外藥既得，則修內藥，它說：「大丹難得者外藥，外藥到手，即是內藥。聖胎有象，陰符之功，即在於此。《參同》云：『耳目口三寶，閉塞勿發通，真人潛深淵，浮游守規中』，所謂無欲觀妙者此也。」（〈內藥了性〉）。說得玄奧。簡單講，就是要人淡泊無爲，不被欲望牽引，如此方能養性。外藥養命，內藥養性，即爲性命雙修。

像它這樣說藥，徑路就完全與泡洗服食藥物者不同。其所謂內藥外藥、相對於草木金石之藥而言，均爲內藥，指體內之血氣及心性修養。金一明序其書，謂：「此少林衣缽，上乘行功，調呼吸、練萬骸、氣轉周天、神遊體外」，殊昧其源流。因爲此書雖標榜其術得自清虛禪師，「得少林正傳衣缽」，實際上卻是反少林的，所以說清虛禪師「不忍目睹少林之墮落，去作天下雲遊」，又說：「設養氣不成，縱練得周身武藝，拳術精通，十八般兵刀諳熟，實等於花拳繡腿，而於宗旨無關」（內篇，第一章）。這是批評少林外家工夫，而以練氣爲上乘。以此號稱少林正宗，正代表著它希望能篡少林之統，取而代之。而其練氣之法、內藥外藥之說，則援用道教修內丹的法門，非佛教工夫，與《易筋經》所述用藥之法，更是內外睽異、殊途分歧。

這樣一種路數，也有其淵源，起於乾隆年間一些將武術與氣論結合起來談的理論。萇家拳與太極拳，便是其中很值得注意的部分。

萇氏拳，乃乾隆時儒生萇乃周所創，萇氏著有《中氣論》《武備參考》等書，近人徐震整理爲《萇氏武技書》。其卷一全是氣論，開宗明義則爲〈中氣論〉，云：

> 中氣者，即仙經所謂元陽，醫者所謂元氣。以其居人身之正中，故武備名曰中氣。此氣即先天真乙之氣，文煉之則為內丹，武煉之則為外丹。然內丹未有不借外丹而成者也。蓋動靜互根，溫養合法，自有結胎還元之妙。俗學不諳中氣根源，惟務手舞足蹈，欲入玄竅，必不能也。

如此論氣，與醫家有關，是很明顯的。所以底下是談修煉方法，主要也是參酌著醫家之經絡理論：

吸采天地之氣，呼出五臟之氣。呼自命門而腎、而肝、而脾、而心、而肺。吸自肺而心、而脾、而肝、而腎、而命門。十二經十五絡之流通系焉。經絡者，氣血之道路也（〈中氣論〉）

手背為陽，膊外為陽。三陽經行於手膊之外也。手太陽經起於手小指之背。手少陽經起於無名指背。手陽明經起於手食指背。皆上循膊外而走也。手心為陰，膊內為陰，三陰經行於手之內。手太陰經止於手大指內側。手厥陰經止於手中指內面，手少陰經止於手小指內面，皆循膊內而行也。手足背為陽。腿外為陽。三陽經行於足腿之外。足太陽經止於足小指內之次指背。足少陽經止於足大指內之次指背。足陽明經止於中指內之次指背。三經皆循腿而止於指背（〈陰陽亂點入扶說〉）。

氣入經絡流走，武者首先應練使這個氣流走不滯，然後要懂得運用氣去傷敵：「落點堅硬，猛勇莫敵，賴全身之氣，盡萃一處也」（〈過氣論〉）。對敵時，也要懂得打他氣機浮動之虛，或攻其不備，奪人之氣。

同樣寫於乾隆年間的王宗岳〈十三勢歌〉，雖然也講：「氣遍身軀不銷滯」，但未徵引醫學理論來申論此理。可是，既論氣，後來的發展也逐漸走上結合醫、道的路子。如《楊氏傳抄老譜》有〈太極文武解〉謂：「文武尤有火候之謂」。火候，就是道教煉丹術的術語，文武則取喻於文火武火。該文又說：「徒知安靜之學，未知用於采戰，差微則亡身」，采戰，也是內丹學的術語，本指陰陽采補。男女性交雙修派，是采陰補陽、采陽補陰；單修者則將身體內部區分出陰性質與陽性質兩部分，然後匹配陰陽，相予采補。太極拳家運用了這個觀念，說練拳的人不能只知安靜柔軟，更須明白體內氣息之調理。調理須如煉丹，用文武火烹煉。

同時又須采戰。采戰之術，見〈太極懂勁解〉云：「自己懂勁，接及神明，爲之文城，而後采戰身中之陰七十有二，無時不然。陽得其陰，水火既濟，乾坤交泰，性命葆真矣」。這其實仍只是原則，具體讓體內陰陽調合、水火既濟之法，則爲〈太極陰陽顛倒解〉。顛倒是內丹家之煉丹理論。依五行，腎爲水、心爲火。但如此一來，火在水上，水火就無法既濟了。所以丹家顛倒陰陽，說腎爲真火，心爲真水，火在下燒水，才能讓水氣上蒸，再流下來滋潤肺脾，達成水火既濟之效。此即所謂顛倒。它說：

蓋顛倒之理，「水、火」二字詳之，則可明。如：火炎上、水潤下者，水能使火在下而用水在上，則為顛倒。然非有法治之則不得矣！譬如水入鼎內，而置火之上，鼎中之水得火以燃之，不但水不能下潤，藉火氣，水必有溫時。火雖炎上，得鼎以隔之，是為有極之地，不使炎上之火無止息；亦不使潤下之水永滲漏。此所謂水火既濟之理也，顛倒之理也。若使任其火炎上、水潤下，必至水火分為二，則為水火未濟也。

鼎，也是內丹家對人體的擬喻。鼎內顛倒水火、采戰陰陽，適爲《練氣行功秘訣》所言內藥說之先聲。所以說這是一條結合氣論、經絡理論、內丹理論而成的路子，爲醫藥與武術之關係開闢了一條新途徑。

醫藥與武學的關係，還有其他的路子嗎？有的！這就是不談藥而僅從醫理上結合武學的第三種型態。

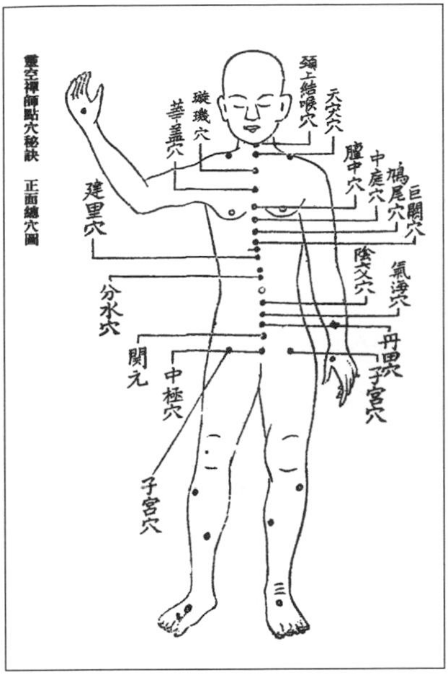

▶正面總穴圖

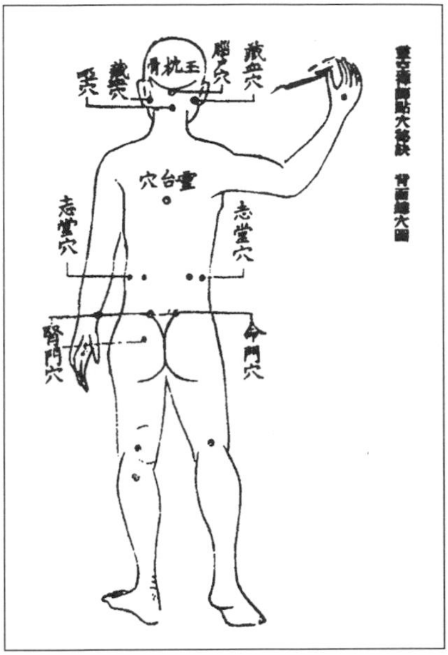

▶背面總穴圖

此一型態，始於所謂內家拳。據黃宗羲〈王征南墓誌銘〉說，王征南「凡搏人皆以穴，有死穴、暈穴、啞穴，一切如銅人法」。這種打穴、點穴法，古代無之，有之自此始（**王征南之技，應有授受，但今已不可考**）。而所依據的，即是醫學上對穴位的認識。

針穴之法，淵源甚古，但銅人之製則並不太早。唐代辨識穴位，仍以圖，而未製銅人模型。孫思邈作〈明堂經圖〉三幅、王燾〈十二人圖〉，均爲彩色人體經絡圖。至宋，王惟一《銅人腧穴針灸圖經》三卷，才是根據銅人而繪製的經脈穴位圖，前於天聖五年（一〇二七）鑄造了兩具針灸銅人。此時也出現「子午流注針法」，依據一日中十二時辰之不同，推算人體血氣周流盛衰開合的情況，而決定治療時取穴的位置。明代醫家，如徐鳳《針灸大全》、高武《針灸聚英》、楊繼洲《針灸大成》，均對子午流注針法有所闡發。高武並自己鑄造過男、女、兒童銅人各一尊。這些，對王征南之點穴法均有影響。打穴而能讓敵人暈、咳、死、啞，且能計算時間，正是將子午流注理論轉移於武技上的傑作。

除了這個例子以外，醫學結合於武學者，尚有臟腑理論。太極拳《楊氏傳抄老譜》有一篇〈太極四時五氣解圖〉，足以做範例。其圖如下：

沈壽《太極拳譜》認爲此圖「當源於中醫著作，如明．傅仁宇著《審視瑤函》一書的卷首，就有與之相類的〈五臟所司兼五行所屬〉的解圖，其中亦繪有太極圖。《審視瑤函》一書中，緊接在〈五臟所司五行所屬〉之後，即爲〈動功六字延壽訣〉，曰『春噓明目本持肝，夏至呵心火自閑，秋呬定知金肺潤，冬吹惟要坎中安，三焦嘻卻除煩熱，四季長呼脾化餐。切忌出聲聞口耳，其功尤甚保神丹。』儘管一篇『五氣』，一篇『六氣』，但其原理卻是一致的」（**一九九六，大展出版公司**）。

他的推斷甚爲正確。太極拳家采醫學之臟腑理論，亦不止此一例，陳長興《太極拳十大要論．五臟第五》也說：

> 人得五臟以成形，即由五臟而生氣。五臟實為性命之源、生氣之本，而名為心、肝、脾、肺、腎也。心屬火，而有炎上之象；肝屬木，而有曲直之形；脾屬土，而有敦厚之勢；肺屬金，而有從革之能；腎屬水，而有潤下之功。此乃五臟之義，而猶准之於氣，皆有所配合焉。凡世之講拳術

者，要不能離乎斯也。

「凡世之講拳術者，要不能離乎斯也」，表明了拳術與臟腑理論結合的程度甚深，已經成為武學之基本內涵了。

醫・武・道

醫學、武學與道學，在歷史上密切相關，現在亦仍有不少醫、武、道相結合之團體，或以此爲標榜。但談三者關係如何密切者多，說明它們之間其實頗有差別者少。本文準備就此提綱挈領地說說。

先說醫道關係。

晉皇甫謐《針灸甲乙經》卷四〈三部九候第三〉曾載：「黃帝問曰：『何謂三部？』歧伯對曰：『上部中部下部，其部各有三候。三候者，有天有地有人。上部天，兩耳之動脈；上部地，兩頰之動脈；上部人，耳前之動脈。中部天，手太陰；中部地，手陽明；中部人，手少陰。下部天，足厥陰；下部地，足少陰；下部人，足太陰』。……此三部者，三而成天，三而成地，三而成人。三而三之，合爲九，九分爲九野」。

這是個老講法，源於《內經・三部九候論》，把人體分成上中下三部，配天地人，再分而爲九。《內經》倡之，《針灸甲乙經》繼之，體系於焉大備。

此說對武術有何影響呢？武術中一大堆以「三才」爲名的拳套、刀械，其實正取義於此。過去練武的人不曉得個中淵源，以爲三才是指天地人，不知用劍使拳與天地何干？此乃人身之天地人，非自然界之天地人也。三才相互配合，講的正是使拳用劍時上中下三盤須相協調、相與配合。形意拳的「三體式」，也取義於此。

在道學方面，《針灸甲乙經》完成於太康三年（西元二八二），又強調三部九候的講法，且以天地人相比配。它影響到或啓發了上清道祖師魏華存等人對《黃庭經》的理解，因而出現上中下三丹田說。如第十八章說：「三關之中精氣深，九微之內幽且陰。口爲天關精神機，足爲地關生命棐，手爲人關把盛衰」，三關九微，並以天地人爲說，脫胎於皇甫謐的痕跡甚爲明顯。

《黃庭經》不但是上清道的根本經典，更是講服氣煉養一類道法之源。《黃庭經》既然在形成期與醫術關係密切，後世論醫學者，遂亦不免援引《黃庭》，視爲一家眷屬。例如《難經》在宋代有王惟的集注本，收輯了呂廣、丁德川、楊玄操、虞庶、楊康侯五家注（其中兩楊氏之注混淆莫辨，不知究為何人之說），即屢有引《黃庭》以詮釋《難經》之例。

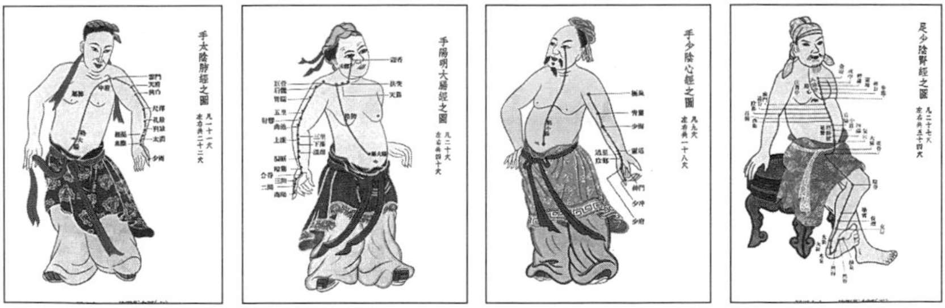

▶十二經脈中的手太陰、手陽明、手少陰、足少陰四經

但修道人之宗旨畢竟不同於醫生，故對身體之理解亦有與醫生不同之處。以一個最簡單的例子來說：醫學上固然也講氣，但是，「營氣之道，納穀爲寶。穀入於胃，氣傳之肺，流溢於中，布散於外」（針灸甲乙經，營氣論），基本上是要吃飯的。人吃了飯，才能生出血氣來。可是道士修煉，卻是要辟穀，以呼吸元氣來行導本身的血氣。這是完全不同的想法，以致對於胃和三焦，就可能會有迥然異趣的解說。

在《針灸甲乙經》中，謂上焦出於胃口，中焦也併於胃口，「出上焦之後，此所以受氣、泌糟粕、蒸津液、化其精微，上注於肺，乃化而爲血，以奉生身」，形成精氣，稱爲營氣。下焦，則別於回腸，注於膀胱。所以說「上焦如霧、中焦如漚、下焦如瀆」。氣清者爲營、氣濁者爲衛，周流循環不已。如此論營衛血氣之流動，頗接近現代醫學所說血液在動脈靜脈間的循環，只是加上了胃與氣相關聯的說明（見其〈營衛三焦論〉）。

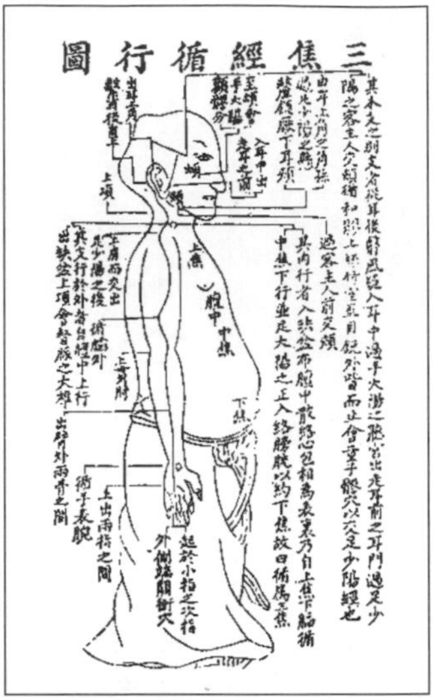

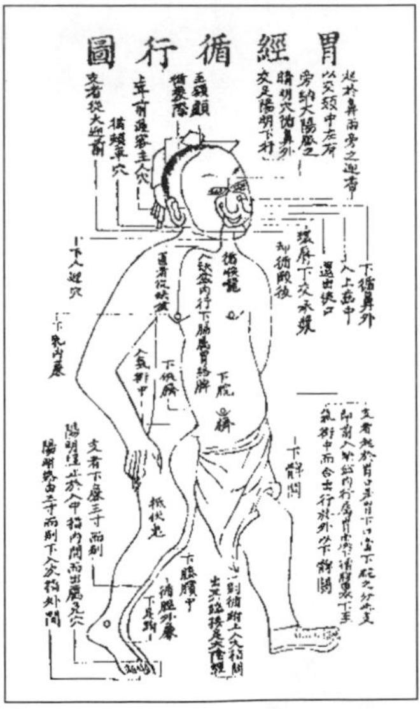

▶清代陳惠疇《經脈圖考》中的手少陽三焦經與足陽明胃經

據此說，胃乃水穀之海，膻中則爲氣海。《難經》論三焦，基本上也是如此。因此說：「三焦者，水穀之道路，氣之所終始也。上焦在心下，下膈，在胃上口，主納而不出，其治在膻中。……中焦者，在胃中脘，不上不下，主腐蒸水穀。……下焦者，主分別清濁，主出而不納，以傳導也，其治在臍下一寸」（第三十難）。三焦都有明確的位置，也都與胃之消化水穀有關。其理論皆本諸《素問》，所以說：「人受氣於穀，穀入於胃，乃傳五臟六腑」。

《黃庭內景經》剛好相反。它主張不食水穀，因此完全用不著胃腸的消化功能。所以論五臟僅及心肝脾肺腎，論腑亦僅言膽，不談胃。胃的功能則被脾所取代。第十三章：「脾部之宮屬戊己，中有明童黃裳裡，消穀散氣攝牙齒……主調五穀百味香」，十五章：「脾長一尺掩太倉……治人百病消穀糧」都可證明這一點。

對胃既不重視，它論三焦就未必仍要扣住胃來談。經文提到三焦的，包括「肺之爲氣三焦起」（外·廿一）「肝之爲氣條且長，羅列五臟生三光，上合三焦下玉漿，我神魂魄在中央」（外·廿）等，注家往往不依醫學上的三焦說來解釋。如：

梁丘子云：說三焦者多未明其實，例以為三臟之上係管為三焦。焦者，熱也，言心肝肺頭熱之義矣。……三焦者，三關元也。

乩筆《黃庭內景經》引臥龍真人云：三焦者，太元太和太清之氣也。

涵虛子云：三焦為真元一氣，真元上升，肺乃受之。故從三焦起也。視聽幽闕者，中下二焦皆治在臍，返觀內察，以候臍下之氣。……三焦者，氣衡也。上焦在胃口上，治在膻中，中焦在胃

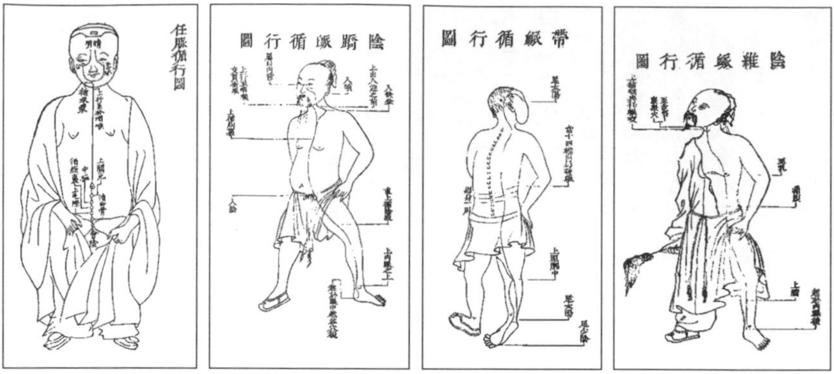

▶奇經八脈中的任脈、帶脈、陰蹻脈、陰維脈，採自清代《醫宗金鑒》

管，治在臍旁，下焦在臍下，膀胱上口，亦治在臍。其實乃真元一氣也。有藏無府。故古歌云：三焦無狀空有名，寄在胸中隔相應。

梁丘子批評別人論三焦不對，正是想爲三焦另做說明，所以用三關元或「熱」來解釋。其後臥龍真人和紫霞涵虛都說三焦是氣，且沒有固定的位置與形狀。

但從醫學上看，三焦原來是十分明確的。《黃庭內經經．金匱真言論》：「肝心脾肺腎五臟皆爲陰，膽胃大腸小腸膀胱三焦六腑皆爲陽」，《靈樞經．經脈》則謂肺手太陰之脈，起自中焦，下絡大腸；三焦手少陽之脈，起自小指次指之端；心主手厥陰心包絡之脈，起自胸中，出屬心包絡，下膈，歷絡三焦。又〈營衛生會第十八〉更明說上焦出於胃口上，中焦在胃口後，與《針灸甲乙經》所述相同。怎麼能說三焦只是氣呢？

三焦既關聯著經脈，又有明確的位置，其功能在《難經》中也講得很明白，乃是「水穀之道路，氣之所終始也」。是因其「腐熟水穀」「以傳導也」，所以才能生血氣，它本身卻絕對不是氣。

不只是對脾、胃、三焦的理解，醫家與道家迴異；從整體上看，《黃庭經》援用醫學上的理論後，它本身的理論構造卻與醫家之說大相徑庭。最明顯的地方，便是它不再建立在經絡的基礎上。

經絡，是就人體自然的生理的血氣流動現象而發展出來的一種理論說明，以十二經，配五臟、六腑、十二時、陰陽。《黃庭經》只局部採用了它的經穴部位說，並參考了它對穴位及功能的講法，而完全不談經絡血氣等問題。所要談的，乃是呼吸天氣，並以意念導引它在身體中運行。

此所謂天經也，即《內景》第八章所說：「皆在心內運天經，晝夜存之自長生」。豈仍是人體原來由飲食水穀而生血氣運行的十二經呢？楊繼洲《針灸大全》卷七〈任脈經穴主治〉條，不達此理，乃云：

人身之有任督，猶天地之有子午也。……但在僧道，不明此脈，各執所尚，禁食、禁足、禁語、斷臂、燃指、燒身，枯坐而亡，良可悲夫！間有存中黃一事，而待神氣凝聚者；有運三華五氣之精，而洗骨伐毛者；有搬運周天火候者；有日運臍、夜運泥丸煉體者；有呼九靈、注三精而歸靈府者；有倒斗柄而運化機者；有默朝上帝者；有服氣吞霞者；有閉息存神者；有采煉日精月華者；有吐納導引者；有單運氣行火候者；有投胎奪舍者；有旁門九品漸法三乘者，種種不同，豈離任督？……是以上人哲士，先依前注導引各經，調養純熟，即仙家之能築基是也。然後掃除妄念，以靜定為基本，而收視返聽，含光默默，調息綿綿，握固內守，注意玄關，頃刻水中火發、雪裡花開，兩腎如湯煎，膀胱似火熱，任督猶車輪，四肢若山石，一飯之間，天機自動，於是輕輕然運、默默然舉，微以意定，則金水自然混融，水火自然升降，如桔槔之呼水、稻花之凝露，忽然一粒大如黍米，落於黃庭之中。

其所說存中黃，及煉金丹如黍米落於黃庭等，均涉及黃庭道法，且認爲所有修道法門皆不離任督兩脈。這是受了宋朝以降南北內丹家影響後才形成的看法。就《黃庭經》來說，則它根本與經脈無關，更與任督兩脈無關。

也就是說：早期的修道方法，只講「天經」，不重人體經絡；後期修內丹的人，只講任督二脈，搬運水火、調和心腎、交媾龍虎，還是一樣不重視十二經絡。在奇經八脈中，除任督兩脈以外，沖脈、帶脈、陰蹻脈、陽蹻脈、陰維脈、陽維脈也都不受重視。

醫與道之分，大要如此，醫與武之關係又如何？

醫道廣大，武術與之相關者僅是其中一小部分，主要是跌打損傷、活血化瘀、強筋健骨及對穴位的了解。婦科、小兒科、腫瘤、風癱等等皆罕索取資。

而跌打損傷等相關醫藥知識及技能，又只是對武術的輔助或補救，例如打傷了需敷藥療傷，想練挨打須吃強筋健骨的藥之類。除了靠藥功練一些鐵沙掌、毒沙手、硃沙掌那樣的武功外，醫藥對武技並無直接影響，很少因醫學上或藥學上什麼觀念而形成了什麼特殊的武技。僅有的一些例子，另詳本書〈武學與醫藥學〉一文；其中因對經脈和穴位之認識形成之功夫，又詳〈筋經門的武學〉一文。那兩篇著重講醫武之合，此處著重說其分。

近來論武術的朋友，喜歡強調練拳有助於調血氣、理經絡、熨臟腑，具醫療養生效果，尤其練太極等所謂內家拳內功拳者更是如此。我對此殊不以爲然。原因是：

（一）、武術也者，無論解釋成「止戈爲武」或「持戈去打仗」，都是要搏擊的。喪失了搏擊功能的拳套，就只是體操或另一類健身舞蹈。多做體操，自然有助於健康，但它是否仍屬於武術，不無疑問。

（二）、傳統武術，在練習時強調精氣神合一，也有種種鍛鍊意志、活絡血氣、促進身體協調機能之技法，但這些技法或觀念都是為了搏擊服務的。不掌握這種主從關係，只一味強調健身保健功能，不唯捨本從末，抑且根本不能達到健康的作用。

例如太極拳，它的鬆、沈、不用力，乃是與其發勁、借力打力等相結合的，是認為唯有如此才能達到發勁傷人的作用。不懂發勁，光是鬆垮垮軟綿綿地抱大球、摸魚兒，有何功能？

（三）、刻意強調拳術的保健功能，會使拳術靜態化，大家越來越不重視拳，越來越講究導引型的樁功、坐功、動功若干式。太極拳，目前就已出現「太極導引」了，其他各派樁法或若干動功的式子，也不過古代八段錦十二段錦之類，屬於導引而非武技。

（四）、強調練拳可以養生長壽，固然可以舉出許多實例來，但反例同樣不難舉證。萇乃周那樣的大師，不過五十九歲。近世傳太極拳最廣的楊澄甫，更只有五十四歲。郝派太極的郝月如也只五九歲。稍長壽些的，如李亦畬六十一，武禹襄六十九，郝為真、孫祿堂七二歲，吳鑒泉七三歲，以近人年歲而言，均不能算是高壽，故知諸君所長，固不在養生也。以養生求諸武術，雖不好說是買櫝還珠，亦可說是歧路亡羊。

（五）、武術在現代社會，功用不大，因為真正搏擊的機會不多。為求發展，乃退而講其養生保健，乃至可以治療若干病症的功能上，是可以理解的。現在恐怕也必須如此講。但大部分武術其實都屬劇烈運動，劇烈運動對身體絕對不好，因此才需用藥物或以導引、按摩來輔助或治療，以免受內外傷，這就是醫學對傳統武術的作用所在。現在把它講成是武術對醫療活動有幫助，恰好是顛倒了。

武術之所以逐漸轉向醫療保健功能的一個重要轉折，是武術的道學化。陳微明〈孫祿堂〉一文，說孫氏十分重要：「在孫先生以前，無論是在張三丰、余大猷、戚繼光等人的論述中，還是在《萇氏武技》和諸多太極拳論中，都把武術僅作爲一種健身或技擊的技能來研究，從來未有人研究如何使武術成爲一種完善自我身心的方法。因此在孫先生以前，武術在其漫長的歷史長河中始終是作爲一種技藝和健身的技能在流傳、繁衍。孫先生通過體悟自身的武學經驗，提出拳與道合的武學思想……並根據《易》之原理，參以儒道釋之學，創立了以修爲內勁爲核心的孫氏武學理論及技術體系」（中華傳統武醫，二〇〇八，第一期）。此文是在推崇孫先生，但由其所述，我們便可知道太極形意八卦在孫氏以前並沒有誰講得那麼玄，也並未把拳跟《易》學、修道結合起來講。孫氏以後，此風大熾，都把練拳和身心調適，完善自我相結合，此即爲武學的道學化。

可是道學化不只如此，更要由身心調適、完善自我，再提昇到修道長生的層次，如古代道教徒那樣。如果坐養內丹爲靜功，那麼打拳就是動功，而且動靜要能合一，拳之氣、勁、形、意，均要與內部的精、氣、神結合。如此，練拳就成爲修道之一環了。這方面，陳微明未曾談及，或爲見聞所囿，僅見武術界之情況，而不知宗教界在此實繁有徒也。

舉例來說，我知道有個道派，號崑崙仙宗，乃山東人劉培中所創，自稱出於三清玉虛門下，但又說五教合一。在台北辦有三清道苑及社會行爲科學研究社。門徒眾多。這個道派，除了教理之外，最主要的修練方法就是拳與劍。

劉培中本人拳劍俱擅，以此授徒，亦以此行化。馬英九之尊翁馬鶴凌先生即曾拜他爲師，我曾請教過他有關劉氏的事蹟，據他說劉氏道行甚深，雖劇烈運動亦仍如唐荊州描述的峨眉道人那般：「鼻息無聲神氣守」。劉氏卒後，弟子還常在入定或睡夢中見到他，並受到劉的指點。這當然是宗教界的講法，與從前明清時期許多道派人士說自己見到了呂洞賓沒啥不同。

不過無論如何，此派修練之法即是拳劍。其拳稱爲道功拳，大體與太極拳相仿。練拳的作用，則是由身心調適，漸入於道，達到過去古代修真者那樣的境界。

由崑崙仙宗之例，我們不難看到：武術在宗教人士手上，會依其需求而做調整，降低其技擊功能、強化它在修真成仙上的作用。此即宗教界對武術的道學化。

這種轉化，不始於劉培中先生。在宗教界，據我所知，這種例子是很普遍的。這些轉化，比武術界的道學化要早得多，清代迄今的會道門，大多是這種路子。練氣、習武、修心、行善，並兼治病。現在流行的各派氣功功法，其背後幾乎皆有這些會道門的淵源，只是一般人不知道而已。後來這一路與武術界的道學化逐漸結合起來，才變成今天這個樣子。

武狀元

我們看戲，戲中常會演誰誰誰是武舉人、武狀元。看傳記，也會有誰誰誰在前清曾考中武舉的記載。這武舉人武狀元是怎麼回事？

科舉制度始於隋代，但僅考文章經術。考武藝，始於武則天時。《新唐書・選舉制》：「武舉，蓋其起於武後之時，長安二年，始置武舉」、《資治通鑑》卷二〇七：「則天後長安二年春正月乙酉，初設武舉」，均可證。武則天不但姓武，與武藝還有這段淵源哩！《唐會要》錄其敕曰：「天下諸州，宜教武藝，每年准明經、進士貢舉例送。」

自此以後，武藝就也有科舉了，情況跟文事方面的進士科明經科一樣。

但武舉之制，宋朝就已與唐朝不同，原因是宋代又設了武學。什麼叫武學？我國的科舉，本質上是政府的人事選拔制度。但人才要能成材，讓政府有所選擢，須待教育，因此科舉又與教育制度相銜接。政府在中央與地方各設學校以教士。隋唐皆如此。但武舉是新增的專案，在唐代就還沒有相與銜接的這種教育體系，須遲到宋代才建立。

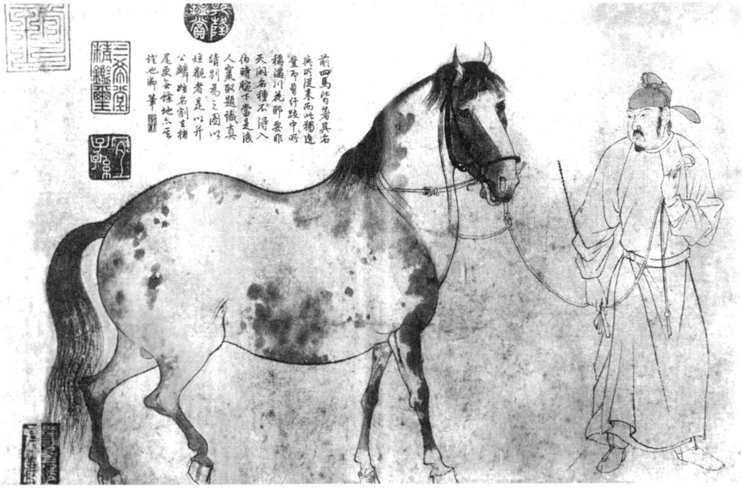

▶北宋李公麟《五馬圖》（部分）

武學成立於宋仁宗慶曆三年（一〇四三）。然只維持了一小段時間，宋神宗熙寧五年才又采王安石建議，設武學於武成王廟。武成王是殷紂王的元帥黃飛虎，紂王無道，乃從周武王征殷，後世供爲武神，故以其廟爲學宮。在此設武學，猶如設國學於文廟也。

這是中央官學的武學。地方武學則要到宋徽宗崇寧年間，地方諸州才設武學，但政和年間又廢。南宋高宗紹興十六年再恢復。

武人亦須有學，這種武學的制度即顯示了宋代對於武舉人的要求已不同於唐代。

唐代武舉考試，主要是兩部分：一、騎射及兵器運用，包括騎射、馬槍等；二是步射，負重、材貌、言語等，屬於身體條件和基本文化素質。其中面貌長相和言語，大抵類似文科舉禮部試時所謂「言、身、書、判」的身與言，並無具體內容，只是看考生是否能基本應對。宋代就不然，除考武藝外，還須考兵書策議，跟考文科沒太大不同。

▶南宋佚名《中興四將圖》

《續資治通鑑長編》載宋治平元年賈黯奏，「請如明經之制，於《太公韜略》，孫、吳、司馬諸兵法及經史言兵事者，設爲問目。以能用己意或前人注解、辭明理暢，及因所問自陳方略可施行者爲通」。事實上，宋代殿試時的武舉策問，考的也大抵是這類兵學理論及典籍知識。

看這樣的考試，我們就可知道：

（一）、像電影中描寫之武狀元蘇乞兒這樣的叫化子，在唐代是考不上的。

（二）、光會武藝的武夫，到宋代也考不上了。武舉要舉拔的，是國家在軍事國防上能起作用的將領，因此除了對兵書理論嫻熟之外，還要能自陳方略。允文允武，簡直比文科還難，或至少不容易。

（三）、因武舉要考許多經典，所以才須進入武學去學習。

（四）、在武藝方面，最重要的武藝是弓馬，即射箭和馬上的武器使用。與後來武術偏於手搏及短兵者迥異。相較於馬上使用之器械，後來武術界視爲長兵器的槍、棍，其實都已是短兵器了（**如張飛的丈八蛇矛，約長三公尺半，現在武術界用的槍棍一般長不逾二公尺**）。

此等武舉制度，在金朝也同時舉行著，可是元朝沒沿續；明

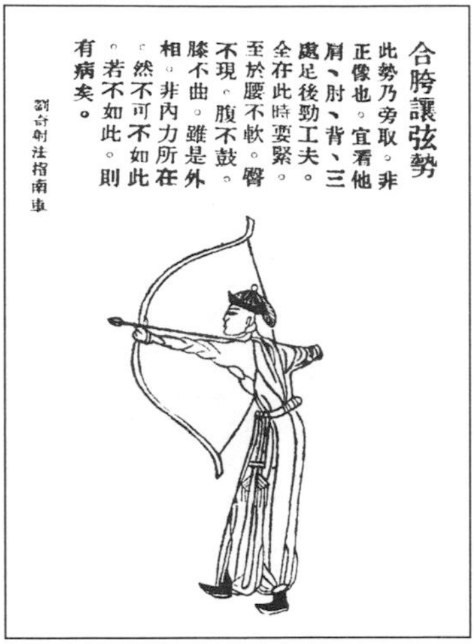
合胯讓弦勢
此勢乃旁取。非正像也。宜看他肩、肘、背、三處足後勁工夫。全在此時要緊。至於腰不軟。臀不現。腹不鼓。膝不曲。雖是外相。非內力所在。然不可不如此。若不如此。則有病矣。
劉奇射法指南車

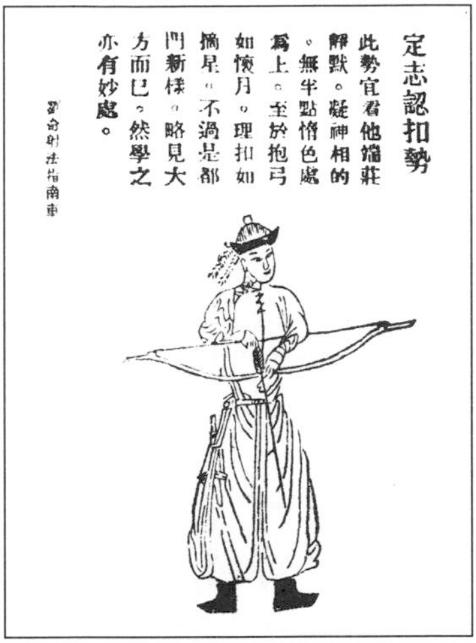
定志認扣勢
此勢宜看他端莊靜默。凝神相的。無半點惰色處為上。至於抱弓如懷月。理扣如摘星。不過是部門新樣。略見大方而已。然學之亦有妙處。
劉奇射法指南車

低射地毬勢
此勢宜看他跪膝斜跨。讓弦取準處。乃滿洲家之熟中生巧式也。學之亦易。但右足不可挑鐙。兩膝不放鞍頭。是要緊法則。
劉奇射法指南車

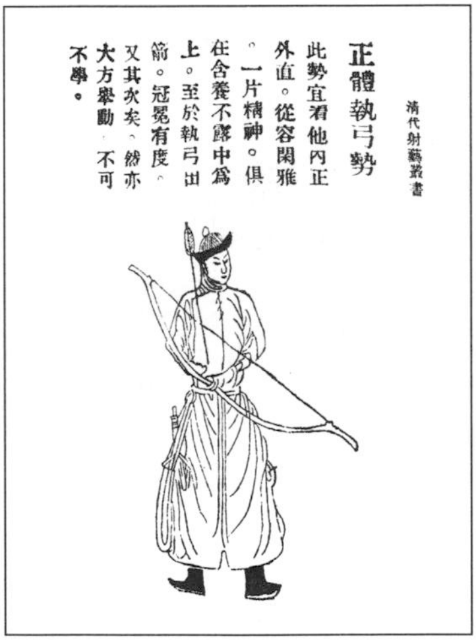
正體執弓勢
此勢宜看他內正外直。從容閑雅。一片精神。俱在含養不露中為上。至於執弓出箭。冠冕有度。又其次矣。然亦大方舉動。不可不學。
清代射藝叢書

▸劉奇《科場射法指南車》唐豪武學叢書本部分書影

朝初年，文科舉雖仍實施，武舉也一樣未開辦。直到天順八年，才「令天下文武官舉通曉兵法、謀勇出眾者，各省撫、按、三司、直隸巡按御使考試」（明史，選舉制）。不過，它不像文科那樣穩定，有時考有時不考。弘治六年規定六年考一次，十七年又規定三年一試。

雖然如此，武舉也還是不如文科，因爲基本上只有鄉試、會試兩級，而沒有殿試。沒殿試，自然也就沒有狀元。有武狀元是崇禎四年以後的事，《明會要》卷四七：「崇禎四年，武會試，時帝意重武，舉子運百斤大刀者，只王來聘及徐彥琦二人。……武榜有狀元，自來聘始也」，這時，距明亡已經只有十幾年了。

那麼，武舉都考些什麼呢？

正德年間頒佈了一份〈武鄉試條格〉，載明三場考試，一、二場考射箭，第三場筆試。第一場試馬上箭，以三十五步爲準；第二場試步下箭，以八十步爲準。第三場試策一通，「或問古兵法，或問時務」。看來十分簡明，武藝唯取弓射一項，馬上器械也省了。

如此考試，也很實際。因爲古代作戰，弓射本來就是最具殺傷力，也最難防備的，八十步以外，一箭射去，效果與現在用鎗差不多。現在的士兵，最重要的武技，不就是練習射擊打靶嗎？刺刀術或徒手搏擊之訓練，均不如射擊重要。畢竟戰場上能用得上刺刀肉搏或徒手格鬥的情況太少了。真用上時，恐怕勝負亦已差不多底定啦！

但如此取士，途徑似乎又太窄，因此武舉制度還有些變通。《續文獻通考》卷四七：「穆宗隆慶二年……武舉仍遵照舊規外……自今年始，但有智通兵機，或力勝二百斤以上，或善射，或善槍，或善刀弩，或善火器等各項藝能之人，每年通以春季爲期，不必拘定名數，許令自投到官。州縣官取具里老甘結，嚴加考校。要見某人有何機智可以出奇、某人有何勇力

▶郎士寧繪《阿玉錫持矛蕩寇圖》，故宮博物院藏

足以任重，某人善射，果否巧力俱優。……選中，量授衣巾，充爲武生，免其雜泛差役。候至開科年分……除精通論策者照舊隨武舉入場外，其餘俱候武舉場事畢日，御史公開考試，將智勇俱優者列爲一等、精通一藝者定爲二等，各照武舉優待」。

這種辦法，乃是對武舉的調節或補充。因爲武舉考試，只以射箭爲主，擅長射箭以外的才藝，可能根本無法晉身，故此法把善刀槍火器乃至有氣力的都納了進來。

其次，武舉考試真正的關鍵，其實不在武藝而在文才。考試雖分三場，但「以策論定去取、以弓馬定高下」（鄭紀、東園文集，卷四，奏設武舉以培養將才疏），策論不好，弓馬再精也無用。而一般武人，掄槍使棒不是問題，叫他拈起一管小小的毛筆來刺繡出錦緞文章，卻往往要窘殺他也！上述辦法，就是一種變通，讓不精文墨的武人也有上進的機會。

此等人，先是經選拔充爲武生；再是陪同

武舉考試，進行試後賽。考好了，便可獲得比照武舉的待遇。這好比文科舉也有一種「視同進士出身」的制度。如左宗棠即是這種出身。國家用人之際，不拘一格見人才，既有文材武略，自不妨都視同一例。但「進士」與「同進士」畢竟還不是同一回事，比照武舉優待者，地位自然也還低於武舉。

而武舉之地位則又低於文舉。與文舉相比，武舉中式後，沒有文舉那般正規的觀政進士制度、國子監曆事制度、庶吉士制度等職前培訓辦法。而且武舉鄉試後並不授官；即使會試中第而授官了，大概也只能獲授低級武官，品級不高，多數是到地方軍隊去當參謀一類閒職，與文科進士大大不相同。因而民間對武舉也不熱衷、不豔羨。

武舉人在明代文學中也很少出現，不過到清代就多了，是現代小說戲曲或電影電視之先聲。

可是，在清人筆記中，武舉人常扮演較負面的角色，看來並不太吃得開。如《螢窗異草・姜千里》說姜氏是閩之武孝廉，亦即武舉人，本來在鄉里頗爲宵小所忌憚，但後被人設局陷害，群鬥受傷，逃到一處草堂，逢一少女。少女看他受了傷，又問知爲武舉人，「大笑曰：以武科而不克弭盜，其如搦管者何？」孝廉大慚。該女乃替他出面，擺平了盜賊。據後文之敍述看，女子乃劍仙之流。與劍仙相比，武舉人的武藝當然就顯得稀鬆平常了。

《涼棚夜話》載一事與之略同。謂武舉人紀某，善技擊，慷慨任俠，喜接四方賓客。門客中有一少年，看不出有什麼本領。後來一客來訪，「於衣底出劍二口，盤旋霍躍，初如雪滾花翻，閃倏不定，以後但覺白光周身，旋轉如月」，直擊少年。少年也出二劍相迎。原來兩人竟是師兄弟，屢次較量。看了兩人這種劍俠手段，武舉人任俠之心自然也就冷了。

這是武舉吃癟故事的一種類型，另一種是武舉遇盜。如宋永岳《亦復如是》響馬盜條：「昔有武舉上京會試者，結伴五之人，各以膂力自矜，謂遇盜可必勝」，結果當然是很慘。《翼駉稗編》女盜認年伯條，也是如此。云湖州孝廉沈金彪，善騎射、精拳勇。入都會試時，逢一少年打劫，與之鬥。少年不敵，走後找了妹妹來，把他的刀子與鐵鞭都打折了。搶走行李後，發現兩家有舊，才又把行李送回。

武舉遇盜跟武舉遇仙一樣，都是在說人外有人、天外有天，武舉不可自恃武勇，否則就不免吃虧。正面講這個道理的是《虞初支志》的〈書毛大相公〉。本文說長沙武生楊先和武術精湛，但「與人交，恂恂若儒生，口不齒及拳勇。或求與角，非迫不已，不肯登場，故終其身無少挫」。把他寫成一位正面的典範，要說的，無非是這類道理。

武生武舉之技到底如何呢？俞蛟《夢庵雜著．顏鳴臯傳》云：「武場故事，先試馬、步射及刀、石，爲外場。藝、力出眾者爲雙好，次則單好。單好入選而難於中式。不與雙單之列者，並不得入內場」。內場是考策對的。先考外場，考中了再考內場。外場看藝與力，力主要表現爲舉石，藝就是弓馬與刀術。弓馬仍是最主要的。

小說中描寫武舉之藝，也常以弓爲重點。如《客窗閒話》難女條說：「有武舉能開十四石弓者，以拳霸一方，縱淫，無敢與較」，後逢一繩伎，才受到教訓。《淞隱漫錄》女俠條則說有一位武進士，因與營員不睦，罷官居家，其妹「生四五歲，即喜操弓矢、弄彈丸，於百步外懸物爲的，每發必中」。這類故事，無論武人之角色爲正面或負面，都顯示了武舉武進士之才藝主要表現在弓上，或射箭或彈丸。清代小說敘武術事，也以丸箭爲最多，遠多於手搏。可惜如今弓道僅存於日本，彈丸之技亦絕跡於中土。

武舉或武進士武狀元有弓馬刀石之勇，在官場上未必得意，未來的出路，大抵還是保鏢，否則就如《淞隱漫錄》所說那位武進士那樣去隱居。保鏢之例，須方岳《聊攝叢談》所載竇小姑事最爲典型。竇小姑之父是武舉，開鏢局爲客商保鏢，以紅三角旗爲記，三子一女皆傳家業。武舉考試中雋不易，而出路僅如此，實堪浩歎！

此武舉之大略也，它跟我們現在的武術傳統沒啥關係，是顯而易見的。

宗教與武藝

宗教的社會功能，是個極大極大的題目，涉及的層面極廣極廣。目前我們學界一般談這個問題，都只就慈善、救濟、醫療、紓難、施棺、賑災、托嬰、養老、辦學、防疫、喪葬、超度等屬於社會福利、社會工作這些方面去發揮。宗教在這些領域中所發揮的功能，當然是無庸置疑的。但是宗教的社會功能並不只如此，其功能非常複雜，武術即為其中之一。

少林寺就是最足以表現此一關係的寺廟。

少林寺，因有達摩面壁的故事，故被稱爲禪宗之祖庭。但是，達摩在少林面壁之說，本出附會。北宋輯《景德傳燈錄》以前，無此傳說。據《景德傳燈錄》云，達摩於後魏明帝太和十年居洛陽，後入少林寺，「面壁而坐，終日默然」，至太和十九年逝世。這是最早講達摩在少林面壁九年的資料。可是，太和十年，嵩山並無少林寺。少林建寺，在太和十九年。其次，太和非孝明帝年號，而是孝文帝的。三則所有唐代文獻均不曾談及達摩面壁和少林武術與達摩的關係。因此，少林爲禪宗祖庭之地位，吾尚存疑。

可是不管如何，就算達摩真曾在少林寺面壁並傳衣缽於弟子慧可，整個少林寺在社會上，到底是因此而獲受敬重，抑或為少林武術呢？非常明顯，少林在禪宗之教理教義發展、禪法修為、高僧懿行各方面，其可述者皆遠不如其武術之多。

就社會的影響面來看，明末程沖斗《少林闡宗》雖然有云：「海內無武僧，唯少林稱者，重護教也。少林形勝，有文武二山夾峙。故棍法與禪宗並傳不替。是以四方之士，往往慕其風尚」，但實質上，社會慕其風尚的，恐怕是其武術而非禪學。現今少林電影風行海內外，少林寺附近武術學校百餘家，少林宗派遍天下，皆為其崇武之效。對社會的影響，莫與倫比。光是我們學校收存的少林武術書刊便有五十餘種，可見其盛況。對中國人人格及心態，更是影響深遠。

少林的武術，在明代以棍著名，其次則為拳術。到了明末，才出現了「內家拳」，以少林為外家拳之代表，而且認為內家勝於外家。少林遭此挑戰，乃發展出講「內壯」的《易筋經》，依托於達摩。其內容主要是以守中積氣，轉弱為強，輔之以藥洗、捶打，並用八段錦來鍛鍊。理論上援道入佛，一時大為風行。咸豐四年，王祖源入少林，得其〈內功圖〉，基本上也就是這一類東西，此為武術中「內功」這個觀念的濫觴。

拳術方面，乾隆四十九年曹煥斗整理出的《拳經拳法備要》，也是由少林傳出的。其譜中有〈少林寺玄機和尚傳授身法圖〉等，淵源可見。而且此

▶一九八〇年代首度整理的普及本

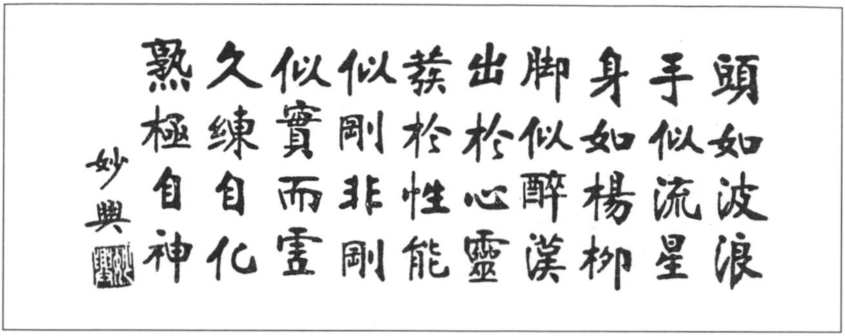
頭如波浪
手似流星
身如楊柳
脚似醉漢
出於心靈
發於性能
似剛非剛
似實而虛
久練自化
熟極自神
妙興

一九二三年少林寺住持妙興大師題寫的人祖門少林派性功羅漢訣

書還宣稱天下「拳法之由來，本於少林」，把宋太祖長拳、溫家七十二行拳、三十六合鎖、二十四氣探馬入閃、十二短打、李半天之腿、鷹爪王之抓、張伯敬之打，統統溯源於少林。一時之間，少林遂爲天下武學的總源了（另詳本書〈達摩易筋經論考〉一文）。

少林在明末清初，既爲天下拳術重鎮，四方之士，多從之習技，當然流輩日雜。乃因此漸發展出拳教結合的型態，影響到後來各類民間宗教及秘密結社。

乾隆四年，河南巡撫雅汝圖上奏云：「大河以南，……山居百姓，本有隨身刀械，少壯又習悍俗，如少林寺僧專以學習拳棒爲名，聚集無賴。邪教之人，專意煽惑此等人入伙」（清高宗實錄．卷一〇七）。又，《清宣宗實錄》載：「南川縣滋事匪犯……羅聲甫……在雲南開化府拜從民人陶月三學得符咒，用清水一碗，燃燒檀香，畫符念咒，吃水之人，即有神附體，自能舞弄拳棒，名爲少林神打」。由這些文獻可見少林傳授拳棒，流輩甚雜，日後不少人被「邪教」，也就是白蓮、黃天、龍華、收圓、八卦、金鐘罩……等各式教團所吸收，少林武技及其門徒遂遍及天下。後來各類拳教結合的團體，往往都與少林有關。所謂「少林神打」，竟流行至雲南，即可見其一斑。

所謂神打，就是拜神吃符水後，神明附體，自然會舞拳弄棒的術法。清初許多拳教團體，都利用此種術法，乾隆年間就有浙江鄞縣吳家山的神拳、山東泗水朱紅燈的神拳、河南商丘的神拳會，及山東臨清的王倫清水教等，食符念咒之後，號稱刀槍不入。後來的義和團，也是如此。其影響之大，可以概見。

少林有這樣的影響，當然就會形成它與朝廷的緊張關係。早期少林寺因救駕秦王（唐太宗）有功，是政府所嘉獎旌揚的對象；到明末清初，卻反過來，成爲天下盜匪邪教極重要的源藪。因此，便開始有火燒少林寺的傳說，說少林僧人皆被朝廷誅殺殆盡。清汪价《中州雜俎》甚至說崇禎年間即已發生此事。後世武術界所傳「少林五祖」故事亦即由此衍出，再加上洪門之推波助瀾，一時大爲流行。故事當然是假的，但頗可以看出少林寺與政府的關係已甚緊張。而少林亦遂成爲反亂團體心目中的反清聖地了。

後來少林又分化出南北。北方是嵩山少林，南方傳說在福建莆田附近另有南少林。有火燒少林寺，洪熙官等人逃出，創「洪拳」報仇，而被稱爲少林五祖的故事。流行於閩粵的所謂南拳，均自謂出於這個系統。許多小說、戲劇、電影，以及拳術門派由此衍出。

一九七五年張徹電影「少林五祖」的海報，張徹在上世紀七十年代後期所拍攝的一系列「少林」電影，均以少林五祖和洪熙官、方世玉故事以及洪拳、詠春拳、蔡李佛拳等武術為題材

因此，論武術，沒有比少林寺更顯赫的了。但細細思之，便知此非一偶然之特例，如峨嵋、武當，不也以武術著稱嗎?僧道而與武術有關，非常值得注意。底下讓我再以峨嵋和日本禪宗來做些說明。

明中葉後，拳稱峨嵋、棍推少林、刀則以日本為法。據唐順之〈峨嵋道人拳歌〉云：

浮屠善幻多技能，少林拳法世希有。道人更自出新奇，乃是深山白猿授。是日茆堂秋氣高，霜薄風微靜枯柳。忽然豎髮一頓足，崖石迸裂驚沙走。走來星女擲靈梭，夭矯天魔翻翠袖。恸惔含沙鬼戲人，髽髿磨牙鬢捕獸。形人自詫我無形，或將跟絓示之肘。險中呈巧眾盡驚，拙裏藏機人莫究。漢京尋橦未趫捷，海國眩人空抖擻。翻身直指日車停，縮首斜鑽鍼眼透。百折連腰盡無骨，一撒通身都是手。猶言技癢試賈勇，低蹲更作獅子吼。興闌顧影卻自惜，肯使天機俱洩漏。餘奇未竟已收場，鼻息無聲神氣守。道人變化固不測，跳上蒲團如木偶（荊川集，卷二）。

因古代稱道人時可指道亦可指僧，故不知此究竟是僧是道。不過這裡可有兩點可說：一、少林本以棍名，但到明朝中葉已開始積極發展拳法。程冲斗於萬曆末年作《少林闡宗》時，尚不論其拳法，僅於卷末〈問答篇〉中載：「或問曰：『棍宗少林。今寺僧多攻拳而不攻棍，何也？』余曰：『少林棍名夜叉，乃緊那羅王之聖傳，至今稱為無上菩提矣，而拳猶未盛行於海內。今專攻於拳者，欲使與棍同登彼岸也』」。據程氏說，當時鐵拳有太祖、溫家，短打有綿張、任家之類。不過，唐順之此詩已極推許少林拳法，則其時少林拳術應該是已非泛泛。

二、峨嵋拳術，古無聲名，因此唐順之說它乃是新創。然開宗立派以後，發展似甚可觀。清初吳殳《手臂錄》就亟稱峨眉槍。〈序〉云：「少林素不知槍，竟以棍為槍。……總而論之，峨眉之法，既精既極」，〈石沙楊馬少林沖斗六家槍法說〉又云：「少林之八母，魚龍平列，已失槍家正眼。其廣布諸勢，全落棍法。……少林自擅棍家絕業，意不能已於槍，而又自矜其名，不肯外學。乃移其棍法中之似槍者，益擴充之以為槍，終朱紫之相亂」（卷二）。不滿於少林而推尊峨嵋，可見峨眉一脈之槍法亦大有發展。

這是有關拳槍棍的部份。刀則唐順之甚稱日本刀，其〈日本刀歌〉說：

有客贈我日本刀，魚鬚做靶青絲綆。重重碧海浮渡來，身上龍文雜藻荇。悵然提刀起四顧，白日高高天冏冏，毛髮凜冽生雞皮，坐失炎蒸日方永。聞到倭夷初鑄成，幾歲埋藏擲深井，日淘月煉火氣盡，一片凝冰鬬清冷。持此月中斫桂樹，顧兔應知避光景。倭夷塗刀用人血，至今斑點誰能整？精靈長與刀相隨，清宵恍見夷鬼影。邇來韃靼頗驕黠，昨夜三關又聞警。誰能將此向龍沙，奔騰一斬單於頸？古來神物用有時，且向囊中試韜穎（卷二）。

這是贊美刀而非其刀術，與宋朝歐陽修〈日本刀歌〉等相同。日本製刀技術，自宋朝以來即超越我國，故獲得日本刀者均以此為「神物」，形諸歌詠。技擊家所重當然又不只是刀，更是日本的刀術。

程沖斗《單刀法選．單刀說》：「單刀……又名倭刀，其技擅自倭奴。明季入寇，鋒銳莫當。……其用法左右跳躍，奇詐詭秘，人莫能測，故長技每敗於刀。余訪求其法，有浙師劉雲峰者得倭之真傳。不吝於余，授之頗盡閫奧」。可證他所傳授的這路刀法，其實就是日本刀術。後來《單刀法選》被人輯入《少林刀槍棍法闡宗》，世或以為此即少林之法，不知皆本於倭刀也。

吳殳《手臂錄》卷三〈單刀圖說自序〉也說：「唐有陌刀，戰陣稱猛，其法不傳。今倭國單刀，中華間有得其法者，而終不及倭人之精。」推崇倭法，與程沖斗相同。至於他自己所傳授的十八勢刀法，自稱：「余本得之漁陽老人之劍術。單刀未有言者，移之為刀，實自余始，安得良倭一親炙之？」似乎是別出心裁，從中華劍法中轉化出刀法。可是，他在〈單刀手法說〉中又稱：「此十八勢，習之精熟，雖未能真合於倭法，而中國之花法皆退三舍矣」，顯然仍以倭法為高標準，所以說縱使自己這套刀法不盡合於倭法，也要比中土一般的「花刀繡腿」好些。

事實上，明朝中葉，倭寇肆虐，我國兵士與之對陣吃盡了苦頭。後來俞大猷、戚繼光等名將之所以能克敵致勝，秘訣就在「師夷長技以制夷」，採用倭人刀術，以其人之道還制其人之身。程沖斗、吳殳這些名家之取徑亦復如此。

為什麼倭刀的評價如此之高呢？

首先當然是器精。刀的製作技術，中國不如日本。所以同樣是用刀，日本刀「鋒銳莫當」，是不足為奇的。其次便是術良。日本刀術當時確實勝於中國。

據日本享保元年的《本朝武藝小傳》（西元一七一六年）所述，當時武藝分成九類：兵法、諸禮（禮儀作法）射術、馬術、刀術、槍術、砲術、小具足（逮捕術）、柔術。刀術在日本與劍術混稱，不像中國分刀劍為兩路。其術早在室町幕府中期，足利將軍第四代時便發展出了流派。最早的神道流，創始人爲飯篠長威齋（一三九四～一四二七），其後則有判官流、鞍馬流、鬼一法眼流等等。戰國末期，江戶初期，劍客輩出，流派更盛，柳生新陰流尤爲著名。

柳生新陰流開宗祖師爲柳生石舟齋宗嚴。他與德川家康相善，晚年曾著《石舟齋兵法百首》，寫於一六〇一年。一六〇六年逝世。其子柳生但馬守宗矩一方面繼承家學，一方面吸收來自佛教的影響（見下文），著有《兵法家傳書》，聲望更隆，號稱集柳生家武術哲學之大成。

此書與宗嚴之書均自稱其術爲「兵法」，但若用宮本武藏的術語來說，當時所謂兵法有兩種，一是「大分の兵法」，指多人作戰，也就是戰場上用的；一是「小分の兵法」，是一對一的搏鬥。宗嚴和宗矩所講的，其實都是指後者，是指用「太刀」攻防的技藝。但技術而稱爲「兵法」「兵略」，便意謂其術不只是術，其中有道存焉。

以《兵法家傳書》爲例。其間廣泛使用陰陽、動靜、內外、心體、筋氣、無念、無著爲說，講平常心是道，教用刀者修持以治病氣，求放心，強調機內用外。這些都是「技進於道」的說法，用刀之巧不在技能姿勢，而在治心養氣等內在修養。比方他會說：

僧、古德ニ問フ、如何カ是レ道ト、古德答テ曰ク、平常心是レ道ト。

右の話、諸道に通じたる道理也。道とは何たる事を云うぞととへば、常の心を道と云也、とこたへられたり。実に至極の事也。常の心に成て、病と交じりて、病なき位也。世法の上に引合ていはば、弓射る時に、弓射とおもふ心あらば、弓前みだれて差まるべからず。太刀つかふ時、太刀つかふ心あらば、太刀先定まるべかばらず。物を書時、物かく心あらば筆定るべからず。琴を引とも、琴をひく心あらば、曲乱べし、弓射る人は、弓射る心をわすれて、何事もせざる時の、常の心にて弓を射ば、弓定べし。太刀つかふも馬にのるも、太刀つかはず、馬のらず、物かかず、琴ひかず、一切やめて、何もなす事なき常の心にて、よろづをする時、よろの事難なくするするとゆく也。

道とて、何にても一筋是ぞとて胸にをかば、道にあらず。胸に何事もなき人が道者也。胸には何事もなくして、又何事成共、なせばやすやすと成也。鏡の常にすんで、何のかたちもなき故に、むかふ物のかたち何にても明なるがごとし。道者の胸の内は、鏡のごとくにして、何もなくして明なる故に、無心にして、一切の事一もかく事なし、是只平常心也。此平常心をもつて一切の事をなす人、是を名人と云也（「ふだんの心」で萬事にあたれ）。

使刀、用弓、乘馬、撫琴，均是藝。但爲之者均須去除心病，無心，才能有所成就。所謂「道人心中水鏡清」，功夫不在外而在內。這是他論刀法的基本路數。與此相比，我們在明末清初才出現的一些刀譜，如程冲斗、吳殳之書，雖然技是學自或啓發自日本這些刀術，但均只停留在技術姿勢的層次，格局意境實在遠不能與之並駕齊驅。

柳生一族，在日本武道史上聲望甚隆，這種論刀術的路向對後世的影響也很大。現在我們看日本劍道，仍非常強調劍士對「道」的體會，即可看出它的影響。但若問它爲何如此，則要追溯它與佛教的淵源。

柳生但馬守宗矩對澤庵禪師非常傾倒，他心技兩面合一的刀論，就是把禪宗觀念導入武技的結果，追求的是「劍禪一致」。其書中言禪之處甚多，如：

一、中峰和尚云、放心の心を具せよ

右之語の付て、初重後重あり。心を放かけてやれば、行さきにとどまる程に、心をとどめぬ様に、あとへちやくとかへし、かへせと教ゆるは、初重の修行也。一太刀うつて、うつた所に心のとどまるを、わが身へもとめかへせと教る也。

後重には心を放かけて、行度様にやれと也。はなしかけて、やりてもとまらぬ心になして、心を放すなり。放心の心を具せよ、心に放心をもて、心に綱を付て常に引て居ては、不自由なり。放しかけてやりても、とまらぬ心を放心と云。此放心心を具すれば、自由がはたらかるる也。綱をとらへて居ては不自由也。犬猫もはなしがひこそよけれ。つなぎ猫、つなぎ犬は、かはれぬ物也（放かけても留まらぬ心を持つ）。

二、儒書をよむ人、敬の字にとどまりて、是を向上とおもふて、一生を敬の字にてすます程に、心をつなぎ猫のようにする也。仏法にも敬の字なきにあらず。経に一心不乱と説給ふ。是即敬の字にあたるべし。心を一事にをきて、余方へは乱さざる也。勿論、敬白夫仏者と唱る所あり。敬礼とて仏像にむかひ、一心敬礼と云、皆敬の字の意趣たがはず。然共是は一切に付て心のみたるるを治める方便也。よく治まりたる心は、治むる方便を用ひざる也。口に大聖不動と唱へ、身をただしくして、合掌して表に不動のすがたを観ず。此時身、口、意の三業平等にして、一心みだれず、是を三密平等と云。即敬の字の意趣に同じ、敬者即本心の徳にかなふ也。しかれども行ふ間の心なり。合掌をはなち、仏名をとなへやみぬれば、心の仏像ものきぬ。更に又もとの散亂の心也。始終治りたる心にはあらず。

心をよく一度おさめ得たる人は、身、口、意の三業を淨めず、塵にまじはりて、けがれず、終日ろごけどもろごかず、千波萬波したがひろごけども、そこの月のろごく事なきがごとく也。是仏法の至極せる人の境界也。法の師の示をけて爰に記者也（治まつた心に方便は無用）。

三、摩拏羅尊者の偈た云く「心は萬境に随ひて転ず、転ずる処実に能く幽なり」

右の偶は参學に秘する事也。兵法に此意簡要なる故に、引合て爰に記す。参學せざる人は、とくと心得がたかるべし。萬境とは、兵法ならば、敵の数のはたらき也。其一つ一つのはたらきに、心がてんずる也。たとへば敵が太刀をふりあぐれば、其太刀に心がてんじ、右へまはせば右へ心がてんじ、左へまはせば左へてんずる。是を「萬境に随ひて転ず」と云也。「転ずる処実に能く幽也」と云所が兵法の眼也。其所に、心があとを残さずして、はこび行舟の、あとのしら波と云ごとく、あとはきへて、さきへ転じ、そつともとまらぬ処を「転ずる処実に能く幽なり」と心得べし。幽なりとは、かすかにて、見へぬ事也。心をそこにとどめぬと云儀也。心が一所にとどまりたらば、兵法にまくべき也。転ずる所に残たらば散也。心は色もかたちもなければ、目に元より見へぬ物なれ、着してとどまれば、心がそのまま見ゆる者也。たとへば、しらぎぬのごとく也。紅をろつしとむれば憾になり、紫をろつせばむらさきの色に成也。人の心も物にろつれば、あらはれ見ゆる也。ちご若衆に心をろつせば、やがて人が見しる也。おもひろちにあれば色外にあらはるる也（心のろちを知らせぬ修行）。

四、兵法の仏法にかなひ、禪に通ずる事多。中に殊更着をきらひ、物ごとにとどまる事をきらふ。尤是親切の所也。とどまらぬ所を簡要とする也。江口の遊女の西行法師の歌にこたへし歌。

家を出る人としきけばかりの宿に心とむなとおもふばかりぞ
兵法に此歌の下の句を、ふかく吟味して、しからんか。如何様の秘伝を得て、手をつかふとも、其手に心がとどまらば兵法は負べし。敵のはたらきにも、我手前にも、きつても、つひても、其所――にとどまらぬ心の稽古専用也（劍禪一致の心境）。

以上四則，第一則講「放心」，意思是要讓心自由。第二則說敬，與第一則相輔相成，因為敬就是一心不亂。他巧妙地把宋明儒家所云之「主敬」跟佛教所說的「一心敬禮」結合起來，謂敬即本心之德。第三則論心隨境轉、處境成色。第四則云兵法與佛法相通、劍禪一致。其他引禪語、論劍禪合一者甚多，我不能都引，但理脈大抵如此。

柳生但馬守宗矩這些講法，均與澤庵禪師有關。像上文所引第一則「中峰和尚云云」，澤庵的《不動智神妙錄》就同樣引述了這段話予以闡說。

澤庵禪師名澤庵宗彭（一五七三～一六四五），修淨土與禪，為臨濟宗大德寺派。寬永十五年（一六三八）為東海寺開山第一代住持。他深受三代將軍府敬重，又曾與柳生但馬守宗矩論劍，宗矩《兵法家傳書》中甚至有「法師開示，小子記之」之語，可見時人推重之一斑。其論刀，以「事理雙輪」為說，謂本心如水，妄心如冰，須應無所住而生於心，不可執著。對一刀流的小野次郎右衛門忠明、二刀一流的宮本武藏等都很有影響。

澤庵禪師在他所著《不動智神妙錄》中曾舉了一個故事，說南宋末年時，一位中國和尚無學禪師，遭元兵追捕；他手持長刀，作偈――大喝一聲：「電光影裡春風斬」，元兵即倉皇遁去。原文是這樣的：

鎌倉の無學禪師、大唐の乱に捕へられて切らる時に、電光影裏斬春風といふ偈を作りたれば、太刀をば捨て走りたるとなり。無學の心は太刀をひらりと振り上げたるは、稲光の如く電光のぴかりとずる間、何の心も何の念もないぞ、打つ刀も心は無し、切る人も心はなし、切らる我も心はなし。切る人も空、太刀も空、打たる我も空なれば、打つ人も人にあらず、打つ太刀も太刀にあらず。打たる我も稲妻のぴかりとする内に、春の空を吹く風を切る如くなり、一切止まらぬ心なり。風を切ったのは太刀に覺えもあるまいぞ。

かやうに心を忘れ切つて萬の事をするが上手の位なり。舞を舞へば手に扇を取り足を踏む、其手足を能くせむ舞を能く舞はむと思ひて、忘れきらぬば上手とは申されず候。未だ手足に心止まらば業は皆面白かるまじ。悉皆心と捨てきらずしてする所作は皆悪敷候。

這位無學禪師後來東渡日本，爲圓覺寺開宗祖師。澤庵禪師認爲他這句話是講刀空、法空、我空，持刀切入，應如春風拂人一般，「初不用意爲」。此乃佛家空義之發揮。嗣後宮本武藏著《五輪書》，分地、水、火、風、空五卷，就是以空卷講劍法的究極精神。其言曰：

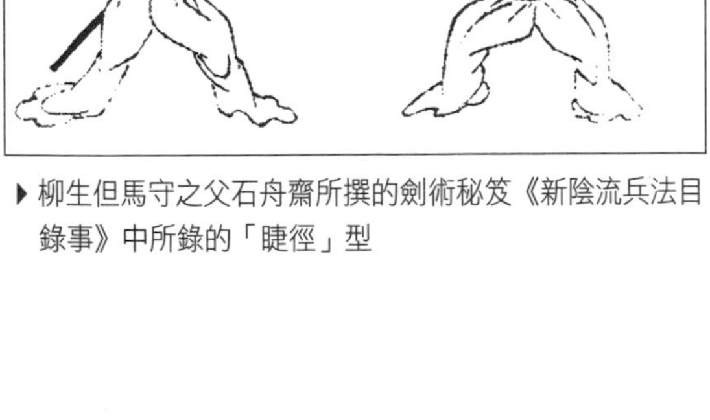

▶柳生但馬守之父石舟齋所撰的劍術秘笈《新陰流兵法目錄事》中所錄的「睫徑」型

二刀一流の兵法の道、空の巻として書顯す事。空と云心は、物毎のなき所、しれざる事を空と見たつる也。

勿論空はなきなり。ある所をしりてなき所をしる。是則空也。

世のなかにおるて、あしく見れば、物をわきまへざる所を空と見る所、実の空にはあらず。皆まよふ心なり。

此兵法の道におるても、武士として道をおこなふに、士の法をしらざる所、空にはあらずして、色いろまよひありて、せんかたなき所を空と云なれども、是実の空にはあらざる也。武士は兵法の道を慥に覚へ、其外武芸を能くつとめ、武士のおこなふ道、少もくらからず、心のまよふ所なく、朝朝時時におこたらず、心意二つの心をみがき、観見二ツの眼をとぎ、少もくもりなく、まよひの雲の晴たる所こそ実の空としるべき也。

実の道をしらざる間は、仏法によらず、世法によらず、おのれくは慥なる道とおもひ、よき事とおもへども、心の直道よりして、世の大かねにあわせて見る時は、其身の心のひいき、其目のひずみによって、実の道にはそむく物也。其心をしって、直なる所を本とし、実の心を道として、兵法を広くおこなひ、たしく明らかに、大きなる所をおもひとって、空を道とし、道を空と見る所也。

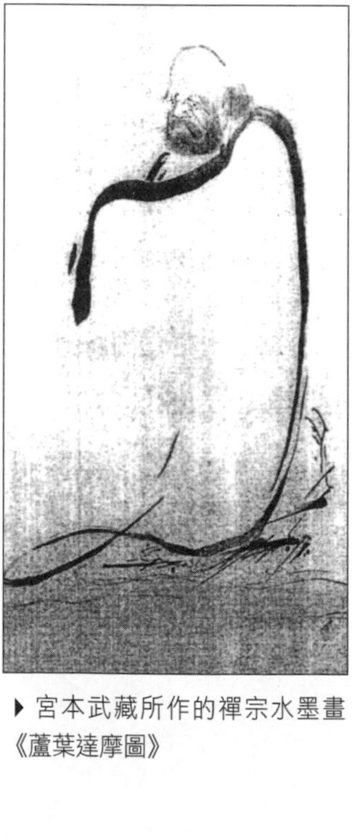

▶ 宮本武藏所作的禪宗水墨畫《蘆葉達摩圖》

▸日本四大劍聖中的上泉伊勢守（上）與宮本武藏的畫像

空有善無悪、智は有也。利は有也。道は有也。心は空也（迷いの雲の晴れたるところ）。

武士的精神修練就在知萬物法空心亦空，克除一切迷妄，見空性。所以說要不迷晴雲。這完全是佛教的講法。澤庵乃至無學禪師的影響顯然是不可磨滅的。

宮本武藏以後，類似這樣的議論仍然非常盛行，關府藩士丹羽十郎左衛門忠明（一六五九～一七四一）所著《天狗藝術論》即以高僧和劍客模擬，認爲兩者的精神狀態、人格修爲都是一樣的：

問ふ、禪僧の生死を超脱したる者は劍術の自在をなすべき歟。

曰く、修行の主意異なり、彼は輪廻を厭い寂滅を期して、初より心を死地に投じて生死を脱却したる者なり。故に多勢の敵の中にあって、此形は微塵になるとも、念を動ぜざることは善くすべし、生の用はなすべからず。唯死を厭はざるのみ（名僧は劍術においても名人か？）。

禪師修行的目的是要了生死，劍客則是爲了達到劍術上的自由自在，兩者立意不同，但其求解脱是一致的，在達到解脱自在時的修持方法也一樣。他們也都須要不動心，知萬法唯心所造，故能不爲外物所顛動、不爲生死之愛所擾：

問ふ、古来劍術者の禪僧に逢て其極則を悟りたる者あるは何ぞや。

曰く、禪僧の劍術の極則を伝へたるにはあらず。只心にものよきときはよく物に応ず。生を愛惜するゆへにかへつて生を困しめ、三界窠窟のごとく一心顛動するときは、この生をあやまることをしめすのみ。彼、多年この藝術に志し、深く寢席を安んぜず、気を練り事を盡し、勝負の間において心猶いまだ開けず。憤懣して年月を送る所へ、禪僧に逢いて生死の理を自得し、萬法唯心の所變なる所を聞て、心たちまちにひらけ神さだまり、たのむ所をはなれて此自在をなすものなり。これ多年気を修し事にこころみて、其うつはをなしたるものなり。一旦にして得るにはあらず。禪の祖師の一棒の下に開悟したるといふも此に同じ。倉卒の事にあらず。藝術未熟の者、名僧知識に逢たりとて開悟すべきにあらず（未熟の者が名僧に会っても無意味）。

劍禪合一，是在工夫意義底下達成的合一。但這種最高境界，非尋常人所能驟曉，故忠明說技藝未精熟者，倉卒訪僧對答，亦未必能在言下開悟。工夫畢竟是須自證於心的。

凡此等等，俱可見「劍禪一致」爲日本劍道之主流思想，無學禪師和澤庵禪師等開啓宗風，沾溉無窮，影響之大，可以概見。於今論者但知日本茶道與禪宗的關係，卻不知日本劍道與禪宗的關係，是知其一不知其二也。

南拳北腿

南拳北腿，久成通稱。但這種通稱有無道理呢？那就還得考上一考。先說南北。

南北看來最不成問題，南方北方之分，在我國早有成例，如禪宗即分南宗北宗，畫家在明末亦分南宗北宗，書法則有北碑南帖之說。近代國學大師劉師培曾著《南北文化不同論》《南北文學不同論》，詳細介紹了南北在學術文化及文藝上的這些差異。中國地域遼闊，南北會形成此類區隔，一點也不意外。猶如論行則南船北馬、論食則南茶北酪，南人北人之性行體氣也多有不同。這種差異，表現在武術上，自然也就形成了南拳北腿不同之風格。

可是，南北雖然可分，南北究竟指什麼，各個朝代卻並不一樣。

秦漢以前，所謂「南風不競」的南，講的是荆楚；而荆楚所包涉的地區，就北及山東河南的南部。南北朝時期，南北之分，則指的是中原地區和江淮流域。故所謂南北，乃相對之詞，古代嶺南尚未開發，江淮一帶便可稱爲南陲。不似現今講到南拳北腿，我們腦子中想到的南拳典型都是閩粵拳術那樣。

民國十八年（一九二九）徐震《國技論略》一書談到南北，南仍指的是長江流域，謂：「今世通語，謂長江一帶拳術，架式小而勢緊促者爲南拳，亦曰南派。以豫魯一帶拳術架式大而勢宏敞者爲北拳，亦曰北派。」可見當時論南北，仍以江淮爲南。

爲什麼會如此呢？這時嶺南不是早已開發了嗎？

原因是現在嶺南練拳的人恐怕不愛聽的：因爲當時嶺南武術在全國並沒什麼聲望。閩粵武術當然源遠流長、門派眾多，技藝亦各有其特點，但當時並無特別的代表人物，尤其是全國性的知名武師。精武體育會和中央國術館兩大系統中均沒什麼閩粵武術教練即爲明證。這也大大限制了閩粵武術的推廣，使其終究只能局限於一地。

我看《精武》月刊二〇〇八年二月號，有《黃達生答記者問》一文，記者問：「洪拳今日有些門前冷落車馬稀，是否與上世紀二十年代萬籟聲、傅振蒿、顧汝章、萬籟鳴、李先五等著名的北派拳師聯袂南下廣東傳拳有關？」這個問題問得未必恰當，因爲洪拳「今日」未必門庭冷落，但在上世紀二十、三十年代，嶺南武術

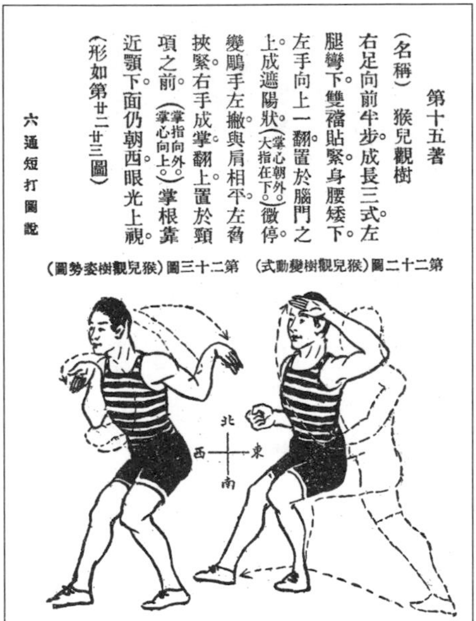
第十五著
（名稱）猴兒觀樹
右足向前半步成長三式。左腿彎下。雙襠貼緊身腰矮下。左手向上一翻置於腦門之上成遮陽狀（掌心朝外。大指在下。）微停。變鵰手左撇與肩相平左脅挾緊右手成掌翻上置於頸項之前。（掌指向外。掌心向上。）掌根靠近顎下面仍朝西眼光上視。
（形如第廿二廿三圖）
六通短打圖說
第二十二圖（猴兒觀樹變動式）
第二十三圖（猴兒觀樹姿勢圖）
北
東
西
南

▶民國初期大東書局印行的《六通短打圖說》

確實在聲望上不如北方。

北方這些武師，如顧汝章、萬籟聲等均具有全國性聲望。他們能南下，而南方拳師無力北上，即顯示著這樣的聲望差距，其拳術是不會有人拿來與北方武術相提並論的。反而是北方武術在南方大力拓展，頗有成果。像我少習螳螂拳時，主要參考資料就是黃漢勳先生在香港所編的螳螂拳一系列叢刊。黃氏乃廣東青年，裁成甚眾。此南人而濡染北風者也。北人而習廣閩拳術，卻幾乎找不到這樣的例子。

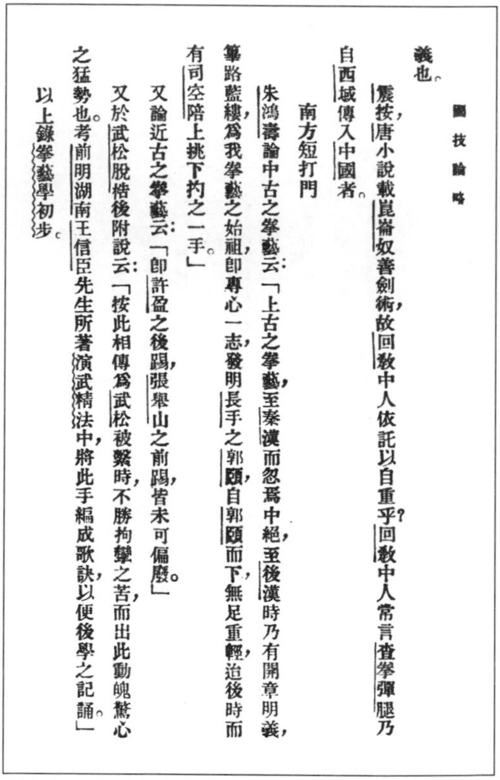
國技論略

義也。

震按，唐小說載崑崙奴善劍術，故回教中人依託以自重乎？回教中人常言查拳彈腿乃自西域傳入中國者。

南方短打門

朱鴻壽論中古之拳藝云：「上古之拳藝，至秦漢而忽焉中絕，至後漢時乃有開章明義，篳路藍縷，為我拳藝之始祖，即專心一志發明長手之郭頤，自郭頤而下，無足重輕，迨後時而有司空陪上挑下扚之一手。」

又論近古之拳藝云：「即許盈之後踢，張舉山之前踢，皆未可偏廢。」

又於武松脫梏後附說云：「按此相傳為武松被繫時，不勝拘攣之苦，而出此動魄驚心之猛勢也。考前明湖南王信臣先生所著演武精法中，將此手編成歌訣，以便後學之記誦」

以上錄拳藝學初步。

▶一九一九年刊行的徐震著作《國技論略》書影

現在一講南拳，就說洪拳、詠春、黃飛鴻。實則洪拳為全國性拳種，並不只流傳於閩粵；黃飛鴻在廣東固然是大人物，今日經媒體渲染，尤其聲名顯赫，無與倫比，但當時則歷數風雲人物時卻幾乎名不見經傳。因此徐震才會說：「今世通語，謂長江一帶拳術為南拳。」

當時長江一帶拳術之特徵為何？此或可於民國十二年（一九二三）振民編輯社出版《少林宗法圖說》見之。

此書大部分篇章與《少林拳術秘訣》相同，後來國術統一月刊也予重刊。其內容據徐震所考，乃是「兼采南北各派，實以湘派武術為本」。因為「湘中既為紅幫盛行之地，其拳家則幾乎皆稱少林派。紅幫起源本與明室遺老有關，此派少林拳史事之傳說，當由武術家之在幫者所演成也。又紅幫以湘、黔、蜀、陝、鄂等省為盛，此書所述拳派，常及此數省」。可見當時所謂南派少林也以洪拳為主，但基本上是以湘中武術為代表，兼及黔、蜀、鄂和江西。徐震說「書中所述，湘派而外，於江西關中二派所取較多」，即指此。不過，因該書也兼采關中之法，可知其術本不限於所謂南派，唯於此可見當時長江一帶流行的洪拳概況罷了。

另外，徐震說當時在江南一帶有專學短打的四家：「許氏，即許雲南，祖長手，有上飛、無下殺，用開足直立八字步，操手為操對打。譚氏，譚國泰，祖中手，下殺為主，上飛為附，其屈膝水平八字步，單踵舉起丁字步，皆上下相應，其操手有攔還、攔打、還打之名。楊氏，未詳。祖短手，手面上不過眉，下不過膝，腳步視水平為尤低，世稱為短手之聖手。曹氏，曹凱，祖中手，手腕多揚手，腳步操手，與譚氏略同。此皆江南各家短打之家法也。近世有朱慶餘，從南通張氏、湖南李氏習南方短打，傳至其孫鴻壽，著有《拳藝初步》及《拳藝指南》。」

這些江南的短手，用八字步，操手對打，拳不上眉不下膝，略似現今南方詠春一類打法。但終究仍是江南之拳，非嶺南之技。而且若據此以說「南拳」也不恰當，因為北方如彈腿就也有六路短打。

以上是就地域說南北，並解釋早期所謂南多指江淮流域，與現今以閩粵拳術為南拳之代表者不同。

其次要講的是南北還不只是指地域，也可能是指內外家。此說之主要代表人即前面提到的徐震。

徐氏《國技論略》大倡此說，謂：「南派之名，係專指太極八卦等尚柔一派者。北派則通指長拳短打各家而言，凡尚剛猛者，皆北派也。」徐氏不贊成內家外家之分，認爲太極拳等只能稱爲內功拳，因它們與古代的導引術關係較密切，而又跟黃宗羲父子所記載的內家拳內容不同（見其《太極拳考信錄》諸書）。因此爲了避免仍用內家外家名詞產生混淆，乃改以南派來稱呼太極八卦等較偏於柔和、煉養之拳，而以北派來稱呼一般搏擊之拳。

爲何把太極八卦形意稱爲南派呢？他一是說此派源於武當之張三丰，二是說黃宗羲父子曾傳王征南之拳法六路，又爲十段錦歌訣作注，故太極爲南方之學。

但此說與他自己的考證是相矛盾的。前面講了，他認爲王征南所說之內家拳跟今傳太極拳本不相干。他又對太極出於張三丰的傳說花了許多氣力去駁斥。孰料爲了建立南派的統緒，他竟然重回張三丰創拳的老路，說太極拳創自武當丹士張三丰，傳王宗岳、張松溪等等，一直傳到王征南、黃宗羲。這樣自亂其說，誠可謂心有蓬塞，故不自知其妄謬也。

另外，前面已提過的另一本書：尊我齊主人的《少林拳術秘訣》則稱武當張三丰爲北派，說：「張全一，名君寶，號三丰。……於少林師法，練習最精，後遍遊於川蜀荆襄沔漢之間，其技更進，……著力於氣功神化之學，晚更發明七十二穴點按術，爲北派中之神功巨子。」

爲何張三丰竟是北派呢？他說因張氏本是北方人的緣故。然既以張爲北派，南派又是誰？他說：「有李東山者，與張同時，亦以技術顯，爲南派中之巨子，且精風角奇門六壬推步之學，《明史》未有傳。」

這李東山也名不見經傳，以之為南派巨子，純是尊我齋主人瞎編出來的。尊我齋主人這本書東拉西扯，編湊而成，徐震、唐豪都有辨正，而其說南說北也一樣妄誕不經。

陸師通《北拳匯編》則又以少林為北拳，云：「少林派亦稱外家，趙匡胤其開山始祖也。……其法以硬攻直進為上乘。」以少林為外家，早見於《王征南墓誌銘》，但說少林源於趙太祖，乃是因閩中號稱少林拳的多是太祖拳之故。以此為北派，亦令人不知所云。

於此即可見南派北派，一旦深考起來，便多不可究詰。至於南是否以拳勝，北是否以腿擊見長，那就更不好說了。

前面講過，徐震以外家為北派，而北派之中他就又分為長拳、短打、地蹚三種。長拳包括太祖、二郎、迷蹤、八極、番子、批掛、查拳、紅拳、彈腿、掇腳、少林等門。短打包括綿張短打、彈腿門之六路短打、江南之天罡手、對打之紅操等，「其架子緊而手法密。粵地通行之拳術，亦屬此類」。此外，「今長江一帶流行之拳術，其跌撲之法，慮無不出自猴拳、醉八仙，而又與短打相混合者」。

這是把長拳短打一併歸入北派，故與俗稱「南拳北腿」完全不符。唯其中論及廣東拳術，認為屬於短打，似乎可說明閩廣重短手而不重腿擊之特點正在於此。早期廣東洪拳拳架步較高，以短橋手為主，動作幅度較小。這種短橋窄馬的風格，確為短打特徵。現在練洪拳的朋友，長橋大馬，倒不好說它是不是仍屬於短打了。

徐震又說：「粵中之少林拳術，傳自蔡九儀。……蔡遁匿於少林中，受技於一貫禪師，最長於超舉術，且精腿法，能飛躍尋丈以外，疾如鷹隼，人不易防。其及門弟子以莫氏麥氏為最，二人皆順德人，不知其名……爲粵東技擊之泰斗。」講蔡家拳之淵源，大抵采諸傳說；對麥氏莫氏之名也不太瞭解，可見徐氏囿於見聞，對粵中武術頗有隔閡。此或當時粵中武術尚少流傳於北方之故。因此說到蔡氏精於腿擊，便拿北方的輕功超距、飛躍尋丈去想像，其實蔡莫之法並不如是。

麥氏爲麥繩武，館於肇慶。莫氏爲東莞莫清嬌。二君之技皆源於高要蔡九儀。但廣東蔡家拳也不僅蔡九儀這一支，廣州泮塘還有蔡伯達一系，鼠步蛇形，與蔡九儀不同。蔡九儀、麥繩武、莫清嬌一系擅腿法，但主要是下盤腿。唯莫氏一派直蹴爲多，麥氏一派橫掃爲長，爲其差別，但都不是飛縱跳躍型的武術。徐震於此，殆爲失考。

第一圖

龍虎出現

龍虎出現 第一路 第一式

起拳拱手敬禮即謁見橋手右拳左掌形如第一圖同時右足略曲左脚吊馬以足尖輕輕站地面目向南直視口唇吸氣閉緊轉扭雙手向心而上退回左足立正將左右手收在腰間而成二虎藏踪

拆門觧義

其用法如敵人以手由中部打入我則用凹展手伏敵人手節連用右手打出惟敵須用挑劈凹手等我則轉用左手緊握右手冲入敵者心胸該拳即鉄門閂法也倘敵用飛脚打来我即用千斤墜坐馬破他

▶洪拳拳譜

蔡氏莫氏以外，劉家拳純用短手，高不過眉；李家拳亦爲短手功夫。洪拳如「虎鶴雙形」之狹橋短馬亦極典型，腿法都不甚多。所謂黃飛鴻無影腳，實不過是洪拳中的後撐腿。以在手搏時忽然出此腿法，不易防範，故名「無影腳」。早期廣東拍黃飛鴻戲劇，對此尚不離矩矱。劉家良擔任武術指導或演出的一些戲，於此也不離譜（劉氏之父劉湛曾拜林世榮弟子吳少泉為

▶林世榮的題字

師）。另外，黃飛鴻夫人莫桂蘭女士直到八十年代才過世，並在香港開辦武館，網上還可以找到她演練洪拳的資料，再結合林世榮編寫的一些拳譜圖錄，均可證明上述說法。可惜近年由練長拳套路的李連杰、趙文卓演黃飛鴻，而令黃飛鴻從一地方型武師變成了全世界華人家喻戶曉之人物，但拳路根本不同，以吊鋼絲懸空連續踢擊爲無影腳，尤爲無稽，造成了不少誤解。

南拳之腿法既如此，北拳又如何？

《精武》月刊二二八期有篇文章訪問八極拳家韓起，記者問：「八極拳爲何不起高腿？」韓氏答：「不光是八極拳，近百年來，影響力大的拳種多數都有排斥高腿的傾向。即使是不拒絕高腿的戳腳，高腿在其所有腿法中占的比例也不大。踢低腿，甚至根本就放棄踢腿，成爲武林的主流。」不踢高腿是否爲主流，姑且不談，我這裏選擇八極拳的名家意見來談，就是表示北方拳種其實並不如一般人所認爲的那樣踢來踢去。

以徐震所說的長拳門類來看，太祖二郎、迷蹤、八極、劈掛、番子（也就是鷹爪），踢

▶李連杰主演的《黃飛鴻》電影海報

腿都是極少的。彈腿以腿法爲名，可是最主要的是彈射而出的寸踢，以踢腳脛骨爲目的。稍高一點踢膝，再高則踢心窩。高腿、二起腳（所謂鴛鴦腳、連環腿），不過一二路。有時連這一二路也不練，只以低中段踢擊爲主。徐震說：「彈腿之姿勢，余所見者甚多。大別可分兩種。一種爲十二路，其腿蹴出，離地不過三四寸；一爲教門彈腿，乃回教中所盛行，只有十路，其發腿須與膝齊。此彈腿中之兩大派也。」我不敢說他講得不對，但所述與我所曾練習者不同。似乎當時踢得更低，連踢心窩都沒有，遑論高腳、二起腳！

出高腿者，太極拳中有擺蓮、華拳中有旋風腿，但也就這一兩式，在整套拳中不成比例。至於形意、八卦，幾乎只有步法而無腿法。孫祿堂《八卦拳學》凡例曾說：「遊身八卦連環掌，內藏十八蹚羅漢拳，兼有七十二截腿、七十二暗腳」，這些截腿、暗腳即是八卦的所謂腿法了。但既名爲截腿、暗腳，其不明顯可知，其不起高腿亦可知。

其他地蹚拳、通背拳，腿擊如現今我們看跆拳道那樣，也是沒有的。故所謂腿，在北方流行拳種之中其實也非特色所在，與它在南拳中並無根本差別。

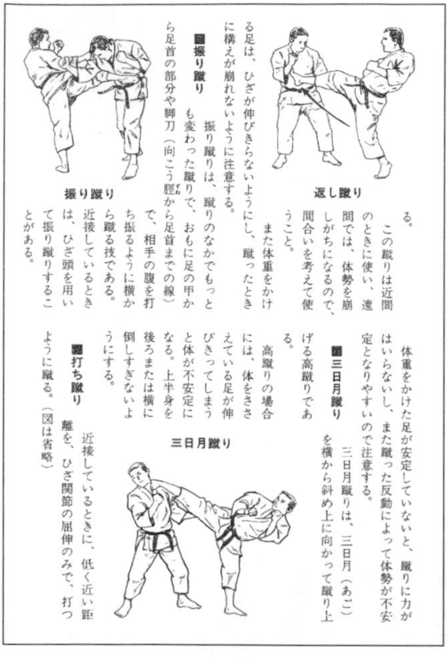

▶日本宗道臣《少林寺拳法入門》中的腿法

考之古代，《紀效新書》載當時拳術，如溫家七十二行拳、三十六合瑣、二十四棄、探馬、八閃番、十二短、呂紅八下、綿張短打、李半天曹聾子之腿、王鷹爪唐養吾之拿、張伯敬之肘、千跌張之跌，各有其長。其中唯李半天之腿以腿擊見長，且既名爲李半天，可揣想應是善於飛踢高踢。除此之外，俱不以踢擊著稱。可見大部分的拳種或武術並不太用此類技法，原不是現在才成爲主流的。

這裏就可以接著談兩個問題。一是現在中國武術中出腿的比例，甚至出高腿者，其實已遠較從前多了。電影電視中表演武打場面時固然如此，武術界也踢得厲害。常見各門派在武術表演時，老拳師雖大半仍守舊範，青年們就滿場飛，又踢又跳，無論少林武當、南拳北派，大抵皆是這樣。風氣之成，我想一是這樣才花俏好看、易博看場子的外行人喝采，二是受李小龍影片的影響。

李小龍綽號李三腳，腿上功夫了得，電影中演示的，亦以腿法見長。他是「功夫」一詞的發明人，也是振興現代武術的大功臣。可是

▶李小龍英文著作《基本中國拳法》書影

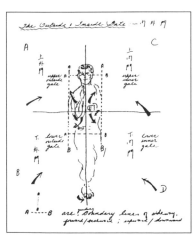

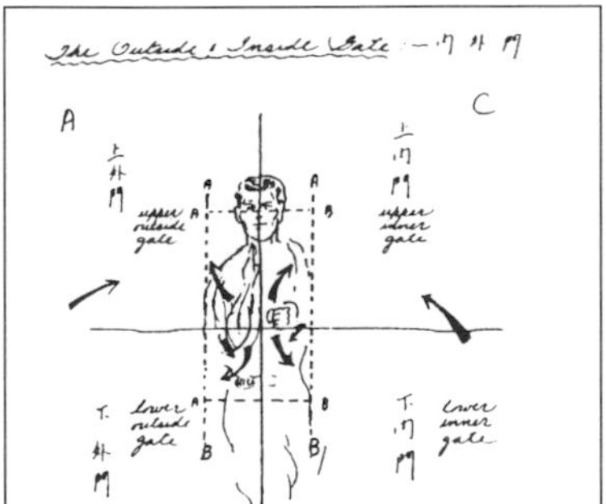

▶李小龍手繪「四門分區」

他的武術真是中國功夫嗎？他的雙節棍，就不是我國傳統器械，是他從菲律賓學來的。手上的技術，除了詠春拳之外，受拳擊影響極大。尤其是頭部擺動以配合出拳及趨避的方法，是詠春沒有的。拳擊式跳躍之法，更與詠春截然異趣。他也不採用詠春的馬步，而是以北方彈腿、螳螂、查拳等常用的那種側面對敵方式，跨大馬步，然後側踢、後旋踢出腿。那種側踢、後旋踢，乃至飛身側踢，我不敢說傳統武術中一定沒有，但即使有也是極罕見的。恐怕是他在美國參考日本空手道、韓國合氣道而學來之技法。

做爲一位武術家，他這樣博取眾長，汲精用宏，當然很可欽佩，但以之爲模型來瞭解中國武術，可能就大堪商榷了。現代練武的人，看慣了李小龍踢、再看李連杰在銀幕上也這樣踢來踢去，又看到跆拳道、泰拳那樣踢，於是踢技大昌，遠多於古，自然也不一定就是壞事。可是對於傳統武術是否應如此改造，或許也還可以討論。

另一個問題是：南拳北腿云云，不只是對南北拳派拳種太簡單的概括，更是對拳術不恰當的簡括。

拳術如舞蹈。世界上的舞，有專門表現頭髮的，如台灣阿美族祭禮中甩髮爲舞。有專門表現頭部的。也有以動頸子爲特徵的，如新疆維吾爾人之舞。又有抖肩的，如蒙古一些舞。還有扭腰的，如阿拉伯之肚皮舞。有擺臀的，如夏威夷之草裙舞。更有動腳而上肢不甚動者，如歐洲宮廷若干舞種。另有專借腳尖表現者，如芭蕾舞。有專門在腳底板下功夫的，如踢踏舞。又有身腿都不太動而主要以手指表現者，如泰國舞。不同的舞蹈，開發著身體不同的美感；善於利用身體某一個部分，也就形成各個不同的舞種。

舞蹈如此，武術何獨不然？舞以求美，武以盡力。要窮極身體所能表現的力量，達到搏擊的目的，其能開發身體每一個部位，原理是一樣的。番子之長爲練手，劈掛之長爲練拳，查拳之長爲練行，彈腿之長爲練腿，乃至張伯敬之肘、千跌張之跌，頭、肩、臂、拳、掌、指、肘、膝、腿、脛、腳，無不可以也應該予以發展運用。各人秉性不同，所利用者也就不一樣，哪裏是「拳」「腿」兩個字所能概括的呢？

中庸之道

國人論拳，好持高論，每多渾圇之語。法且未得，輒云活法；要破法去執，存乎一心。於是學者茫然，不知津筏何在，只學會了一大堆「極高明」的口頭禪，人人講得天花亂墜，而不曉得真正的本領，應該在「道中庸」上。

以車毅齋《論形意拳練法》爲例。劈頭就說：「形意拳之理謂中正，至易至簡，不偏不倚，和而不流，包羅萬象，體物不遺。放之則彌六合，卷之則退藏於密，其味無窮，皆實學也」。這話當然出諸心得體會，話也說得漂亮。但多是古代經典中的套語，說了亦等於沒說，因爲學者根本不能由此理解形意拳的拳理到底是怎麼一回事。把這些話用到別的拳上，好像也沒什麼不可以，誰家的拳不自認爲理諦中正、至簡至易呢？

中正，是個好道理，劉奇蘭《拳論》也說「形意之道中和而已」。可是若只從中正來理解形意拳，卻是會偏頗的。

從技擊來看。形意拳若用以對敵，身形就絕不中正，而是看正似斜、看斜似正，採四十五度轉向，重心偏於右腿的銳角三角形姿態。垂肩、沈肘、圓襠，手、鼻、前腳尖三尖相對。因此所謂中正，不在形上。形一定不正。中正指全身的重心維持在中央，進攻時主要也採中門直進之法，如錐子向前推。

之所以如此，是因形意拳取法於槍術。其劈、崩、鑽、炮、橫五拳，即是由槍法化出。直線出擊的崩，中平槍也。由下往上的鑽拳，上刺槍也。從上往下的劈，下擊槍也。左右用力之橫拳，槍之橫格也。格防後再擊，則爲炮，槍法之格刺也。原理如此，故形意之攻擊上不過眉、下不過臍，很少下盤的打法。其所謂劈，崩，其實也不太能從字面上去認識，而是要跟槍法的「點扎崩撥、開合劈纏、帶撩滑截圈」合起來了解。所以崩拳並不是山崩下來似的，而是如箭之發、如槍之刺。

▶韓伯言（一九〇七～一九九六）晚年表演的尚氏形意拳中的狸貓上樹落式

相對於形意，八卦就是取法於刀術，單換掌是單刀、雙換掌是雙刀。對敵時的身形則絕不同於形意。形意以拳，八卦以掌，也是這個區分使然。步法尤其不採直線前進之式。

形意八卦，從這個角度去看，豈不簡單明瞭?無奈教形意拳的人都不如此說，偏要用金木水火土來比附，讓人去體會爲啥這個拳像金、那個拳像土。再加上五行生剋，這個生那個，那個剋那個，令人頭昏眼花，不明所以。其實生剋皆是虛說，別人打水拳，我就打土拳去剋他；別人打金拳，我又打火拳去剋他，只能是笑話，跟說象形拳裡某形能剋某形一樣，均屬無稽之談。說拳而取象於五行生剋，並非好辦法，何況其他的拳，像八卦拳就也有五行，也說五行生剋。故以五行說形意，是絕對講不清楚的。

但說形意者不自以爲如此云云並不能講清楚，反而覺得應再往深處講。所以車毅齋又說：「練拳者自虛無而還也，到此時，無論形意、八卦、太極、諸形皆無，萬象皆空，混混沌沌，一氣渾然，有何形意？有何八卦？有何太極？所以，練拳不在形式，只在神氣圓滿無虧而已。」

練拳到達渾化之境，當然不妨如此說，可是形意、八卦、太極畢竟是三種不同的拳種，不只身形手法不同，用氣用意也不一樣，焉能如此渾圇說之？

何謂用氣用意不同？太極之特點，在於王宗岳所說：「捨己從人」，所以有「四兩撥千斤」之法，論勁則有粘有走。形意之用氣用意用勁，絕不同於此。

從前王陽明曾說：「爲學不可無宗旨，而不可有門戶之見」。

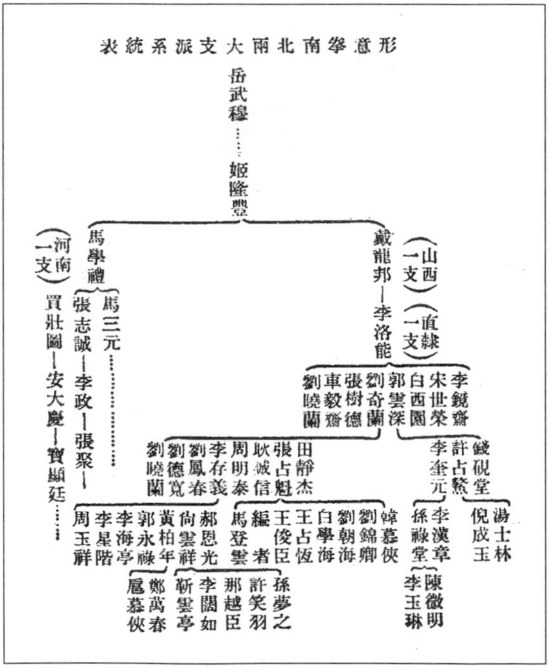

▶姜容樵在《形意母拳》書中刊出的形意拳派系承傳表

門戶之見當然不應有，但各個學派各有不同之宗旨，這個宗旨是不能混淆的。車氏上述說法，跟許多兼練太極形意八卦的名家一樣，常把各家宗旨混爲一談（如孫祿堂論形意、八卦，都有點太極化；姜容樵論迷蹤拳、徐哲東論萇家拳，也儘往太極拳去靠）。其實這都是不對的。

車氏在這段話上，本來還有一段說：「起初所學，先要學一派，一派之中亦得專一形而學之。學而時習之，習之已熟，然後再學它形」。爲何要先學一派乃至一形？原因不就是一派有一派之宗旨、一形有一形之作用，不容相紊嗎？奈何既知此理，忽又侈談混混沌沌、一氣渾然，徒令學者矜慕於高明？

車氏接著又說：「拳經云：尚德不尚力，意在蓄神耳。用神意合丹田先天真陽之氣，運化於周身，無微不至，以至於應用時無處不有、無處不然」。

▶一九二〇年劉殿琛《形意拳術抉微》中的「蛇形」與「鴿形」演練圖

拳家好說氣，是清朝以來的流行；講氣而附會道教內丹學，亦由來已久。但拳家的古文化素養一般說來並不甚高，講氣雖多體會語，然表述出來卻往往成問題。

如車氏此處說要用神意與丹田先天真陽之氣相合，很好，那麼，請教：神與意是一是二？「意在蓄神」，是指以意蓄神，還是說尙德不尙力一語之意是指練拳的人應蓄神？不論兩者何者爲是，都不能說意就是神意。

而丹田先天真陽之氣又是什麼？氣分先天後天，正如卦分先天後天，本出於丹士之杜撰，秦漢以前並無此說。此說既出，又復聚訟紛紜。例如人既出生，後天血肉之軀，如何能有先天之氣？先天之氣如何能由後天之人意揣度而知？先天之氣又要如何提調，才能運於全身？一般丹家運轉大小周天，不過運丹田之氣上走督脈而已。能如此即已不易，更遑論運化全身。所以這類話頭，不惟理論上充滿疑難，真要練拳的人做起來也十分困難，只是漂亮的廢話。

論氣之外，內家拳又喜歡說勁，曾見山西太谷形意拳文化中心程素仁〈簡釋形意拳勁法〉一文，簡釋形意之勁，居然多達六十九種勁，真不知若不簡釋時要多到什麼程度（見《武當》，一九九九年九、十期）。

其實這樣做純是故弄玄虛。首先，說勁不說力，即是一種故弄玄虛之法。彷彿勁與力不同，力徒憑血氣，勁才含著內氣。

實則勁就是力。程氏在分快勁、慢勁時曾引拳譜云：「快以取力，慢以取勢」，豈不說明了所謂快勁即是用快動作以取得的力量效果？慢以取勢之勢，勢字本來也就指明了它是靠力量才能形成勢。

▸近代形意拳大師尚雲祥（一八六四～一九三七）

可是講內家拳的人老是要表示他們是用意不用力的，即使他們用力時，那個力也不叫力，叫做勁，所以又有內勁外勁之分。說外勁是由骨骼肌肉所發出，內勁是由內五行所發。但外勁既是由骨骼肌肉所發，它與力便無不同。內勁由「內五行」，亦即心肝脾肺腎之氣所發，看來好像與外勁不同。但是，心肝脾肺腎要如何發出勁來？講勁的人誰能表演一下？內氣要發，不是仍須通過骨骼肌肉才能表現出來嗎？因此講來彷彿有什麼內氣內勁，其實仍舊只是外勁。

至於吞、吐、抖、顫、掤、挫、沖、束、纏絲、螺旋等這個勁那個勁，不外乎外勁之各種表現。是因身法、手法及進退速度而形成的不同力量。但把這些力講成勁，就讓人覺得莫測高深了。據此而說「聽勁」、「懂勁」，能弄明白的，更是罕見！

再說，就算是用勁而非用力，把勁分成六七十種，不也是故弄玄虛嗎？外勁一詞，豈不就包括了靠、踏、擠、崩、領、挑、捋、送、抖、顫諸勁？內勁一詞，豈不又包括了暗勁、化勁？程氏說暗勁是：「內三合之勁，是由內氣達於骨骼肌肉後發出的勁」；說化勁是：「由精神感覺發出的勁」；又說還有一種氣勁是：「用氣打出的勁」。這些，難道真有什麼差別嗎？整個區分，更是既瑣碎又無體系層次感。

以上均是形意拳論中常見的問題。拳家還有一個毛病，就是誇大前輩之功夫，以示斯技神妙，人所難測。有的講得離了譜，連本派人都看不下去。如李仲軒口述的《逝去的武林》一書，就對某拳師門下誇張描述某君如何把尙雲祥震飛到屋頂上、又把薛顛跌摔在地，表示不滿。實則形意門中此類誇飾語曷可勝數？例如一開口就說郭雲深「以半步崩拳打天下」。打天下，不是誇張是什麼？郭雲深的閱歷，不過就走過那麼些地方罷了，天下之大，高手何嘗都會過？何況只用半步崩拳？而半步崩拳又怎麼就能打遍天下了？崩拳是左手一圈、右手崩出，若只打半步，有何攻擊力？此等妄語，說來煞有介事，無非故神其說罷了。

以上講的都是形意拳的例子。並非與形意特別過不去，只是爲了舉例方便。我很抱歉舉它爲例，其實其他拳種的問題也是一樣的。過去教拳的老師傅，以此謀衣食；傳徒弟，又爲了令從學者生起矜重敬慎之心，有時還怕徒弟打師傅，需要留一手，所以教拳時常故神其說，或講得隱隱晦晦、曲曲折折。又是口訣又是詩句，拉雜拼湊五行、八卦、太極、無極、四象、六合、三才、七星、內丹、陰陽等等詞彙，講得雲山霧罩。有些拳，長期流傳於祕密宗教中，如形意拳，過去練的就有許多是白蓮教徒，更因此而迷離惝恍其說。可是今天時代不同了，論拳不應該仍是這樣！平平實實地講些庸德庸行，也許更要好些！

清人筆記中的少林武術

清人筆記中載俠客事甚多，往往與武術相關。如陸長春《香飲樓賓談》云：「四川峨眉山有盜藪，其人皆能飛簷走壁，捷若鳥隼。」並說其盜有能縮骨換形者：「我輩幼服縮骨丹、八尺之軀，可縮至懷抱中物。而又習換形法，姸醜老少，皆可變易，非幻術也。」看起來比後世武俠小說常寫的易容術更神奇。此雖不屬武術，但由此即可知峨眉綠林俠家一脈其來有自了。

也有談到武當山的，如長白浩歌子《螢窗異草》云武生童之傑蓄一利劍，自云能斬鬼狐。後遇異人，謂此乃道家蕩魔劍，但他還不能盡其妙用，故授他口訣，再用符水把劍煮過，令他下山降魔，相約年後晤於武當山。童後遂爲道士終。這種道家斬妖劍，雖不是武術；但它與劍俠故事關係很深。而由此記載，也可令我們明白武當山在當時道家煉劍者心中已頗具地位了。

然各山似乎都不能跟少林相比。由筆記小說看，少林幾乎成了拳勇的代名詞，少林拳也最廣行。《聊齋志異》武技條已載山東人李超逢一僧，僧曰：「吾少林出也，有薄技，請以相授。」李學成後，在濟南逢一尼姑，才一交手，尼便呵止，說：「此少林宗派也。」原來竟是同門。寫《聊齋》的蒲松齡是康熙時人，此時少林武技顯然已聲名大噪，故有此等故事。把少林稱爲「宗派」，在各武術門派中亦最早，而且少林還有女弟子。

蒲松齡稍前，黃宗羲《王征南墓誌銘》已提到了少林拳勇之盛，把少林視爲「外家」的代表，而以王征南爲「內家」。用王能打敗少林僧來說明王氏技藝十分高超。這種敍述模式，後來被筆記小說廣泛運用，少林僧常扮演吃癟的角色。

可是這並不表示少林差勁，而是因少林早成品牌，所以要借著壓低少林來彰顯它所要寫的主人公有多麼了不得。

可是，倒過來，就也有人要把王征南拉歸少林宗派。如袁枚《子不語》載湖州勇士董金甌中途遇盜，盜打他不過，問拳法爲何人所授，答：「僧耳。」盜乃回去找妹妹來再與他鬥。打來打去，女曰：「汝拳法非僧耳所授，當別有人。」董以實告，曰：「我初學於僧耳，後學於僧耳之師王征南。」如此，則王征南竟有僧人徒弟矣！

▶清人麟慶所著《鴻雪因緣圖記》中的「少林校拳」圖，版畫

上述故事同時也表明了僧人常以授拳爲業。如徐承業《聽雨軒筆記》載：「嘉興萬永昌者，素多力，後學藝於少林僧孤雲，遂以拳勇著名江浙間，自號萬人雄。從而習藝者以百計。」萬氏是親從少林僧人受業的，另外還有些是私淑者，如曾衍東《小豆棚》記「韓昌，汶上人。幼傭於路氏。路氏子弟喜講少林拳之技。韓從旁剽竊，頗有所得。曾一腿仆倒敗牆，人遂呼爲鐵腿韓昌」即是。江湖上輾轉傳習，或私相剽襲如韓昌者，殆不計其數。

當然，入少林習藝者，諒亦甚多。夏荃《退庵筆記》云：「夏老鼠，康熙時人，以拳勇聞，少嘗學技於少林寺。寺僧出巨球一，編麻爲之，千萬結，堅硬如鐵石。囑曰：『第解此！』老鼠窮力解之，十指盡腫。閱三年，晝夜爬剔，球始解而技成。」此君技倆主要在十根指頭上，另練有鐵布衫法，可以運氣到身上各處，包括兩耳輪，令人擊打無礙。但練鐵布衫之法未予說明，練指之法則如此。這可顯示當時民間流傳的少林練功方法。

描述少林習藝狀況的還有許多，如潘綸恩《道聽塗說》鍾和尚條云有和尚去募化時常攜一大口鍾，放在店家鋪案上，索錢。人稱鍾和尚。有人去鍾和尚道場學技，「有悍鷙少年寄此習少林業者，亦數十人。……諸少年皆身輕捷，每躍起，迅如飛鳥。寺前銀杏十數株，圍可三四尺。有數少年每曉起向樹上疾飛一腿，迅即退立樹外，葉上露零如雨，無涓滴沾衣者。或立百步外，以丸彈楊枝。第認定何枝，彈丸風發，頃刻繁葉亂墜，無一存者，他枝不誤損一葉。或立瓦一片，駢二指削之，則一角落，而瓦立如故。或囊沙懸於四側，人立其中，四面擊之，囊無著身者。又有以手挾數十斤沙囊，聳身中堂，以指掏屋樑而掛其上，半晌乃下。如此之類，不可殫述。人各一技，晨夕演習不倦」。這一條，是清朝筆記中記錄少林習業狀況最明晰的。鍾和尚門下練拳的處所，固然不是嵩山少林寺，但諸君所學爲少林藝業，其練習狀況於茲便可一窺大要。

采苻子《蟲鳴漫錄》另載少林習藝事云：「有書生欲復仇，學拳於少林寺。……僧先令於空屋對牆自習。牆故遍畫僧作各路拳法形，久而習熟。又引至一處，牆開圓洞，令蛇行躍而出入，久始便捷。」這又是練技之法，一是看圖練拳，二是像上面說踢樹退行避開露珠一般，練習身法之迅捷。

這段記載又提到藝成後如何出寺的情況，說：「寺規，凡來學者，由別門入，出則須由大門。大門有四僧守之，須鬥勝方出。二門則四馬猿，持兵、亦能鬥。二門內有巷，列木人十八，地設伏機。步入其中，機發而木人持械亂擊。」這就是所謂的少林木人巷、少林十八銅人故事之張本。後來衍出了無數小說情節或電影電視橋段。可是沒什麼人提到那四隻大馬猴。

猴子本來就是我國武術中常見的高手。相傳越女鬥袁公，故白猿之術夙爲劍術之代名詞；各式拳種中不但常有猴拳，也有單招取象於猴子的，如白猿獻壽、葉底偷桃之類，不勝枚舉。明代王士性入少林寺，亦曾見僧人舞猴，神態宛然一猴。可是這終究只是傳說或取象，真要訓練大猿猴跟人搏鬥，恐怕甚難，何況相與格鬥者還是藝成準備下山的高手！因此這大約只是小說家杜撰之談。

可是，爲什麼少林寺竟要以猴子把關呢？小說云僧人雖出了家，其實仍免不了人情世故，爲了杜絕講人情而私下放水，才要用猴兒把關以防弊。這個講法也很有趣，可見時人對少林寺之想像。

在當時人的認知中，少林僧人並未斷絕世俗人情或情欲。該書生入少林，便曾逢一女，爲僧之甥女，也學了藝，二人「頗相愛悅，私訂嫁娶」。女子住在少林寺學藝，並與同去習藝者談戀愛，稀奇嗎？若以爲稀奇，請看下一個故事。

昭槤《嘯亭雜錄》馬僧條，云年羹堯的二位幕客在旅邸中逢二僧，看來都是狷黠少年，他們不免多看了幾眼，不料其中一僧不太高興，說：「誰無眷屬？看何爲？」原來這位是尼姑，而且尼姑自承是僧之眷屬。談起來，才曉得僧人「幼時習少林寺手搏法」，後來輾轉江湖，昵妓女金環。因乏資，遂與金環削髮回少林。三十年後，二客之一的孫子過河南登封，「遇少林僧論拳法，曰：『雍正中異僧來傳，技尤精。然無姓名，好養馬，因稱馬和尚。後總督田文鏡嚴禁，僧轉授永泰寺環師。今環師亦亡。其徒惠來者，能傳其術。』」馬僧就是那位和尚，環師則是妓女金環。馬僧之技，本學自少林。後來浪跡江湖，技藝當更有進步，再回少林傳技，應該對少林之藝有所提高，故寺僧云有異僧來傳，技尤精。此僧娶妓，又令此妓學藝回傳少林，確實頗「異」。

不過此僧也非唯一異數，王韜《遯窟讕言》記一保定人衛文莊精拳棒，一日，忽有少林僧人來訪，道：「西安有一奇女，日仇慕娘，國色也。精曉各技，秦中無與敵者。特標於門曰：『有角藝而勝者，願奉箕帚。』小僧頗欲得之，恐不能勝，願與君偕行，不勝則君繼之，未知姻緣簿爲誰如意珠也。」原來是仇慕娘要比武招親，和尚準備去試試，來找幫手呢！

比武招親，在清人舉記中常見，如宣鼎《夜雨秋燈錄．谷慧兒》、徐珂《清稗類鈔．金飛徵徒》均有記載，本不稀奇。奇的是僧人竟也來參加，且遠赴河北保定邀幫手，意在必得。

筆記所描寫之少林僧人，多是此等有拳勇而少戒行的。除狎妓妻尼，或覬覦國色，準備去

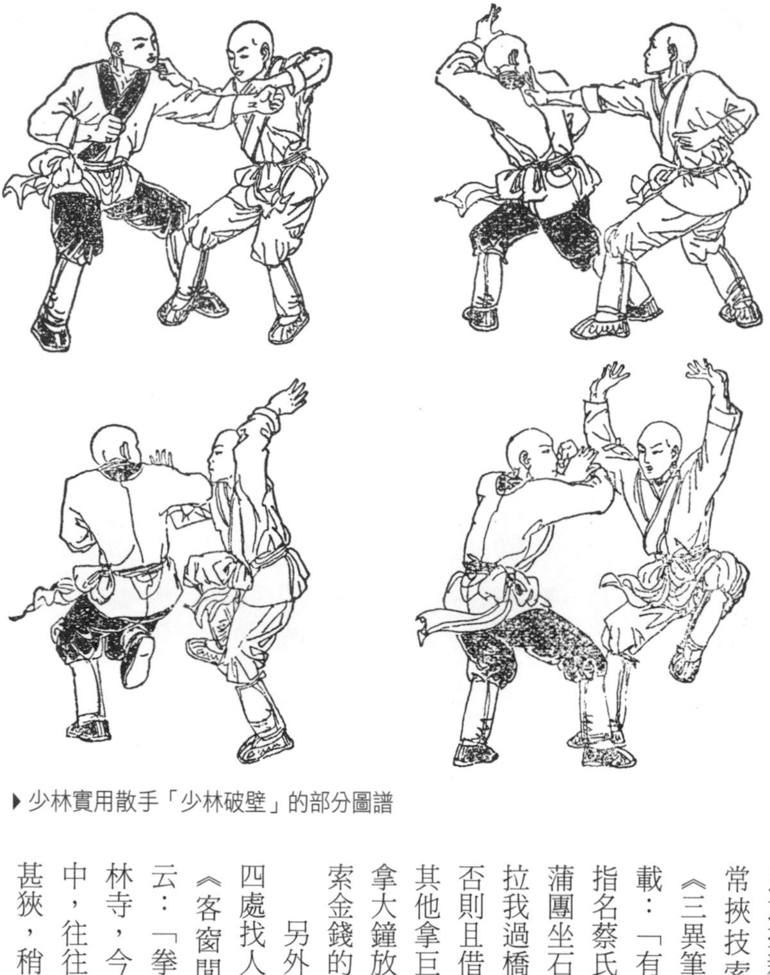

▶少林實用散手「少林破壁」的部分圖譜

比武招親外，少林僧人也常挾技索金。如許仲元《三異筆談・鬥智鬥力》載：「有少林僧人來募，指名蔡氏索三百金。挾一蒲團坐石橋上，云：有能拉我過橋者，我即飄然。否則且借寶店結冬矣。」其他拿巨缽、拿大石臼、拿大鐘放在人家店鋪上強索金錢的還很多。

另外就是恃強鬥狠，四處找人比武。故吳熾昌《客窗閒話・某駕長》云：「拳勇之技，舊推少林寺，今則散見諸方叢林中，往往有能者。然其道甚狹，稍有逾己者，必求勝而後已。」具體的例子，如《蟲鳴漫錄》載：「白下甘鳳池，精技擊，善運氣，近地無敢敵者。有僧自少林來，聞而訪焉」即是。

僧人尚且如是，學少林拳的俗家人士自然更不乏恃拳勇尋畔挑釁的了。王韜《淞濱瑣話·邱小娟》云有繩伎甚美，「輕薄子習少林術者，涎其美，入以遊戲語，欲與之撲。稍近身，跌出丈許外」。這種少林門徒，就是丑角形象了。

當然，少林門徒遍天下，什麼品類都有，也不會只有如此不堪的。《薈蕞編》收了汪縉《莆田僧》一篇，就說一莆田僧人常受里中惡少欺侮，不能保護寺產，後來去了少林，三年後才回來懲戒無賴。這位僧人就有正面的形象，因為他說：「吾入少林，學拳勇，將以禦暴也。」禦暴之後，亦不挾技驕人，平時絕口不道拳武之事，看來武德甚佳。

《淞隱漫錄》另載一秦雨杉，陝西人，「幼習拳勇，得少林家法。……一時大江南北，殆無敵手。然生韜晦殊甚，不輕示人以所長」（倩雲），也是如此。又黃軒祖《遊梁瑣記》記朱大祺事，亦復如是，朱嫻技擊，能旋風舞，手馬刀，騰飛城堞。徒步至嵩山東岳廟，謁北摩禪師，居一年，盡得少林真宗，歸家授徒。後來大懲貪官，頗令人稱快。此皆少林之善徒也。

惟嵩山無東岳廟，疑此乃中岳廟之訛。五岳並尊，嵩山亦祀天之所，無在中岳反祠東岳之理。中岳廟即在少林寺旁，故朱氏習技，可能在斯。從前拍《少林寺》電影時，方丈自焚諸場景也是借中岳廟拍的。廟地宏闊，固勝少林，而亦可見當時嵩山上並不只少林寺一處在教少林武功，跟現在滿山都是少林武校，恐怕也差不多。

不過，齊學裘《見聞續筆·少林僧》一條卻頗蹊蹺。文說嘉興某人居某鄉設米肆，夜就少林寺宿。寺僧導他入一室。結果居然是間石室，門戶格柵也是鐵的。他把窗櫺毀壞後逃出，又潛入伺僧人進來時操刀伏擊，迭斃數人。返鄉後，一僧忽尋至，拿一大石磨放櫃上索錢，他以帚掃出，僧即退。又年餘，另有僧人來，合十指胸。他早有防備，已預藏鏡於胸，並口含著飯。僧人合十時，掌力湧出，震碎了他胸前之鏡；他把飯噴出，也粒粒嵌入僧人頭上。於是他詐死。另一僧人又來，知他死了才罷手云云。故事很精采，但把少林形容成一座黑店式的寺院，少林僧人則睚眥必報，在少林相關記載中是很特別的。故事發生在上海嘉興一帶，這位仁兄是否會長途跋涉跑到少林寺去投宿，以致被局，不能無疑。因此也有可能這是另一座名為少林的寺院，否則就是因少林拳勇之名太盛，令社會上某些人產生此種想像。

少林拳名氣大、流傳廣，自然又有些人要強調自己才是真傳，與世上一般傳授者不同，如前述說朱大祺「得少林真宗」就是。《淞隱漫錄》亦載一琴川人從僧習藝，僧云：「欲受我法，必先學蒲團上工夫。能於一晝夜間一念不起，乃可教也」，其人從教。僧復「啓篋出《易筋經》一卷畀之，曰：此經不與世上所傳者相同，勿輕視之，演習一月，自有妙境」（《女俠》）。這即是強調秘傳的。它另一則《倩雲》也說秦雨杉「幼習拳勇，得少林家法。繼獲《易筋經》秘本」。似乎《易筋經》真是別有傳承，與無名氏所輯《靜庵奇異志》所錄《閔先生》條云：閔氏「任俠好武，得達摩《易筋經》秘奧」類似。另外，《遊梁瑣記・裕州刀匪》載汪靜軒請一少年試拳，少年「演羅漢拳。初尚易破，後至蜈蚣跳、山雞鬥諸法，則迷離撲朔，目眩幾不能辨。」羅漢拳乃少林基本拳法，傳習甚廣，此處敍述，也是在說此拳其實另有奧秘，非世俗流傳者可比。

這種記敍，乃是對少林技藝的神化，表示少林工夫並不只像一般人所見到的那樣。神化的極致，就是把它跟劍俠傳說結合起來。

所謂劍俠傳說，並不是指一般用劍搏擊的人。劍俠是有道術的，能練劍成丸，或練劍入口鼻。使用時，劍化爲一道白光或氣，千里之外取人首級。其人又擅長藥法、符法，乃至可以隱身化形，飛行絕跡，所以又稱劍仙。此類傳說，起於唐代，後世踵事增華，傳述不絕，至清遂衍爲大規模的劍俠章回小說，對民國時期的《蜀山劍俠傳》《青城十九俠》等有直接影響。清人筆記中，我找到的，也有三幾十條。這類劍俠，本有僧道淵源，例如唐代著名女劍俠聶隱娘（**湯用中《翼駉稗編・隱娘尚在》條甚至說她在清朝時還活著，且仍授人劍術**）的師父就是一位尼姑。對少林技藝要肆其想像，讓人覺得它很神奇時，當然也就會有人想到可以把它跟劍俠結合起來。

上文曾提到嘉興某人與少林僧角技的事。少林派來追殺他的三位僧人，第一位徒恃勇力，拿大石磨來。第二位就有內功了，合十時，掌力湧出，直襲對方心口。第三位更厲害，在某君詐死的棺材前繞了一圈，腳下即磚石盡裂；對著靈堂吹三口氣，棺材亦如竹子破裂了一般。這種運氣傷敵破物之法，就是劍俠手段。《遯窟讕言》老僧條，載少林僧去比武招親，結果中了女子的暗算，那女子在靴子裏藏著匕首，故一腳把僧人腿骨折傷了。後來僧人找了老和尚同來報仇，「老僧碧眼方瞳，眉長才許，手爪如麻姑。……瞥吐雙丸，直射慕娘。慕娘凜然寒噤，但覺周身冷若冰雪。……迨夜卸妝，則鬢髮盡落，若刀剃然。乃解羅襦，則紅抹胸劃然中斷，方知老僧劍俠高手也。」這還是老僧手下留情，因慕娘的師父恰好與老僧同門，否則雙丸既出，人頭就要落地。

以上大略勾輯了清人筆記所載少林諸事，可以看出少林拳在當時流傳的狀況及社會觀感。

這些記載，一部分可供武術史研究者參考，一部分也涉及武技內容，例如練指力、練閃避騰挪之法，練鐵布衫，運氣之法，靜坐不起雜念以修行之法等均是。汪縉所記莆田僧論棍法，說用棍「圓而不方，濯而無毛」，其技便俗。如何才能不俗呢？僧云：「圓者方之，濯者毛之，進乎技矣！」這是什麼意思？棍子是圓的，但用起來要讓它彷彿有棱角，是所謂圓者方之；棍身是光滑的，猶如禿子腦袋「童山濯濯」，可是用起來又要讓它有澀勁，像長了毛似的，能纏得住對方的棍，此即所謂濯者毛之。少林本以棍名，此說雖出於小說家的體會，未必即為少林之法，但對練棍的人來說，不無參考價值。

尋找南少林

凡中國人無不知有少林寺。但我們所知道的，可能是另一座少林寺，而非處於嵩山少室峰的那一座。

例如我們習武的朋友，練洪拳，看電影演方世玉、洪熙官、少林五祖，都說與少林寺有關，謂清朝派兵火燒過少林。這些，可就都不是嵩林少林寺，而是指南少林。

南少林這類傳說，有兩個來源，一是天地會流傳的故事及抄本資料，二是小說《萬年青》。

在天地會故事中，少林寺只是明代王室的象徵，火焚少林，代表明代滅亡。少林五祖也者，抗清的福王由崧，魯王以海、唐王聿鍵與聿粵、桂王由榔也。蕭一山《近代秘密社會史料》卷四載英倫敦不列顛博物館藏《洪門總圖一》說長房在福建、二房在廣東、三房在雲南、四房在湖廣、五房在浙江，正指以上五王的根據地。少林寺既然只是象徵，自然無法實指它到底在何處，所以有時說它在山東，有時說在福建，有時說在廣東。天地會洪門中閩人最多，徐震《洪門傳說索隱》又考證天地會出於台灣，因此少林寺在閩的說法最占勢力，但也有說在廣東或山東的。其實歷史上只有北少林而無南少林，北少林在北京近郊的薊縣盤山上，相對於北少林，嵩山少林應該就是南少林了。可是嵩山少林也從未以南少林自居。

南少林故事所說的福建少林，地址不一，或云在福州府九蓮山，或云在福州國龍縣、福田縣、莆田縣、盤龍縣等等。但除了這些傳說或小說之外，並無更進一步的資料足供考論。上述地名，大抵也都屬附會或訛誤。根本無此地名，更不用說有什麼遺跡史料可考了。故而史學界向來認爲並無南少林，小說以及由之衍生出來的種種戲劇電影電視，乃至拳派均不足據。

但福建人可不死心，他們拿著這樣一個好題目，捨不得丟掉，故而到處在尋找南少林的遺址。

上窮碧落下黃泉，久而久之也不可能毫無所獲。泉州等地已經有了好幾座新建或重修的寺院，都叫南少林；也有好多武校稱爲南少林。莆田、閩侯、羅源、長樂等地更都有人宣稱他們證明了南少林原先就在他們家鄉。福清市尤爲積極。

福清就在莆田旁邊，一九九三年該市僑辦所編刊物《金融鄉音》刊了劉佩鑄《福清也有少林寺》一文，引起該市各界之尋找少林熱。接著陸續找到一些宋明方志資料上提及古代是有一座少林寺，於是尋到有一個少林村的地方，開始進行《考古》。逐步發現刻有《少林院沙門》等字樣的橋板、石礎、石盂等，再來便成立少林風景區、少林寺研究會，重建少林寺、制定少林村遷村方案等等，態度積極，行動迅速。同時出版《福清少林寺》以爲宣傳。

我在北大參加金庸小說研討會時，金庸老家浙江海寧對金庸的熱情程度，令我印象深刻，因此我也很能理解福清人「發現南少林」的熱情勁。

但是，在少林村發現從前那兒曾有一座少林院，有什麼好大驚小怪的呢？且不說少林院是否就是少林寺，建在少林村的寺院名爲少林，豈不也是極爲尋常的事嗎？披經籍、考遺址，發現此處千餘年前曾有一寺，當然也不壞。可是這座少林院或少林寺就是南少林嗎？它與清初的那座南少林又有什麼關係？

迄今爲止，所有發現了的所謂南少林遺址，我都不能不存疑，而且我認爲考古氣力用錯了地方。爲什麼呢？天下同名之寺院庵堂極多，不能因同名而牽合，一也。南少林之說，清朝以前，不見經傳，二也。小說講述故事，是否必爲實事，大可斟酌，三也。尋找南少林，工程誠然浩大，但或許也會像上海北京南京各地都在進行的尋找大觀園工作一樣。除在《紅樓夢》裏以外，哪裏還有一座大觀園呢？

技擊文化學

中國傳統武術，現在已經從武俠小說神奇魅異的情節中，逐漸「除魅」，被視同健身運動、體操或搏擊技術，展開了整理與研究。大陸在這方面，做得尤其勤快。

但我以為，中國傳統武術，與健身運動、體操，乃至其他各種搏擊技術，如跆拳道、拳擊、泰國拳、摔角、相撲等，並不是一樣的。這些搏擊技術，是真正的「武術」，只為了達到利用肢體力量攻擊敵人的目的而設計出來。講究的是如何利用我們四肢的功能，不斷練習。是以體力為主、輔以技巧的技術。固然在進行搏鬥時，也能培養人的意志，但除了日本的柔道、武士道、空手道、合氣道之外，其他如拳擊、摔角，是連這個「道」的要求也不太講求的。

中國武術則不如此。中國武術門派甚雜，其中有許多是依流行地域、創拳宗師為名的，如華拳、查拳、洪拳、蔡李佛拳、詠春拳之類。許多拳種也標明了它的技擊特色，如太祖長拳、岳家散手、教門彈腿等等。這種標明技擊特點的拳，其意義一如拳擊、摔跤一樣，都指出了作爲一搏擊技術，它應有的性格。

然而，中國另有一大批拳種，不以此類方法命名，而將拳法稱爲螳螂拳、猴拳、鶴拳、蛇形、龍形、虎形、雞拳、鴨拳等等。搏擊貴在以力服人，取象物類，本無必要；縱使說是效法動物界之搏殺活動，亦應取象於龍虎獅象之類，學雞學鴨學猴學鶴，是何道理？

這是中國武術的特色，爲他邦技擊所罕見者。要懂得中國武術，這是第一個關鍵。

因爲事實上不只是這些專以物類擬象所構成的拳，具有象形的特色；即使那些未標明爲象形拳者，其中套式招數，仍然部分是象形的。如洪拳中的工字伏虎拳、虎鶴雙形或十形拳；功力拳中的霸王舉鼎、黃鶯舒翼，雙龍入海、二郎挑山、武松脫銬；六通短打中的金雞獨立、白鶴展翅；通臂拳中的鴿子串林、黃龍探爪、白猿獻桃、紫雁抄水、白蛇吐信……簡直不勝枚舉。這種強調拳套以及大量採用譬況象形的情況。在拳擊中不會有、在摔跤中不會有，在泰國拳中也不會有，只有中國，以及受中國影響的日本拳術才有。

可是，就連日本，也只保留了對套式的重視（他們稱為「型」，如空手道），並不太採用象形之法。以日本所流傳的少林拳來看，他們只說手刀切、拳背擊、順踢、逆踢，不像我們把兜胸一拳稱爲「黑虎偷心」，把背後一踹稱爲「虎尾腳」或「烏龍擺尾」。所以說，象形拳之多，以及以象形構成我國拳法的基本理則，是只有中國武術才有的特質。

此即顯示我國武術非一純粹搏擊技術，而具有強烈的觀念性。如果我們對於中國文字之「依類象形」仍有點概念的話，我們就瞭解象形在中國文化中的意義。中國的詩歌、書法藝術，均大量採用過擬象批評。唐人之詩格詩例，其中即有「猛虎跳澗」「毒龍擺尾」等名目。作詩論格例，與打拳講套數，意義是一樣的。其套數招式的名稱，則不約而同地採用了擬肖物象之法。

唯有順著這樣的思路，我們才能深入瞭解中國武術，且將武術作爲理解中國文化的一個據點，辨明它與其他純粹搏擊技術及體能運動之不同。

中國武術強烈的觀念性，以及它所涵之文化意涵，更顯示在中國特有的思想拳種中。所謂思想拳，是說這些拳不以其技擊特色立名，如拳擊、跆拳、相撲之類，而是用這套拳涵蘊的思想內容來稱呼的。如萇家拳、太極拳、形意拳、無極拳、八卦拳、自然門拳法、兩儀劍、三才劍、四象拳、五行拳、六合刀、七星劍、八卦掌等。此類拳法器械，既是根據一套思想觀念而構成；又企圖透過這些拳腳刀劍，來表達此一思想。饒具意味，引人深思。

以太極拳爲例。王宗岳《要論》云「太極者，無極而生，動靜之機，陰陽之母也。動之則分，靜之則合，無過不及，隨曲就伸」云云，顯見哲理亦即是拳理。而這層道理的體會及拳術的發明，正來自反對一般以體力爲主的自然搏擊之術，所以說：「斯技旁門甚多，雖勢有區別，概不外乎壯欺弱、慢讓快耳。有力打無力，手慢讓手快，是皆先天自然之能，非關學力而有爲也。」

太極拳就是要反對此種依自然體能而建立的技擊術，採取一種反技擊的方式來發展其拳技，指出「欲避此病，須知陰陽」，講究「黏即是走，走即是黏，陰不離陽，陽不離陰，陰陽相齊」。

這種拳，完全奠基於中國哲學，所有動作，均爲觀念的外化顯形而已。故武禹襄《拳譜》說：太極十三勢之中，「棚捋擠按，即乾坤坎離四正方也。采挒肘靠，即巽震兌艮四隅也。進退顧盼定，即金木水火土也」。這樣的學問，只以一般搏擊來看待，當然是不對的；將之視同健身體操，也不免買櫝還珠，未得其要領。

我的意思是說：

一、現今體育學界研究整理中國傳統武術的辦法，可能大堪商榷。國術教材的編寫已有體操化的趨勢。國術教學又走向兩個極端，一爲將傳統武術變成健身或表演體操；二爲追求搏擊場上的實戰技擊效果，一味模擬空手道、拳擊等技擊之型態。凡此，皆係中國傳統武術的扭曲，是完全不懂中國武術之特質的辦法。此類弊病，海峽兩岸皆然，而大陸尤爲嚴重。

二、武術，應視爲一種重要的文化表現方式，對其進行文化學的研究。目前此類研究，並未展開。蓋以一般文人學士、鴻儒碩學皆不嫻武術；而擅武藝者又多屬武夫、爲體育界人士，徒能演其技藝，不太明白其義理，更無力進行文化研究。但事實上，通過武術，頗可以觀察一民族的文化特徵，猶如我們研究一個民族的藝術、語文那樣。

三、反過來看，不單要通過武術，去探討一個民族的文化內涵，也應倒過來，將武術視爲哲學思想的一種體現。特別是中國的武術，乃儒佛道三教哲學的另一表達方式，與《易經》的關係亦極密切，研究哲學之學者，於此尚未取資，豈不遺憾？

拳喻

我初入大學教書，教的便是「讀書指導」「治學方法」之類課程。當時一些師長大概是覺得我還算會讀書，且平時又好談方法，故差我去講這些課。歲月悠悠，至於今亦數十年矣。數十年來，我總在談這些與那些研治中國學問的方法。口講指畫之不足，輒亦發表文章。用力不可謂不勞。

但總的成績如何呢？說來慚愧，不僅沒教會別人什麼治學之法門，自己也愈來愈糊塗了。當然我不否認我不太會教書。學生在我這兒，只會學到困惑和挫折。同儕偶或談起，總勸我不可懸格太高、立言太峻，須矜勉愚誠，循循善誘。這固然不錯。然而，問題實不只在於此。

教書猶如教拳，教生徒練一套拳，並不太難。反覆教習，糾正姿式，自能熟練各種招數套路。隨套式演練比劃一番，亦可以有模有樣，煞有介事。一般所謂教與學，不過如此。此何難之有哉？

但談到治學方法，卻不是這個層次的問題。比如習拳，誰會去追問這一招那一式，爲何是這樣？這一套拳又是怎麼創出來？照著拳套，一式式演下去，當然不難，但若猝然應敵，何時宜用「黑虎偷心」，何處須使「白鶴亮翅」，便費斟酌了。

這才是治學方法之難以言傳處。現在一般談治學方法者，不過是拏著語意、邏輯、版本、校勘、歸納、分析、比較、量化等，講些套式罷了。這算什麼治學方法呢？學生學了這些，不過如練拳的人學了幾個套子，表演表演還可以；一旦應敵，弓也不弓、馬也不馬，手忙腳亂，哪想得起什麼「高探馬」「攬雀尾」？如果更問他演繹法與歸納法是怎麼來的？他爲什麼相信歸納法及史料考證在文史研究上是必須而且有效的，則大半瞠目結舌，未曾想過。勉強要答，也只能說是書上如此說、老師如此教、大家流行這麼做而已。

但治學方法不是只去教人學一些套式。乃是要教人創拳之法；乃是要人去思索太極拳爲何不同於八卦掌，它們依據何種原理，而被創造成如此兩種拳。更重要的，對我來說，它們提供了什麼，使我能發展出屬於我自己的這一套。

如不嫌我擬喻不倫，這樣的譬況不妨再繼續下去。——

事實上，一般所謂學者，都是拿自己的生命去就那一個個套子。所以，你入了大聖劈掛門，就得學猴拳，而且只知道猴拳，以爲所謂拳術就是大聖劈掛，大聖劈掛門的武術可以應付一切攻擊。大家似乎並沒有想到，自己這樣的身材、性向，對武術的看法，是否合適去學猴拳。而如果猴拳可以對付一切攻擊，那爲啥又有其他各種拳？

這就是說，當初創立這套拳的人，是依著他對自己身材、能力的衡量，以及他所特別關切的一些問題設計，才建立的一組答案。學拳的人，不是呆呆地機械式地去演練一套拳，而是要由掌握其拳理拳意中，發現搏擊的道理，並依自己的需要，發展出自己的拳式來。

這個道理，說來簡單。然學界中人至死不悟者，豈不正在於此乎？學界亦有學派，每派也都有他們的套子。講結構功能理論的社會學家，分析什麼東西，都是那一套。依賴理論來了，乍見新鮮，定睛看去，仍是套套。我們的學者，根本不考慮自己的文化背景、社會狀況，各人出國去拜在各派拳師門下，學那一套拳，學了回來便大演特練，自鳴得意，批評別人的拳根本不叫拳，因爲不符合他自己這一派人對拳術的基本認定與特殊關懷。

此「舍己徇人」之爲學途徑也。滔滔學壇，莫非此風。吾獨期期以爲不可。但連我自己的學生都幾乎聽不懂我在說什麼了，我還能再固執地認爲我才是對的嗎？我越來越爲此感到糊塗，豈不宜哉！

金鐘罩

佛教本來是不吃素的。因是托缽乞食，人家給什麼就只能吃什麼，且佛陀認爲禁欲苦行並不符合中道，因此至今南傳、藏傳、東傳日本之佛教均不強調素食。唯有傳進中國以後，才發生變化。

變化之機，一因皇帝提倡（如梁武帝下令斷酒肉、唐代下令斷屠），二因外道競爭。一些民間宗教，不殺不葷，比佛教還嚴格，佛教想跟它們搶信徒，遂只好努力朝齋素的方向走。不走也不行，因爲這些宗教也都奉佛，它們都吃齋了，你佛教能不吃嗎？

這些吃齋的宗教，在明清間可謂品類眾多，族繁不及備載。如明武宗時期創立的羅教，雍正間傳入浙江，名老官齋教。素食齋戒，相信彌勒轉世，流行於福建漳州泉州等處。地方官爲了禁它，還曾上疏皇帝，要求嚴禁闔家吃齋。台灣的移民大多來自漳泉，許多齋堂即是齋教的底子，只不過因他們是拜佛的，一般人也就混稱他們是佛教徒了。

老官齋教以外，吃齋的還有創於雲南大理的大成教，又名大乘教；創於蘇州一帶的燃燈教，又名燈郎教；創於安徽的糍粑教，燃大蠟燭，用麻糬供佛，又名三乘會，入會稱吃水，背叛叫放水；創於河北的弘陽教，講丙午丁未有紅羊之劫，又名三陽教，後分出青陽、紅陽、白陽、混元、收元等教，或以茶葉供佛；以及在華北一帶流傳的八卦教等等，多不勝數。

它們的儀式十分近似，大抵就是吃齋、誦經、作會，教義也往往相通。像八卦教，看起來應是道門，可是不開齋，不食大五葷，忌吃生蔥生蒜，以戒殺、戒盜、戒淫、戒毀、戒欺爲五戒。拜無生老母，且把孔子說成是彌勒轉世。均與羅教相近。

黃天道亦是如此。其教法本是修內丹以求長生的，但一樣奉無生老母，講燃燈古佛、釋迦佛、彌勒佛那一套。教會即齋堂，由齋公齋娘主持。

即使是狐仙傳法的聞香教，後來也發展成爲清茶門教，吃齋念佛，不食蔥蒜。入教者要在眼耳口鼻等處用筷子點了，再將筷子插進瓶內供奉，作爲死後到陰司去吃齋的憑證。

此中最重要的，乃是前文提及的羅教。許多民間宗教均與羅教有千絲萬縷的關係，包括現在台灣的一貫道、慈惠堂等。該教乃三教合一式的佛教，強調佛旨禪味，重視《金剛經》《圓覺經》《心經》，反對淨土宗。說人要回歸真空家鄉，而非超渡到西方極樂世界去。

這個教，在明清間發展迅速，影響深遠，有個關鍵的原因：它把漕運水手都牽引入了教。所謂漕運，是指對京城的糧錢供給。因唐代以後北方貧困，故京師補給，均須仰賴於南方。主要是靠大運河。漕運水手，多爲窮人苦力，收入既微，又受各地官吏之剝削督責，偶或病殘，生計更成問題，水上生涯，又不免有許多危險。故精神既須慰藉，生活也需要保障。羅教便在此發生了功能。在沿河漕運所在地建了許多庵堂，水手們可以在那裡祭拜、誦經、打坐，也可以住宿，甚或老病時安養，具有互助會的作用，庵堂還提供醫藥與盤纏。因此很類似水手同業公會的性質，漕運水手也很自然地就變成一種以羅教信仰綰合而成的行幫。船上都供著羅祖像，定期禮拜，作道場念經，眾人攤錢。行幫內部也有嚴格的契約關係，教首對教眾則有幫規處罰之權。

這個羅教水手幫，後來逐漸發展成了青幫，與洪門並稱中國兩大幫會。可是洪門之勢力其實主要在閩廣及海外，只一小部分在長江流域。青幫則是兼跨長江、黃河、大運河的大幫，其勢甚或更在洪門之上。蔣介石，便曾是青幫中人。

青幫鼎盛，故事甚多。特別是道咸以後，政府改革漕運，改東南河運爲海運，水手數十萬被資遣，導致青幫向旱碼頭發展，其勢更盛。

這個勢，有時會被視爲惡勢力。因爲飢民游惰與失業水手所形成的團體，文化水準不高，自不免萃聚亡命，藐法殃民。

但對於這些社會底層的苦命江湖人來說，幫規和宗教何嘗沒有約束和慰藉之功能？當時官府的奏摺曾說：「糧船上素來供奉羅祖，護庇風濤。其奉羅組之船名爲老堂船。設有木棍一條，名爲神棍，奉人名爲老官。不許人酗酒滋事，違者，老官取木棍責處，不服者送官責逐」。顯然對於水手心理及風紀均有安定整飭之作用，清政府常將它視爲穩定社會之力量，說它是「安清幫」，便著眼於此。

可是幫會也是講勇力的地方。水手們血氣方剛，不免好勇鬥狠，幫內奇人異士，又多挾有祕技，因此幫中武風甚熾，整個青幫，幾乎成了個武術團體。

這是各教會的通例，不只羅教如此。像上文說過的八卦教，便以運氣練功、演習拳棒著稱。其中一個分支叫離卦教，教徒見面時暗號就是把食指中指併放著，壓在無名指上，名曰劍訣。另一支，叫一炷香離卦教，創教者名董計升，字四海。還有一支，名金丹八卦教，傳者爲董太。

這些，我頗疑心與八卦拳的傳承有關，因現在拳術中的八卦掌，據說即創自清代的董海川。董海川生平事蹟不盡可考，只知他的拳曾受道門之啓發，到底是哪個道門卻說不清楚。恐怕這其中就有些跟教會的關係在。

嘉慶十三年七月戊寅上諭：「近日多有無賴棍徒，拽刀聚眾，設立順刀會、虎尾鞭、義和拳、八卦教等名目，橫行鄉曲」。把八卦教跟順刀會虎尾鞭合在一起講，即是因爲他們都是修道、練氣、教拳的團體。一八九九年，美國駐山東龐莊傳教部的博特〈H.D.Porter〉致函該部祕書說這些會社「頗似德國之體操家」，也是這個緣故。

出身於八卦教兌卦的清水教王倫，據李世瑜〈義和團源流試探〉一文考證，精於梅花拳，爲梅花拳第三代傳人。教內分文弟子、武弟子，文弟子練氣，武弟子練拳。其義女烏三娘，俞蛟《夢庵雜錄‧臨清寇略》記載她「有臂力，工技擊」，即爲其中一例。

其他此類例子，不可勝數。如理教，又稱白幫，創教者爲康熙間的山東人楊來如，以十誡授徒，其中就有尚武、任俠兩誡。乾隆間捕獲之白蓮教徒「朱培卿能知鐵布衫法術」，又，天理教之林清黨徒藏有金鐘罩拳符咒，而金鐘罩教後來則衍爲大刀會。

金鐘罩、鐵布衫，現在人只知其爲武術而頗有神祕色彩者，卻不知它們跟許多武術竟還有這麼些曲折的身世史吧！

龔鵬程學・思・俠・遊特輯

吟遊問俠之 武藝——俠的武術功法叢談

作者： 龔鵬程
發行人：陳曉林
出版所：風雲時代出版股份有限公司
地址：10576台北市民生東路五段178號7樓之3
電話：(02) 2756-0949
傳真：(02) 2765-3799
執行主編：劉宇青
美術設計：吳宗潔
行銷企劃：林安莉
業務總監：張瑋鳳

初版日期：2023年3月
版權授權：龔鵬程
ISBN：978-626-7025-88-8

風雲書網：http://www.eastbooks.com.tw
官方部落格：http://eastbooks.pixnet.net/blog
Facebook：http://www.facebook.com/h7560949
E-mail：h7560949@ms15.hinet.net
劃撥帳號：12043291
戶名：風雲時代出版股份有限公司

風雲發行所：33373桃園市龜山區公西村2鄰復興街304巷96號
電話：(03) 318-1378
傳真：(03) 318-1378
法律顧問：永然法律事務所 李永然律師
北辰著作權事務所 蕭雄淋律師

行政院新聞局局版台業字第3595號 營利事業統一編號22759935

定價：500元

國家圖書館出版品預行編目資料

龔鵬程學.思.俠.遊特輯. 6, 武藝：俠的武術功法叢談 / 龔鵬程著. -- 臺北市：風雲時代出版股份有限公司, 2022.05 面； 公分

ISBN 978-626-7025-88-8（平裝）

1.CST: 武術 2.CST: 文集

528.9707 111004657